中国知识产权区域布局研究报告
（2019）

《中国知识产权区域布局研究报告》编写组　著

科学出版社
北　京

内 容 简 介

本书立足于我国经济社会的平衡充分发展的背景，依据相关统计数据，对我国知识产权区域布局的现状和趋势进行了系统的分析与判断，提出了若干有针对性的对策和建议，对于探索知识产权区域布局工作模式、建立以知识产权为核心的资源配置体制机制、引导创新资源集聚、促进知识产权与经济社会发展深度融合、提高政府知识产权宏观管理能力和发挥服务支撑作用具有重要参考价值。

本书适合各级政府部门、企业、大学和研究机构的知识产权管理者、教师、大学生等阅读。

图书在版编目（CIP）数据

中国知识产权区域布局研究报告. 2019 /《中国知识产权区域布局研究报告》编写组著. —北京：科学出版社，2019.12

ISBN 978-7-03-062560-1

Ⅰ. ①中…　Ⅱ. ①《中…　Ⅲ. ①知识产权-区域布局-研究报告-中国-2019　Ⅳ. ①D923.404

中国版本图书馆 CIP 数据核字（2019）第 223070 号

责任编辑：陈会迎　郝　悦 / 责任校对：贾娜娜
责任印制：霍　兵 / 封面设计：无极书装

科 学 出 版 社 出版
北京东黄城根北街 16 号
邮政编码：100717
http://www.sciencep.com

中国科学院印刷厂 印刷
科学出版社发行　各地新华书店经销

*

2019 年 12 月第　一　版　开本：787 × 1092　1/16
2019 年 12 月第一次印刷　印张：22 3/4
字数：540 000

定价：228.00 元

（如有印装质量问题，我社负责调换）

《中国知识产权区域布局研究报告 2019》编写组

组　长　　刘凤朝　张志成

副组长　　崔海瑛　孙玉涛　马荣康

成　员　　林　原　张　娜　张淑慧
　　　　　姬　翔　李　伟　王延晖
　　　　　朱姗姗　楠　丁　付雅宁
　　　　　赵良仕

序

党的十九大报告明确提出，中国特色社会主义进入了新时代。新时代，我国社会的主要矛盾是人民日益增长的美好生活需要和不平衡不充分的发展之间的矛盾。在这样的背景下，系统研究并全面解析我国社会主要矛盾的成因、性质及解决路径就成为新时期学术界和管理层共同肩负的历史使命。

我国经济社会发展的不平衡，尤其是发展的总体水平和质量不高的根源与科技发展水平偏低、科技和经济融合不充分、科技和经济活动的空间布局不合理有关。因此，以促进核心知识产权的创造、运用为核心，完善我国的技术创新和知识产权制度，全面提升我国知识产权创造、运用、保护和管理的水平，优化知识产权资源的产业布局和空间布局，就成为解决我国社会的主要矛盾及实现经济社会平衡充分发展的重要抓手。

建立和完善以知识产权制度为核心的国家基本经济制度是我国实施创新驱动发展战略，进而如期实现经济社会平衡充分发展的重要基础性工作。各国的发展实践表明，知识产权制度建设不仅包括知识产权基本法律法规的制定与实施，还包括知识产权运行状况监测、分析和报告制度的探索与完善。2008 年以来，在国家知识产权局的悉心指导和全面参与下，各级地方政府开展了地方知识产权资源的统计分析报告工作，并取得了可喜的成就。上述工作既为把握我国知识产权资源的现状提供了重要依据，也为地方政府制定经济决策提供了智力支持。

应该看到，随着知识产权强国战略和创新驱动发展战略的深入实施，尤其是面向我国经济社会平衡充分发展的战略需求，仅仅从资源总量、增速、结构等视角分析知识产权现状已不能满足迅速发展的创新实践对知识产权工作的需求。在知识产权资源加速流动、知识产权跨区域合作日益频繁、知识产权与产业的融合越来越紧密、知识产权竞争愈演愈烈的新形势下，有必要以区域为载体，以知识产权与产业的互动为主线，将静态分析与动态分析相结合，对知识产权的运行状况进行监测、分析和报告，以便更加有力地助推创新驱动发展的实践。

为了满足上述发展需求，国家知识产权局组建了由多学科专家组成的研究团队，对知识产权区域布局的基础理论和重大政策问题进行了深入系统的研究，编撰了《中国知识产权区域布局研究报告（2019）》，期望该报告的出版、发行，为相关政府部门的决策提供依据，也为全社会了解和推进我国的知识产权事业提供参考。

2018 年 10 月于北京

目　录

第1章
导言

本章从新时期我国社会主要矛盾的性质和解决路径入手，结合知识产权强国战略和创新驱动发展战略的实施，阐明知识产权区域布局研究报告编制的实践背景和现实意义，明确知识产权区域布局研究报告的功能定位，同时，根据知识产权区域布局的理论内涵和报告编制目的，确定知识产权区域布局研究报告的分析逻辑和结构模块，并阐明本报告的理论特色和实践特色，为报告编制提供理论和现实依据。

1.1 中国知识产权区域布局研究报告的背景与意义

1.1.1 中国知识产权区域布局研究报告的实践背景

1. 以知识产权为核心的全球科技和经济竞争愈演愈烈

进入 21 世纪以来，全球化进程加速推进，国家间、区域间科技和经济竞争加剧，自主知识产权成为各国和各地区富集全球科技与形成经济优势的制胜手段。以核心知识产权创造、运用、保护、管理为主线，以价值链高端环节掌控为利器，通过主导全球价值链的运行与布局，形成价值治理话语权是发达国家主导全球竞争的基本策略。各国的发展实践证明，全球价值竞争不仅涉及知识产权创造、运用、转化的激励，还涉及知识产权资源和活动的区位选择及全球布局。跨国公司正是通过选择合适的地理区位，不仅充分利用了全球创新资源，还构建了分布于全球的创新网络，形成了基于网络的平台竞争优势。

随着科技全球化进程的推进，发展中国家越来越广泛地被嵌入全球创新网络，发展中国家的全球创新网络嵌入不仅使跨国公司的创新资源进入发展中国家，跨国公司也在按照自己的全球战略调配创新资源在发展中国家的区域布局，由此深刻改变着发展中国家创新资源的区域布局。改革开放以来，跨国公司资金和技术的引入改变了我国计划经济时期形成的科技与产业分布格局。随着创新驱动发展战略的实施，尤其是平衡充分发展理念的提出，我国将在更广泛的领域和更纵深的层次，以更加主动的姿态融入全球创新网络，并通过逐步向价值链高端发展，形成全球科技和经济治理的话语权，在加强知识产权创造、运用、转化的同时，通过完善市场机制来优化知识产权区域布局是应对全球知识产权竞争的必要手段。为此，必须在全球化深入推进的背景下研究中国知识产权区域布局的调整和优化问题。

2. 新时期我国社会主要矛盾的重大转折与全面求解

党的十九大明确提出，中国特色社会主义进入了新时代，我国社会的主要矛盾已经转化为人民日益增长的美好生活需要和不平衡不充分的发展之间的矛盾。这是关于中国发展全局和战略的新的重大判断。

所谓发展的不平衡，主要是就发展的空间结构而言的，存在着不同地区、不同行业、不同领域及不同群体之间的差异、差距等。首先，我国是一个区域经济发展不平衡的国家，由于历史形成的原因，一方面，我国的先进地区和落后地区的科技与经济发展水平存在较大差异，共同富裕的发展目标尚未实现；另一方面，我国各地区在一定程度上存在科技经济封闭运行的现象，这一弊端至今依然存在，区域间协调发展、共享发展的目标尚未实现。因此，亟待通过体制和机制创新，打破制约区域协调发展、共享发展的障碍，促进知识产权资源和经济资源在不同区域间的充分流动与合理布局，实现区域间的平衡发展和共同富裕。其次，我国科技和经济发展还存在不同行业和不同领域发展不平衡的问题。例如，近年来，我国虽然在事关国家战略和安全的科技领域取得了重大突破与进展，然而，在一些民用科技领域，产业发展的核心技术还主要依靠从国外引进，军民融合的体制机制障碍尚未完全破除；我国的专利申请总量虽然连续多年位居世界前列，但是主导产业和支柱产业的核心技术及关键领域的知识产权依然没有完全掌握在我国企业手中。因此，亟待通过创新资源在行业和领域的合理布局，提升我国在主要产业领域核心知识产权的开发和运用能力，实现行业和领域的平衡发展。

所谓发展的不充分，主要是就发展的总体水平特别是发展的质量而言的，在现阶段，这种不充分主要表现为我国经济社会活动对资源的开发和利用不充分、经济发展与生态环境的和谐不充分，其根源是科技发展水平及科技与经济融合的不充分。首先，我国经济活动对自然资源及社会资源的利用还不够充分，尤其是对自然资源的利用效率较低。一方面，造成稀缺资源的大量浪费；另一方面，形成巨大的环境生态压力。应该看到，无论是资源利用效率的提升，还是生态环境的改善，都离不开自主知识产权的开发和利用。其次，我国的科技和经济发展水平及质量与发达国家相比较，还有较大的差距。不得不承认，在引领全球经济发展的主要高新技术领域，我国还处于跟随和追赶阶段。这样就需要我国在持续创造和富集高端创新资源的同时，也要不断优化创新资源的结构和布局，提升高端创新资源的整体效能，进而实现我国科技经济的充分发展。

3. 中国经济转型发展与知识产权强国战略深入实施

21 世纪以来，我国经济社会发展的资源环境约束凸显，随着国民收入的逐步提高，劳动力成本明显上升。各种事实表明，传统的以资源和劳动力投入为主要驱动力，以国内生产总值（GDP）规模为核心价值取向的粗放式经济增长模式难以为继。中国经济的转型发展刻不容缓。同时应该看到，中国经济的转型发展不仅是资源环境压力驱动的结果，全球新技术革命和中国自主创新能力大幅提升则为中国经济转型发展提供了强大的技术支撑。知识产权强国战略和创新驱动发展战略的实施为中国经济转型发展提供了重要的战略引导。2008 年，国务院颁布的《国家知识产权战略纲要》，明确了知识产权在国家战略安排中的重要地位。2015 年 12 月发布的《国务院关于新形势下加快知识产权强国建设的若干意见》，标志着我国驶入知识产权强国建设的快车道，尤其是 2016 年召开的全国科技创新大会提出了中国建设世界科技强国“三步走”的战略方案，将知识产权工作置于前所未有的战略高度，这就需要从国家战略全局的高度系统谋划加快知识产权强国建设的具体实施方案。

应该看到，我国知识产权强国建设是一个统筹规划、有序推进的过程。在知识产权强国战略实施的起步阶段，战略布局的重点是通过制定建立和完善激励知识产权成果创造与转化基本经济制度，激发创新活动主体知识产权创造、转化的热情，提升其核心知识产权的创造、转化能力，同时大力吸引国外优质的知识产权资源进入我国，进而奠定我国知识产权强国的物质基础。然而，随着我国知识产权资源创造能力及运用转化能力的增强，传统的知识产权区域布局模式和布局驱动机制已经难以适应知识产权强国战略的实施需求。知识产权质量不高使知识产权对产业发展的支撑和引导作用不强，知识产权布局驱动机制缺少应有的市场内涵，制约着知识产权资源的跨区域流动、集成与整合，知识产权结构不合理制约着跨技术领域、跨产业部门的合作。因此，提升知识产权的质量，以及优化结构和空间布局越来越被提到战略决策的重要议程，优化知识产权区域布局已成为知识产权强国战略实施的重要环节。

4. 中国科技和经济发展空间格局加速重组

改革开放以来，我国实施了差异化的区域发展战略，经济技术开发区、高新技术产业园区、大学科技园区、自主创新示范区等的开发建设，加速了科技和经济资源向特定区域的聚集，知识产权创造、运用、转化活动的效率明显提升。上述试验区和示范区建设为区域经济发展打造了“增长级”，为优化知识产权区域布局，进而为区域间科技和知识产权分工的形成准备了条件。与此同时，国家通过实施具有跨行政区内涵的区域发展战略，如长三角区域一体化战略、西部大开发战略、东北地区等老工业基地振兴战略等，推动了跨行政区域的科技与经济合作，加速了区域科技和经济的一体化进程，为建立跨行政区域的知识产权工作体系提供了经验。

近年来，“一带一路”倡议、自贸区战略、中国建设世界科技强国“三步走”等的实施，不仅极大地拓展了我国区域科技和经济发展战略的空间视野，也为其注入了全新的知识产权内涵。从空间视野角度看，我国区域科技和经济发展战略必须具有全球高度，即立足深度参与全球科技和经济治理，着眼于建设世界科技强国，形成全球科技和经济治理的中国话语能力。从实现路径的角度看，我国的区域科技和经济发展战略必须从以利用外资、引进技术为主导向以自主研发、走向国门、面向世界为主导转变，从立足本国的内向嵌入转向走出国门的外向嵌入。从知识产权的角度看，我国区域科技和经济发展战略必须以自主知识产权的创造、运用、转化为主线，即以中国自主知识产权为载体带动产品、服务、技术和资金走向世界。为了适应上述转变，必须以全新的理念深入探索中国知识产权的区域布局问题。

为了适应全球知识产权竞争和中国经济转型发展的需求，促进我国经济社会的平衡充分发展，有必要建立规范化的知识产权区域布局进展的分析、监测报告制度，通过对我国知识产权区域布局现状和趋势的翔实调查统计、系统分析判断，形成年度研究报告，以便为各级政府部门、企业、大学和研究机构的知识产权决策与管理提供参考。

目前有关知识产权资源和政策分析的学术研究已取得诸多富有创见的成果，依据其分析得出的结论也具有一定的政策咨询功能。同时，我们可以发现，现有成果仍存在集成度不高、政策建议缺乏应有的操作内涵等问题。为此，在政府知识产权部门的组织下，吸收各领域的专家，开展综合性研究，编制规范性的工作报告，对我国知识产权区域布局现状和未来趋势进行分析，形成有关布局模式、效率、机制、问题、风险等方面的综合判断，定期向全社会发布，对于提高公众的知识产权意识，提高政府和企业的知识产权管理水平具有极其重要的现实意义。

1.1.2 中国知识产权区域布局研究报告的工作基础

中国知识产权区域布局研究报告编制是一项具有丰富的理论内涵、实践价值和政策咨询功能的综合性工作，其顺利开展必须具备坚实的工作基础。

1. 中国知识产权区域布局试点探索

2015 年初国家知识产权局制订了《知识产权区域布局试点工作方案》，同年 8 月国家知识产权局批准江苏省、广西壮族自治区、重庆市、浙江省宁波市、山东省潍坊市、广东省广州市和深圳市为知识产权区域布局第一批试点地区。自此，这项推动区域知识产权宏观管理向精细化转型的基础性工作正式启动。该工作方案指出知识产权区域布局试点旨在“探索形成知识产权区域布局工作机制和模式，为全面推进知识产权资源区域布局工作提供实践基础和工作规范；发挥知识产权资源属性，探索建立以知识产权为核心的资源配置体制和机制，引导创新资源在区域和产业集聚；探索知识产权与经济社会发展的深度融合方式，提高政府知识产权宏观管理能力和服务支撑作用”。

从经验支撑和需求引导的角度看，知识产权区域布局试点工作既为知识产权区域布局研究报告编制提供了实践探索的案例，也为知识产权区域布局报告的形成提供了强大的需求拉动。在试点工作的起步阶段，各试点地区结合地方工作实际在工作方案设计、评价指标体系完善、数据收集整理等方面进行了有益探索，提出了大量有价值的建议，为国家层面编制知识产权区域布局研究报告提供了支撑。由于知识产权区域布局工作是一项未有先例的探索性工作，因此充满了不确定性。目前，各试点地区仍存在理论认知不足、方法运用困惑、应用价值模糊等问题，需要进一步明确理论引导和操作指南，以便使试点工作向纵深推进。这样知识产权区域布局研究报告就需要在一定程度上对上述疑难进行必要的理论解析，协力推动布局工作顺利开展。从某种意义上说，知识产权区域布局试点工作是知识产权区域布局研究报告编制的实践驱动。

2. 知识产权区域布局相关理论研究

知识产权区域布局研究报告以“知识产权区域布局”为主题，从运行关系视角进行分析、评价。布局评价与传统的资源能力评价的差别在于，传统的资源能力评价以总量大小或增速快慢作为基本评价尺度，以大小排序方式表述评价结果，这种评价虽然具有简明直观的特点，但还不能深刻反映对象系统运行中的各种关系，因此，其对政策制定的参考价值有限。我们可以看到，从资源总量和增速评价向运行关系与布局状态的评价的转换，不仅涉及指标体系的建构问题，还涉及大量的基础理论需要阐明。例如，布局状态的优劣难以抽象为具体的变量，需要通过变量间的关系进行间接解析和判断，这样就需要建构有关知识产权区域布局分析的理论模型和方法体系。

近年来，国家知识产权局组织编制知识产权区域布局研究报告的各参与单位，围绕国家知识产权战略实施在知识产权区域布局分析、知识产权政策分析、知识产权评价方法、社会网络分析及地理空间数据可视化等方面进行了大量的基础研究，并取得了可喜的进展。同时，各参与单位还结合供给侧结构性改革、中国制造业发展等，开展了相关的理论和政策研究。通过上述研究，本报告编制组建构了知识产权区域布局的理论模型，提出了知识产权区域布局质量的评价方案，研究了知识产权功能区划分及规划的初步方案，分析了中国制造业发展对区域知识产权布局产生的影响等，并出版发行了《中国知识产权区域布局理论与政策机制》一书。上述研究为本报告的编制提供了理论支撑。

1.1.3 中国知识产权区域布局研究报告的现实意义

1. 促进知识产权与区域经济发展的深度融合

知识产权区域布局研究报告首先要面向区域知识产权工作的现实需求，为区域知识产权创造、运用、转化和管理工作服务，这其中，促进区域产业的升级转型是区域知识产权工作的基本落脚点。《中国知识产权区域布局研究报告（2019）》将知识产权在 31 个省区市（不包括香港、澳门、台湾）区域内与区域间的布局效应，以及与特定产业融合作为重要研究内容，设立专题阐述了中国制造业发展框架下特定区域的以知识产权为核心的资源配置方案。上述研究成果对于各个区域结合本地实际，深入分析区域知识产权与产业发展需求的匹配程度，把握知识产权与产业发展融合存在的主要障碍，提出促进区域知识产权与产业探索融合的具体方案具有重要借鉴意义。各个区域以知识产权为核心的资源配置方案的编制能科学引导区域的知识产权工作与产业发展走向深度融合。

2. 促进我国区域间知识产权分工与合作机制形成

得益于全球化进程和网络技术革命的双重推动，知识产权的创造、运用和转化活动日益突破区域行政边界的束缚，越来越具有跨区域和跨国界的内涵。然而，全球化和区域一体化并没有消解与弱化区域间的分工，而是通过创新资源向特定区域聚集，加强了区域间的合作，进而强化和理顺了区域分工，凸显了区域特色。知识产权区域布局研究报告以省级行政区为单元，基于各种知识产权资源的耦合、知识产权与产业的协同等阐明各区域的独特优势和短板，在此基础上分析各个区域的优势、劣势、机遇和挑战，明晰其在全国创新分工与合作中的地位和未来走势，从而为区域知识产权和产业发展的合理定位提供重要参考，这样就直接或间接地促进了区域间知识产权分工与合作机制的形成。

3. 推进政府知识产权管理向服务转型

随着知识产权的经济职能在经济社会发展中作用的逐步增强，社会各界尤其是作为知识产权创造和需求主体的企业对知识产权经济价值实现路径的咨询需求与日俱增，因此迫切需要包括政府在内的知识产权资源的拥有机构提供全方位的咨询服务及公共信息服务，以便满足日益增长的发展需求。目前，我国的知识产权行政管理以知识产权法律制度建设为基础，开展相关的执法、审批、规划及宣传教育等工作，主要集中在对知识产权资源创造、转化的激励及存量资源的统计分析层面。相比之下，深度开发政府知识产权资源，全方位提供知识产权咨询服务还有待加强。知识产权区域布局研究报告由政府知识产权行政部门牵头，广泛吸收社会力量进行课题攻关，是政府知识产权管理工作向服务转型的重要尝试。

4. 促进区域知识产权政策体系的构建和完善

随着我国以知识产权为导向的区域科技和产业分工的形成，国家的区域知识产权政策需要采取区别对待、分类指导的原则，各个区域也将制定适合本区域的地方政策。无论是中央政府的政策制定，还是地方政府的政策制定，都需要从国家整体层面对知识产权布局的基本状况进行分析评价，进而为中央政府和地方政府的政策制定提供依据。本报告从国家和省级层面所做的分析，对国家和地方的政策制定具有参考价值。同时应该看到，在大数据时代，知识产权政策的制定和实施效果评价越来越依赖于先进的统计分析手段、科学的仿真实验方法及空间信息可视化技术等，运用上述方法开展的政策实施效果分析和仿真预测能够为政策制定提供大量翔实的“证据”。本报告对上述方法在知识产权布局分析中的应用进行了探讨，分析了上述方法适用的情况及每种方法的局限性等，这些讨论对于各个区域应用这些科学方法进行政策研究具有启示意义。

1.2 中国知识产权区域布局研究报告的功能

1.2.1 知识产权区域布局态势的监测

近年来，世界各国各地区对知识产权创造活动支持力度加大，知识产权跨区域流动的速度加快，知识产权向生产力转化的周期变短，知识产权与产业发展的结合更加紧密，从而对区域知识产权行政管理提出新要求。为了适应知识产权竞争的新格局、新情况，有必要对区域知识产权配置的模式、效率，以及区域知识产权与产业发展的匹配程度等定期进行分析研判，进而发布布局态势的监测报告，以便为政府和企业决策提供参考。

知识产权区域布局态势的分析报告是对知识产权创造、运用、转化、保护的空间属性的描述，也是区域知识产权与产业发展匹配程度的反映，本报告的研究和编制，能够使社会各界了解区域知识产权工作及区域知识产权工作与产业发展的融合情况，这种分析角度和报告内容突破了传统的科技、经济发展报告仅从资源投入和产出结果两端分析科技与经济活动状况的既有模式，能够从运行关系和发展质量角度分析报告区域知识产权工作及其与产业发展的关系，从而使区域科技和经济活动的参与者与管理者能够及时利用报告信息进行相关决策。

1.2.2 知识产权区域优化配置方案的探索功能

我国的经济社会发展正在由投资驱动和资源投入驱动模式向创新驱动、知识产权驱动模式转变。在投资驱动和资源投入驱动的经济增长模式下，各地区注重的是资源的投入及在资源投入基础上的产出数量。在这种经济增长模式下，资源的优化配置没有提到经济决策和管理者的首要议程,知识产权资源在资源优化配置中的引导作用便无法发挥。在创新驱动发展模式下，只有通过资源的优化配置才能提升区域科技和产业的竞争力，区域经济才能驶入可持续发展的良性轨道。由此可见，在区域层面上优化资源配置是实现我国经济社会协调发展的重要途径，区域资源优化配置的实现路径就是建立以知识产权资源为核心的资源配置机制。

为此，需要探索在创新驱动发展战略下，制订区域知识产权资源优化配置的具体路径和实施方案，在此基础上，建立和完善以知识产权为核心的区域资源配置机制。知识产权区域布局研究报告从知识产权资源存量、知识产权资源运行状态、知识产权与产业发展的作用关系等角度分析区域知识产权资源的配置和运行状态，所得出的分析结论对区域经济和知识产权行政管理部门制订符合本区域实际的资源配置方案具有参考价值。

1.2.3 知识产权区域政策制定的咨询

知识产权政策是优化知识产权区域布局的手段之一。随着全球科技和经济竞争的日益加剧，区域科技和经济系统运行关系越来越复杂多变，发生系统性风险的概率越来越大，这样区域知识产权政策制定就越来越依赖于对区域知识产权运行态势和布局现状的系统分析与深刻把握。本报告通过资源分布、运行关系分析，阐明各区域知识产权资源布局模式、区域间分工与联系，从区域层面揭示知识产权创造运用与产业发展的运行关系，为中央政府和地方政府调整知识产权空间布局及产业布局的战略、规划与政策制定提供依据。

知识产权区域布局政策分析是知识产权区域布局分析报告的重要组成部分，政策分析中有关政策制定的工作机制、政策工具运用的实际效果等方面的分析结论对未来的知识产权政策制定具有重要参考和借鉴价值，是区域经济和知识产权行政管理部门决策的重要依据。本报告将知识产权布局驱动机制和政策建议纳入研究视野，通过区域层面的知识产权运行关系和政策演变分析，揭示知识产权布局与区域产业发展、知识产权政策与经济政策的相关性，促进政府知识产权管理从存量资源管理向资源运行管理和增值管理转变，从参与政策制定向主导政策制定转变。

1.3 中国知识产权区域布局研究报告的结构

1.3.1 中国知识产权区域布局研究报告的理论基础

阐明知识产权区域布局内涵是确定知识产权区域布局研究报告分析逻辑的前提。知识产权区域布局涉及几个核心的概念，主要有知识产权、区域布局、知识产权区域布局。

1. 知识产权

知识产权是指人类智力劳动产生的智力劳动成果所有权，或者可以称为产权化的知识。它是依照各国法律赋予符合条件的著作者、发明者或成果拥有者在一定期限内享有的独占权利。知识产权一般有狭义和广义之分。狭义的知识产权包括工业产权和版权两大类。工业产权可以分为三类：创造性成果权（包括发明专利权、实用新型权、外观设计权），识别性标记权（包括商标权、服务标记权、商号权、货源标记权和原产地名称权），制止不正当竞争权。版权可以分为作品创作者权和作品传播者权两类。广义的知识产权除了包括狭义的知识产权中的工业产权、版权以外，还包括科学发现权，对“边缘保护对象”的保护权，以及商业秘密权等。

随着知识经济时代的到来，知识逐渐成为与劳动力、资本同等重要的生产要素，作为产权化的知识资源，知识产权在经济学意义上的资源内涵越来越丰富。知识产权已不仅局限在独占某种新技术或产品的权利，而是成了间接或直接作用于生产的重要资源。可以说，知识产权已经成为人、财、物三大资源之后的第四大资源。因此，这里把知识产权作为一种重要的资源要素，考虑其社会生产布局问题。

此外，知识产权还是一种为了推进科技进步而创立的制度安排，包括三个核心要素：一是谁拥有知识产权，即界定知识产权的主体。二是获得知识产权的要件，即界定知识产权的内涵，确定知识产权保护的对象和范围，各国的法律制度对这些要素都作出了明确的规定。三是保护的时间应该多长才对社会最有利。知识产权制度的发展与科学技术的发展保持着一定程度上的相关性与互动性。知识产权制度相对稳定的存在形式、存在周期及存在范围都会受到科学技术发展的制约。科学技术的发展直接影响着知识产权制度的发展，但同时，知识产权制度作为一种社会制度安排，在一定的程度上对科学技术的发展起着干预的作用，其运用、惩罚或奖励的手段直接作用于具体科学技术的发展方向，甚至是发展细节问题，都直接影响着科学技术未来的发展方向。

综上，知识产权既具有智力劳动成果所有权的内涵，又具有生产要素资源的内涵，同时具有制度安排的内涵。

2. 区域布局

“布局”一词既可作动词，又可作名词。它作动词时是指分布、分配、散布，即把组成事物的各个部分分散开来，置于不同地方或分配给不同对象。分配指向除了空间地理位置之外，还可以是社会部门或其他客观实体。它作名词时是指分布或分配的状态，即指事物各组成部分的分布状态或配置结果。布局既有地理空间的内涵，又有社会经济部门的内涵。

区域布局是指事物各组成部分在区域层面的布局。同样地，它也有作名词和作动词两种理解，作名词时表示事物各组成部分在区域层面的分布状态或配置结果，体现为静态的空间分布态势或地域组合；作动词时表示把事物各部分引导或配置给不同区域的战略部署和规划行为，体现为动态的在空间地域上的流动、转移或重新组合的配置与再配置过程。由于区域包含多个层次，因此区域布局可体现在不同层面上。从国家层面上考虑，区域布局体现为各资源要素或各社会经济部门在跨省级行政区划或省级行政区划层面的分布或配置；从省级层面上考虑，区域布局又体现为各资源要素或各社会经济部门在省级行政区划内部各行政区划层面（如地级市）的分布或配置。

3. 知识产权区域布局

知识产权区域布局在静态上是指各类知识产权资源在不同区域层面的分布状态及配置结果，在动态上是指把各类知识产权资源引导或分配到不同区域的配置过程。知识产权活动包括知识产权创造、运用、保护和管理等环节，知识产权的区域布局同样体现在知识产权创造、知识产权运用、知识产权保护和知识产权管理等几个方面。知识产权区域布局不能单单就知识产权看知识产权，而是要把知识产权资源与其他经济、社会、科技资源相结合，从静态和动态角度综合研究知识产权区域布局问题。

1.3.2　中国知识产权区域布局研究报告的分析逻辑

从知识产权区域布局的内涵出发，可以建立知识产权区域布局分析逻辑，如图 1.1 所示。知识产权区域布局研究报告要阐明的主要问题是区域层面上知识产权资源的静态分布、系统运行和流动网络，以及基于此需要识别的知识产权区域布局效应。

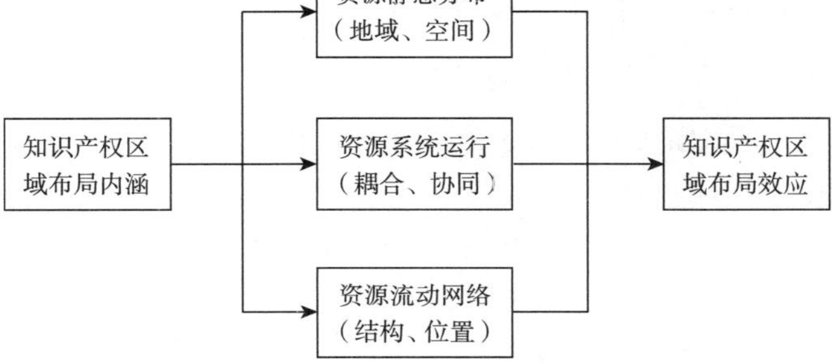

图 1.1　知识产权区域布局分析逻辑

为此，本报告课题组提出知识产权区域布局研究报告的分析逻辑为：一是在静态上各类知识产权资源在不同区域层面的分布状态及空间配置结果；二是在动态上区域知识产权子系统之间的协同运行状态；三是在空间上各类知识产权资源（活动）在区域之间的流动格局；四是综合以上静态、动态及空间流动状况，分析知识产权区域布局效应；从而对中国知识产权区域布局进行综合评价，为引导知识产权资源优化配置政策设计提供依据。

1.3.3 中国知识产权区域布局研究报告的主要模块

1. 知识产权区域布局研究报告主体模块（主报告）

根据知识产权区域布局的分析逻辑，《中国知识产权区域布局研究报告（2019）》的主报告包括区域层面的知识产权资源能力评价及空间分布、知识产权资源能力运行协同、知识产权资源区域流动及知识产权区域布局效应评价等内容，具体内容安排如下。

内容一：区域知识产权资源能力分布分析（第3章）

知识产权区域布局的静态分析与评价主要针对包括知识产权创造潜力、知识产权创造能力、知识产权运用能力、知识产权运用需求和知识产权保护管理在内的5个分项能力分别进行分析与评价，以及对5个分项能力进行综合分析与评价。

内容二：区域知识产权资源系统运行协同分析（第4章）

知识产权系统动态运行分析与评价以全国31个省区市为分析单元，围绕知识产权区域布局的动态耦合分析展开，包括两个层面：一是知识产权创造、知识产权运用及知识产权保护管理之间的耦合；二是区域知识产权布局和前后向产业经济发展之间的耦合。

内容三：知识产权资源跨区域流动网络（第5章）

知识产权区域交易网络分析与评价以我国跨区域专利转让合同交易为主要分析数据，对专利跨区域流转所形成的网络关系进行分析评价，基于专利输入和输出数据揭示区域间知识产权流动的网络机制。

内容四：知识产权区域布局效应评价（第6章）

在主报告中知识产权资源静态分析、动态运行和网络分析的基础上，从技术创新视角及知识产权区域布局的功能出发，界定知识产权区域布局效应概念的内涵，建构知识产权区域布局效应评价的指标体系，对我国知识产权区域布局效应进行综合评价。

2. 知识产权区域布局研究报告专题模块（专题报告）

除了知识产权区域布局研究报告主体模块外，本报告还结合与知识产权区域布局密切相关的实践，设置了专题模块（专题报告）。内容以中国制造业发展为背景，重点关注知识产权区域布局在中国制造业发展中发挥的作用，为以知识产权为核心的产业资源配置机制建立提供参考。具体内容安排如下。

内容一：中国制造业重点产业发展与知识产权区域布局（第7章）

阐明中国制造业的知识产权内涵及知识产权战略对中国制造业的支撑作用；基于产业价值链理论，以先进轨道交通产业和医药制造产业为例，构建中国制造业重点产业发展的知识产权区域布局分析框架。

内容二：先进轨道交通产业发展与知识产权区域布局（第 8 章）

首先，分析先进轨道交通产业四个子产业研发环节、生产环节、销售环节和盈利环节的区域空间分布特征及演变规律；其次，分析价值链不同环节的耦合协调度；最后，分析先进轨道交通产业价值链的区域布局组合特征。

内容三：医药制造产业发展与知识产权区域布局（第 9 章）

与第 8 章结构相同，首先，分析医药制造产业四个子产业研发环节、生产环节、销售环节和盈利环节的区域空间分布特征及演变规律；其次，分析价值链不同环节的耦合协调度；最后，分析医药制造产业价值链的区域布局组合特征。

内容四：中国知识产权区域布局试点探索（第 10 章）

该章是中国知识产权区域布局的实践探索篇。首先，介绍中国知识产权区域布局试点工作的现实背景、工作思路和总体方案；其次，回顾试点工作的总体进展和未来展望；最后，分析各试点地方的主要特色和基本经验。

1.4　中国知识产权区域布局研究报告的特色

1.4.1　中国知识产权区域布局研究报告的理论特色

改革开放以来，相关学术机构和专家学者编制完成了诸多领域的专门性研究报告，这些报告的编制和发布对于相关领域的政策制定与企业决策具有重要的参考价值。同时应该看到，大部分发展报告以对象存在状况的定量描述为主，较少涉及发展报告编制的基础理论。然而，随着经济社会发展对发展报告编制要求的提高，有关发展报告编制的基础理论研究就显得极其迫切。例如，发展报告编制的统计和调查基础问题、评价指标体系构建的理论依据问题、排序分析，以及聚类分析的实践意义和政策内涵问题、结构评价（布局）评价的价值尺度问题等都需要进行深入的研讨并予以系统的阐述。只有这样才能够从根本上夯实发展报告编制的理论根基，提升其政策咨询的应用价值。

1. 结合知识产权特点论述区域布局评价的基本理论问题

通常的区域发展报告或知识产权发展报告不涉及或较少涉及知识产权布局评价问题，出现这种状况的原因是对布局模式（状态）缺乏有效的评价标准。实际上，学术界有关空间（区域）布局的分散和聚集两种状态的优劣问题长期存在争论。在布局政策研究领域，是应坚持公平优先的政策导向机制，还是坚持效率优先的政策导向机制，存在不同的看法和主张。也就是说，评价主体对于如何通过不同布局模式间的比较或将现有布局模式与某一公认的标准布局结构进行比较，进而判断其优劣，尚未找到可行路径。

由于本报告以知识产权区域布局为主题展开态势分析，因此，有关布局模式、布局效应评价的价值取向等基本问题就无法回避了。本报告编制组在多年从事科技评价和科技政策研究的基础上，建构了知识产权区域布局分析的基本理论框架，提出了知识产权区域布局效应评价的具体实施方案。上述理论模型的构建及评价方案的提出不仅为本报告的编制提供了理论支撑，也将促进知识产权评价及科技评价基础理论研究的深入。

2. 结合中国经济发展的理论需求探讨了几个热点问题

党的十八届五中全会提出的“创新、协调、绿色、开放、共享”新发展理念，将创新列为五大发展理念的第一要素。从实践层面看，知识产权区域布局既是优化科技资源空间配置，推进自主创新的重要手段，又是通过科技引领，实现绿色发展和区域间协调发展的可行路径，同时是打破区域间的体制机制壁垒，实现开放发展和共享发展的必然要求，然而，上述问题还需要从理论上予以系统阐述。本报告对上述理论问题进行了探索性研究，以期引起更深入的讨论。

1.4.2 中国知识产权区域布局研究报告的实践特色

1. 结合中国制造业发展战略布局

制造业是自主知识产权创造、运用的组织基础，也是知识产权需求生成的社会载体。制造业与知识产权之间不仅存在着基于需求—供给关系的互动，也存在着结构、布局方面的关联。中国制造业发展战略的实施不仅决定着未来几十年中国产业的发展方向，也在相当程度上影响中国产业的空间布局，进而影响中国知识产权的区域布局。同时，还应该认识到，随着中国制造业发展战略的深入实施，知识产权资源的区域配置与产业资源的区域配置的关系也将发生变化。也就是说，中国制造业发展战略是知识产权区域布局研究的基本实践依据。《中国知识产权区域布局研究报告（2019）》编制的启动与发布正值中国制造业发展战略实施的起步阶段。本报告结合中国制造业发展战略实施，以典型产业为例，阐述了中国制造业发展战略与知识产权区域布局之间的关系，从一个侧面凸显了本报告的实践特色。

2. 结合中国知识产权区域布局试点实践

知识产权区域布局试点是中国知识产权区域布局优化的先导性工作，其理论和实践意义重大。各试点地方的探索性工作不仅为知识产权区域布局工作在全国的开展提供了经验借鉴，也为本报告编制提供了丰富的第一手资料。在前期的知识产权布局试点工作中，试点省区市对知识产权区域布局实施方案的修改提出诸多有价值的建议，尤其是对知识产权区域布局评价指标体系的完善做了大量工作，对本报告构建国家层面的评价方案具有重要的参考价值。同时，部分试点省区市开展问卷调查的工作方案及调研数据的收集也对本报告的编制提供了支撑。试点省区市关于知识产权区域布局分析的理论需求是本报告编制的重要工作动力。

上　篇

知识产权区域布局研究主报告

第 2 章
知识产权区域布局研究主报告分析框架

知识产权区域布局研究主报告主要从区域知识产权资源能力静态分布、区域知识产权资源系统协同运行、区域知识产权资源跨区域流动网络和知识产权区域布局效应评价四个方面对我国知识产权区域布局现状进行考察。

2.1 知识产权资源能力静态分布

知识产权是一个国家、区域或组织所拥有的特殊创新资源。知识产权资源的总量、结构、空间分布是区域创新能力形成的决定性因素。本报告认为，知识产权资源能力是指国家、区域在某一时间节点和空间范围上所拥有的知识产权的综合能力。具体而言，它包括知识产权创造潜力、知识产权创造能力、知识产权运用能力、知识产权运用需求、知识产权保护管理等 5 个基本模块（图 2.1）。

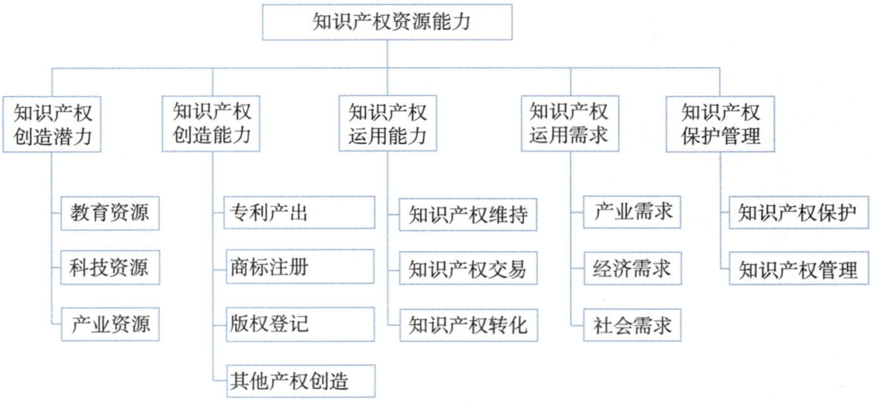

图 2.1 知识产权资源能力 5 个基本模块构成

（1）知识产权创造潜力。知识产权创造潜力是指一个国家或区域的教育、科技和产业基础，是创造知识产权的潜在能力。它主要体现为不同区域创造知识产权的资源基础和条件，包括教育资源、科技资源和产业资源，主要从知识产权创造载体、人员及经费等方面考察。知识产权创造潜力是知识产权创造能力形成的物质前提。

（2）知识产权创造能力。知识产权创造能力是创造知识产权标的物的能力，包括新知识创造能力、知识产权化能力等，是在一定的经济社会发展情况下，区域所拥有的不同类型的知识产权资源的数量和质量的总称，如专利产出、商标注册、版权登记及其他产权创造等。知识产权创造能力在很大程度上取决于知识产权的创造潜力。

（3）知识产权运用能力。知识产权运用能力是指将产权化的知识维持有效性，展开交易，促进流动，并转化应用到经济社会发展中去，使知识产权成为产业升级和经济增长的核心驱动力，实现知识产权经济价值的能力。知识产权运用能力在很大程度上取决于市场需求或者知识产权创造的市场环境。

（4）知识产权运用需求。知识产权运用需求是指知识产权运用市场对于知识产权创造提出的有效需求，主要体现为产业、经济、社会发展对以知识产权为核心的科技创新活动的现实需求，包括产业需求、经济需求和社会需求。知识产权运用需求的主体是企业。

（5）知识产权保护管理。知识产权的保护管理能力是知识产权工作的基础。知识产权保护涉及知识产权立法、行政保护、司法保护、海关保护等多个方面；知识产权管理能力是指为了提升知识产权创造、运用和保护能力，充分发挥知识产权制度在国家、区域、企业发展中的重要作用，促进企业自主创新和形成自主知识产权，推动国家、区域、企业强化对知识产权的有效创造、保护、运用而对知识产权进行的计划、组织、指挥、协调、控制等活动。知识产权保护管理是知识产权创造和运用的支撑力量，主要体现为各省区市对知识产权的保护程度及管理和服务水平。

基于以上 5 个基本模块，可以构建统一的评价指标体系对知识产权综合能力进行测度，具体指标体系参见本报告附录。本报告第 3 章对我国区域知识产权资源能力分布情况进行分析，相关分析方法参见本报告附录。

此外，知识产权资源能力的静态分布也呈现出空间效应的特征。知识产权资源能力的空间效应泛指具有空间属性的知识产权资源能够影响经济活动分布的各种力量，主要通过空间集聚性和空间依赖性来识别。利用空间分析技术分析、研究知识产权资源能力空间分布特征，就是为了了解、把握知识产权资源能力的空间分布现状和变化特点，为合理布局知识产权资源提供支撑。因此，在第 3 章分析的基础上，本报告第 4 章将对我国区域知识产权资源能力的空间集聚性和空间依赖性特征进行分析，相关分析方法参见本报告附录。

2.2 知识产权资源系统协同运行

若将知识产权系统看作一个复杂的开放系统，那么根据协同学的相关理论，则可以将区域知识产权系统视为由知识产权创造潜力、知识产权创造能力、知识产权运用能力、知识产权运用需求及知识产权保护管理子系统组成的整体系统。

各区域知识产权系统内部各子系统发展的非均衡性，使各子系统在区域知识产权系统整体演化中发挥不同的功能，个别子系统可能成为决定区域知识产权系统演化方向的"序参量"。系统由无序走向有序，关键在于系统内部序参量之间的协同作用，它影响着系统相变的特征与规律。耦合度是从系统内部各子系统之间相互作用和系统整体外部功能实现的角度反映系统运行质量的分析指标，能从整体层面反映由子系统之间的匹配所形成的系统运行状态或效果。然而，由于存在两个或多个序参量低层次的耦合会产生较高的耦合度值的现象，它可能会对判断产生误导，因此需要在测算耦合度基础上进一步测算耦合协调度。

需要特别说明的是，社会科学研究引入的耦合概念和测算模型均来自工程技术领域，二者研究的对象在复杂程度和运行机理上存在较大差异，目前学术界对两种对象的本体论差异对耦合分析方法应用于社会问题研究的影响还未做深入探讨，从而使耦合分析方法应用于社会现象的研究面临理论支撑不足的困境，其结果的应用也受到诸多限制。

在对区域知识产权资源能力静态分布和空间特征分析的基础上，本报告第 4 章对区域知识产权系统动态运行的分析主要针对知识产权创造潜力与创造能力的协同，知识产权创造能力与知识产权运用能力的协同，知识产权运用能力与知识产权运用需求的协同，知识产权运用需求与知识产权创造潜力的协同，知识产权保护管理与知识产权创造能力、运用能力的协同（图 2.2）。相关分析方法参见本报告附录。

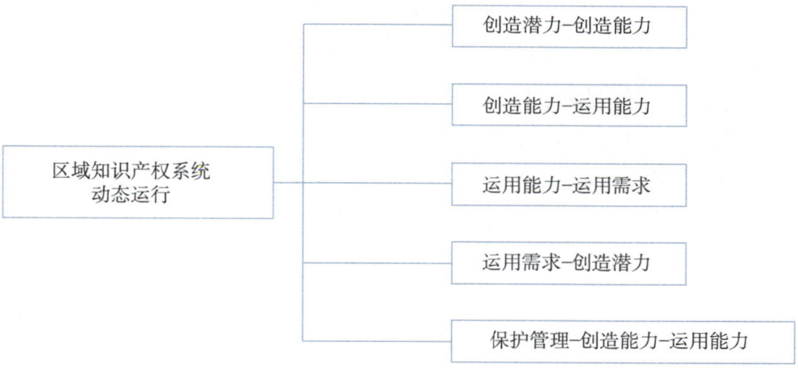

图 2.2　知识产权资源系统协同运行分析

知识产权创造潜力与创造能力的协同程度表征国家或区域知识产权资源（人力、经费、平台、存量成果等）的增长、富集与新的知识产权成果（专利、高技术等）形成的匹配关系，能从一个侧面反映国家或区域知识产权资源形成创新成果的能力。在知识产权系统各子系统的协同关系中，创造潜力与创造能力的协同是整个系统协同的基础。

知识产权创造能力与知识产权运用能力协同程度表征国家或区域知识产权成果形成与知识产权成果转化的匹配关系。该指标能从一个侧面反映国家或区域知识产权成果的产业化实现能力。在我国知识产权系统中，成果形成与成果转化的协同是整个知识产权系统协同运行的瓶颈，因此，提高创造能力与运用能力的协同是知识产权系统协同的重要切入点。

知识产权运用能力与知识产权运用需求的协同程度表征国家或区域的经济活动和产业需求对知识产权运用的拉动及引致，反映市场环境与成果转化运用的匹配关系。该指标能在一定程度上反映市场机制在知识产权系统运行中所起的作用。

知识产权运用需求与知识产权创造潜力的协同程度表征国家或区域的经济活动和社会需求对知识产权资源投入的引致与支撑，二者隐含了资源供给和市场需求之间的供求匹配关系。该指标能在一定程度上反映下游的市场需求信息向上游的资源投入决策进行反馈的状况。

知识产权保护管理与知识产权创造能力、运用能力的协同表征国家或区域的知识产权的执法、服务等对知识产权创造及转化的保障状况，反映社会保障与知识产权创造和运用的匹配关系。该指标能从一个侧面反映社会所提供的知识产权环境对知识产权主要活动环节的支撑能力。

2.3 知识产权资源跨区域流动网络

区域间的知识产权流动已经成为优化知识产权空间配置的重要手段。我国知识产权成果转化和流动具有明显的区域特征与网络特征，区域间通过专利转让，便形成了知识产权流动网络。

知识产权资源跨区域流动网络反映知识产权跨区域利用的程度。知识产权资源在全国范围内充分流动，能有效发挥其经济社会功效。限于数据条件，本报告第 5 章对知识产权区域网络分析主要围绕本地引进其他区域知识产权和向其他地区转让知识产权的情况来展开。具体包括跨区域输出覆盖范围、跨区域输出专利数量、跨区域输入覆盖范围和跨区域输入专利数量（图 2.3）。知识产权资源跨区域流动网络分析相关方法参见附录。

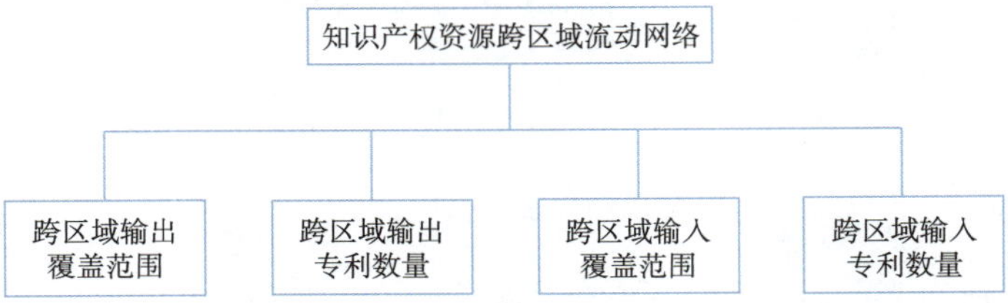

图 2.3　知识产权资源跨区域流动网络分析

2.4 知识产权区域布局效应评价

知识产权区域布局效应是指，知识产权资源空间分布、产业分布及技术领域分布的变化所引起的社会经济效果。具体而言，知识产权区域布局效应是指，知识产权资源的空间配置和产业配置在功能上与区域经济发展目标的吻合程度，主要通过区域知识产权资源成长、区域产业发展促进和区域间知识产权流动合作予以表征。

第一，在经济社会发展领域，一般意义上的效应或功能概念主要针对产品或服务而言，即它的承载主体是有形的产品和具体的服务。知识产权区域布局既不是产品也不是服务。知识产权区域布局是一个社会过程，是实现资源优化配置的一种手段。知识产权区域布局的过程性和动态性，使对其功能和效应的界定及直接测度具有一定的不确定性。

第二，知识产权区域布局效应评价与知识产权区域布局评价主体的价值判断有关。由于知识产权区域布局效应不可能具有自然物或人造物效应的物理标准或工程标准，因此，只能通过评价主体构建相关的经济或社会标准加以评价，而经济和社会标准（指标体系）的设计又往往夹杂人的主观意愿，渗透着人的价值取向。因此，知识产权区域布局效应评价是带有一定主观色彩的评价。

第三，知识产权区域布局效应评价是一个不断提升和优化的过程。在经济社会发展的不同阶段，人们对空间布局模式及其功能、国家整体与区域间的利益关系及各区域之间的利益关系的理解也不尽相同。随着人们认识的深化，对于知识产权区域布局效应的理论解析和定量测度也将逐步发展与深化。

第四，知识产权区域布局效应评价（指标）的间接性。由于知识产权区域布局具有过程性特征，目前还难以找到对过程的优劣进行评价的、无争议的客观指标。因此，只能通过知识产权区域布局带来的结果对布局效应进行间接评价。从结果导向的角度看，可以从以下四个方面对知识产权区域布局效应进行评价。一是区域间或区域内的知识产权资源流动；二是区域间知识产权合作；三是知识产权成果转化；四是区域特色优势技术形成。

第3章
区域知识产权资源能力分布分析

本章首先对各区域知识产权资源能力总体概况加以展示，然后对区域知识产权创造潜力、创造能力、运用能力、运用需求和保护管理共5个分项指标逐一进行分析；在此基础上，得出评价结论并加以探讨。数据来源和评价对象范围参见本报告附录。

3.1 区域知识产权资源能力总体概况

北京 考察期末排名 2

普通高校数	研发经费/地区生产总值	万人发明专利数	人均地区生产总值	有效专利数	技术交易额	IPR[①]保护
15	1	1	2	4	1	11

综合能力			创造潜力		
年份	分值	排名	年份	分值	排名
2008	34.39	1	2008	53.71	1
2009	33.59	1	2009	54.14	1
2010	37.20	1	2010	53.28	1
2011	39.45	2	2011	58.26	1
2012	42.12	3	2012	59.94	1
2013	45.47	2	2013	60.56	2
2014	48.07	3	2014	62.19	2
2015	55.53	2	2015	63.10	2

① IPR是Intellectual Property Right的缩写，译为知识产权。

续表

普通高校数	研发经费/地区生产总值	万人发明专利数	人均地区生产总值	有效专利数	技术交易额	IPR 保护
15	1	1	2	4	1	11

创造能力

年份	分值	排名
2008	30.61	1
2009	25.14	1
2010	27.95	1
2011	31.84	1
2012	35.13	1
2013	38.33	1
2014	42.35	1
2015	58.93	1

运用能力

年份	分值	排名
2008	18.83	3
2009	18.92	3
2010	28.41	2
2011	23.66	3
2012	28.38	3
2013	33.47	3
2014	32.49	3
2015	37.87	3

运用需求

年份	分值	排名
2008	49.98	2
2009	53.72	2
2010	57.06	2
2011	62.74	2
2012	65.92	3
2013	71.12	3
2014	76.15	2
2015	80.35	2

保护管理

年份	分值	排名
2008	17.83	6
2009	20.35	9
2010	19.42	13
2011	24.03	8
2012	18.38	13
2013	19.38	12
2014	25.54	8
2015	26.09	4

天津

考察期末排名　9

普通高校数	研发经费/地区生产总值	万人发明专利数	人均地区生产总值	有效专利数	技术交易额	IPR 保护
27	3	6	1	13	8	20

综合能力

年份	分值	排名
2008	14.17	7
2009	15.06	8
2010	16.59	8
2011	17.86	7
2012	19.38	8
2013	21.09	7
2014	21.88	7
2015	22.22	9

创造潜力

年份	分值	排名
2008	16.87	13
2009	16.98	14
2010	16.87	15
2011	20.77	13
2012	22.66	13
2013	24.93	11
2014	26.22	11
2015	27.33	12

创造能力

年份	分值	排名
2008	5.97	7
2009	6.19	10
2010	7.07	9
2011	6.73	15
2012	8.12	14
2013	9.32	10
2014	9.22	11
2015	9.20	15

运用能力

年份	分值	排名
2008	7.82	8
2009	8.48	8
2010	9.45	8
2011	9.50	7
2012	9.89	10
2013	11.33	8
2014	12.54	7
2015	12.17	12

运用需求

年份	分值	排名
2008	39.33	6
2009	42.56	6
2010	46.69	6
2011	51.00	6
2012	53.94	6
2013	56.71	7
2014	58.57	7
2015	61.23	7

保护管理

年份	分值	排名
2008	7.10	23
2009	8.53	24
2010	13.33	17
2011	11.74	19
2012	13.68	18
2013	14.49	16
2014	13.91	17
2015	10.97	19

河北

考察期末排名 17

普通高校数	研发经费/地区生产总值	万人发明专利数	人均地区生产总值	有效专利数	技术交易额	IPR 保护
7	17	23	19	16	19	12

综合能力

年份	分值	排名
2008	10.22	16
2009	11.35	16
2010	12.16	16
2011	13.43	16
2012	14.25	16
2013	14.68	17
2014	15.74	17
2015	16.88	17

创造潜力

年份	分值	排名
2008	13.14	17
2009	14.03	17
2010	15.08	17
2011	16.23	17
2012	17.47	17
2013	19.21	16
2014	20.30	16
2015	21.20	16

创造能力

年份	分值	排名
2008	3.27	21
2009	3.74	22
2010	5.00	16
2011	6.27	17
2012	6.97	17
2013	6.64	18
2014	7.30	17
2015	9.18	16

运用能力

年份	分值	排名
2008	4.05	19
2009	4.54	17
2010	4.96	17
2011	5.57	17
2012	6.57	16
2013	6.56	17
2014	7.04	17
2015	7.10	18

运用需求

年份	分值	排名
2008	30.15	9
2009	33.07	10
2010	34.91	10
2011	35.95	11
2012	37.16	11
2013	38.81	11
2014	41.23	13
2015	43.32	13

保护管理

年份	分值	排名
2008	8.59	18
2009	11.36	17
2010	8.53	25
2011	13.02	15
2012	11.70	19
2013	10.63	20
2014	12.22	19
2015	12.42	18

山西 考察期末排名 24

普通高校数	研发经费/地区生产总值	万人发明专利数	人均地区生产总值	有效专利数	技术交易额	IPR 保护
26	20	19	27	23	25	28

综合能力

年份	分值	排名
2008	8.55	20
2009	9.24	21
2010	9.78	20
2011	10.09	23
2012	10.46	24
2013	10.98	24
2014	11.65	23
2015	12.41	24

创造潜力

年份	分值	排名
2008	11.40	20
2009	11.29	20
2010	10.83	21
2011	11.68	22
2012	11.91	22
2013	13.11	22
2014	13.09	22
2015	13.07	24

创造能力

年份	分值	排名
2008	3.18	25
2009	3.43	26
2010	4.63	18
2011	4.02	25
2012	4.13	28
2013	4.40	26
2014	4.64	26
2015	5.44	23

运用能力

年份	分值	排名
2008	3.59	20
2009	3.90	25
2010	3.89	22
2011	4.33	22
2012	4.57	21
2013	4.85	23
2014	5.23	21
2015	5.14	24

运用需求

年份	分值	排名
2008	22.92	19
2009	26.09	18
2010	27.00	20
2011	28.18	21
2012	30.47	21
2013	32.18	21
2014	34.78	21
2015	38.15	20

保护管理

年份	分值	排名
2008	8.66	17
2009	9.11	22
2010	10.53	21
2011	10.93	20
2012	8.94	25
2013	6.82	29
2014	7.77	27
2015	7.46	26

内蒙古

考察期末排名　21

普通高校数	研发经费/地区生产总值	万人发明专利数	人均地区生产总值	有效专利数	技术交易额	IPR 保护
23	25	28	6	27	13	21

综合能力

年份	分值	排名
2008	7.25	27
2009	8.25	25
2010	8.87	25
2011	10.49	21
2012	10.08	25
2013	11.03	23
2014	11.51	24
2015	13.25	21

创造潜力

年份	分值	排名
2008	8.02	26
2009	8.32	27
2010	8.24	25
2011	8.68	28
2012	9.58	27
2013	10.58	26
2014	11.02	26
2015	11.57	26

创造能力

年份	分值	排名
2008	3.21	24
2009	3.52	25
2010	3.24	27
2011	3.75	28
2012	4.36	25
2013	4.34	27
2014	4.39	27
2015	4.98	26

运用能力

年份	分值	排名
2008	2.68	27
2009	2.60	29
2010	2.79	28
2011	3.33	27
2012	4.01	26
2013	4.03	28
2014	4.00	26
2015	9.14	17

运用需求

年份	分值	排名
2008	21.18	24
2009	25.34	19
2010	30.13	13
2011	36.51	10
2012	31.92	19
2013	36.36	15
2014	38.72	16
2015	39.83	18

保护管理

年份	分值	排名
2008	6.81	25
2009	9.31	21
2010	7.74	28
2011	10.19	23
2012	7.55	28
2013	7.88	25
2014	7.88	26
2015	7.26	27

辽宁　　考察期末排名　14

普通高校数	研发经费/地区生产总值	万人发明专利数	人均地区生产总值	有效专利数	技术交易额	IPR 保护
13	15	8	9	15	11	16

综合能力

年份	分值	排名
2008	13.44	8
2009	14.72	9
2010	17.34	7
2011	16.78	10
2012	18.63	9
2013	18.61	12
2014	18.64	14
2015	19.28	14

创造潜力

年份	分值	排名
2008	19.96	10
2009	21.08	9
2010	21.83	9
2011	22.06	11
2012	22.90	12
2013	24.39	13
2014	25.07	13
2015	24.48	15

创造能力

年份	分值	排名
2008	4.47	13
2009	6.41	9
2010	6.71	10
2011	8.26	9
2012	9.48	11
2013	9.00	11
2014	8.24	15
2015	8.98	17

运用能力

年份	分值	排名
2008	7.83	7
2009	7.00	10
2010	13.01	6
2011	9.47	8
2012	9.71	11
2013	9.54	11
2014	9.01	15
2015	9.35	16

运用需求

年份	分值	排名
2008	32.46	8
2009	35.62	8
2010	36.27	8
2011	39.86	8
2012	43.16	8
2013	45.10	8
2014	48.01	8
2015	50.93	8

保护管理

年份	分值	排名
2008	10.86	12
2009	12.81	16
2010	23.10	11
2011	12.34	18
2012	21.86	8
2013	15.83	14
2014	13.00	18
2015	12.43	17

吉林　　　　考察期末排名　20

普通高校数	研发经费/地区生产总值	万人发明专利数	人均地区生产总值	有效专利数	技术交易额	IPR 保护
16	22	17	12	24	27	26

综合能力

年份	分值	排名
2008	8.98	18
2009	9.66	19
2010	10.06	19
2011	10.97	19
2012	11.67	20
2013	12.07	19
2014	13.03	20
2015	13.92	20

创造潜力

年份	分值	排名
2008	11.74	19
2009	12.48	18
2010	13.28	18
2011	14.01	18
2012	14.71	19
2013	15.37	20
2014	15.57	20
2015	15.93	20

创造能力

年份	分值	排名
2008	3.89	17
2009	4.19	17
2010	4.37	21
2011	4.89	21
2012	5.09	20
2013	4.96	22
2014	6.50	18
2015	7.00	19

运用能力

年份	分值	排名
2008	3.32	22
2009	4.01	24
2010	3.69	24
2011	4.15	23
2012	4.55	22
2013	4.92	22
2014	5.17	22
2015	5.28	23

运用需求

年份	分值	排名
2008	25.46	17
2009	26.33	17
2010	27.67	19
2011	30.46	18
2012	32.54	18
2013	34.69	18
2014	36.43	19
2015	40.59	16

保护管理

年份	分值	排名
2008	5.86	30
2009	7.57	26
2010	8.14	27
2011	8.51	26
2012	9.19	24
2013	7.40	26
2014	8.53	24
2015	7.83	23

黑龙江

考察期末排名 19

普通高校数	研发经费/地区生产总值	万人发明专利数	人均地区生产总值	有效专利数	技术交易额	IPR 保护
19	19	15	21	18	24	17

综合能力

年份	分值	排名
2008	8.88	19
2009	9.95	18
2010	10.44	18
2011	11.43	18
2012	12.08	19
2013	12.46	18
2014	13.40	18
2015	14.10	19

创造潜力

年份	分值	排名
2008	15.56	15
2009	16.77	15
2010	16.97	14
2011	18.32	15
2012	19.18	16
2013	19.15	17
2014	19.62	17
2015	19.54	17

创造能力

年份	分值	排名
2008	3.71	18
2009	4.06	18
2010	4.42	20
2011	5.40	19
2012	5.03	21
2013	5.26	20
2014	6.15	20
2015	7.12	18

运用能力

年份	分值	排名
2008	3.48	21
2009	3.76	26
2010	3.79	23
2011	4.66	21
2012	4.66	20
2013	5.51	19
2014	5.65	19
2015	5.79	21

运用需求

年份	分值	排名
2008	20.03	26
2009	22.76	25
2010	24.15	24
2011	26.04	25
2012	29.02	23
2013	30.77	22
2014	33.76	22
2015	36.44	23

保护管理

年份	分值	排名
2008	6.63	27
2009	9.54	19
2010	10.93	19
2011	9.30	24
2012	10.74	21
2013	8.05	24
2014	8.72	23
2015	7.73	24

上海　　　　考察期末排名　5

普通高校数	研发经费/地区生产总值	万人发明专利数	人均地区生产总值	有效专利数	技术交易额	IPR 保护
21	2	2	3	6	4	24

综合能力

年份	分值	排名
2008	24.34	4
2009	26.61	4
2010	28.27	4
2011	29.71	4
2012	31.95	4
2013	33.78	4
2014	35.39	5
2015	38.97	5

创造潜力

年份	分值	排名
2008	28.40	5
2009	30.51	4
2010	29.63	6
2011	32.13	6
2012	32.99	6
2013	33.89	6
2014	35.15	6
2015	36.06	6

创造能力

年份	分值	排名
2008	11.73	3
2009	13.50	4
2010	15.48	4
2011	17.70	5
2012	20.92	5
2013	20.59	5
2014	24.90	4
2015	32.16	4

运用能力

年份	分值	排名
2008	16.62	5
2009	15.57	6
2010	19.99	4
2011	18.97	4
2012	19.90	4
2013	23.51	4
2014	19.94	5
2015	23.33	5

运用需求

年份	分值	排名
2008	57.13	1
2009	65.17	1
2010	65.67	1
2011	70.05	1
2012	74.18	1
2013	79.01	1
2014	83.80	1
2015	87.19	1

保护管理

年份	分值	排名
2008	20.10	5
2009	23.45	7
2010	23.49	8
2011	20.62	11
2012	22.77	7
2013	23.33	9
2014	25.08	10
2015	21.25	9

江苏 考察期末排名 1

普通高校数	研发经费/地区生产总值	万人发明专利数	人均地区生产总值	有效专利数	技术交易额	IPR 保护
1	4	3	4	2	2	2

综合能力

年份	分值	排名
2008	24.80	3
2009	28.05	3
2010	32.64	3
2011	40.30	1
2012	45.86	1
2013	48.62	1
2014	51.17	1
2015	55.80	1

创造潜力

年份	分值	排名
2008	39.74	2
2009	42.33	2
2010	45.21	2
2011	48.98	2
2012	58.38	2
2013	62.85	1
2014	66.58	1
2015	70.46	1

创造能力

年份	分值	排名
2008	10.85	4
2009	13.62	3
2010	18.33	3
2011	26.75	2
2012	27.27	3
2013	29.92	3
2014	29.66	3
2015	34.22	3

运用能力

年份	分值	排名
2008	17.56	4
2009	19.62	2
2010	25.36	3
2011	30.47	2
2012	37.66	1
2013	39.22	2
2014	42.91	2
2015	58.42	1

运用需求

年份	分值	排名
2008	45.73	4
2009	47.83	4
2010	52.11	4
2011	62.45	3
2012	67.49	2
2013	71.29	2
2014	76.00	3
2015	77.02	4

保护管理

年份	分值	排名
2008	22.34	4
2009	36.16	4
2010	41.62	3
2011	59.27	1
2012	71.50	2
2013	72.06	1
2014	74.57	1
2015	51.70	3

浙江　　　　考察期末排名　4

普通高校数	研发经费/地区生产总值	万人发明专利数	人均地区生产总值	有效专利数	技术交易额	IPR 保护
11	6	4	5	3	12	1

综合能力

年份	分值	排名
2008	22.19	5
2009	23.03	5
2010	26.59	5
2011	28.70	5
2012	31.66	5
2013	33.41	5
2014	36.66	4
2015	41.60	4

创造潜力

年份	分值	排名
2008	28.55	4
2009	28.97	5
2010	30.62	5
2011	33.51	4
2012	37.12	4
2013	39.43	4
2014	41.99	5
2015	44.91	4

创造能力

年份	分值	排名
2008	10.17	5
2009	12.42	5
2010	14.82	5
2011	18.00	4
2012	22.22	4
2013	23.10	4
2014	22.91	5
2015	31.44	5

运用能力

年份	分值	排名
2008	11.83	6
2009	11.37	7
2010	14.83	5
2011	16.99	5
2012	17.21	5
2013	18.57	5
2014	20.71	4
2015	24.19	4

运用需求

年份	分值	排名
2008	44.63	5
2009	46.82	5
2010	50.31	5
2011	54.42	5
2012	57.85	5
2013	61.53	5
2014	66.20	5
2015	70.96	5

保护管理

年份	分值	排名
2008	41.92	2
2009	39.37	3
2010	53.62	2
2011	44.21	3
2012	48.62	3
2013	49.52	3
2014	70.02	2
2015	70.52	1

安徽 考察期末排名 10

普通高校数	研发经费/地区生产总值	万人发明专利数	人均地区生产总值	有效专利数	技术交易额	IPR 保护
3	9	13	25	9	17	15

综合能力

年份	分值	排名
2008	11.52	13
2009	12.19	14
2010	13.18	14
2011	15.43	13
2012	17.19	13
2013	17.84	14
2014	19.55	12
2015	21.83	10

创造潜力

年份	分值	排名
2008	17.43	12
2009	18.30	12
2010	18.82	13
2011	22.28	10
2012	24.86	10
2013	27.05	9
2014	28.63	8
2015	30.19	8

创造能力

年份	分值	排名
2008	4.97	11
2009	5.48	12
2010	6.38	11
2011	7.74	10
2012	10.39	9
2013	11.16	8
2014	12.46	7
2015	14.85	8

运用能力

年份	分值	排名
2008	5.61	11
2009	5.29	14
2010	4.92	18
2011	6.04	15
2012	8.18	12
2013	8.14	15
2014	9.46	13
2015	12.32	11

运用需求

年份	分值	排名
2008	26.34	15
2009	27.86	13
2010	27.71	18
2011	31.20	16
2012	33.00	17
2013	35.06	17
2014	37.81	17
2015	40.21	17

保护管理

年份	分值	排名
2008	10.81	13
2009	13.11	15
2010	23.12	10
2011	27.06	7
2012	21.34	10
2013	16.58	13
2014	19.48	12
2015	20.91	11

福建　　考察期末排名　7

普通高校数	研发经费/地区生产总值	万人发明专利数	人均地区生产总值	有效专利数	技术交易额	IPR 保护
6	13	10	7	8	7	9

综合能力

年份	分值	排名
2008	12.51	11
2009	15.77	7
2010	15.05	10
2011	16.85	8
2012	18.62	10
2013	19.77	8
2014	20.88	9
2015	23.35	7

创造潜力

年份	分值	排名
2008	14.88	16
2009	15.67	16
2010	16.25	16
2011	18.14	16
2012	20.97	15
2013	22.12	15
2014	22.81	15
2015	25.33	14

创造能力

年份	分值	排名
2008	5.46	9
2009	6.62	7
2010	7.46	8
2011	9.67	7
2012	11.02	8
2013	11.80	7
2014	12.14	8
2015	16.55	7

运用能力

年份	分值	排名
2008	6.94	9
2009	15.81	5
2010	7.28	10
2011	8.49	9
2012	10.15	8
2013	11.21	10
2014	11.68	10
2015	13.51	8

运用需求

年份	分值	排名
2008	29.75	10
2009	33.10	9
2010	35.22	9
2011	39.12	9
2012	41.95	10
2013	45.10	9
2014	46.95	9
2015	49.39	9

保护管理

年份	分值	排名
2008	16.71	9
2009	15.82	13
2010	25.71	7
2011	22.81	9
2012	21.49	9
2013	20.03	11
2014	26.13	7
2015	22.47	7

江西　　考察期末排名　18

普通高校数	研发经费/地区生产总值	万人发明专利数	人均地区生产总值	有效专利数	技术交易额	IPR 保护
24	21	29	24	19	23	18

综合能力

年份	分值	排名
2008	8.24	21
2009	9.62	20
2010	9.71	22
2011	10.55	20
2012	11.13	21
2013	12.05	20
2014	13.24	19
2015	14.31	18

创造潜力

年份	分值	排名
2008	10.59	21
2009	10.53	21
2010	12.34	19
2011	13.31	20
2012	14.22	20
2013	16.37	18
2014	17.38	18
2015	18.25	18

创造能力

年份	分值	排名
2008	3.11	26
2009	3.85	21
2010	3.98	23
2011	4.51	22
2012	4.65	23
2013	4.87	23
2014	5.95	21
2015	7.00	20

运用能力

年份	分值	排名
2008	2.85	26
2009	3.40	27
2010	3.44	25
2011	3.70	24
2012	3.97	27
2013	4.66	24
2014	5.03	23
2015	6.10	20

运用需求

年份	分值	排名
2008	23.45	18
2009	25.07	20
2010	26.31	21
2011	28.30	20
2012	31.00	20
2013	32.90	19
2014	37.02	18
2015	38.83	19

保护管理

年份	分值	排名
2008	8.24	20
2009	18.62	12
2010	11.49	18
2011	12.68	17
2012	10.48	22
2013	9.77	23
2014	8.18	25
2015	8.15	21

山东　　考察期末排名　6

普通高校数	研发经费/地区生产总值	万人发明专利数	人均地区生产总值	有效专利数	技术交易额	IPR 保护
2	7	9	10	5	6	5

综合能力

年份	分值	排名
2008	21.65	6
2009	21.81	6
2010	22.20	6
2011	23.99	6
2012	26.67	6
2013	28.59	6
2014	30.19	6
2015	32.32	6

创造潜力

年份	分值	排名
2008	27.07	6
2009	28.30	6
2010	31.00	4
2011	33.27	5
2012	36.60	5
2013	38.86	5
2014	42.40	4
2015	44.17	5

创造能力

年份	分值	排名
2008	6.85	6
2009	7.74	6
2010	9.74	6
2011	11.14	6
2012	14.46	6
2013	16.33	6
2014	17.12	6
2015	21.65	6

运用能力

年份	分值	排名
2008	22.45	2
2009	15.95	4
2010	11.76	7
2011	12.11	6
2012	13.12	6
2013	14.57	6
2014	16.35	6
2015	18.42	6

运用需求

年份	分值	排名
2008	39.24	7
2009	41.31	7
2010	43.68	7
2011	49.57	7
2012	53.23	7
2013	57.58	6
2014	60.72	6
2015	62.63	6

保护管理

年份	分值	排名
2008	27.83	3
2009	41.01	2
2010	39.73	4
2011	37.67	4
2012	39.53	5
2013	36.77	5
2014	32.55	5
2015	26.07	5

河南　　考察期末排名　13

普通高校数	研发经费/地区生产总值	万人发明专利数	人均地区生产总值	有效专利数	技术交易额	IPR 保护
17	18	21	22	10	20	6

综合能力

年份	分值	排名
2008	11.07	15
2009	12.23	13
2010	12.76	15
2011	14.26	15
2012	15.62	15
2013	18.26	13
2014	18.89	13
2015	20.58	13

创造潜力

年份	分值	排名
2008	16.07	14
2009	17.18	13
2010	19.00	12
2011	20.37	14
2012	22.43	14
2013	23.75	14
2014	24.19	14
2015	25.73	13

创造能力

年份	分值	排名
2008	3.92	15
2009	4.64	15
2010	5.25	14
2011	7.17	12
2012	7.55	16
2013	7.81	16
2014	7.93	16
2015	10.80	13

运用能力

年份	分值	排名
2008	4.36	16
2009	4.77	16
2010	4.75	19
2011	5.32	18
2012	7.16	14
2013	11.29	9
2014	12.31	8
2015	13.82	7

运用需求

年份	分值	排名
2008	26.38	13
2009	27.68	16
2010	28.35	17
2011	31.92	15
2012	34.20	16
2013	36.63	14
2014	40.77	14
2015	43.24	14

保护管理

年份	分值	排名
2008	16.96	7
2009	22.52	8
2010	20.81	12
2011	19.44	13
2012	19.36	11
2013	31.01	7
2014	25.09	9
2015	20.95	10

湖北 考察期末排名 8

普通高校数	研发经费/地区生产总值	万人发明专利数	人均地区生产总值	有效专利数	技术交易额	IPR 保护
8	10	11	13	11	5	7

综合能力

年份	分值	排名
2008	13.10	9
2009	14.70	10
2010	15.53	9
2011	16.81	9
2012	19.47	7
2013	19.67	9
2014	21.34	8
2015	22.44	8

创造潜力

年份	分值	排名
2008	22.34	7
2009	23.51	7
2010	24.69	7
2011	26.66	7
2012	28.46	7
2013	29.96	7
2014	30.05	7
2015	31.37	7

创造能力

年份	分值	排名
2008	5.20	10
2009	5.74	11
2010	4.78	17
2011	6.78	14
2012	12.21	7
2013	8.70	14
2014	11.06	10
2015	12.47	10

运用能力

年份	分值	排名
2008	5.39	12
2009	7.05	9
2010	7.74	9
2011	8.10	11
2012	10.89	7
2013	8.92	13
2014	9.99	12
2015	12.55	9

运用需求

年份	分值	排名
2008	27.40	11
2009	28.39	12
2010	30.86	12
2011	32.94	13
2012	36.06	12
2013	39.14	10
2014	43.21	10
2015	45.79	10

保护管理

年份	分值	排名
2008	16.71	10
2009	25.12	6
2010	29.49	6
2011	27.19	6
2012	18.83	12
2013	32.53	6
2014	32.11	6
2015	22.88	6

湖南

考察期末排名 12

普通高校数	研发经费/地区生产总值	万人发明专利数	人均地区生产总值	有效专利数	技术交易额	IPR 保护
4	14	16	16	12	18	4

综合能力

年份	分值	排名
2008	11.59	12
2009	13.84	11
2010	14.69	11
2011	15.81	11
2012	18.29	11
2013	19.62	10
2014	19.62	11
2015	20.77	12

创造潜力

年份	分值	排名
2008	18.41	11
2009	19.46	11
2010	20.43	10
2011	23.25	9
2012	25.09	9
2013	25.99	10
2014	26.55	10
2015	28.94	9

创造能力

年份	分值	排名
2008	4.09	14
2009	5.10	14
2010	6.25	12
2011	6.51	16
2012	8.53	12
2013	8.79	13
2014	8.75	12
2015	11.24	12

运用能力

年份	分值	排名
2008	4.25	18
2009	6.12	12
2010	5.62	14
2011	5.77	16
2012	6.46	17
2013	9.07	12
2014	9.04	14
2015	10.39	15

运用需求

年份	分值	排名
2008	26.68	12
2009	29.29	11
2010	31.10	11
2011	33.13	12
2012	35.79	14
2013	38.50	12
2014	42.31	11
2015	44.49	12

保护管理

年份	分值	排名
2008	16.84	8
2009	28.16	5
2010	29.90	5
2011	31.56	5
2012	43.51	4
2013	42.95	4
2014	33.16	4
2015	22.14	8

广东

考察期末排名　3

普通高校数	研发经费/地区生产总值	万人发明专利数	人均地区生产总值	有效专利数	技术交易额	IPR 保护
9	5	5	8	1	3	3

综合能力

年份	分值	排名
2008	29.19	2
2009	30.81	2
2010	35.37	2
2011	37.78	3
2012	42.34	2
2013	45.18	3
2014	48.45	2
2015	53.29	3

创造潜力

年份	分值	排名
2008	30.73	3
2009	32.33	3
2010	35.26	3
2011	37.44	3
2012	40.47	3
2013	42.37	3
2014	42.91	3
2015	47.25	3

创造能力

年份	分值	排名
2008	15.85	2
2009	19.18	2
2010	22.82	2
2011	26.43	3
2012	30.11	2
2013	34.04	2
2014	38.41	2
2015	45.38	2

运用能力

年份	分值	排名
2008	25.12	1
2009	26.51	1
2010	31.50	1
2011	34.55	1
2012	37.17	2
2013	40.69	1
2014	45.79	1
2015	48.84	2

运用需求

年份	分值	排名
2008	48.90	3
2009	52.18	3
2010	54.27	3
2011	58.96	4
2012	62.60	4
2013	66.42	4
2014	69.60	4
2015	78.58	3

保护管理

年份	分值	排名
2008	51.69	1
2009	43.20	1
2010	60.05	1
2011	50.58	2
2012	71.87	1
2013	67.93	2
2014	67.66	3
2015	61.50	2

广西

考察期末排名 22

普通高校数	研发经费/地区生产总值	万人发明专利数	人均地区生产总值	有效专利数	技术交易额	IPR 保护
10	26	20	26	20	26	19

综合能力

年份	分值	排名
2008	7.81	23
2009	8.09	26
2010	8.34	26
2011	9.50	25
2012	10.67	23
2013	11.13	22
2014	11.92	21
2015	12.94	22

创造潜力

年份	分值	排名
2008	9.92	22
2009	10.31	22
2010	10.27	22
2011	11.78	21
2012	12.26	21
2013	12.65	23
2014	12.53	24
2015	13.64	23

创造能力

年份	分值	排名
2008	3.23	23
2009	3.62	24
2010	3.23	28
2011	4.15	24
2012	5.75	18
2013	5.08	21
2014	5.53	22
2015	6.86	21

运用能力

年份	分值	排名
2008	2.63	28
2009	2.84	28
2010	2.98	26
2011	3.58	25
2012	4.07	23
2013	4.97	21
2014	4.65	24
2015	4.97	25

运用需求

年份	分值	排名
2008	22.01	21
2009	22.91	24
2010	24.04	25
2011	26.13	24
2012	27.98	25
2013	29.89	24
2014	32.83	23
2015	34.53	24

保护管理

年份	分值	排名
2008	7.65	22
2009	6.02	30
2010	8.19	26
2011	9.30	25
2012	11.33	20
2013	11.95	18
2014	15.65	14
2015	15.93	13

海南　　考察期末排名　29

普通高校数	研发经费/地区生产总值	万人发明专利数	人均地区生产总值	有效专利数	技术交易额	IPR 保护
28	30	18	18	28	30	29

综合能力

年份	分值	排名
2008	5.19	29
2009	6.26	29
2010	6.54	29
2011	7.40	29
2012	8.26	28
2013	8.70	28
2014	8.94	29
2015	9.21	29

创造潜力

年份	分值	排名
2008	7.04	28
2009	8.60	25
2010	7.56	28
2011	9.29	25
2012	10.15	26
2013	10.34	27
2014	9.55	28
2015	10.98	27

创造能力

年份	分值	排名
2008	2.81	27
2009	3.66	23
2010	3.83	24
2011	4.31	23
2012	4.68	22
2013	4.74	24
2014	4.80	23
2015	4.24	28

运用能力

年份	分值	排名
2008	1.98	30
2009	2.51	30
2010	2.69	29
2011	3.11	30
2012	3.95	28
2013	4.05	27
2014	3.94	28
2015	3.70	29

运用需求

年份	分值	排名
2008	12.53	29
2009	13.49	29
2010	15.32	28
2011	17.43	28
2012	19.70	28
2013	22.10	28
2014	24.63	28
2015	26.44	28

保护管理

年份	分值	排名
2008	4.95	31
2009	7.86	25
2010	8.94	23
2011	7.84	28
2012	7.59	26
2013	7.08	27
2014	6.96	28
2015	5.91	31

重庆

考察期末排名 16

普通高校数	研发经费/地区生产总值	万人发明专利数	人均地区生产总值	有效专利数	技术交易额	IPR 保护
14	12	12	11	14	14	22

综合能力

年份	分值	排名
2008	9.45	17
2009	10.11	17
2010	10.84	17
2011	12.77	17
2012	14.19	17
2013	14.92	16
2014	16.05	16
2015	18.11	16

创造潜力

年份	分值	排名
2008	12.15	18
2009	12.37	19
2010	12.29	20
2011	13.93	19
2012	15.05	18
2013	15.77	19
2014	15.68	19
2015	17.40	19

创造能力

年份	分值	排名
2008	3.58	19
2009	3.92	20
2010	5.21	15
2011	7.03	13
2012	8.35	13
2013	8.96	12
2014	8.74	13
2015	11.36	11

运用能力

年份	分值	排名
2008	4.43	15
2009	5.45	13
2010	5.37	16
2011	6.98	12
2012	6.89	15
2013	7.24	16
2014	8.26	16
2015	10.69	13

运用需求

年份	分值	排名
2008	26.36	14
2009	27.83	14
2010	29.07	15
2011	32.12	14
2012	35.40	15
2013	38.47	13
2014	42.11	12
2015	44.91	11

保护管理

年份	分值	排名
2008	6.63	26
2009	6.63	29
2010	8.83	24
2011	10.59	22
2012	14.33	17
2013	11.51	19
2014	16.50	13
2015	14.11	15

四川　　考察期末排名　11

普通高校数	研发经费/地区生产总值	万人发明专利数	人均地区生产总值	有效专利数	技术交易额	IPR 保护
5	11	14	23	7	10	10

综合能力

年份	分值	排名
2008	12.55	10
2009	13.62	12
2010	14.16	12
2011	15.68	12
2012	17.89	12
2013	18.79	11
2014	20.19	10
2015	21.52	11

创造潜力

年份	分值	排名
2008	20.32	9
2009	20.49	10
2010	20.42	11
2011	21.21	12
2012	23.57	11
2013	24.44	12
2014	26.15	12
2015	28.10	11

创造能力

年份	分值	排名
2008	5.97	8
2009	6.61	8
2010	7.49	7
2011	9.16	8
2012	9.95	10
2013	10.60	9
2014	11.93	9
2015	14.17	9

运用能力

年份	分值	排名
2008	6.18	10
2009	6.32	11
2010	6.39	12
2011	8.37	10
2012	9.97	9
2013	11.52	7
2014	11.95	9
2015	12.48	10

运用需求

年份	分值	排名
2008	26.02	16
2009	27.76	15
2010	29.89	14
2011	30.74	17
2012	35.85	13
2013	35.79	16
2014	39.80	15
2015	42.82	15

保护管理

年份	分值	排名
2008	11.61	11
2009	18.73	11
2010	17.46	15
2011	20.28	12
2012	23.65	6
2013	25.57	8
2014	23.95	11
2015	18.65	12

贵州 考察期末排名 27

普通高校数	研发经费/地区生产总值	万人发明专利数	人均地区生产总值	有效专利数	技术交易额	IPR 保护
20	27	26	29	21	15	8

综合能力

年份	分值	排名
2008	7.43	26
2009	9.10	22
2010	9.24	23
2011	9.80	24
2012	9.34	26
2013	10.71	25
2014	10.35	26
2015	10.88	27

创造潜力

年份	分值	排名
2008	8.14	25
2009	8.45	26
2010	8.02	26
2011	8.99	27
2012	9.31	28
2013	9.40	28
2014	9.74	27
2015	9.96	28

创造能力

年份	分值	排名
2008	3.91	16
2009	4.21	16
2010	3.71	25
2011	4.01	26
2012	4.36	26
2013	6.64	17
2014	4.65	24
2015	5.24	24

运用能力

年份	分值	排名
2008	3.23	23
2009	4.30	20
2010	3.98	21
2011	6.54	14
2012	4.01	25
2013	4.62	25
2014	4.16	25
2015	4.32	28

运用需求

年份	分值	排名
2008	19.28	27
2009	21.66	27
2010	22.96	27
2011	24.92	27
2012	26.97	27
2013	27.94	26
2014	29.55	27
2015	31.48	27

保护管理

年份	分值	排名
2008	8.44	19
2009	20.06	10
2010	23.43	9
2011	13.84	14
2012	9.47	23
2013	13.89	17
2014	14.49	16
2015	13.79	16

云南　　考察期末排名　23

普通高校数	研发经费/地区生产总值	万人发明专利数	人均地区生产总值	有效专利数	技术交易额	IPR 保护
18	24	22	30	22	16	25

综合能力

年份	分值	排名
2008	8.09	22
2009	8.64	23
2010	9.06	24
2011	10.25	22
2012	11.12	22
2013	11.35	21
2014	11.87	22
2015	12.67	23

创造潜力

年份	分值	排名
2008	9.04	24
2009	8.79	24
2010	8.86	24
2011	10.46	24
2012	11.66	23
2013	12.44	24
2014	12.83	23
2015	14.85	21

创造能力

年份	分值	排名
2008	3.49	20
2009	4.01	19
2010	4.21	22
2011	5.75	18
2012	5.53	19
2013	5.89	19
2014	6.30	19
2015	6.73	22

运用能力

年份	分值	排名
2008	4.25	17
2009	4.46	19
2010	4.62	20
2011	4.66	20
2012	5.15	19
2013	5.50	20
2014	5.25	20
2015	5.57	22

运用需求

年份	分值	排名
2008	21.62	23
2009	23.07	22
2010	24.49	22
2011	26.88	22
2012	28.72	24
2013	30.05	23
2014	32.16	24
2015	34.41	25

保护管理

年份	分值	排名
2008	8.02	21
2009	10.01	18
2010	10.93	20
2011	10.72	21
2012	14.61	15
2013	9.84	22
2014	10.29	21
2015	7.85	22

西藏　　考察期末排名　30

普通高校数	研发经费/地区生产总值	万人发明专利数	人均地区生产总值	有效专利数	技术交易额	IPR 保护
31	31	31	28	31	31	31

综合能力

年份	分值	排名
2008	4.86	30
2009	5.40	30
2010	4.74	30
2011	6.03	30
2012	6.43	30
2013	6.76	30
2014	6.55	30
2015	6.69	30

创造潜力

年份	分值	排名
2008	5.13	31
2009	5.52	31
2010	2.61	31
2011	3.20	31
2012	3.97	31
2013	4.50	31
2014	2.67	31
2015	2.42	31

创造能力

年份	分值	排名
2008	2.30	30
2009	2.11	31
2010	3.34	26
2011	4.95	20
2012	4.64	24
2013	4.58	25
2014	4.17	29
2015	3.58	30

运用能力

年份	分值	排名
2008	1.91	31
2009	4.15	22
2010	1.33	31
2011	3.19	28
2012	3.43	29
2013	3.45	29
2014	3.46	29
2015	3.38	30

运用需求

年份	分值	排名
2008	13.45	28
2009	14.01	28
2010	15.01	29
2011	16.10	29
2012	17.73	29
2013	19.17	30
2014	20.81	30
2015	22.90	30

保护管理

年份	分值	排名
2008	5.89	29
2009	3.91	31
2010	5.09	31
2011	5.29	31
2012	5.53	31
2013	5.48	31
2014	5.54	30
2015	6.18	30

陕西　　考察期末排名　15

普通高校数	研发经费/地区生产总值	万人发明专利数	人均地区生产总值	有效专利数	技术交易额	IPR 保护
12	8	7	14	17	9	13

综合能力

年份	分值	排名
2008	11.37	14
2009	12.00	15
2010	13.47	13
2011	14.76	14
2012	15.73	14
2013	17.21	15
2014	17.83	15
2015	18.77	15

创造潜力

年份	分值	排名
2008	22.33	8
2009	22.56	8
2010	23.24	8
2011	24.42	8
2012	26.15	8
2013	27.73	8
2014	27.70	9
2015	28.91	10

创造能力

年份	分值	排名
2008	4.93	12
2009	5.16	13
2010	5.55	13
2011	7.61	11
2012	8.06	15
2013	8.67	15
2014	8.72	14
2015	9.98	14

运用能力

年份	分值	排名
2008	4.65	14
2009	4.90	15
2010	5.84	13
2011	6.93	13
2012	7.52	13
2013	8.73	14
2014	10.56	11
2015	10.50	14

运用需求

年份	分值	排名
2008	21.89	22
2009	24.58	21
2010	28.62	16
2011	29.79	19
2012	30.34	22
2013	32.44	20
2014	35.94	20
2015	38.09	21

保护管理

年份	分值	排名
2008	9.13	15
2009	9.31	20
2010	13.43	16
2011	12.82	16
2012	16.20	14
2013	20.66	10
2014	14.77	15
2015	14.36	14

甘肃

考察期末排名　25

普通高校数	研发经费/地区生产总值	万人发明专利数	人均地区生产总值	有效专利数	技术交易额	IPR 保护
22	16	25	31	26	22	23

综合能力

年份	分值	排名
2008	7.64	24
2009	8.31	24
2010	9.76	21
2011	9.36	26
2012	12.59	18
2013	10.40	26
2014	11.01	25
2015	11.64	25

创造潜力

年份	分值	排名
2008	9.54	23
2009	9.30	23
2010	9.91	23
2011	11.35	23
2012	11.62	24
2013	13.26	21
2014	13.89	21
2015	14.40	22

创造能力

年份	分值	排名
2008	3.23	22
2009	3.23	27
2010	4.51	19
2011	3.55	29
2012	3.84	29
2013	3.74	30
2014	4.07	30
2015	4.23	29

运用能力

年份	分值	排名
2008	3.17	24
2009	4.48	18
2010	7.18	11
2011	5.14	19
2012	6.39	18
2013	5.66	18
2014	5.80	18
2015	6.43	19

运用需求

年份	分值	排名
2008	20.10	25
2009	22.37	26
2010	23.15	26
2011	24.98	26
2012	42.47	9
2013	26.97	27
2014	29.64	26
2015	32.15	26

保护管理

年份	分值	排名
2008	8.84	16
2009	8.90	23
2010	10.48	22
2011	8.29	27
2012	6.53	30
2013	10.23	21
2014	8.87	22
2015	7.64	25

青海　　考察期末排名　31

普通高校数	研发经费/地区生产总值	万人发明专利数	人均地区生产总值	有效专利数	技术交易额	IPR 保护
30	29	30	17	30	28	30

综合能力

年份	分值	排名
2008	4.18	31
2009	4.53	31
2010	4.63	31
2011	4.82	31
2012	5.38	31
2013	5.76	31
2014	6.29	31
2015	6.68	31

创造潜力

年份	分值	排名
2008	5.27	30
2009	5.79	30
2010	5.52	30
2011	5.82	30
2012	6.17	30
2013	6.35	30
2014	6.59	30
2015	6.05	30

创造能力

年份	分值	排名
2008	2.20	31
2009	2.59	30
2010	2.43	31
2011	2.46	31
2012	3.02	31
2013	3.22	31
2014	3.18	31
2015	3.51	31

运用能力

年份	分值	排名
2008	3.04	25
2009	2.51	31
2010	2.54	30
2011	2.63	31
2012	2.47	31
2013	2.78	31
2014	2.84	31
2015	2.87	31

运用需求

年份	分值	排名
2008	7.17	31
2009	8.59	31
2010	9.73	31
2011	10.67	31
2012	12.47	31
2013	14.00	31
2014	16.93	31
2015	19.25	31

保护管理

年份	分值	排名
2008	7.00	24
2009	7.33	27
2010	7.40	29
2011	6.67	30
2012	7.39	29
2013	6.83	28
2014	6.72	29
2015	6.81	28

宁夏

考察期末排名　26

普通高校数	研发经费/地区生产总值	万人发明专利数	人均地区生产总值	有效专利数	技术交易额	IPR 保护
29	23	22	15	29	29	27

综合能力

年份	分值	排名
2008	7.58	25
2009	7.64	27
2010	8.12	27
2011	8.65	27
2012	9.20	27
2013	9.43	27
2014	9.83	27
2015	11.18	26

创造潜力

年份	分值	排名
2008	6.84	29
2009	7.05	29
2010	5.89	29
2011	8.46	29
2012	8.89	29
2013	9.02	29
2014	9.06	29
2015	8.91	29

创造能力

年份	分值	排名
2008	2.38	29
2009	2.82	29
2010	3.22	29
2011	4.01	27
2012	4.23	27
2013	4.20	28
2014	4.64	25
2015	5.04	25

运用能力

年份	分值	排名
2008	5.06	13
2009	4.18	21
2010	5.49	15
2011	3.43	26
2012	4.03	24
2013	4.27	26
2014	3.98	27
2015	4.56	26

运用需求

年份	分值	排名
2008	22.60	20
2009	22.96	23
2010	24.38	23
2011	26.40	23
2012	27.65	26
2013	29.30	25
2014	31.61	25
2015	37.79	22

保护管理

年份	分值	排名
2008	6.51	28
2009	7.23	28
2010	7.37	30
2011	7.02	29
2012	7.59	27
2013	5.86	30
2014	5.17	31
2015	6.36	29

新疆

考察期末排名 28

普通高校数	研发经费/地区生产总值	万人发明专利数	人均地区生产总值	有效专利数	技术交易额	IPR 保护
25	28	27	20	25	21	14

综合能力

年份	分值	排名
2008	5.49	28
2009	6.52	28
2010	6.56	28
2011	7.64	28
2012	7.85	29
2013	8.65	29
2014	9.05	28
2015	9.95	28

创造潜力

年份	分值	排名
2008	7.99	27
2009	8.32	28
2010	7.87	27
2011	9.27	26
2012	10.66	25
2013	11.55	25
2014	11.67	25
2015	12.44	25

创造能力

年份	分值	排名
2008	2.63	28
2009	2.82	28
2010	2.84	30
2011	3.47	30
2012	3.68	30
2013	4.09	29
2014	4.24	28
2015	4.80	27

运用能力

年份	分值	排名
2008	2.55	29
2009	4.10	23
2010	2.79	27
2011	3.19	29
2012	2.59	30
2013	3.18	30
2014	3.16	30
2015	4.48	27

运用需求

年份	分值	排名
2008	10.39	30
2009	11.89	30
2010	12.21	30
2011	14.70	30
2012	17.55	30
2013	19.65	29
2014	22.83	29
2015	25.12	29

保护管理

年份	分值	排名
2008	10.26	14
2009	13.77	14
2010	19.40	14
2011	20.72	10
2012	14.61	16
2013	14.56	15
2014	11.94	20
2015	10.09	20

3.2 区域知识产权资源能力分项指标评价

3.2.1 知识产权创造潜力评价结果

知识产权创造潜力能够体现一个国家或区域知识产权创造、运用的资源基础和条件，主要包括教育资源、科技资源和产业资源。本报告主要从知识产权创造、运用的社会组织载体、研发人员及经费等方面进行分析。

根据全局熵值法的计算步骤，计算二级指标和三级指标的权重如表 3.1 所示。

表 3.1 知识产权创造潜力指标权重

二级指标	权重	三级指标	权重
教育资源	0.3556	普通高校数/个	0.0848
		985 及 211 高校数/个	0.3255
		普通高校教学与科研人员/人	0.0931
		普通高校在校生人数/个	0.0975
		普通高校国家重点学科数/个	0.3533
		高校研发人员占教学与科研人员比重/%	0.0458
科技资源	0.3671	研发人员全时当量/人年	0.1929
		研发机构经费内部支出/亿元	0.2248
		研发机构数/个	0.0917
		研发人员占研发人员全时当量比重/%	0.0125
		工业企业研发人员占研发人员全时当量比重/%	0.0277
		研发经费内部支出占研发内部支出比重/%	0.0091
		工业企业研发经费内部支出所占比重/%	0.0255
		研发经费内部支出占地区生产总值比重/%	0.1161
		中央部门所属研发机构数占比/%	0.1927
		工业企业研发机构数占比/%	0.1070
产业资源	0.2773	规模以上工业企业数/个	0.2829
		国家高新技术产业开发区数/个	0.1552
		国家级经济技术开发区数/个	0.2961
		有研发活动的工业企业占比/%	0.1309
		有研发机构的工业企业占比/%	0.1349

从二级指标的权重结果来看，教育资源和科技资源是知识产权创造潜力的主要来源，拥有较多教育资源和科技资源的省区市具有更强的知识产权创造潜力。

根据前述介绍的知识产权资源能力静态运行综合指数计算公式，计算 31 个省区市 2008~2015 年的知识产权创造潜力得分（综合指数）变化情况，进一步计算考察期内各省区市知识产权创造潜力的位次变化。从计算结果来看，主要有以下几个特点。

一是绝大多数省区市知识产权创造潜力综合指数呈波动上升趋势，年均增幅的区域差异较大。此外，从年度增幅及年均增幅的角度看，未显现出明显的区域特征或板块特征。各区域增幅的变化与区域发展水平、科技资源的历史积淀等因素的相关性尚无明显规律可循。

二是各区域在全国的位次及其变化具有一定的板块特征，各板块内部结构变化差异较大。各省区市知识产权创造潜力考察期内排序变化对比情况如表 3.2 所示。与考察期初（2008 年）相比，考察期末（2015 年）前 10 位的省市总体上保持稳定状态。其中，江苏、北京、广东、浙江、山东、上海、湖北、陕西 8 省市继续留在前 10 位，而四川和辽宁则退出前 10 位。四川下降了 2 个位次，由第 9 位（2008 年）下降为第 11 位（2015 年）；辽宁下降了 5 个位次，由第 10 位（2008 年）下降为第 15 位（2015 年）。

表 3.2　各省区市知识产权创造潜力排序变化对比（2008 年和 2015 年）

地区	考察期末（2015 年）		考察期初（2008 年）		位次变化
	位次	得分	位次	得分	
江苏	1	70.46	2	39.74	1
北京	2	63.10	1	53.71	−1
广东	3	47.25	3	30.73	0
浙江	4	44.91	4	28.55	0
山东	5	44.17	6	27.07	1
上海	6	36.06	5	28.40	−1
湖北	7	31.37	7	22.34	0
安徽	8	30.19	12	17.43	4
湖南	9	28.94	11	18.41	2
陕西	10	28.91	8	22.33	−2
四川	11	28.10	9	20.32	−2
天津	12	27.33	13	16.87	1
河南	13	25.73	14	16.07	1
福建	14	25.33	16	14.88	2
辽宁	15	24.48	10	19.96	−5
河北	16	21.20	17	13.14	1
黑龙江	17	19.54	15	15.56	−2
江西	18	18.25	21	10.59	3
重庆	19	17.40	18	12.15	−1
吉林	20	15.93	19	11.74	−1

续表

地区	考察期末（2015 年）		考察期初（2008 年）		位次变化
	位次	得分	位次	得分	
云南	21	14.85	24	9.04	3
甘肃	22	14.40	23	9.54	1
广西	23	13.64	22	9.92	−1
山西	24	13.07	20	11.40	−4
新疆	25	12.44	27	7.99	2
内蒙古	26	11.57	26	8.02	0
海南	27	10.98	28	7.04	1
贵州	28	9.96	25	8.14	−3
宁夏	29	8.91	29	6.84	0
青海	30	6.05	30	5.27	0
西藏	31	2.42	31	5.13	0

考察期末，安徽和湖南为新进入前 10 位的省份。其中，安徽上升了 4 个位次，由第 12 位（2008 年）上升为第 8 位（2015 年）；湖南上升了 2 个位次，由第 11 位（2008 年）上升为第 9 位（2015 年）。排在后 7 位的省区，在考察期内除个别省区位次间互换外，其他省区没有明显变化，仍然是新疆、内蒙古、海南、贵州、宁夏、青海、西藏。上述两个位次区间可以称为位次稳定区。

位次处在第 11 位至第 24 位的省区市的变动比其他两个位次区间更为明显，可以将这个位次区间称为位次波动区。位次波动区内有两类变化明显的省区市，一类是 2015 年位次明显上升的省区市，如江西和云南比 2008 年均上升了 3 个位次，分别由 2008 年的第 21 位、第 24 位上升到 2015 年的第 18 位、第 21 位；而另一类则是 2015 年位次明显下降的省区市，如山西比 2008 年下降了 4 个位次，由 2008 年的第 20 位下降为 2015 年的第 24 位。

总体来看，京津地区、东南沿海地区已逐步成为我国知识产权创造潜力的领先区，其领先地位基本确立；中部地区以湖北、湖南、安徽等为代表的省区市知识产权创造潜力呈稳中有升的态势，有望成为一个新兴的成长板块；而东北三省均有不同程度下降，除辽宁下降 5 个位次外，黑龙江下降了 2 个位次，吉林下降了 1 个位次，这三个省份分别由 2008 年的第 10 位、第 15 位、第 19 位下降为 2015 年的第 15 位、第 17 位、第 20 位。

三是虽然各省区市总体上呈稳定增长的态势，但知识产权资源潜力的区域间的差距较大，区域能力分层明显。为消除年度波动性，将各省区市 2013~2015 年知识产权创造潜力得分分别取均值后排序，得到各省区市知识产权创造潜力评价得分情况，如图 3.1 所示。

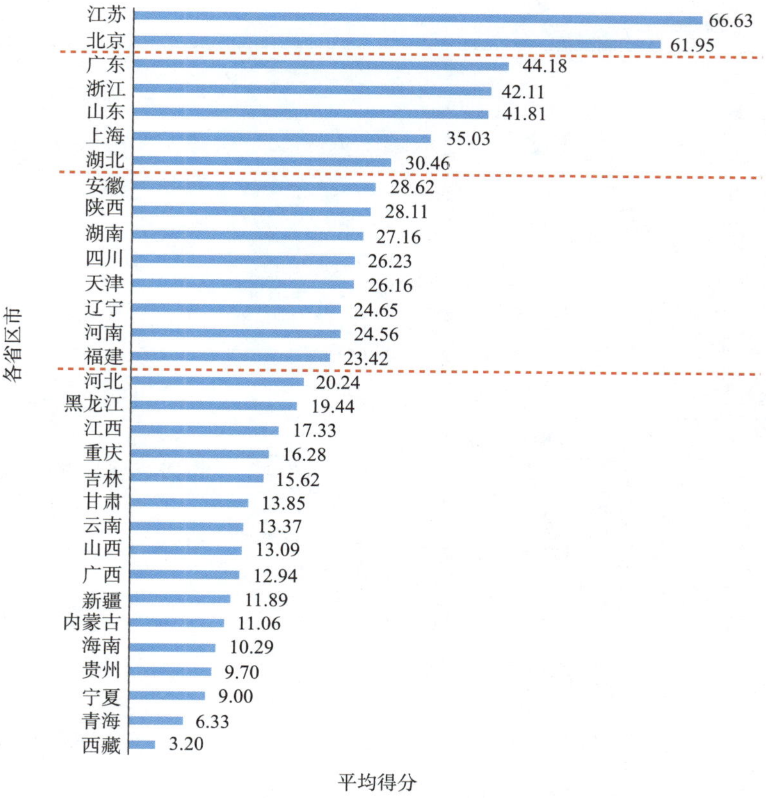

图 3.1　知识产权创造潜力评价平均得分（2013~2015 年）

由图 3.1 可知，位于全国平均值（为 23.70）之上的有北京、河南等 14 个省市。从区域间差距程度看，知识产权创造潜力指标是五个能力指标中差距程度最大的指标。不仅排在第一位的江苏与排在最后一位的西藏的差距悬殊，不同能力级别的省区市之间的差距也相当明显。从分层角度看，北京、江苏属于知识产权创造潜力一级密集区，创造潜力平均得分（指数）为 60~70；广东、浙江、山东、上海、湖北为知识产权创造潜力二级密集区，创造潜力得分为 30~60；安徽、陕西、湖南、四川、天津、辽宁、河南、福建属于知识产权创造潜力三级密集区，知识产权创造潜力得分为 21~30。其他区域为知识产权创造潜力的四级密集区，知识产权创造潜力得分为 3~21。

四是考察期内，我国知识产权创造潜力的空间分布格局呈东强西弱、从东南沿海向西北内陆递减的趋势。考察期内，我国知识产权资源（创造潜力）空间分布整体格局基本保持稳定。以长江三角洲为中枢，北连京津鲁，南连福建、广东，形成中国知识产权创造潜力第一梯队。中部的湖北、湖南、陕西、安徽及东北的辽宁构成中国知识产权创造潜力第二梯队，其他省区市属于知识产权创造潜力相对较弱区域。

3.2.2 知识产权创造能力评价结果

知识产权资源创造能力表征国家或区域不同类型知识产权创造产出的数量和质量。从某种意义上说，知识产权创造能力是区域知识产权创造潜力经济实现的第一环节。知识产权创造能力可通过专利产出、商标注册、版权登记等来考察。

根据全局熵值法的计算步骤，计算二级指标和三级指标的权重（表 3.3）。

表 3.3 知识产权创造能力指标权重

二级指标	权重	三级指标	权重
专利产出	0.3816	专利申请受理量/件	0.1699
		专利申请授权量/件	0.1854
		海外专利申请数/件	0.3196
		每万人口发明专利拥有量/（件/万人）	0.1965
		发明专利申请数占专利申请量比重/%	0.0316
		发明专利授权数占专利授权量比重/%	0.0366
		企业发明专利申请数占发明专利申请量比重/%	0.0299
		企业发明专利授权数占发明专利授权量比重/%	0.0305
商标注册	0.1498	商标申请数/件	0.3561
		商标核准注册数占申请数比重/%	0.5121
		马德里商标注册量占核准注册数比重/%	0.1318
版权登记	0.2314	版权合同登记数/件	0.4599
		全国作品自愿登记数/件	0.5401
其他产权创造	0.2372	集成电路布图设计登记申请数/件	0.4137
		集成电路布图设计发证数占比/%	0.2288
		农业植物新品种权申请量/件	0.1698
		地理标志注册和初步审定量/件	0.1877

从二级指标的权重结果来看，专利产出权重达到 0.3816，可以认为是知识产权创造能力最主要的体现，拥有较多专利产出的省区市具有更强的知识产权创造能力。

根据知识产权资源能力静态运行综合指数计算公式，计算 31 个省区市 2008~2015 年知识产权创造能力得分（综合指数），从计算结果来看，主要有以下几个特点。

一是各省区市知识产权创造能力总体上呈稳定上升的趋势，区域间的差距较大，区域能力分层明显。为消除年度波动性，将各省区市 2013~2015 年知识产权创造能力得分分别取均值后排序，得到各省区市知识产权创造能力评价平均得分情况，如图 3.2 所示。

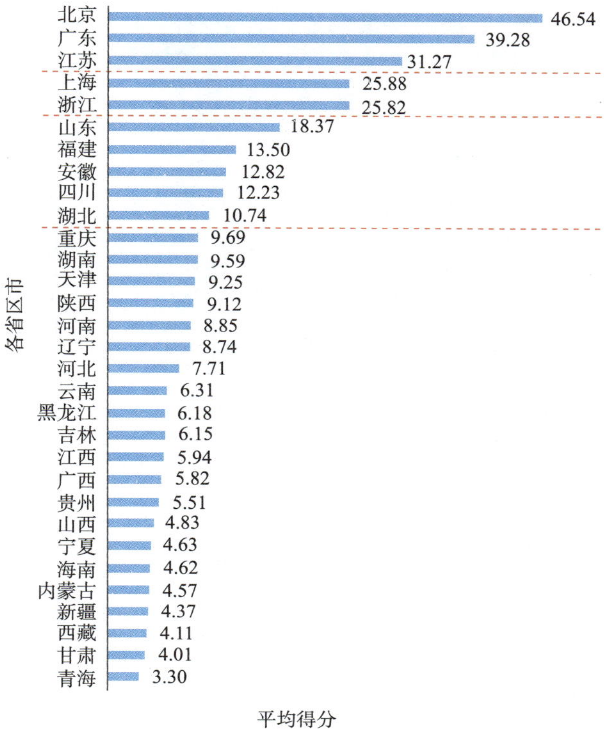

图 3.2　知识产权创造能力评价平均得分（2013~2015 年）

由图 3.2 可知，位于全国平均值（为 11.93）之上的有北京、四川等 9 个省市。考察期内，从区域间差距程度看，不仅排在第一位的北京与排在最后一位的青海差距悬殊，不同能力级别的省区市之间的差距也较为明显。从分层角度看，北京、广东、江苏属于知识产权创造能力一级密集区，创造能力平均得分（指数）为 30~50；浙江、上海为知识产权创造能力二级密集区，知识产权创造能力平均得分为 20~30；山东、福建、安徽、四川、湖北属于三级密集区，知识产权创造能力平均得分为 10~20；其他区域为知识产权创造能力四级密集区，知识产权创造能力平均得分为 3~10。总体上，由北京、广东、江苏、上海、浙江组成的知识产权创造能力领先地区与其他省区市的差距已明显拉开。

二是与知识产权创造潜力相比，知识产权创造能力年均增幅的变化区间明显增大。考察期内，虽然所有省区市的年均增长均为正值，但是几乎所有呈现正增长的区域增长幅度都具有较大的波动性。无论是年均增长幅度，还是单个年度的增长幅度，区域间差距均较大，增幅区域收敛的趋势不明显。无论是从年度增幅还是从年均增幅看，未显现出区域特征或板块特征。各区域增幅的变化与区域发展水平、科技资源的历史积淀等因素的相关性尚无明显规律性表现。

应该看到，2008~2015 年是我国知识产权战略的启动实施期，知识产权战略实施全面推动了我国知识产权事业的发展，其中知识产权创造能力作为知识产权事业发展最具显示性的指标受到各级政府和企业的重视，因此成为增长最明显的指标之一。

三是各省区市位次变化的板块特征明显，各板块内部的结构变化不同。排在前 10 位的领先板块表现为天津退出，安徽进入。各省区市创造能力考察期内排序变化对比情况如表 3.4 所示。

表 3.4　各省区市知识产权创造能力排序变化对比（2008 年和 2015 年）

地区	考察期末（2015 年）		考察期初（2008 年）		位次变化
	位次	得分	位次	得分	
北京	1	58.93	1	30.61	0
广东	2	45.38	2	15.85	0
江苏	3	34.22	4	10.85	1
上海	4	32.16	3	11.73	−1
浙江	5	31.44	5	10.17	0
山东	6	21.65	6	6.85	0
福建	7	16.55	9	5.46	2
安徽	8	14.85	11	4.97	3
四川	9	14.17	8	5.97	−1
湖北	10	12.47	10	5.20	0
重庆	11	11.36	19	3.58	8
湖南	12	11.24	14	4.09	2
河南	13	10.80	15	3.92	2
陕西	14	9.98	12	4.93	−2
天津	15	9.20	7	5.97	−8
河北	16	9.18	21	3.27	5
辽宁	17	8.98	13	4.47	−4
黑龙江	18	7.12	18	3.71	0
吉林	19	7.00	17	3.89	−2
江西	20	7.00	26	3.11	6
广西	21	6.86	23	3.23	2
云南	22	6.73	20	3.49	−2
山西	23	5.44	25	3.18	2
贵州	24	5.24	16	3.91	−8
宁夏	25	5.04	29	2.38	4
内蒙古	26	4.98	24	3.21	−2
新疆	27	4.80	28	2.63	1

续表

地区	考察期末（2015 年）		考察期初（2008 年）		位次变化
	位次	得分	位次	得分	
海南	28	4.24	27	2.81	−1
甘肃	29	4.23	22	3.23	−7
西藏	30	3.58	30	2.30	0
青海	31	3.51	31	2.20	0

由表 3.4 可知，与考察期初（2008 年）相比，考察期末（2015 年）前 10 位的省市总体上保持稳定状态。其中，北京、广东、江苏、浙江、山东、福建、上海、湖北、四川 9 省市继续留在前 10 位中，而天津则退出前 10 位。天津大幅下降了 8 个位次，由第 7 位（2008 年）下降为第 15 位（2015 年）。考察期末，安徽为新进入前 10 位的省份，安徽上升了 3 个位次，由第 11 位（2008 年）上升为第 8 位（2015 年）。

考察期末，排在后 7 位的省区是宁夏、内蒙古、新疆、海南、甘肃、西藏、青海，其中山西和江西退出后 7 位，而内蒙古和甘肃则为新进入的省区，其余 5 个省区保持稳定状态。山西位次由第 25 位（2008 年）上升到第 23 位（2015 年），江西位次由第 26 位（2008 年）大幅上升到第 20 位（2015 年）；内蒙古则由第 24 位（2008 年）降至第 26 位（2015 年）。甘肃则由第 22 位（2008 年）大幅跌至第 29 位（2015 年）。上述两个位次区间可以称为位次稳定区。

位次处在第 11 位至第 24 位的省区市的变动比其他两个区域明显，可以将这个位次区间称为位次波动区。位次波动区内有两类变化明显的省区市，一类是 2015 年明显上升的省区市，如重庆、江西和河北分别比 2008 年上升了 8 个、6 个和 5 个位次，分别由 2008 年的第 19 位、第 26 位和第 21 位上升到 2015 年的第 11 位、第 20 位和第 16 位；而另一类则是 2015 年明显下降的省市，如辽宁比 2008 年下降了 4 个位次，由第 13 位（2008 年）下降为第 17 位（2015 年）；贵州由第 16 位（2008 年）下降为第 24 位（2015 年），大幅下降了 8 个位次。也就是说，处于位次波动区间的各省区市位次的相对变化较创造潜力的变化更为剧烈，即位次的变动区间明显增大。

总体来看，北京、东南沿海地区已逐步成为我国知识产权创造能力的领先区，其领先地位基本确立；中部地区以湖北、安徽等为代表的省区市知识产权创造能力呈稳中有升的态势，有望成为一个新兴的成长板块；而东北三省除黑龙江保持第 18 位没有变化外，辽宁和吉林均有不同程度的下降，其中辽宁下降了 4 个位次，吉林下降了 2 个位次，分别由 2008 年的第 13 位、第 17 位下降为 2015 年的第 17 位、第 19 位。

四是考察期内，我国知识产权创造能力的空间分布格局变化明显，总体仍呈东强西弱、从东南沿海向西北内陆创造能力递减的趋势。考察期初和考察期末整体格局没有太大变化。以长江三角洲为中枢，北连北京，南连江苏、广东，形成中国知识产权创造能力第一梯队。中部的湖北、湖南、安徽、四川及东北的辽宁属于中国知识产权创造潜力第二梯队，其他省区市属于中国知识产权创造潜力相对较弱区域。

3.2.3 知识产权运用能力评价结果

知识产权运用能力表征国家或区域不同类型知识产权的实际运用，是知识产权向生产力转化的重要环节。与知识产权创造能力相比，知识产权运用能力是更接近市场实现的价值链环节，因此，知识产权运用能力的评价结果更能反映特定区域知识产权活动与产业发展的融合程度。

根据全局熵值法的计算步骤，计算二级指标和三级指标的权重（表 3.5）。

表 3.5 知识产权运用能力指标权重

二级指标	权重	三级指标	权重
知识产权维持	0.1915	有效专利数/件	0.4525
		有效发明专利数占有效专利数比重/%	0.1219
		企业有效发明专利数占有效发明专利量比重/%	0.0728
		商标有效注册量/件	0.3528
知识产权交易	0.5046	高等学校专利所有权转让及许可数/件	0.1218
		高等学校专利所有权转让及许可收入/万元	0.1756
		研发机构专利所有权转让及许可数/件	0.2192
		研发机构专利所有权转让及许可收入/万元	0.2659
		技术市场技术流向合同数/项	0.1050
		技术市场技术流向合同金额/亿元	0.1125
知识产权转化	0.3039	高技术产业主营业务收入/亿元	0.3135
		高技术产业出口交货值/亿元	0.4404
		高技术产业新产品销售收入占比/%	0.0827
		高技术产业新产品出口交货值占比/%	0.1634

从二级指标的权重结果来看，知识产权交易是知识产权运用能力的重要来源，拥有较多知识产权交易的省区市具有较强的知识产权运用能力。

根据前述介绍的知识产权资源能力静态运行综合指数计算公式，计算 31 个省区市 2008~2015 年的知识产权运用能力得分（综合指数）从计算结果来看，主要有以下几个特点。

一是各省区市区域间的能力值和增长数值均差距较大，区域能力分层明显。排位靠前的区域间的能力值差异比排位靠后的区域间的能力值差异大。为消除年度波动性，将各省区市 2013~2015 年知识产权运用能力得分分别取均值后排序，得到各省区市知识产权运用能力评价平均得分情况如图 3.3 所示。

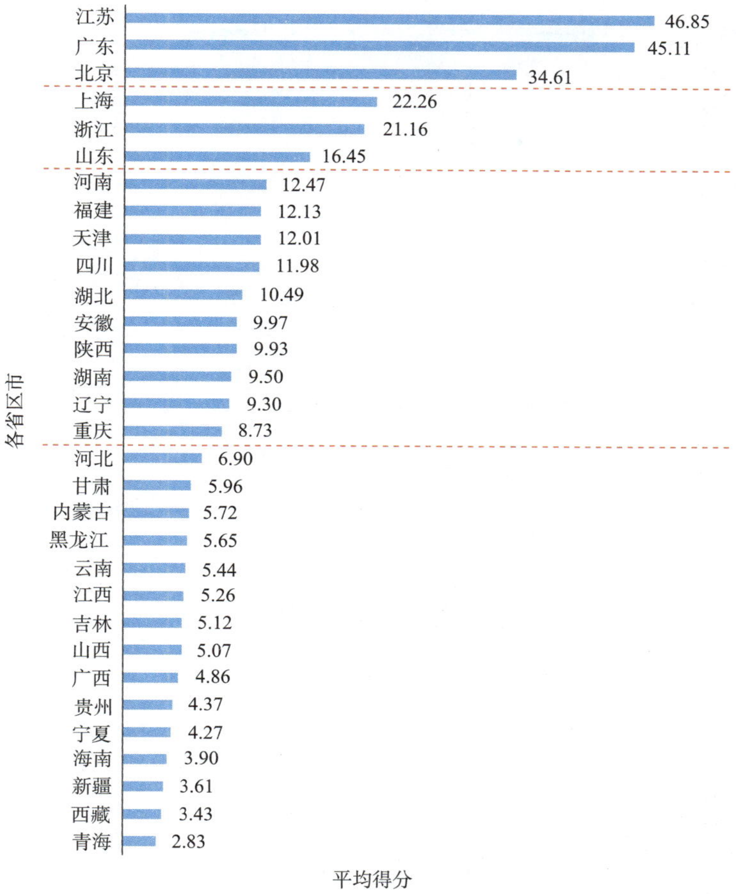

图 3.3　知识产权运用能力评价平均得分（2013~2015 年）

由图 3.3 可知，位于全国平均值（为 11.79）之上的有江苏、四川等 10 个省市。考察期内，从区域间差距程度看，不仅排在第一位的江苏与排在最后一位的青海的差距悬殊，而且不同能力级别的省区市之间的差距也相当明显。区域间差距的表现形式与前两个指标又有差异。首先，排序越靠前的区域板块各省区市相互间的差距越大，排序越靠后的区域板块各省区市相互间的差异越小。其次，江苏、广东、北京、上海、浙江构成的知识产权运用能力领先地区的优势越来越明显。

从分层角度看，江苏、广东、北京属于知识产权运用能力一级密集区，运用能力平均得分（指数）在 30~50；上海、浙江、山东属于知识产权运用能力二级密集区，运用能力平均得分在 15~30；河南、重庆等 10 个省市属于知识产权运用能力三级密集区，知识产权运用能力平均得分在 7~15；其他区域为知识产权运用能力四级密集区，知识产权运用能力平均得分在 2~7。

二是各省区市运用能力变化虽呈现出一定的板块特征，但总体变化趋势不明显。考察期内，各省区市运用能力排序变化对比情况如表 3.6 所示。

表 3.6 各省区市知识产权运用能力排序变化对比（2008 年和 2015 年）

地区	考察期末（2015 年）		考察期初（2008 年）		位次变化
	位次	得分	位次	得分	
江苏	1	58.42	4	17.56	3
广东	2	48.84	1	25.12	–1
北京	3	37.87	3	18.83	0
浙江	4	24.19	6	11.83	2
上海	5	23.33	5	16.62	0
山东	6	18.42	2	22.45	–4
河南	7	13.82	16	4.36	9
福建	8	13.51	9	6.94	1
湖北	9	12.55	12	5.39	3
四川	10	12.48	10	6.18	0
安徽	11	12.32	11	5.61	0
天津	12	12.17	8	7.82	–4
重庆	13	10.69	15	4.43	2
陕西	14	10.50	14	4.65	0
湖南	15	10.39	18	4.25	3
辽宁	16	9.35	7	7.83	–9
内蒙古	17	9.14	27	2.68	10
河北	18	7.10	19	4.05	1
甘肃	19	6.43	24	3.17	5
江西	20	6.10	26	2.85	6
黑龙江	21	5.79	21	3.48	0
云南	22	5.57	17	4.25	–5
吉林	23	5.28	22	3.32	–1
山西	24	5.14	20	3.59	–4
广西	25	4.97	28	2.63	3
宁夏	26	4.56	13	5.06	–13
新疆	27	4.48	29	2.55	2
贵州	28	4.32	23	3.23	–5
海南	29	3.70	30	1.98	1
西藏	30	3.38	31	1.91	1
青海	31	2.87	25	3.04	–6

由表 3.6 可知，与考察期初（2008 年）相比，考察期末（2015 年）排名前 10 位的省区市总体上保持稳定状态。其中，江苏、北京、广东、浙江、上海、山东、福建、四川 8 省市继续保持不变，而天津和辽宁则退出前 10 位。其中，天津下降了 4 个位次，由

第 8 位（2008 年）下降为第 12 位（2015 年）；辽宁大幅下降了 9 个位次，由第 7 位（2008 年）下降为第 16 位（2015 年）。考察期末，河南和湖北为新进入前 10 的省份。其中，河南大幅上升了 9 个位次，由第 16 位（2008 年）上升为第 7 位（2015 年）；湖北上升了 3 个位次，由第 12 位（2008 年）上升为第 9 位（2015 年）。排在后 7 位的省区，在考察期内有 5 个省区除个别位次间相互交换外没有明显变化，分别是青海、西藏、海南、新疆、广西。到考察期末，内蒙古和江西离开了后 7 位，而宁夏、贵州则为新进入后 7 位的省区。上述两个位次区间可以称为位次稳定区。

位次处在第 11 位至第 24 位的省区市的变动比其他两个区域明显，可以将这个位次区间称为位次波动区。位次波动区的有两类变化明显的省区市，一类是 2015 年明显上升的省区市，如内蒙古、江西和甘肃分别比 2008 年上升了 10 个、6 个和 5 个位次，分别由 2008 年的第 27 位、第 26 位和第 24 位上升到 2015 年的第 17 位、第 20 位和第 19 位；而另一类则是 2015 年明显下降的省市，如云南比 2008 年下降了 5 个位次，由 2008 年的第 17 位下降为 2015 年的第 22 位；山西比 2008 年下降了 4 个位次，由 2008 年的第 20 位下降为 2015 年的第 24 位。

总体来看，北京、广东、江苏、浙江、上海、山东等省区市已逐步成为我国知识产权运用能力的领先区，其领先地位基本确立；中部地区以湖北、河南等为代表的省区市知识产权运用能力呈现明显上升态势，有望成为一个新兴的成长板块；而东北三省中，除黑龙江保持在第 21 位不变外，辽宁和吉林均有不同程度的下降。其中，辽宁下降 9 个位次，吉林下降了 1 个位次，分别由 2008 年的第 7 位、第 22 位下降为 2015 年的第 16 位、第 23 位。

三是与前两种能力相比，大部分省区市年均增幅波动剧烈，考察期内也出现负增长的省区市。考察期内，除山东、青海的年均增幅为负值外，其他省区市的年均增长均为正值。几乎所有呈现正增长的区域增长幅度都具有较大的波动性。无论是从年度增幅还是从年均增幅看，未显现出区域特征或板块特征。2008~2015 年年均增速属于高速增长（增速在 10%以上）的省区市有 13 个，属于中速增长（增速在 7%~10%）的省区市有 8 个，属于低速正增长（增速在 7%以下）的省区市有 7 个，另有青海、宁夏、山东为负增长。

四是考察期内，我国知识产权运用能力的空间分布格局总体呈东强西弱，从东南沿海向内陆依次减弱的态势。以长江三角洲为中枢，北连北京，南连广东、江苏，形成知识产权运用能力的第一梯队。中部的湖北、湖南、四川、陕西、河南、安徽等构成中国知识产权运用能力的第二梯队。进一步可以发现，考察期内，地区格局发生了一定的变化，这反映各省区市知识产权运用能力尚处在迅速发展、变化过程中。但是，东强西弱、从东南沿海向西北内陆递减的总体格局仍保持相对稳定。

3.2.4　知识产权运用需求评价结果

知识产权运用需求主要表征国家或区域产业、经济、社会发展对以知识产权为核心的科技创新活动的现实需求，是拉动知识产权创造的重要力量，可通过产业需求、经济需求、社会需求相关指标度量。

可以看到，国家或区域的经济发展是知识产权供给与需求良性互动的结果。持续强劲的知识产权需求是拉动知识产权创造和运用的重要力量。从某种意义上说，区域知识产权需求也能在一定程度上反映经济发展的水准和质量。

根据全局熵值法的计算步骤，计算二级指标和三级指标的权重如表 3.7 所示。

表 3.7　知识产权运用需求指标权重

二级指标	权重	三级指标	权重
产业需求	0.7097	工业企业购买国内技术支出/亿元	0.1345
		工业企业技术引进经费支出/亿元	0.1576
		工业企业消化吸收经费支出/亿元	0.1456
		企业购买国内技术支出占主营业务收入比重/%	0.1836
		企业技术引进经费支出占主营业务收入比重/%	0.1708
		企业消化吸收经费支出占主营业务收入比重/%	0.2079
经济需求	0.2172	人均地区生产总值/亿元	0.1749
		第三产业增加值/亿元	0.2922
		城镇居民人均可支配收入/元	0.1828
		农村居民人均纯收入/元	0.1956
		第三产业增加值占地区生产总值比重/%	0.1545
社会需求	0.0731	万元地区生产总值能耗降低规划目标/%	0.3633
		万元地区生产总值二氧化碳排放降低规划目标/%	0.1804
		单位工业增加值用水量降低规划目标/%	0.2880
		主要污染物排放减少规划目标/%	0.1683

从二级指标的权重结果来看，产业需求是知识产权运用需求的重要来源，拥有较多产业需求的省区市也是知识产权运用需求较大的省区市。

根据知识产权资源能力静态运行综合指数计算公式，计算 31 个省区市的知识产权运用需求得分（综合指数），进一步计算各省区市发展增速。从计算结果来看，主要有以下特点。

一是虽然大部分省区市呈稳步增长的趋势，但是，与前三项指标相比，知识产权运用需求年均增幅的区域差异不明显。考察期内，除安徽、内蒙古、四川和甘肃各有一个年度区间出现负增长外，其他省区市的年度增幅均为正值。且区域增长幅度都具有较大的波动性。年均增速属于高速增长（增速在 10%以上）的省区是内蒙古、海南、青海和新疆；其他各省区市增速均在 5%~10%，这反映各省区市知识产权运用需求普遍提升。此外，无论是从年度增幅还是从年均增幅看，未显现出区域特征或板块特征。

二是考察期内，各省区市知识产权运用需求得分位次保持相对稳定。各省区市运用需求排序变化对比情况如表 3.8 所示。

表 3.8　各省区市知识产权运用需求排序变化对比（2008 年和 2015 年）

地区	考察期末（2015 年）		考察期初（2008 年）		位次变化
	位次	得分	位次	得分	
上海	1	87.19	1	57.13	0
北京	2	80.35	2	49.98	0
广东	3	78.58	3	48.90	0
江苏	4	77.02	4	45.73	0
浙江	5	70.96	5	44.63	0
山东	6	62.63	7	39.24	1
天津	7	61.23	6	39.33	−1
辽宁	8	50.93	8	32.46	0
福建	9	49.39	10	29.75	1
湖北	10	45.79	11	27.40	1
重庆	11	44.91	14	26.36	3
湖南	12	44.49	12	26.68	0
河北	13	43.32	9	30.15	−4
河南	14	43.24	13	26.38	−1
四川	15	42.82	16	26.02	1
吉林	16	40.59	17	25.46	1
安徽	17	40.21	15	26.34	−2
内蒙古	18	39.83	24	21.18	6
江西	19	38.83	18	23.45	−1
山西	20	38.15	19	22.92	−1
陕西	21	38.09	22	21.89	1
宁夏	22	37.79	20	22.60	−2
黑龙江	23	36.44	26	20.03	3
广西	24	34.53	21	22.01	−3
云南	25	34.41	23	21.62	−2
甘肃	26	32.15	25	20.10	−1
贵州	27	31.48	27	19.28	0
海南	28	26.44	29	12.53	1
新疆	29	25.12	30	10.39	1
西藏	30	22.90	28	13.45	−2
青海	31	19.25	31	7.17	0

由表 3.8 可知，与考察期初（2008 年）相比，考察期末（2015 年）排名前 10 位的省市总体上保持稳定状态。其中，上海、北京、广东、江苏、浙江、山东、天津、辽宁、福建 9 省市都居于前 10 位，而河北则离开前 10 位，河北下降了 4 个位次，由第 9 位（2008 年）下降为第 13 位（2015 年）。考察期末，湖北为新进入前 10 位的省份，湖北上升了 1 个位次，由第 11 位（2008 年）上升为第 10 位（2015 年）。排在后 7 位的省区，在考察期内除个别位次间相互交换外没有明显变化的有 6 个省区，分别是新疆、青海、西藏、

海南、贵州、甘肃。云南由第 23 位（2008 年）下降 2 个位次，落入排在后 7 位的省区中。上述两个位次区间可以称为位次稳定区。

位次处在第 11 位至第 24 位的省区市的变动比其他两个区域明显，可以将这个位次区间称为位次波动区。位次波动区内有两类变化明显的省区市，一类是 2015 年明显上升的省区市，如重庆和黑龙江比 2008 年均上升了 3 个位次，内蒙古则上升了 6 个位次，分别由 2008 年的第 14 位、第 26 位和第 24 位上升到 2015 年的第 11 位、第 23 位和第 18 位；而另一类则是 2015 年明显下降的省区，如广西比 2008 年下降了 3 个位次，由 2008 年的第 21 位下降为 2015 年的第 24 位。其他省区各自都有 1~2 个位次的变动幅度。相对较小的变动幅度反映了在知识产权运用需求方面，各地普遍处于相对稳定的状态。

三是与前三项能力相比，虽然各省区市的知识产权运用需求仍存在明显差距，但无论是板块间还是板块内差距都较小。为消除年度波动性，将各省区市 2013~2015 年知识产权运用需求得分分别取均值后排序，得到各省区市知识产权运用需求评价平均得分情况如图 3.4 所示。

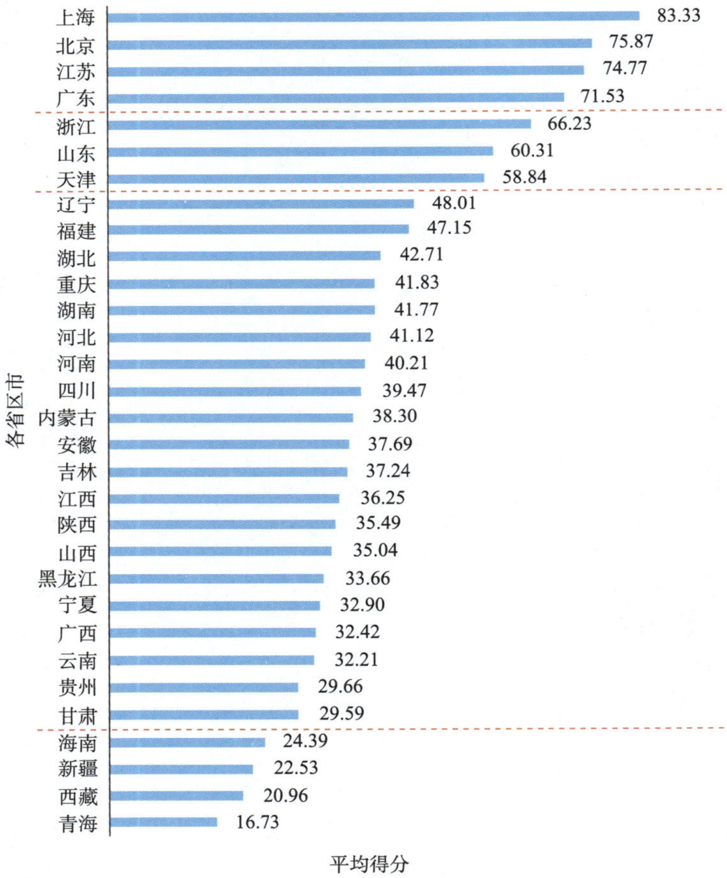

图 3.4　知识产权运用需求评价平均得分（2013~2015 年）

由图 3.4 可知，位于全国平均值（为 42.84）之上的有北京、天津、辽宁、上海、江苏、浙江、福建、山东、广东 9 个省市，均为沿海地区省市。考察期内，各省区市知识产权创造潜力得分总体上呈逐年稳步增长的态势。从区域间差距程度看，与前三项能力相比，虽然区域间仍存在明显差距，但无论是板块间还是板块内都差距较小。从分层角度看，上海、北京、江苏、广东属于知识产权运用需求一级密集区，知识产权运用需求平均得分（指数）为 70~85；浙江、天津、山东属于知识产权运用需求二级密集区，知识产权运用需求平均得分为 50~70；辽宁、福建等 20 个省区市属于知识产权运用需求三级密集区，知识产权运用需求平均得分为 25~50；海南、西藏、新疆、青海等 4 个省区市属于知识产权运用需求四级密集区，知识产权运用需求平均得分为 15~25。

四是考察期内，我国知识产权运用需求空间分布的总体格局没有明显变化，呈东强西弱、从东南沿海向西北内陆运用需求递减的趋势。以长江三角洲为中枢，北连北京，南连广东、福建，形成中国知识产权运用需求的第一梯队。中部的湖北、湖南、河南，西部的四川、重庆，以及东北的辽宁构成中国知识产权运用需求的第二梯队。

3.2.5　知识产权保护管理评价结果

知识产权保护管理主要表征国家或区域对知识产权的保护程度及管理和服务水平，是知识产权活动的重要保障性能力。保护手段涉及行政执法、司法裁判、仲裁调解等多个方面，管理手段包括提供公共服务和扶持、发展知识产权中介机构等多个方面。

应该看到，知识产权能力的前四项要素均可用科技、经济和知识产权统计指标予以刻画，相比之下，知识产权保护管理则主要通过社会发展环境指标得以表征。由于社会发展环境变化具有相对稳定性，因此，考察期内知识产权保护管理指标的变化幅度较小。

根据全局熵值法的计算步骤，计算二级指标和三级指标的权重如表 3.9 所示。从二级指标权重结果来看，知识产权保护在知识产权保护管理中占据较大权重。

表 3.9　知识产权保护管理指标权重

二级指标	权重	三级指标	权重
知识产权保护	0.6320	知识产权法规、规章数量/部	0.2469
		专利行政保护强度/分	0.4177
		商标行政保护强度/分	0.3354
知识产权管理	0.3680	专利申请代理量/件	0.7877
		专利申请代理率	0.0923
		职务专利申请代理所占比重/%	0.0264
		发明专利申请代理所占比重/%	0.0936

根据前述介绍的知识产权资源能力静态运行综合指数计算公式，计算 31 个省区市

2008~2015 年知识产权保护管理得分（综合指数）。从计算结果来看，主要有以下特点。

一是大部分省区市知识产权保护管理能力呈稳中有升的态势，增长幅度明显低于其他四项指标，但区域差异较大。考察期内，有 8 个省区市出现了负增长。不仅同一省区市不同年度区间的增幅差异巨大，而且不同省区市的年均增幅的差异也较大。考察期内，年均增速属于高速增长（增速在 10%以上）的是江苏、广西、重庆；属于中速增长（增速在 7%~10%）的是浙江、安徽、贵州、四川；其他省区市属于低速增长（增速在 7%以下）区域。由于知识产权保护管理需要较大的政府投入，因此各区域增幅的变化与区域发展水平、科技资源的历史积淀等因素存在一定的相关性。

二是与其他四项指标的增长趋势相比，考察期内，知识产权保护管理能力并非绝大多数企业都呈正向增长的态势，负向增长的区域和年份不在少数，部分省区市出现大幅波动的态势。考察期内，各省区市知识产权保护管理排序变化对比情况如表 3.10 所示。

表 3.10　各省区市知识产权保护管理排序变化对比（2008 年和 2015 年）

地区	考察期末（2015 年）		考察期初（2008 年）		位次变化
	位次	得分	位次	得分	
浙江	1	70.52	2	41.92	1
广东	2	61.50	1	51.69	−1
江苏	3	51.70	4	22.34	1
北京	4	26.09	6	17.83	2
山东	5	26.07	3	27.83	−2
湖北	6	22.88	10	16.71	4
福建	7	22.47	9	16.71	2
湖南	8	22.14	8	16.84	0
上海	9	21.25	5	20.10	−4
河南	10	20.95	7	16.96	−3
安徽	11	20.91	13	10.81	2
四川	12	18.65	11	11.61	−1
广西	13	15.93	22	7.65	9
陕西	14	14.36	15	9.13	1
重庆	15	14.11	26	6.63	11
贵州	16	13.79	19	8.44	3
辽宁	17	12.43	12	10.86	−5
河北	18	12.42	18	8.59	0
天津	19	10.97	23	7.10	4
新疆	20	10.09	14	10.26	−6
江西	21	8.15	20	8.24	−1
云南	22	7.85	21	8.02	−1

续表

地区	考察期末（2015 年）		考察期初（2008 年）		位次变化
	位次	得分	位次	得分	
吉林	23	7.83	30	5.86	7
黑龙江	24	7.73	27	6.63	3
甘肃	25	7.64	16	8.84	−9
山西	26	7.46	17	8.66	−9
内蒙古	27	7.26	25	6.81	−2
青海	28	6.81	24	7.00	−4
宁夏	29	6.36	28	6.51	−1
西藏	30	6.18	29	5.89	−1
海南	31	5.91	31	4.95	0

由表 3.10 可知，与考察期初（2008 年）相比，考察期末（2015 年）前 10 位的省市总体上保持稳定状态。考察期末排在前 10 位的省市是浙江、广东、江苏、北京、山东、湖北、福建、湖南、上海和河南。值得关注的是，前 10 位中，湖北和上海变动幅度较大。其中，湖北上升了 4 个位次，由第 10 位（2008 年）上升到第 6 位（2015 年）；上海则下降了 4 个位次，由第 5 位（2008 年）下降到第 9 位（2015 年）。但与考察期初相比，除 10 省市间排序有相互交换外，基本没有新进出方面的变化。因此，上述位次区间可以称为位次稳定区。

排在后 7 位的省区，在考察期内有一定变化。除内蒙古、宁夏、海南、西藏保持不变外，新落入后 7 位的省份是甘肃和山西，分别由第 16、第 17 位（2008 年）大幅下降 9 个位次，降为第 25、第 26 位（2015 年）；此外，青海也下降了 4 个位次（2008 年），由第 24 位下降为第 28 位（2015 年），从而落入后 7 位。位次处在第 11 位至第 24 位的省区市的变动也比较明显。考察期末（2015 年）明显上升的省区市有广西、吉林和天津，分别比期初（2008 年）上升了 9 个、7 个和 4 个位次，由第 22 位、第 30 位和第 23 位（2008 年）上升到第 13 位、第 23 位和第 19 位（2015 年）；明显下降的省区有辽宁和新疆，分别下降了 5 个和 6 个位次，由第 12 位和第 14 位（2008 年）下降为第 17 位和第 20 位（2015 年）。上述两个位次区间可以称为位次波动区。

总体来看，北京、东南沿海地区已成为我国知识产权保护管理的领先区，其领先地位基本确立；中部地区以湖北、湖南、河南、安徽等为代表的省份知识产权保护管理也已成为一个新兴的领先板块；而东北三省升降程度明显，吉林和黑龙江上升明显，分别上升了 7 个和 3 个位次；辽宁则下降了 5 个位次。

三是能力分层虽然呈现出一定的板块特征，但各板块所包括的省区市数差异较大，除全国排在前 3 位省份明显高于其他省区市外，其余各板块能力未表现出明显的梯度。为消除年度波动性，将各省区市 2013~2015 年知识产权保护管理得分分别取均值后排序，得到各省区市知识产权保护管理评价平均得分情况如图 3.5 所示。

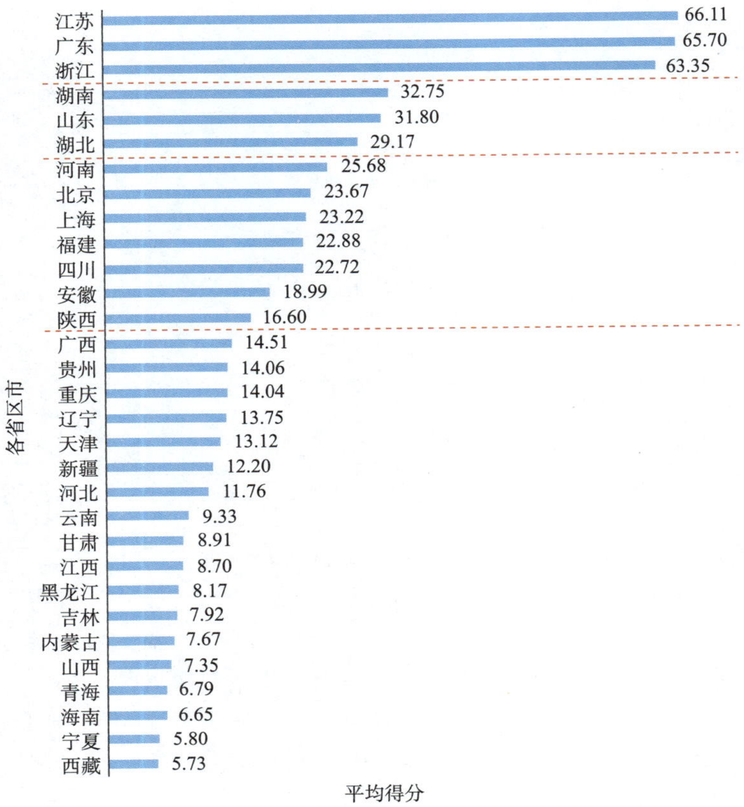

图 3.5　知识产权保护管理评价平均得分（2013~2015 年）

由图 3.5 可知，位于全国平均值（为 19.97）之上的有广东、江苏、浙江、山东、湖南、湖北、上海、北京、河南、福建、四川等 11 个省市。从分层角度看，江苏、广东、浙江仍然构成知识产权保护管理水平的一级密集区，其水平指数远远领先于其他省区市，保护管理平均得分（指数）为 60~70；山东、湖南、湖北构成知识产权保护管理水平的二级密集区，保护管理平均得分为 29~40；北京、上海、福建、四川、河南构成知识产权保护管理水平的三级密集区，该板块内部各省区市之间的水平差距不大。除了上述三个板块外，其他省区市的知识产权保护管理水平的分层现象不十分明显。

四是考察期内，我国知识产权保护管理的空间分布格局呈东强西弱、从东南沿海向西北内陆递减的趋势。以长江三角洲为中枢，南连广东、福建，形成中国知识产权保护管理第一梯队。中部的湖北、湖南、河南、四川构成中国知识产权保护管理第二梯队，其他省区市构成知识产权保护管理相对较弱区域。

3.3　结论与讨论

（1）考察期内，我国各省区市知识产权资源的各分项能力呈稳定上升的态势，表现出良好的成长性。就各分项能力成长关系看，创造潜力和创造能力驱动知识产权资源综合能力提升的特征明显，这说明我国知识产权资源能力成长在一定程度上仍是资源投入驱动型的。实际上，在市场经济背景下，知识产权能力成长在很大程度上还依赖于市场需求的拉动，知识产权运用能力和知识产权运用需求应该是拉动知识产权创造的主要力量。因此，加强市场环境建设，提升知识产权需求能力是区域知识产权资源能力提升政策的重要着力点。各省区市自身的知识产权保护管理能力成长的趋势性不明显，且区域间的差异较其他指标明显。上述结果一方面与知识产权保护管理本身的属性相关；另一方面也说明各省区市知识产权保护管理能力建设的努力程度和实际效果存在差异。

（2）我国知识产权资源能力的区域分布呈非均衡状态，不同省区市的知识产权资源能力差异较大，知识产权资源聚集态势显著。从发展趋势看，知识产权资源能力的区域间差距仍将继续拉大。区域间知识产权资源能力拉大首先表现为优质和高端知识产权资源向少数中心省市的聚集，极化效应越发明显。发达国家的实践证明，具有极化效应的创新中心，是拉动周边区域、整个国家乃至全球创新发展的创新极和增长极。知识产权资源能力聚集是资源使用效率提高的重要表现。同时应该看到，在促进先发省市知识产权资源聚集、整合能力提升的同时，还应当发挥先发省市对后发省区市的辐射、带动作用，通过理顺区际分工，深化区际合作，实现知识产权的区域协同发展。

（3）从空间分布格局的角度看，我国知识产权资源能力一级密集区北起环渤海，中经长江三角洲，南至珠江三角洲，呈弓形状态。同时，知识产权二级密集区主要集中在中部地区。近年来，中部地区的湖北、安徽、湖南、河南等省份的知识产权资源综合能力持续快速增长，该区域有望通过自身资源潜力的释放和吸纳一级密集区的知识溢出，形成我国知识产权资源能力新的增长极。虽然东强西弱的总体格局没有根本变化，但中部地区的快速增长和强势崛起，将有力促进中部和东部创新资源向西部的辐射和流动，进而实现区域平衡发展。从历史发展的角度看，北京及东南沿海省市的知识产权能力成长，一方面与其历史形成的资源基础有关；另一方面与改革开放以来国家的政策倾斜不无关系。相比之下，中部的崛起市场因素的作用可能更大，其可持续性更强，示范意义更重大。这是否预示一种新的成长机制的形成，还有待进一步实践和观察。

（4）东北三省曾是我国知识产权资源富集程度较高的区域之一，其知识产权资源主要分布在研究型大学、中直研发机构和大型国有企业，知识产权资源的流动性较差，创新成果的就近转化率较低。从学科和技术领域分布的角度看，东北三省的部分高端研发资源主要分布于面向国防的技术领域，民间科技力量参与程度低，市场决定产品价格的机制难以有效发挥作用。国家安全需求的小批量、定制化也使研发团队难以形成市场推广能力和大规模产业化的组织管理经验。2008 年以来，东北地区知识产权资源能力的增长速度明显低于其他中等及以上发达地区。东北经济的持续下滑必然有知识产权的原因。因此，必须在国家创新驱动发展战略的框架下，根据平衡充分发展的总体要求，立足国家布局和全球布局，研究东北老工业基地全面振兴的知识产权战略。

（5）本报告的考察期间正值我国知识产权战略的启动实施期，知识产权战略实施使我国知识产权事业进入一个全新的跃升期,各区域的知识产权综合能力得到大幅提升。同时也应该看到，各省区市的历史发展条件不同，贯彻落实国家战略的投入不同，使各省区市的增长呈现出非同步特征，基础条件好的区域率先起步，发展较快，而基础条件差的区域后发追赶，成就喜人。

第 4 章 区域知识产权资源系统运行协同分析

区域知识产权活动的创造、运用、需求及保护管理各个环节不是孤立运行的，而是构成一个环环相扣的系统，作为一个有机整体发挥其社会经济功能。从这种意义上说，知识产权区域布局的功能之一，就是促进区域知识产权系统的协调运行。这样，区域知识产权系统运行协同就成为知识产权区域布局分析的重要组成部分。本章首先展示各区域知识产权资源系统运行协同分析总体概况，其次分别从创造潜力–创造能力、创造能力–运用能力、运用能力–运用需求、创造潜力–运用需求、保护管理–创造能力–运用能力五个方面，测算 2008~2015 年全国 31 个省区市知识产权系统运行的耦合协调度，以反映各子系统之间的协同程度。

4.1 区域知识产权资源系统运行协同分析总体概况

北京

创造潜力–创造能力			创造能力–运用能力		
年份	分值	排名	年份	分值	排名
2008	0.4320	2	2008	0.3449	2
2009	0.4384	2	2009	0.3494	2
2010	0.4191	2	2010	0.3703	2
2011	0.4445	2	2011	0.3682	3
2012	0.4611	2	2012	0.3951	3
2013	0.4749	2	2013	0.4208	3

续表

创造潜力–创造能力

年份	分值	排名
2014	0.4927	2
2015	0.5919	2

创造能力–运用能力

年份	分值	排名
2014	0.4298	3
2015	0.5628	2

运用能力–运用需求

年份	分值	排名
2008	0.3001	5
2009	0.3046	5
2010	0.3529	4
2011	0.3462	4
2012	0.3659	3
2013	0.3960	3
2014	0.3981	3
2015	0.4582	3

创造潜力–运用需求

年份	分值	排名
2008	0.4015	2
2009	0.4089	3
2010	0.4162	2
2011	0.4462	2
2012	0.4485	2
2013	0.4646	2
2014	0.4760	2
2015	0.4758	3

保护管理–创造能力–运用能力

年份	分值	排名
2008	0.4873	2
2009	0.4896	2
2010	0.5021	3
2011	0.5069	3
2012	0.5239	3
2013	0.5441	3
2014	0.5607	3
2015	0.6801	3

天津

创造潜力-创造能力

年份	分值	排名
2008	0.1987	9
2009	0.2005	12
2010	0.2109	10
2011	0.2166	15
2012	0.2354	14
2013	0.2517	11
2014	0.2533	11
2015	0.2661	16

创造能力-运用能力

年份	分值	排名
2008	0.1702	7
2009	0.1750	8
2010	0.1886	8
2011	0.1859	10
2012	0.1993	12
2013	0.2152	9
2014	0.2198	10
2015	0.2413	15

运用能力-运用需求

年份	分值	排名
2008	0.2298	7
2009	0.2333	8
2010	0.2471	8
2011	0.2502	7
2012	0.2524	8
2013	0.2620	8
2014	0.2716	7
2015	0.2922	9

创造潜力-运用需求

年份	分值	排名
2008	0.2984	8
2009	0.2949	8
2010	0.3015	10
2011	0.3238	7
2012	0.3304	8
2013	0.3364	8
2014	0.3422	7
2015	0.3459	10

保护管理-创造能力-运用能力

年份	分值	排名
2008	0.3083	7
2009	0.3137	8
2010	0.3326	8
2011	0.3306	11
2012	0.3462	12
2013	0.3638	9
2014	0.3688	11
2015	0.3942	15

河北

创造潜力–创造能力

年份	分值	排名
2008	0.1494	19
2009	0.1599	18
2010	0.1818	16
2011	0.2004	17
2012	0.2114	17
2013	0.2120	17
2014	0.2218	17
2015	0.2613	17

创造能力–运用能力

年份	分值	排名
2008	0.1144	20
2009	0.1245	20
2010	0.1419	18
2011	0.1580	17
2012	0.1710	17
2013	0.1682	17
2014	0.1767	17
2015	0.2128	17

运用能力–运用需求

年份	分值	排名
2008	0.1720	14
2009	0.1878	13
2010	0.1942	14
2011	0.1948	15
2012	0.2012	17
2013	0.2005	17
2014	0.2087	17
2015	0.2332	20

创造潜力–运用需求

年份	分值	排名
2008	0.2611	15
2009	0.2792	13
2010	0.2856	13
2011	0.2798	16
2012	0.2777	17
2013	0.2844	16
2014	0.2942	16
2015	0.3147	16

保护管理–创造能力–运用能力

年份	分值	排名
2008	0.2446	18
2009	0.2573	19
2010	0.2762	18
2011	0.2995	17
2012	0.3139	17
2013	0.3095	17
2014	0.3211	17
2015	0.3656	17

山西

创造潜力-创造能力

年份	分值	排名
2008	0.1430	21
2009	0.1471	23
2010	0.1642	20
2011	0.1580	23
2012	0.1604	24
2013	0.1679	24
2014	0.1713	23
2015	0.1944	23

创造能力-运用能力

年份	分值	排名
2008	0.1091	22
2009	0.1153	23
2010	0.1286	20
2011	0.1262	23
2012	0.1295	25
2013	0.1347	24
2014	0.1402	23
2015	0.1672	24

运用能力-运用需求

年份	分值	排名
2008	0.1488	20
2009	0.1644	19
2010	0.1630	21
2011	0.1668	22
2012	0.1702	20
2013	0.1752	21
2014	0.1803	21
2015	0.2056	24

创造潜力-运用需求

年份	分值	排名
2008	0.2252	21
2009	0.2414	19
2010	0.2366	19
2011	0.2373	23
2012	0.2388	22
2013	0.2473	22
2014	0.2476	22
2015	0.2615	22

保护管理-创造能力-运用能力

年份	分值	排名
2008	0.2378	22
2009	0.2461	23
2010	0.2640	20
2011	0.2610	22
2012	0.2630	24
2013	0.2670	25
2014	0.2750	23
2015	0.3117	24

内蒙古

创造潜力–创造能力

年份	分值	排名
2008	0.1323	26
2009	0.1383	26
2010	0.1337	27
2011	0.1438	28
2012	0.1562	25
2013	0.1593	26
2014	0.1615	26
2015	0.1708	26

创造能力–运用能力

年份	分值	排名
2008	0.0994	26
2009	0.1015	29
2010	0.1011	28
2011	0.1135	29
2012	0.1271	27
2013	0.1271	28
2014	0.1273	28
2015	0.1763	22

运用能力–运用需求

年份	分值	排名
2008	0.1243	26
2009	0.1321	28
2010	0.1542	22
2011	0.1811	19
2012	0.1587	24
2013	0.1738	22
2014	0.1704	24
2015	0.2472	18

创造潜力–运用需求

年份	分值	排名
2008	0.1906	26
2009	0.2090	23
2010	0.2365	20
2011	0.2629	17
2012	0.2188	25
2013	0.2481	21
2014	0.2466	23
2015	0.2501	25

保护管理–创造能力–运用能力

年份	分值	排名
2008	0.2224	27
2009	0.2232	29
2010	0.2233	28
2011	0.2405	30
2012	0.2572	28
2013	0.2583	27
2014	0.2595	27
2015	0.3211	23

辽宁

创造潜力–创造能力

年份	分值	排名
2008	0.1856	13
2009	0.2148	8
2010	0.2187	8
2011	0.2355	9
2012	0.2486	11
2013	0.2475	14
2014	0.2417	14
2015	0.2720	14

创造能力–运用能力

年份	分值	排名
2008	0.1542	10
2009	0.1700	9
2010	0.2007	7
2011	0.1983	9
2012	0.2082	10
2013	0.2040	11
2014	0.1956	15
2015	0.2313	16

运用能力–运用需求

年份	分值	排名
2008	0.2254	8
2009	0.2212	9
2010	0.2630	7
2011	0.2403	8
2012	0.2448	10
2013	0.2401	11
2014	0.2353	12
2015	0.2675	14

创造潜力–运用需求

年份	分值	排名
2008	0.3064	7
2009	0.3179	7
2010	0.3086	7
2011	0.3151	8
2012	0.3223	10
2013	0.3229	10
2014	0.3251	11
2015	0.3436	12

保护管理–创造能力–运用能力

年份	分值	排名
2008	0.2967	10
2009	0.3124	9
2010	0.3504	7
2011	0.3440	9
2012	0.3581	10
2013	0.3522	14
2014	0.3424	16
2015	0.3852	16

吉林

创造潜力–创造能力

年份	分值	排名
2008	0.1562	17
2009	0.1628	17
2010	0.1680	19
2011	0.1774	19
2012	0.1820	20
2013	0.1819	22
2014	0.2013	19
2015	0.2378	19

创造能力–运用能力

年份	分值	排名
2008	0.1149	18
2009	0.1251	19
2010	0.1241	23
2011	0.1337	21
2012	0.1392	21
2013	0.1411	22
2014	0.1566	19
2015	0.2051	18

运用能力–运用需求

年份	分值	排名
2008	0.1431	21
2009	0.1537	22
2010	0.1493	25
2011	0.1609	24
2012	0.1669	21
2013	0.1735	23
2014	0.1782	22
2015	0.2359	19

创造潜力–运用需求

年份	分值	排名
2008	0.2256	19
2009	0.2284	20
2010	0.2335	22
2011	0.2449	20
2012	0.2490	21
2013	0.2547	20
2014	0.2582	20
2015	0.2958	20

保护管理–创造能力–运用能力

年份	分值	排名
2008	0.2413	21
2009	0.2551	20
2010	0.2552	23
2011	0.2671	21
2012	0.2748	21
2013	0.2754	22
2014	0.2951	20
2015	0.3537	18

黑龙江

创造潜力-创造能力

年份	分值	排名
2008	0.1634	16
2009	0.1715	16
2010	0.1781	17
2011	0.1951	18
2012	0.1920	18
2013	0.1952	18
2014	0.2074	18
2015	0.2478	18

创造能力-运用能力

年份	分值	排名
2008	0.1147	19
2009	0.1211	21
2010	0.1255	21
2011	0.1430	19
2012	0.1396	20
2013	0.1486	20
2014	0.1576	18
2015	0.1931	19

运用能力-运用需求

年份	分值	排名
2008	0.1378	24
2009	0.1510	23
2010	0.1523	23
2011	0.1636	23
2012	0.1657	22
2013	0.1770	19
2014	0.1810	20
2015	0.2081	23

创造潜力-运用需求

年份	分值	排名
2008	0.2297	18
2009	0.2509	17
2010	0.2532	17
2011	0.2565	19
2012	0.2636	19
2013	0.2647	18
2014	0.2704	19
2015	0.2977	19

保护管理-创造能力-运用能力

年份	分值	排名
2008	0.2421	20
2009	0.2519	21
2010	0.2573	21
2011	0.2784	20
2012	0.2768	20
2013	0.2842	20
2014	0.2963	18
2015	0.3411	19

上海

创造潜力-创造能力

年份	分值	排名
2008	0.2790	4
2009	0.2962	4
2010	0.3083	4
2011	0.3273	5
2012	0.3474	5
2013	0.3475	5
2014	0.3720	5
2015	0.4652	5

创造能力-运用能力

年份	分值	排名
2008	0.2533	4
2009	0.2598	4
2010	0.2874	4
2011	0.2952	4
2012	0.3135	4
2013	0.3245	4
2014	0.3297	4
2015	0.4548	4

运用能力-运用需求

年份	分值	排名
2008	0.3259	4
2009	0.3369	3
2010	0.3608	3
2011	0.3570	3
2012	0.3656	4
2013	0.3902	4
2014	0.3724	4
2015	0.4323	4

创造潜力-运用需求

年份	分值	排名
2008	0.3887	3
2009	0.4216	2
2010	0.4134	3
2011	0.4257	3
2012	0.4331	3
2013	0.4429	3
2014	0.4498	3
2015	0.4435	5

保护管理-创造能力-运用能力

年份	分值	排名
2008	0.4069	4
2009	0.4121	4
2010	0.4393	4
2011	0.4442	5
2012	0.4625	5
2013	0.4727	5
2014	0.4795	5
2015	0.5931	4

江苏

创造潜力–创造能力

年份	分值	排名
2008	0.5282	1
2009	0.5442	1
2010	0.5553	1
2011	0.5721	1
2012	0.5894	1
2013	0.5895	1
2014	0.6099	1
2015	0.6821	1

创造能力–运用能力

年份	分值	排名
2008	0.5032	1
2009	0.5097	1
2010	0.5361	1
2011	0.5434	1
2012	0.5599	1
2013	0.5697	1
2014	0.5742	1
2015	0.6744	1

运用能力–运用需求

年份	分值	排名
2008	0.5708	1
2009	0.5804	1
2010	0.6007	1
2011	0.5975	1
2012	0.6046	1
2013	0.6247	1
2014	0.6102	1
2015	0.6575	1

创造潜力–运用需求

年份	分值	排名
2008	0.6235	1
2009	0.6493	1
2010	0.6429	1
2011	0.6525	1
2012	0.6581	1
2013	0.6655	1
2014	0.6707	1
2015	0.6660	1

保护管理–创造能力–运用能力

年份	分值	排名
2008	0.7410	1
2009	0.7442	1
2010	0.7602	1
2011	0.7630	1
2012	0.7734	1
2013	0.7790	1
2014	0.7827	1
2015	0.8402	1

浙江

创造潜力-创造能力

年份	分值	排名
2008	0.2665	5
2009	0.2830	5
2010	0.3059	5
2011	0.3319	4
2012	0.3626	4
2013	0.3715	4
2014	0.3752	4
2015	0.4790	4

创造能力-运用能力

年份	分值	排名
2008	0.2234	6
2009	0.2331	5
2010	0.2642	5
2011	0.2890	5
2012	0.3081	5
2013	0.3173	5
2014	0.3248	5
2015	0.4328	5

运用能力-运用需求

年份	分值	排名
2008	0.2719	6
2009	0.2685	7
2010	0.2936	5
2011	0.3080	5
2012	0.3105	5
2013	0.3201	5
2014	0.3338	5
2015	0.3979	5

创造潜力-运用需求

年份	分值	排名
2008	0.3588	6
2009	0.3605	6
2010	0.3672	6
2011	0.3783	6
2012	0.3909	6
2013	0.4004	6
2014	0.4108	6
2015	0.4523	4

保护管理-创造能力-运用能力

年份	分值	排名
2008	0.3874	6
2009	0.3937	5
2010	0.4251	5
2011	0.4485	4
2012	0.4681	4
2013	0.4773	4
2014	0.4916	4
2015	0.5927	5

安徽

创造潜力–创造能力

年份	分值	排名
2008	0.1872	11
2009	0.1961	13
2010	0.2081	12
2011	0.2308	11
2012	0.2608	8
2013	0.2718	7
2014	0.2851	7
2015	0.3445	7

创造能力–运用能力

年份	分值	排名
2008	0.1464	12
2009	0.1490	13
2010	0.1534	14
2011	0.1728	14
2012	0.2050	11
2013	0.2092	10
2014	0.2247	9
2015	0.2967	8

运用能力–运用需求

年份	分值	排名
2008	0.1851	11
2009	0.1869	14
2010	0.1730	17
2011	0.1974	14
2012	0.2189	13
2013	0.2201	14
2014	0.2316	15
2015	0.2814	12

创造潜力–运用需求

年份	分值	排名
2008	0.2692	12
2009	0.2827	10
2010	0.2691	16
2011	0.3013	11
2012	0.3099	14
2013	0.3201	11
2014	0.3251	12
2015	0.3441	11

保护管理–创造能力–运用能力

年份	分值	排名
2008	0.2857	12
2009	0.2888	13
2010	0.2953	13
2011	0.3244	12
2012	0.3569	11
2013	0.3589	12
2014	0.3774	10
2015	0.4562	8

福建

创造潜力-创造能力

年份	分值	排名
2008	0.1872	12
2009	0.2027	10
2010	0.2132	9
2011	0.2385	8
2012	0.2569	9
2013	0.2657	8
2014	0.2699	10
2015	0.3397	8

创造能力-运用能力

年份	分值	排名
2008	0.1601	8
2009	0.2096	7
2010	0.1795	9
2011	0.2025	7
2012	0.2204	8
2013	0.2306	7
2014	0.2350	8
2015	0.3102	7

运用能力-运用需求

年份	分值	排名
2008	0.1998	9
2009	0.2766	6
2010	0.2155	9
2011	0.2338	9
2012	0.2499	9
2013	0.2629	7
2014	0.2657	8
2015	0.3088	7

创造潜力-运用需求

年份	分值	排名
2008	0.2574	16
2009	0.2765	14
2010	0.2824	14
2011	0.3013	12
2012	0.3165	12
2013	0.3280	9
2014	0.3296	9
2015	0.3505	8

保护管理-创造能力-运用能力

年份	分值	排名
2008	0.3066	8
2009	0.3624	7
2010	0.3275	9
2011	0.3537	7
2012	0.3722	8
2013	0.3819	7
2014	0.3911	7
2015	0.4668	7

江西

创造潜力-创造能力

年份	分值	排名
2008	0.1391	24
2009	0.1489	21
2010	0.1594	22
2011	0.1701	21
2012	0.1746	22
2013	0.1833	20
2014	0.1996	20
2015	0.2273	20

创造能力-运用能力

年份	分值	排名
2008	0.1002	25
2009	0.1134	24
2010	0.1173	25
2011	0.1255	24
2012	0.1296	24
2013	0.1381	23
2014	0.1509	21
2015	0.1920	20

运用能力-运用需求

年份	分值	排名
2008	0.1380	23
2009	0.1476	25
2010	0.1486	26
2011	0.1516	25
2012	0.1613	23
2013	0.1724	24
2014	0.1881	18
2015	0.2298	21

创造潜力-运用需求

年份	分值	排名
2008	0.2255	20
2009	0.2234	22
2010	0.2347	21
2011	0.2375	22
2012	0.2514	20
2013	0.2633	19
2014	0.2862	18
2015	0.2993	18

保护管理-创造能力-运用能力

年份	分值	排名
2008	0.2254	25
2009	0.2426	24
2010	0.2466	25
2011	0.2582	24
2012	0.2637	23
2013	0.2736	23
2014	0.2881	21
2015	0.3395	20

山东

创造潜力-创造能力

年份	分值	排名
2008	0.2308	6
2009	0.2437	6
2010	0.2673	6
2011	0.2835	6
2012	0.3147	6
2013	0.3314	6
2014	0.3424	6
2015	0.4227	6

创造能力-运用能力

年份	分值	排名
2008	0.2309	5
2009	0.2215	6
2010	0.2201	6
2011	0.2310	6
2012	0.2547	6
2013	0.2707	6
2014	0.2822	6
2015	0.3637	6

运用能力-运用需求

年份	分值	排名
2008	0.3406	3
2009	0.3060	4
2010	0.2727	6
2011	0.2849	6
2012	0.2932	6
2013	0.3081	6
2014	0.3181	6
2015	0.3574	6

创造潜力-运用需求

年份	分值	排名
2008	0.3611	5
2009	0.3668	5
2010	0.3692	5
2011	0.3916	5
2012	0.4033	5
2013	0.4176	5
2014	0.4253	5
2015	0.4404	6

保护管理-创造能力-运用能力

年份	分值	排名
2008	0.3967	5
2009	0.3754	6
2010	0.3725	6
2011	0.3853	6
2012	0.4113	6
2013	0.4280	6
2014	0.4402	6
2015	0.5184	6

河南

创造潜力-创造能力

年份	分值	排名
2008	0.1682	15
2009	0.1827	15
2010	0.1947	15
2011	0.2206	13
2012	0.2291	15
2013	0.2347	15
2014	0.2367	15
2015	0.2916	13

创造能力-运用能力

年份	分值	排名
2008	0.1253	15
2009	0.1371	15
2010	0.1425	17
2011	0.1630	15
2012	0.1794	16
2013	0.2035	12
2014	0.2088	12
2015	0.2648	12

运用能力-运用需求

年份	分值	排名
2008	0.1696	15
2009	0.1777	16
2010	0.1712	19
2011	0.1857	17
2012	0.2066	15
2013	0.2437	9
2014	0.2538	9
2015	0.2857	11

创造潜力-运用需求

年份	分值	排名
2008	0.2645	13
2009	0.2736	15
2010	0.2708	15
2011	0.2885	14
2012	0.2970	15
2013	0.3055	13
2014	0.3113	15
2015	0.3315	14

保护管理-创造能力-运用能力

年份	分值	排名
2008	0.2665	15
2009	0.2780	15
2010	0.2836	16
2011	0.3086	15
2012	0.3276	16
2013	0.3603	10
2014	0.3654	12
2015	0.4227	12

湖北

创造潜力-创造能力

年份	分值	排名
2008	0.2011	8
2009	0.2105	9
2010	0.1996	14
2011	0.2293	12
2012	0.2829	7
2013	0.2556	10
2014	0.2769	8
2015	0.3280	10

创造能力-运用能力

年份	分值	排名
2008	0.1471	11
2009	0.1634	11
2010	0.1574	12
2011	0.1790	11
2012	0.2313	7
2013	0.1984	14
2014	0.2198	11
2015	0.2857	10

运用能力-运用需求

年份	分值	排名
2008	0.1795	12
2009	0.1980	10
2010	0.2111	10
2011	0.2126	10
2012	0.2428	12
2013	0.2316	12
2014	0.2430	11
2015	0.2939	8

创造潜力-运用需求

年份	分值	排名
2008	0.2834	9
2009	0.2882	9
2010	0.3032	9
2011	0.3068	9
2012	0.3245	9
2013	0.3368	7
2014	0.3409	8
2015	0.3588	7

保护管理-创造能力-运用能力

年份	分值	排名
2008	0.2914	11
2009	0.3096	10
2010	0.3060	11
2011	0.3310	10
2012	0.3805	7
2013	0.3553	13
2014	0.3786	9
2015	0.4443	10

湖南

创造潜力-创造能力

年份	分值	排名
2008	0.1763	14
2009	0.1940	14
2010	0.2104	11
2011	0.2194	14
2012	0.2446	12
2013	0.2489	13
2014	0.2496	13
2015	0.3078	11

创造能力-运用能力

年份	分值	排名
2008	0.1263	14
2009	0.1515	12
2010	0.1582	11
2011	0.1615	16
2012	0.1814	15
2013	0.1999	13
2014	0.1995	14
2015	0.2551	14

运用能力-运用需求

年份	分值	排名
2008	0.1647	17
2009	0.1921	12
2010	0.1888	15
2011	0.1906	16
2012	0.2014	16
2013	0.2292	13
2014	0.2326	14
2015	0.2672	15

创造潜力-运用需求

年份	分值	排名
2008	0.2693	11
2009	0.2796	12
2010	0.2879	12
2011	0.2986	13
2012	0.3103	13
2013	0.3178	12
2014	0.3256	10
2015	0.3504	9

保护管理-创造能力-运用能力

年份	分值	排名
2008	0.2673	14
2009	0.2902	12
2010	0.3009	12
2011	0.3067	16
2012	0.3361	13
2013	0.3595	11
2014	0.3586	13
2015	0.4137	13

广东

创造潜力–创造能力

年份	分值	排名
2008	0.3130	3
2009	0.3367	3
2010	0.3620	3
2011	0.3840	3
2012	0.4065	3
2013	0.4265	3
2014	0.4443	3
2015	0.5319	3

创造能力–运用能力

年份	分值	排名
2008	0.3054	3
2009	0.3273	3
2010	0.3579	3
2011	0.3814	2
2012	0.4026	2
2013	0.4257	2
2014	0.4526	2
2015	0.5561	3

运用能力–运用需求

年份	分值	排名
2008	0.3612	2
2009	0.3688	2
2010	0.3853	2
2011	0.4009	2
2012	0.4122	2
2013	0.4246	2
2014	0.4446	2
2015	0.5306	2

创造潜力–运用需求

年份	分值	排名
2008	0.3845	4
2009	0.3917	4
2010	0.3965	4
2011	0.4082	4
2012	0.4196	4
2013	0.4257	4
2014	0.4321	4
2015	0.4951	2

保护管理–创造能力–运用能力

年份	分值	排名
2008	0.4707	3
2009	0.4802	3
2010	0.5104	2
2011	0.5328	2
2012	0.5567	2
2013	0.5755	2
2014	0.5997	2
2015	0.6883	2

广西

创造潜力-创造能力

年份	分值	排名
2008	0.1393	23
2009	0.1467	24
2010	0.1404	26
2011	0.1604	22
2012	0.1829	19
2013	0.1760	23
2014	0.1812	22
2015	0.2178	21

创造能力-运用能力

年份	分值	排名
2008	0.0989	27
2009	0.1058	27
2010	0.1034	27
2011	0.1206	26
2012	0.1403	19
2013	0.1427	21
2014	0.1441	22
2015	0.1759	23

运用能力-运用需求

年份	分值	排名
2008	0.1231	27
2009	0.1282	29
2010	0.1320	27
2011	0.1473	26
2012	0.1545	26
2013	0.1688	25
2014	0.1684	25
2015	0.1918	26

创造潜力-运用需求

年份	分值	排名
2008	0.2032	24
2009	0.2069	24
2010	0.2083	25
2011	0.2252	24
2012	0.2271	24
2013	0.2323	25
2014	0.2377	25
2015	0.2609	24

保护管理-创造能力-运用能力

年份	分值	排名
2008	0.2230	26
2009	0.2297	27
2010	0.2289	27
2011	0.2523	26
2012	0.2788	19
2013	0.2818	21
2014	0.2868	22
2015	0.3303	21

海南

创造潜力–创造能力

年份	分值	排名
2008	0.1210	27
2009	0.1430	25
2010	0.1405	25
2011	0.1544	24
2012	0.1626	23
2013	0.1640	25
2014	0.1620	25
2015	0.1564	28

创造能力–运用能力

年份	分值	排名
2008	0.0833	30
2009	0.1026	28
2010	0.1064	26
2011	0.1168	28
2012	0.1297	23
2013	0.1313	26
2014	0.1308	26
2015	0.1361	29

运用能力–运用需求

年份	分值	排名
2008	0.1021	29
2009	0.1069	30
2010	0.1139	28
2011	0.1235	28
2012	0.1402	28
2013	0.1480	28
2014	0.1468	28
2015	0.1460	29

创造潜力–运用需求

年份	分值	排名
2008	0.1748	28
2009	0.1710	28
2010	0.1697	28
2011	0.1840	28
2012	0.1948	29
2013	0.2061	29
2014	0.2018	29
2015	0.1791	29

保护管理–创造能力–运用能力

年份	分值	排名
2008	0.1980	30
2009	0.2248	28
2010	0.2315	26
2011	0.2451	28
2012	0.2616	25
2013	0.2629	26
2014	0.2626	26
2015	0.2738	29

重庆

创造潜力–创造能力

年份	分值	排名
2008	0.1522	18
2009	0.1582	19
2010	0.1765	18
2011	0.2022	16
2012	0.2182	16
2013	0.2258	16
2014	0.2236	16
2015	0.2717	15

创造能力–运用能力

年份	分值	排名
2008	0.1216	16
2009	0.1333	16
2010	0.1471	16
2011	0.1742	13
2012	0.1833	14
2013	0.1899	16
2014	0.1949	16
2015	0.2670	11

运用能力–运用需求

年份	分值	排名
2008	0.1667	16
2009	0.1855	15
2010	0.1837	16
2011	0.2056	12
2012	0.2082	14
2013	0.2164	15
2014	0.2312	16
2015	0.2921	10

创造潜力–运用需求

年份	分值	排名
2008	0.2377	17
2009	0.2470	18
2010	0.2453	18
2011	0.2602	18
2012	0.2714	18
2013	0.2818	17
2014	0.2881	17
2015	0.3038	17

保护管理–创造能力–运用能力

年份	分值	排名
2008	0.2513	16
2009	0.2660	16
2010	0.2824	17
2011	0.3151	14
2012	0.3288	15
2013	0.3344	16
2014	0.3442	15
2015	0.4229	11

四川

创造潜力-创造能力

年份	分值	排名
2008	0.2067	7
2009	0.2150	7
2010	0.2240	7
2011	0.2419	7
2012	0.2543	10
2013	0.2616	9
2014	0.2759	9
2015	0.3334	9

创造能力-运用能力

年份	分值	排名
2008	0.1599	9
2009	0.1666	10
2010	0.1737	10
2011	0.1984	8
2012	0.2127	9
2013	0.2248	8
2014	0.2350	7
2015	0.2888	9

运用能力-运用需求

年份	分值	排名
2008	0.1895	10
2009	0.1927	11
2010	0.1993	12
2011	0.2102	11
2012	0.2439	11
2013	0.2405	10
2014	0.2505	10
2015	0.2803	13

创造潜力-运用需求

年份	分值	排名
2008	0.2775	10
2009	0.2810	11
2010	0.2905	11
2011	0.2801	15
2012	0.3202	11
2013	0.3006	14
2014	0.3170	13
2015	0.3414	13

保护管理-创造能力-运用能力

年份	分值	排名
2008	0.3019	9
2009	0.3076	11
2010	0.3174	10
2011	0.3485	8
2012	0.3650	9
2013	0.3796	8
2014	0.3902	8
2015	0.4470	9

贵州

创造潜力–创造能力

年份	分值	排名
2008	0.1441	20
2009	0.1501	20
2010	0.1407	24
2011	0.1489	26
2012	0.1552	26
2013	0.1822	21
2014	0.1607	28
2015	0.1672	27

创造能力–运用能力

年份	分值	排名
2008	0.1141	21
2009	0.1284	17
2010	0.1195	24
2011	0.1415	20
2012	0.1271	26
2013	0.1528	19
2014	0.1315	25
2015	0.1440	27

运用能力–运用需求

年份	分值	排名
2008	0.1310	25
2009	0.1501	24
2010	0.1494	24
2011	0.1802	20
2012	0.1555	25
2013	0.1618	26
2014	0.1572	27
2015	0.1789	27

创造潜力–运用需求

年份	分值	排名
2008	0.1855	27
2009	0.1918	26
2010	0.1943	26
2011	0.2014	27
2012	0.2120	26
2013	0.2090	26
2014	0.2140	27
2015	0.2271	27

保护管理–创造能力–运用能力

年份	分值	排名
2008	0.2437	19
2009	0.2626	17
2010	0.2520	24
2011	0.2792	19
2012	0.2607	26
2013	0.2948	18
2014	0.2711	25
2015	0.2919	27

云南

创造潜力-创造能力

年份	分值	排名
2008	0.1409	22
2009	0.1479	22
2010	0.1514	23
2011	0.1768	20
2012	0.1784	21
2013	0.1852	19
2014	0.1910	21
2015	0.2159	22

创造能力-运用能力

年份	分值	排名
2008	0.1190	17
2009	0.1270	18
2010	0.1308	19
2011	0.1461	18
2012	0.1483	18
2013	0.1543	18
2014	0.1557	20
2015	0.1788	21

运用能力-运用需求

年份	分值	排名
2008	0.1533	19
2009	0.1597	20
2010	0.1649	20
2011	0.1672	21
2012	0.1758	19
2013	0.1764	20
2014	0.1756	23
2015	0.1980	25

创造潜力-运用需求

年份	分值	排名
2008	0.2016	25
2009	0.2050	25
2010	0.2100	24
2011	0.2231	25
2012	0.2340	23
2013	0.2330	24
2014	0.2384	24
2015	0.2613	23

保护管理-创造能力-运用能力

年份	分值	排名
2008	0.2497	17
2009	0.2597	18
2010	0.2648	19
2011	0.2838	18
2012	0.2873	18
2013	0.2930	19
2014	0.2959	19
2015	0.3255	22

西藏

创造潜力-创造能力

年份	分值	排名
2008	0.1014	30
2009	0.0988	31
2010	0.1011	31
2011	0.1259	30
2012	0.1303	30
2013	0.1339	30
2014	0.1116	31
2015	0.1162	31

创造能力-运用能力

年份	分值	排名
2008	0.0747	31
2009	0.0949	30
2010	0.0689	31
2011	0.1237	25
2012	0.1237	29
2013	0.1235	29
2014	0.1196	29
2015	0.1293	30

运用能力-运用需求

年份	分值	排名
2008	0.0908	31
2009	0.1327	27
2010	0.0701	31
2011	0.1224	30
2012	0.1287	29
2013	0.1312	30
2014	0.1337	29
2015	0.1351	30

创造潜力-运用需求

年份	分值	排名
2008	0.1425	30
2009	0.1474	30
2010	0.1135	31
2011	0.1255	31
2012	0.1393	31
2013	0.1484	31
2014	0.1242	31
2015	0.1190	31

保护管理-创造能力-运用能力

年份	分值	排名
2008	0.1871	31
2009	0.2150	30
2010	0.1823	31
2011	0.2524	25
2012	0.2523	29
2013	0.2518	29
2014	0.2468	30
2015	0.2661	30

陕西

创造潜力–创造能力

年份	分值	排名
2008	0.1973	10
2009	0.2019	11
2010	0.2076	13
2011	0.2340	10
2012	0.2420	13
2013	0.2511	12
2014	0.2515	12
2015	0.2999	12

创造能力–运用能力

年份	分值	排名
2008	0.1386	13
2009	0.1435	14
2010	0.1537	13
2011	0.1784	12
2012	0.1855	13
2013	0.1971	15
2014	0.2071	13
2015	0.2553	13

运用能力–运用需求

年份	分值	排名
2008	0.1593	18
2009	0.1655	18
2010	0.1970	13
2011	0.2042	13
2012	0.1992	18
2013	0.2121	16
2014	0.2350	13
2015	0.2621	16

创造潜力–运用需求

年份	分值	排名
2008	0.2632	14
2009	0.2697	16
2010	0.3082	8
2011	0.3039	10
2012	0.2912	16
2013	0.2999	15
2014	0.3137	14
2015	0.3301	15

保护管理–创造能力–运用能力

年份	分值	排名
2008	0.2746	13
2009	0.2799	14
2010	0.2947	14
2011	0.3226	13
2012	0.3326	14
2013	0.3483	15
2014	0.3561	14
2015	0.4127	14

甘肃

创造潜力-创造能力

年份	分值	排名
2008	0.1381	25
2009	0.1371	27
2010	0.1595	21
2011	0.1495	25
2012	0.1551	27
2013	0.1580	28
2014	0.1652	24
2015	0.1803	24

创造能力-运用能力

年份	分值	排名
2008	0.1054	24
2009	0.1172	22
2010	0.1513	15
2011	0.1265	22
2012	0.1384	22
2013	0.1325	25
2014	0.1377	24
2015	0.1627	25

运用能力-运用需求

年份	分值	排名
2008	0.1395	22
2009	0.1714	17
2010	0.2054	11
2011	0.1833	18
2012	0.2632	7
2013	0.1832	18
2014	0.1867	19
2015	0.2166	22

创造潜力-运用需求

年份	分值	排名
2008	0.2104	22
2009	0.2252	21
2010	0.2324	23
2011	0.2434	21
2012	0.3333	7
2013	0.2449	23
2014	0.2511	21
2015	0.2616	21

保护管理-创造能力-运用能力

年份	分值	排名
2008	0.2330	24
2009	0.2486	22
2010	0.2898	15
2011	0.2590	23
2012	0.2725	22
2013	0.2689	24
2014	0.2742	24
2015	0.3050	25

青海

创造潜力–创造能力

年份	分值	排名
2008	0.0997	31
2009	0.1111	30
2010	0.1063	30
2011	0.1085	31
2012	0.1212	31
2013	0.1255	31
2014	0.1259	30
2015	0.1285	30

创造能力–运用能力

年份	分值	排名
2008	0.0877	29
2009	0.0886	31
2010	0.0865	30
2011	0.0881	31
2012	0.0941	31
2013	0.1008	31
2014	0.1009	31
2015	0.1146	31

运用能力–运用需求

年份	分值	排名
2008	0.1014	30
2009	0.0959	31
2010	0.1025	30
2011	0.1026	31
2012	0.1035	31
2013	0.1114	31
2014	0.1171	31
2015	0.1216	31

创造潜力–运用需求

年份	分值	排名
2008	0.1237	31
2009	0.1331	31
2010	0.1405	30
2011	0.1405	30
2012	0.1498	30
2013	0.1540	30
2014	0.1632	30
2015	0.1438	30

保护管理–创造能力–运用能力

年份	分值	排名
2008	0.2079	29
2009	0.2087	31
2010	0.2054	30
2011	0.2069	31
2012	0.2161	31
2013	0.2243	31
2014	0.2243	31
2015	0.2481	31

宁夏

创造潜力-创造能力

年份	分值	排名
2008	0.1110	29
2009	0.1209	29
2010	0.1233	29
2011	0.1469	27
2012	0.1518	28
2013	0.1518	29
2014	0.1581	29
2015	0.1516	29

创造能力-运用能力

年份	分值	排名
2008	0.1066	23
2009	0.1085	25
2010	0.1242	22
2011	0.1174	27
2012	0.1259	28
2013	0.1277	27
2014	0.1296	27
2015	0.1616	26

运用能力-运用需求

年份	分值	排名
2008	0.1791	13
2009	0.1544	21
2010	0.1722	18
2011	0.1462	27
2012	0.1528	27
2013	0.1586	27
2014	0.1581	26
2015	0.2476	17

创造潜力-运用需求

年份	分值	排名
2008	0.2047	23
2009	0.1896	27
2010	0.1801	27
2011	0.2062	26
2012	0.2046	27
2013	0.2089	27
2014	0.2149	26
2015	0.2428	26

保护管理-创造能力-运用能力

年份	分值	排名
2008	0.2352	23
2009	0.2331	25
2010	0.2569	22
2011	0.2459	27
2012	0.2573	27
2013	0.2571	28
2014	0.2584	28
2015	0.3034	26

新疆

创造潜力-创造能力

年份	分值	排名
2008	0.1209	28
2009	0.1252	28
2010	0.1248	28
2011	0.1414	29
2012	0.1496	29
2013	0.1587	27
2014	0.1614	27
2015	0.1761	25

创造能力-运用能力

年份	分值	排名
2008	0.0897	28
2009	0.1074	26
2010	0.0958	29
2011	0.1088	30
2012	0.1034	30
2013	0.1155	30
2014	0.1168	30
2015	0.1439	28

运用能力-运用需求

年份	分值	排名
2008	0.1038	28
2009	0.1336	26
2010	0.1097	29
2011	0.1229	29
2012	0.1182	30
2013	0.1316	29
2014	0.1328	30
2015	0.1580	28

创造潜力-运用需求

年份	分值	排名
2008	0.1600	29
2009	0.1704	29
2010	0.1616	29
2011	0.1805	29
2012	0.2005	28
2013	0.2086	28
2014	0.2120	28
2015	0.2130	28

保护管理-创造能力-运用能力

年份	分值	排名
2008	0.2146	28
2009	0.2320	26
2010	0.2221	29
2011	0.2447	29
2012	0.2349	30
2013	0.2505	30
2014	0.2509	29
2015	0.2859	28

4.2 区域知识产权系统运行关联分析

知识产权系统运行协同首先表现为系统中各个子系统的运行关联，区域知识产权系统运行关联分析的目的是通过定量分析，阐明系统发展过程中各子系统的关联状况，为进一步的耦合协调分析奠定基础。

4.2.1 知识产权整体系统关联因素分析

以下运用全局熵值法计算知识产权五个子系统一级指标、二级指标和三级指标的权重，结合三级指标的指数（得分）值，计算 2008~2015 年全国 31 个省区市二级指标的指数（得分）值，将 31 个省区市 8 年指数（得分）值分别加权求和后，便形成每年的 5 个一级指标值与 31 个省区市分别构造 31 × 5 的年度分项指标矩阵，作为对知识产权整体系统分项指标间的关系进行灰色关联分析的基础数据阵。运用灰色关联分析方法计算关联系数并按照值的大小进行排序，找出与所分析的分项指标关联程度最高的影响因子，从而对影响知识产权整体系统的分项指标间的内在关联关系予以表述。

经测算，我国知识产权整体系统分项指标间的关联系数各年度值如表 4.1 所示。

表 4.1　知识产权整体系统分项指标间的关联系数表（2008~2015 年）

年份	关联因素/关联系数					
2008	指标	创造潜力	创造能力	运用能力	运用需求	保护管理
	创造潜力	1	0.5912	0.5239	0.5384	0.5118
	创造能力	0.7020	1	0.7045	0.6598	0.6603
	运用能力	0.5646	0.6312	1	0.5088	0.5612
	运用需求	0.6400	0.6347	0.5709	1	0.5696
	保护管理	0.6309	0.6603	0.6368	0.5962	1
2009	指标	创造潜力	创造能力	运用能力	运用需求	保护管理
	创造潜力	1	0.5710	0.4761	0.4935	0.4640
	创造能力	0.6426	1	0.6382	0.5816	0.5855
	运用能力	0.4685	0.5569	1	0.4407	0.4440
	运用需求	0.5251	0.5326	0.4796	1	0.3863
	保护管理	0.5385	0.5855	0.5234	0.4374	1
2010	指标	创造潜力	创造能力	运用能力	运用需求	保护管理
	创造潜力	1	0.5659	0.4895	0.4755	0.5017
	创造能力	0.6345	1	0.6309	0.5990	0.5863
	运用能力	0.5320	0.6003	1	0.4864	0.4892
	运用需求	0.4905	0.5428	0.4558	1	0.4038
	保护管理	0.5710	0.5863	0.5171	0.4649	1

续表

年份	关联因素/关联系数					
2011	指标	创造潜力	创造能力	运用能力	运用需求	保护管理
	创造潜力	1	0.5712	0.5232	0.4792	0.5156
	创造能力	0.5739	1	0.6860	0.5285	0.5115
	运用能力	0.4457	0.6126	1	0.4433	0.4106
	运用需求	0.4428	0.4924	0.4836	1	0.3983
	保护管理	0.5181	0.5115	0.4878	0.4334	1
2012	指标	创造潜力	创造能力	运用能力	运用需求	保护管理
	创造潜力	1	0.5633	0.5509	0.4851	0.5582
	创造能力	0.5783	1	0.7314	0.5522	0.6508
	运用能力	0.4859	0.6709	1	0.4696	0.5898
	运用需求	0.4284	0.4863	0.4778	1	0.4222
	保护管理	0.5718	0.6508	0.6548	0.4884	1
2013	指标	创造潜力	创造能力	运用能力	运用需求	保护管理
	创造潜力	1	0.5131	0.5582	0.4954	0.5034
	创造能力	0.5427	1	0.7399	0.5526	0.5840
	运用能力	0.5257	0.6950	1	0.4778	0.5356
	运用需求	0.4544	0.4875	0.4710	1	0.3659
	保护管理	0.5314	0.5840	0.5924	0.4317	1
2014	指标	创造潜力	创造能力	运用能力	运用需求	保护管理
	创造潜力	1	0.4854	0.5357	0.4714	0.4634
	创造能力	0.5302	1	0.7254	0.5446	0.5974
	运用能力	0.4949	0.6645	1	0.4543	0.5249
	运用需求	0.4600	0.4928	0.4822	1	0.3840
	保护管理	0.5056	0.5974	0.6028	0.4373	1
2015	指标	创造潜力	创造能力	运用能力	运用需求	保护管理
	创造潜力	1	0.4540	0.4801	0.4423	0.4523
	创造能力	0.5303	1	0.7119	0.5602	0.6549
	运用能力	0.5188	0.6866	1	0.5093	0.5918
	运用需求	0.4563	0.5005	0.4848	1	0.3911
	保护管理	0.5233	0.6549	0.6232	0.4516	1

从表 4.1 中可以看出考察期内不同年份分项指标间关联度的变化情况。

2008 年，知识产权整体系统分项指标间的关联度位列前三的分别是创造能力与运用能力、创造能力与创造潜力、保护管理与创造能力。

2009 年，知识产权整体系统分项指标间的关联度位列前三的分别是创造能力与创造潜力、创造能力与运用能力、保护管理与创造能力。

2010 年，知识产权整体系统分项指标间的关联度位列前三的分别是创造能力与创造潜力、创造能力与运用能力、创造能力与运用需求。

2011 年，知识产权整体系统分项指标间的关联度位列前三的分别是创造能力与运用能力、创造能力与创造潜力、创造能力与运用需求。

2012~2014 年，各年度知识产权整体系统分项指标间的关联度位列前三的均分别是创造能力与运用能力、保护管理与运用能力、保护管理与创造能力。

2015 年，知识产权整体系统分项指标间的关联度位列前三的分别是创造能力与运用能力、保护管理与创造能力、保护管理与运用能力。

2008~2015 年，各年知识产权整体系统分项指标间的关联度位列前三的关联关系演变情况如图 4.1 所示。

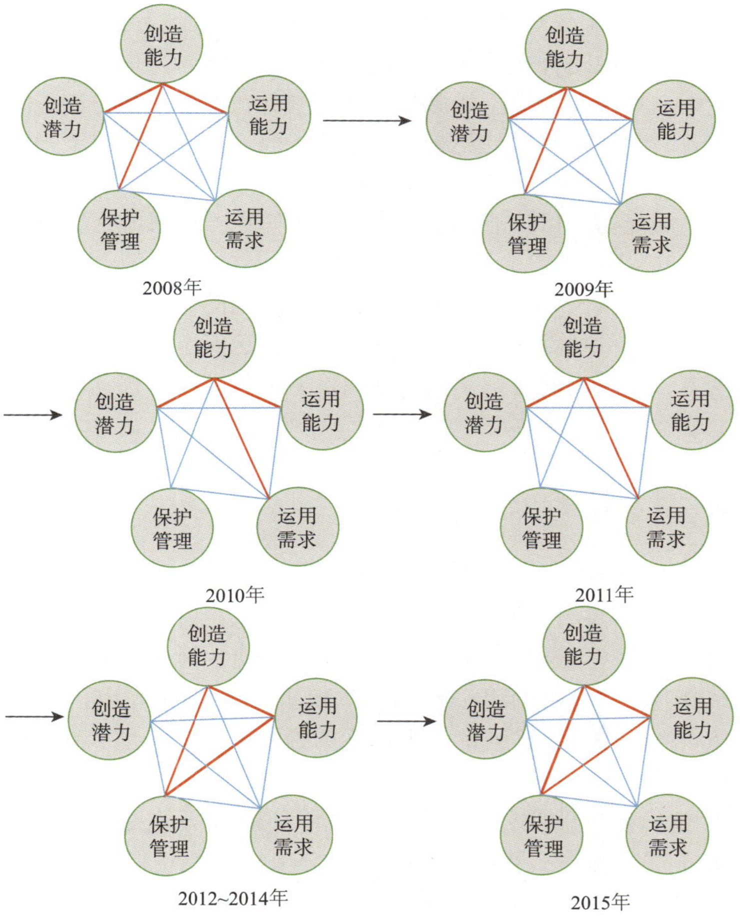

图 4.1　知识产权整体系统分项指标间的关联度位列前三的关联关系演变情况（2008~2015 年）

图 4.1 中，指标间关联关系由连接线表示。其中红线表示指标间关联关系排序位列前三位，粗细代表关联关系强度，排序第一位的指标间关联关系的连线为最粗，其余依

次递减。由图 4.1 可以看出，2008 年时，我国知识产权整体系统分项指标间的关联度中排序前三的关联关系依次是创造能力-运用能力、创造能力-创造潜力、保护管理-创造能力；2009~2010 年，仍然保持这种关系，但创造能力-创造潜力的关联关系上升为第一位；2010 年在延续 2009 年的基础上有所变化，创造能力-运用需求的关联关系上升为第三位；2011 年在延续 2010 年的基础上再次有微调，创造能力-运用能力的关联关系上升为第一位。从 2012 年起，关联关系发生较大改变，指标间关联关系中排序前三的依次变为创造能力-运用能力、保护管理-运用能力、保护管理-创造能力。这种状态从 2012 年持续到 2014 年。到 2015 年，保护管理-创造能力上升为第二位，但总体格局仍然保持不变。上述变化表明，我国知识产权整体系统主要体现为除了知识产权运用需求之外的知识产权创造能力、运用能力、保护管理、创造潜力 4 个子系统之间的关系。其中创造能力与运用能力之间的关系是系统运行的核心关系，是连接其他能力的关键环节；考察期初（2008 年），保护管理仅与创造能力形成开放式关联；到考察期末（2015 年），则与创造能力和运用能力形成闭合式关联，反映了保护管理在与知识产权创造能力和运用能力共同发挥作用中，其重要程度不断提升。创造潜力在考察期初与创造能力的关联关系较为紧密，但随着时间的推移，其关联关系相对减弱。一方面反映了知识产权系统运行呈现由前端（创造潜力）主导向后端（运用能力）主导逐步转移的趋势；另一方面反映了随着知识产权运用能力和保护能力的增强，我国知识产权系统运行更加依赖于市场机制的作用。

总之，考察期内，我国知识产权系统各子系统之间的关联呈现出以知识产权创造能力为核心建立关联机制的特点。从价值链的角度看，这属于价值链前端环节驱动的关联模式。在考察期末，系统内的运行关联出现向价值链后端环节移动的趋势，即接近市场的价值链环节的驱动作用在增强。

4.2.2 创造潜力的关联因素分析

知识产权系统各分项能力影响因素分析是将每一分项能力的构成要素的关联关系进行分析，以便从更深的层面揭示知识产权系统各子系统的关联机制。下面进一步对各个分项指标之间的关联关系通过二级指标进行深入分析。运用全局熵值法计算知识产权五个子系统一级指标、二级指标和三级指标的权重，结合三级指标的指数（得分）值，计算 2008~2015 年全国 31 个省区市二级指标的指数（得分）值，将 31 个省区市 8 年指数（得分）值分别加权求和，使所得求和结果与 15 个二级指标共同构造一个 248 × 15 的矩阵，作为进行灰色关联分析的基础数据阵。运用灰色关联分析方法计算关联系数并按照值的大小进行排序，找出与所分析的分项指标关联程度最高的影响因子，从而对分项指标间的内在关联关系予以表述。

创造潜力与创造能力、运用能力、运用需求、保护管理等的关联关系通过各分项指标所属的二级指标反映出来，经测算并按照关联系数值的大小进行排序，结果如图 4.2 所示。

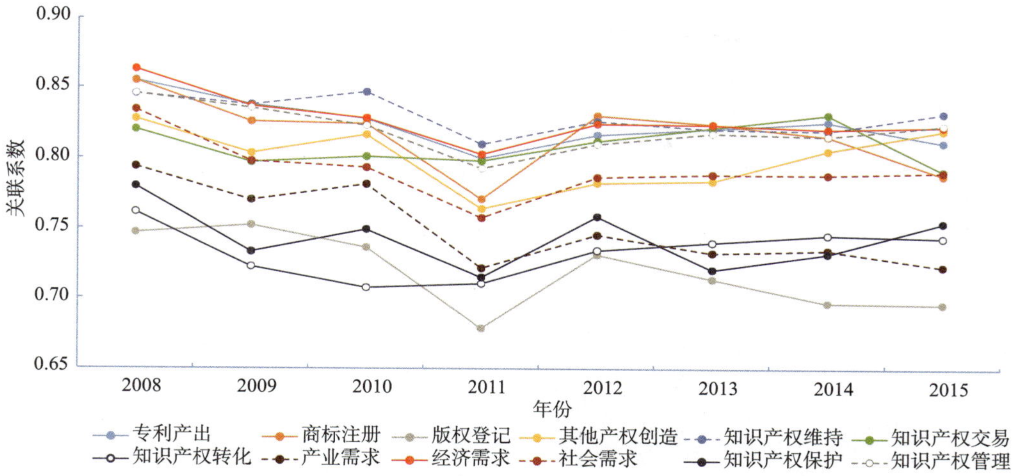

图 4.2　创造潜力的关联因素变化图（2008~2015 年）

由图 4.2 可见，2008~2015 年，排序第一位的与知识产权创造潜力关联的因素不断变化。其中，2008 年是运用需求指标中的经济需求，2009 年是创造能力指标中的专利产出，2010 年、2011 年是运用能力指标中的知识产权维持，2012 年、2013 年是创造能力指标中的商标注册，2014 年则变为运用能力指标中的知识产权交易，2015 年是运用能力指标中的知识产权维持。上述情况反映了知识产权创造潜力的关联因素存在一定程度的不稳定性。但总体来看，其中有 4 个年度是与运用能力有关，3 个年度与创造能力有关，反映出知识产权创造潜力随着下游环节（创造能力、运用能力）的变化而不断调整。

排序靠后的影响因素主要有运用能力指标中的知识产权转化和创造能力指标中的版权登记，反映出知识产权转化和版权登记对知识产权生产与资源投入的影响不大。

从年度变化趋势上看，2015 年运用能力指标中的知识产权维持和保护管理指标中的知识产权管理上升到更加突出的位置，这也是多年来两个影响因素稳步发展的结果。知识产权维持反映的是知识产权有效存量；知识产权管理指标的构成中主要是知识产权的代理服务。这两个影响因素的上升，反映了知识产权创造潜力更加依赖于已有的知识基础和外部服务环境。

4.2.3　创造能力的关联因素分析

创造能力与创造潜力、运用能力、运用需求、保护管理等的关联关系通过各分项指标所属的二级指标反映出来，经测算并按照关联系数值的大小进行排序，结果如图 4.3 所示。

由图 4.3 可见，2008~2015 年，除了 2008 年外，其余各年份排序第一的始终是运用能力指标中的知识产权维持。知识产权维持是反映知识产权有效存量的指标。知识产权有效存量既反映知识产权的应用价值，也反映对新技术、新知识的吸收能力。该项指标不仅是一个存量和累积量的概念，更能在一定程度上反映知识产权与产业的融合程度。上述结果表明，知识产权有效存量是近年来影响知识产权产出（创造能力）的主要因素。

排序靠后的影响因素主要是运用需求指标中的社会需求，反映出目前社会需求对知识产权创造能力的影响较弱。换句话说，社会需求对知识产权供给的拉动尚不足。

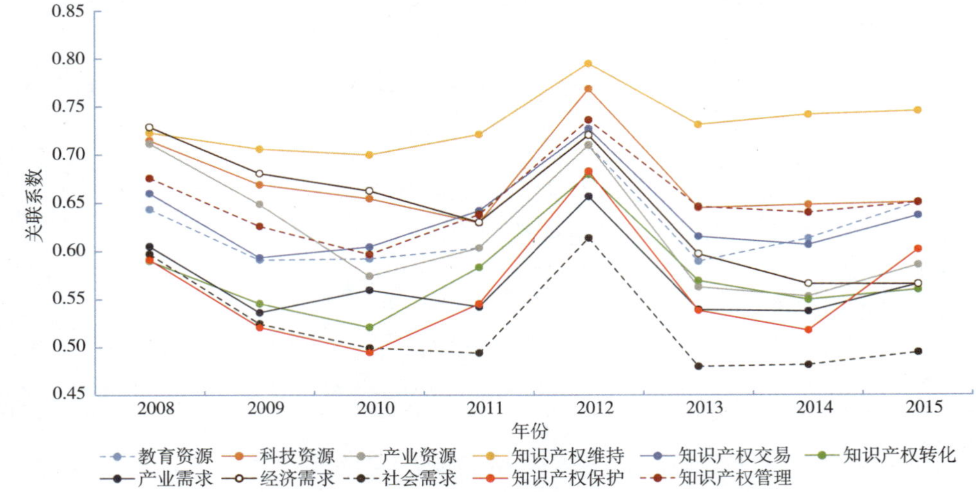

图 4.3　创造能力的关联因素变化图（2008~2015 年）

从年度变化趋势上看，2015 年经济需求在知识产权创造能力的关联因素的排序中继续相对下降。自 2008 年以来，经济需求在知识产权创造能力的关联因素的排序中由高居第一（2008 年）不断下降到倒数第三（2015 年）。考虑到我国知识产权创造能力影响因素的作用可能存在此消彼长的事实，上述指标的变化意味着经济需求的拉动作用较其他因素有所下降。

4.2.4　运用能力的关联因素分析

运用能力与创造潜力、创造能力、运用需求、保护管理等的关联关系通过各分项指标所属的二级指标反映出来。经测算并按照关联系数值的大小进行排序，结果如图 4.4 所示。

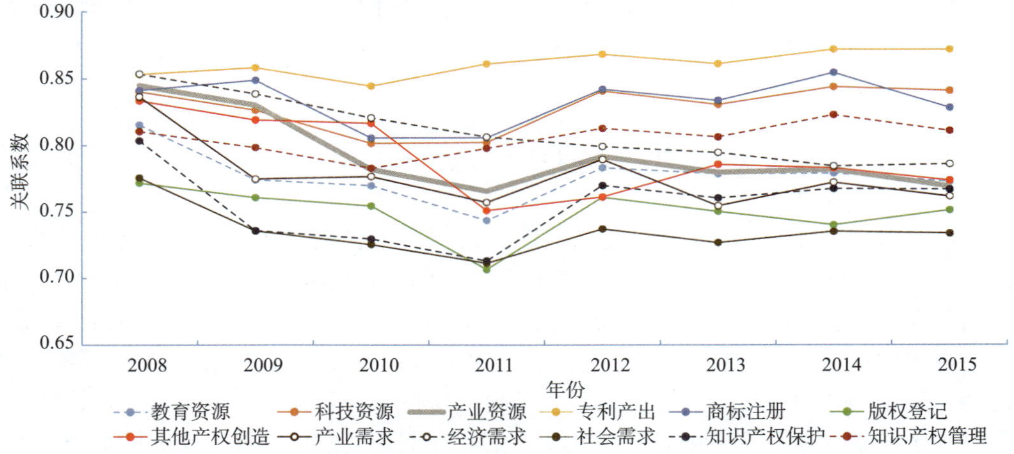

图 4.4　运用能力的关联因素变化图（2008~2015 年）

由图 4.4 可见，2008~2015 年，与知识产权运用能力关联的排序第一的因素除了 2008 年外，其余各年份没有变化，始终是创造能力指标中的专利产出。创造能力反映的是知识产权产出，运用能力反映的是产出成果的现实应用，两个指标之间本身就存在着密切的内在联系。在专利产出、版权登记、商标注册、其他产权创造等知识产权产出的各种形态中，专利产出是与知识产权运用能力关联最密切的因素。

排序靠后的关联因素主要是社会需求、版权登记，一方面表明版权登记的影响力还比较弱；另一方面表明知识产权运用与全社会的需求之间尚未形成良性互动的发展格局。

从年度变化趋势上看，科技资源在排序上呈逐步上升的态势。与之相应，教育资源的排序稳中略升。或许可以从两个方面解释此结果：一方面可能是科技资源和教育资源因素的基础性作用逐步显现；另一方面则可能是其他关联因素提升的速度相对上述因素更为缓慢所致。若要明确哪个方面为主导，还需联系各因素其他指标的成长情况综合研判。

4.2.5　运用需求的关联因素分析

运用需求与创造潜力、创造能力、运用能力、保护管理等的关联关系通过各分项指标所属的二级指标反映出来，经测算并按照关联系数值的大小进行排序，结果如图 4.5 所示。

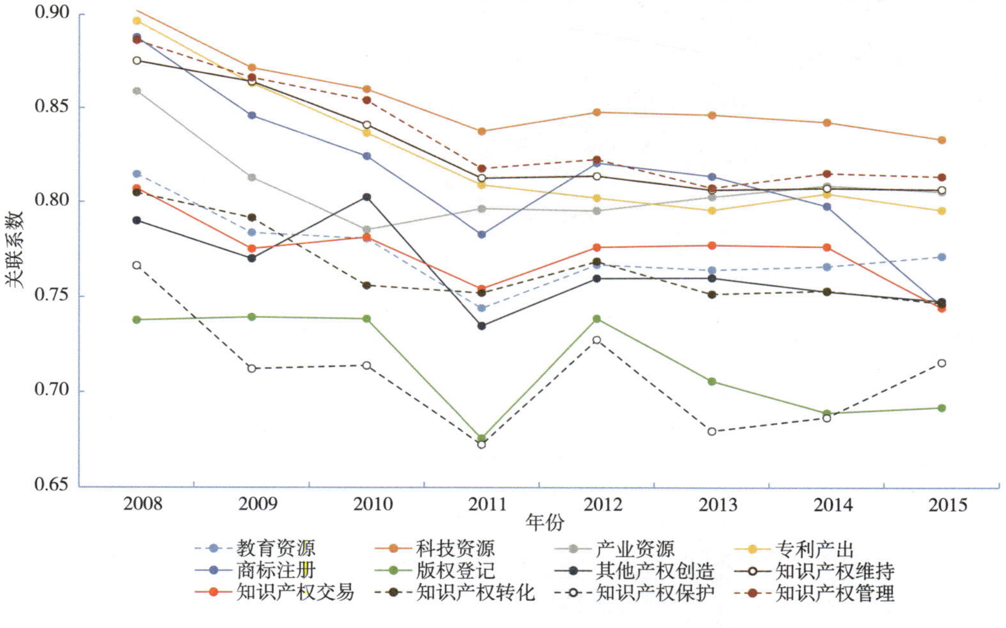

图 4.5　运用需求的关联因素变化图（2008~2015 年）

由图 4.5 可见，2008~2015 年，与知识产权运用需求关联的排序第一、第二的因素以创造潜力指标中的科技资源和保护管理指标中的知识产权管理为主。其中 2008~2015 年排序第一的关联因素始终为科技资源。科技资源反映的是面向应用的研发投入，知识产权管理反映的是知识产权创造、转化、增值过程中的服务。上述结果表明，这两个因素已经成为与知识产权运用需求关联的主导因素。

排序处于最后的影响因素主要是知识产权保护、版权登记，一方面表明版权登记的影响力尚弱;另一方面表明知识产权保护支撑知识产权运用需求的能力尚有待全面提升。

从年度变化趋势上看，2015 年排序第一、第二关联的因素虽然与前些年一致，但仍属于创造潜力、保护管理的下属分项指标。在理论上，与知识产权运用需求关联度相对较高的应当是运用能力的下属分项指标，但结果却是除了知识产权维持（反映知识产权有效存量）的关联因素排序位次保持稳定外，知识产权交易和知识产权转化的关联因素排序位次却始终在低位徘徊。这在某种程度上反映了知识产权交易和知识产权转化与知识产权运用需求的关联关系较弱。

4.2.6 保护管理的关联因素分析

保护管理与创造潜力、创造能力、运用能力、运用需求等的关联关系通过各分项指标所属的二级指标反映出来。经测算并按照关联系数值的大小进行排序，结果如图 4.6 所示。

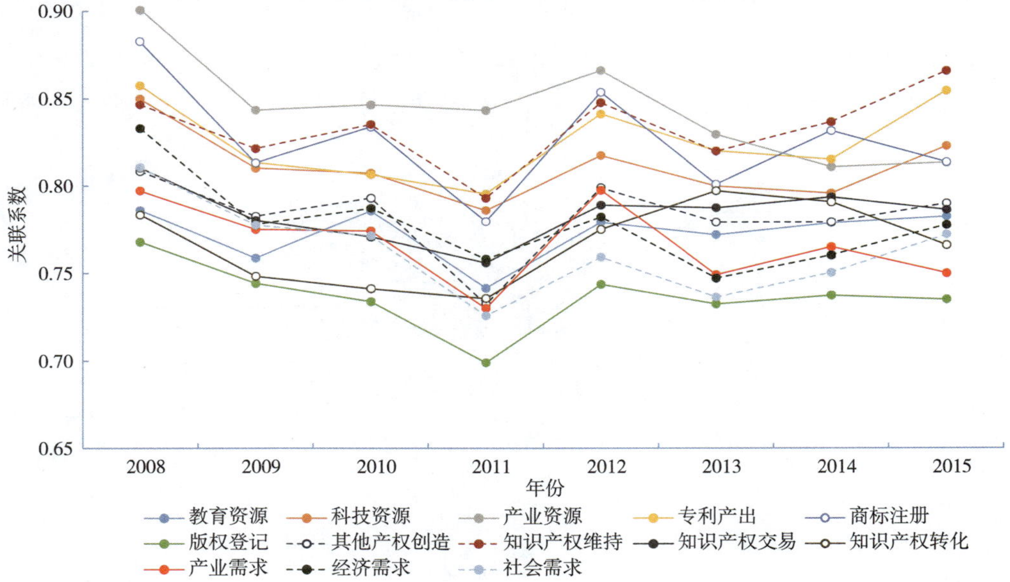

图 4.6 保护管理的关联因素变化图（2008~2015 年）

由图 4.6 可见，2008~2015 年，与知识产权保护管理关联的排序第一的因素由连续多年（2008~2013 年）的创造潜力指标中的产业资源，转变为运用能力指标中的知识产权维持（2014~2015 年）。知识产权维持反映的是知识产权有效存量，上述结果表明，知识产权保护管理主要针对的是知识产权有效存量。

排序处于最后的关联因素一直是版权登记。反映出版权登记在知识产权保护管理方面得到的支持还很弱。

从年度变化趋势上看，2015 年与关联因素排序第一的知识产权维持同属运用能力指标中的另外两个分项指标——知识产权交易和知识产权转化的关联因素排序位次却始终在低位徘徊。可能的解释是，与知识产权有效存量（知识产权维持）相比，知识产权的交易量和转化量相对偏低，尚未能充分反映知识产权保护管理的积极效应。

4.3 区域知识产权系统运行协同分析

知识产权系统内部各子系统的关联分析回答的是研究对象之间是否存在关联及关联的程度，并没有回答研究对象间关联的具体机制。协同分析在关联分析的基础上，重点分析子系统与整体系统在功能上的匹配，以及输入与输出的因果性质，这能在一定程度上揭示系统运行的内在机制。

4.3.1 知识产权整体系统协同分析

系统协同分析可从国家和区域两个层面展开，这里首先从国家层面分析知识产权整体系统的协同状况。知识产权整体系统协同分析主要通过对五个子系统的有序度和整体系统的协同度分析来进行。

2008~2015 年知识产权创造潜力、创造能力、运用能力、运用需求和保护管理五个子系统对知识产权整体系统的贡献值（系统有序度）情况如图 4.7 所示。

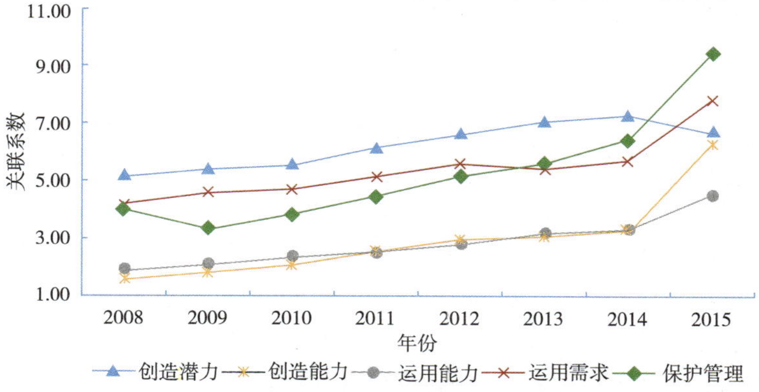

图 4.7 五个子系统对知识产权整体系统的贡献值（2008~2015 年）

图 4.7 中，知识产权创造潜力子系统的有序度从 2008 年的 5.0235 逐步提升到 2014 年的 7.0582，2015 年略有下降，为 6.5135，但总体上对整体系统的贡献在增加。知识产权创造能力子系统的有序度提升明显，从 2008 年的 1.5169 迅速提升至 2015 年的 6.0972，反映出其对整体系统的贡献明显增加。知识产权运用能力子系统的有序度虽没有知识产权创造能力子系统有序度提升得那么明显，但考察期内始终稳步提升，由考察期初的 1.8855 逐步提升至考察期末的 4.4315，对整体系统的贡献同样明显增加。知识产权运用需求子系统的有序度是除了知识产权创造潜力子系统之外，位列第二的对整体系统贡献较大的子系统，有序度由考察期初的 4.0831 增加到考察期末的 7.5964，反映了知识产权运用需求子系统在整体系统贡献中的拉动作用。知识产权保护管理子系统是各子系统中

有序度值变化幅度最大的，由考察期初的 3.9031 大幅增加到考察期末的 9.1180，成为对整体系统贡献最为突出的子系统。

对比分析图 4.7 中各子系统的变化趋势可以看出，第一，2008~2015 年五个子系统对知识产权整体系统的贡献总体上呈逐年上升趋势，从一个侧面反映出系统整体与子系统的协同关系得到优化。第二，考察期内五个子系统中对知识产权整体系统贡献最大的子系统由知识产权创造潜力子系统（2008~2014 年）向知识产权保护管理子系统（2015 年）和运用需求子系统（2015 年）转变，并且知识产权创造能力子系统也有赶超知识产权创造潜力子系统的趋势，反映出我国知识产权整体系统发展呈现出以资源投入和知识产权创造为主导向以应用与需求为主导转变的趋势。第三，考察期内，知识产权运用能力子系统和创造能力子系统的贡献排最后两位，反映出我国知识产权整体系统运行，知识产权创造和实际运用所发挥作用的空间尚较大。第四，知识产权保护管理子系统对知识产权整体系统的贡献明显增加，表现在 2009 年起发展加快，2013 年和 2015 年分别超越知识产权运用需求子系统、创造潜力子系统，对知识产权整体系统的贡献跃升为第一位，反映出 2009 年以来知识产权保护管理子系统的工作成就。第五，知识产权运用需求子系统的贡献上升趋势明显，进一步反映出市场需求对知识产权整体系统的拉动作用不断加强。

以下将对五个子系统间的交互协同情况分别加以分析，从知识产权价值链环节的相互作用中进一步揭示知识产权系统协同的运行机制。

4.3.2 创造潜力与创造能力协同分析

在整体系统分析的基础上，本报告以全国 31 个省区市为分析单位，对知识产权各子系统的协同状况进行两两分析。知识产权创造潜力与知识产权创造能力协同分析能够阐明区域知识产权活动的前端资源向知识产权成果转化过程的协同状况。

通过测算 2008~2015 年全国 31 个省区市知识产权创造潜力与创造能力的耦合协调度值可知，首先，全国 31 个省区市知识产权创造潜力与创造能力两个子系统的耦合协调度总体呈上升态势。考察期末（2015 年）全国平均值为 0.2928，高于考察期初（2008 年）的 0.1906。尽管至考察期末，知识产权创造潜力与创造能力的耦合协调度总体上仍处于中度失调区间（0.20~0.39），但趋势向好。

其次，各省区市的耦合协调度存在明显差异。按照考察期末耦合协调度值的大小可以将 31 个省区市划分成三类：第一类包括江苏、北京、广东、浙江、上海、山东 6 个省市，均值为 0.5287，处于不协调向协调过渡的临界区间（0.40~0.59）。其中，江苏（0.6821）取得全国最高值，进入中级协调区间（0.60~0.79），而北京（0.5919）则已经接近于该区间；浙江、上海、山东是 2015 年新进入第一类的省市。第二类为处于中度失调区间（0.20~0.39）的 16 个省区市，均值为 0.2789，此处不一一列出，其中江西、云南、广西三省区则是 2015 年新进入第二类的省区。第三类为处于重度失调区间（低于 0.20）的省区，包括山西、内蒙古、海南、贵州、西藏、甘肃、青海、宁夏、新疆 9 个省区。

最后，各省区市的耦合协调度年均增速均为正值，年均增速较快（增速在 7%~10%）的省市有 13 个，分别是安徽、山东、福建、浙江、重庆、湖南、河北、河南、广东、湖北、上海、江西、四川。

上述结果显示，知识产权创造潜力与创造能力的耦合协调度较高的区域是知识产权资源富集程度较高、教育和科技发展水平高、产业基础好的省区市。知识产权创造潜力与创造能力的耦合协调度低的区域是知识产权资源富集程度低、教育和科技发展水平低、产业基础相对薄弱的省区市。就两者耦合协调度的增长状况看，增长快的区域大都集中在东南沿海和中部地区，有一定的板块特征。

4.3.3　创造能力与运用能力协同分析

知识产权创造能力和知识产权运用能力协同分析能够阐明知识产权成果进入市场交易及向生产力转化过程的运行情况。

2008~2015 年全国 31 个省区市知识产权创造能力与运用能力的耦合协调度值测算结果显示，首先，全国 31 个省区市知识产权创造能力与运用能力两个子系统的耦合协调度总体呈上升态势。考察期末（2015 年）全国平均值为 0.2656，高于考察期初（2008 年）的 0.1562。尽管至考察期末，知识产权创造能力与运用能力的耦合协调度总体上仍处于中度失调区间（0.20~0.39），但趋势向好。

其次，各省区市的耦合协调度存在明显差异。按照考察期末耦合协调度值的大小可以将 31 个省区市划分成三类：第一类包括江苏、北京、广东、浙江、上海 5 个省市，均值为 0.5362，处于不协调向协调过渡的临界区间（0.40~0.59）。其中，江苏（0.6744）取得全国最高值，进入中级协调区间（0.60~0.79）；浙江、上海是 2015 年新进入第一类的省市。第二类为处于中度失调区间（0.20~0.39）的 13 个省市，分别是天津、辽宁、安徽、福建、山东、河南、湖北、湖南、重庆、四川、陕西、河北和吉林。其中，重庆、湖南、辽宁、河北和吉林是 2015 年新进入第二类的省市。第三类为其余 13 个省区，处于重度失调区间（低于 0.20），此处不一一列出。

最后，各省区市的耦合协调度年均增速均为正值，其中，年均增速属于高速增长（增速在 10%以上）的省区市有 8 个，分别是重庆、河南、安徽、湖北、福建、湖南、浙江和西藏，中部省份明显居多；属于中速增长（增速在 7%~10%）的省区市也达到 15 个。

从上述结果可以看出：一是各省区市的知识产权创造能力与运用能力的耦合协调度略低于知识产权创造潜力与创造能力的耦合协调度。二是知识产权创造能力与运用能力的耦合协调度的增速高于知识产权创造潜力与创造能力的耦合协调度的增速。三是知识产权创造能力与运用能力重度失调的区域（13 个）多于知识产权创造潜力与创造能力重度失调的区域（9 个）。

4.3.4　运用能力与运用需求协同分析

知识产权运用能力和知识产权运用需求协同分析能够阐明区域知识产权成果交易转化活动与区域经济发展之间的协同关系。

通过 2008~2015 年全国 31 个省区市知识产权运用能力与运用需求的耦合协调度值

测算结果可见，首先，全国 31 个省区市知识产权运用能力与运用需求两个子系统的耦合协调度总体呈上升态势。考察期末（2015 年）全国平均值为 0.2780，高于考察期初（2008 年）的 0.1945。尽管至考察期末，知识产权运用能力与运用需求的耦合协调度总体上仍处于中度失调区间（0.20~0.39），但趋势向好。

其次，各省区市的耦合协调度存在明显差异。按照考察期末耦合协调度值的大小可以将 31 个省区市划分成三类：第一类包括江苏、北京、广东、上海 4 个省市，均值为 0.5196，处于不协调向协调过渡的临界区间（0.40~0.59）。其中，江苏（0.6575）取得全国最高值，进入中级协调区间（0.60~0.79）；北京、上海是 2015 年新进入第一类的市。第二类为处于中度失调区间（0.20~0.39）的 20 个省区市，占全国绝大部分。第三类为其余 7 个西部省区，处于重度失调区间（低于 0.20）。

最后，各省区市的耦合协调度年均增速均为正值，其中，年均增速属于高速增长（增速在 10%以上）的为西藏和内蒙古；属于中速增长（增速在 7%~10%）的为甘肃、重庆、河南、吉林、福建、江西、湖北、陕西、湖南等 9 个省市，主要以中西部省市为主。

上述计算结果说明：一是知识产权运用能力与运用需求的耦合协调度处于不协调向协调过渡的临界区间的省区市数量略小于知识产权创造能力和运用能力的耦合协调度处于不协调向协调过渡的临界区间的省区市。二是知识产权运用能力与运用需求的耦合协调度高的区域是知识产权资源富集程度高、教育和科技发展水平高、产业基础好的省区市；知识产权运用能力与运用需求的耦合协调度低的区域是知识产权资源富集程度低、教育和科技发展水平低、产业基础薄弱的地区。三是与前两项协同分析结果不同的是，知识产权运用能力与运用需求的耦合协调度增速较快的省区市集中于西部和中部地区。

4.3.5 运用需求与创造潜力协同分析

知识产权运用需求和知识产权创造潜力协同分析能够阐明区域经济社会发展与知识产权活动前端资源条件的协同状况。

通过 2008~2015 年全国 31 个省区市知识产权运用需求与创造潜力的耦合协调度值测算结果可见，首先，全国 31 个省区市知识产权运用需求与创造潜力两个子系统的耦合协调度总体呈上升态势。考察期末（2015 年）全国平均值为 0.3226，高于考察期初（2008 年）的 0.2648。尽管至考察期末，知识产权运用需求与创造潜力的耦合协调度总体上仍处于中度失调区间（0.20~0.39），但趋势向好。

其次，各省区市的耦合协调度存在明显差异。按照考察期末耦合协调度值的大小可以将 31 个省区市划分成三类：第一类包括江苏、北京、广东、浙江、上海、山东 6 个省市，均值为 0.4955，处于不协调向协调过渡的临界区间（0.40~0.59）。其中，江苏（0.6660）取得全国最高值，进入中级协调区间（0.60~0.79）。第二类为处于中度失调区间（0.20~0.39）的 22 个省区市，占全国的 70.97%，此处不一一列出。第三类为重度失调区间（低于 0.20），仅海南、青海、西藏 3 个省区。

最后，除了西藏外，其余 30 个省区市的耦合协调度年均增速均为正值。值得关注的是，该指标下，各省区市年均增速普遍低于 5%。年均增速最慢（增速不到 1%）的是江苏、海南、西藏，其中西藏为负增长（–1.69%）。

上述计算结果显示：一是知识产权运用需求与创造潜力的耦合协调度的三类区域呈“纺锤”形分布，即呈中间大、两头小的形态，有 22 个省区市处于中度失调区间。二是知识产权运用需求与创造潜力的耦合协调度年均增速较慢，各省区市均低于 5%，并有负增长的地区。

4.3.6　保护管理与创造能力、运用能力协同分析

在知识产权系统各子系统两两耦合协同分析的基础上，这里对知识产权保护管理与创造能力、运用能力子系统的协同状况进行三个子系统的耦合协调度分析，作为分析知识产权系统协同状况的一种尝试。两两协同分析仅反映整体系统中两个子系统之间的协同关系，三个子系统的耦合协调度分析，能够反映价值链三个环节间的协同状况，能在一定程度上阐明系统整体的运行状况。

通过 2008~2015 年全国 31 个省区市知识产权保护管理与创造能力、运用能力的耦合协调度值测算结果可见，首先，全国 31 个省区市知识产权保护管理与创造能力、运用能力三个子系统的耦合协调度总体呈上升态势。考察期末（2015 年）全国平均值为 0.4142，高于考察期初（2008 年）的 0.2950，反映出全国范围内区域知识产权保护管理与创造能力、运用能力的耦合协调度总体上不断提高，已走出中度失调区间（0.20~0.39），步入不协调向协调过渡的临界区间（0.40~0.59）。

其次，各省区市的耦合协调度存在明显差异。按照考察期末耦合协调度值的大小可以将 31 个省区市划分成四类：第一类仅江苏，以耦合协调度为 0.8402 的全国领先值（2015 年），由 2014 年（耦合协调度值 0.7827）的中级协调区间（0.60~0.79）跃入高级协调区间（0.80~1.00）。第二类为中级协调区间（0.60~0.79）的省市，包括广东（0.6883）和北京（0.6801），均从 2014 年的不协调向协调过渡的临界区间（0.40~0.59）新转入而来。第三类是处于不协调向协调过渡的临界区间（0.40~0.59）的 11 个省市，分别是上海、浙江、山东、福建、安徽、四川、湖北、重庆、河南、湖南、陕西，均值为 0.4718。其中，除了上海、浙江、山东外，其余均为 2014 年新转入的省市，并且以中部地区为主。第四类为其余处于中度失调区间（0.20~0.39）的 17 个省区市，均值为 0.3213，此处不一一列出。

最后，各省区市的耦合协调度年均增速均为正值，其中，年均增速较快（增速在 7%~10%）的省市为重庆和安徽，其余各省区市均有不同程度的增长。

上述计算结果显示：一是三个子系统的耦合协调度数值普遍高于两两分析的数值，说明从系统整体的角度看，部分省区市已进入中级协调区间，多数区域处于不协调向协调过渡的临界区间。二是三个子系统的耦合协调度呈明显上升趋势，说明系统整体的协调度在逐步提升。

4.4 结论与讨论

（1）我国知识产权系统的各子系统间存在关联机制。其中，知识产权创造能力与运用能力之间的关系是系统运行的核心关系，知识产权保护管理在促进知识产权创造能力和运用能力功能实现中的重要程度不断提升。一方面反映了知识产权系统运行呈现由前端（创造潜力）主导向后端（运用能力）主导逐步转移的趋势；另一方面反映了随着知识产权运用能力和保护能力的增强，我国知识产权系统运行更加依赖于市场机制的作用。因此政策着力点应向促进知识产权创造和运用间的协同、加大知识产权保护管理力度等方面进一步倾斜。

（2）我国各知识产权子系统对知识产权整体系统的贡献呈逐年上升趋势。考察期内，系统整体与各子系统的协同关系得到优化。其中，对知识产权整体系统贡献最大的子系统由考察期初的知识产权创造潜力子系统，转变为考察期末的知识产权保护管理子系统和运用需求子系统，并且知识产权创造能力子系统也有赶超知识产权创造潜力子系统的趋势，反映了以资源投入和知识产权创造为主导的我国知识产权整体系统发展逐步向以应用与需求为主导转变的趋势。然而，我国知识产权整体系统中知识产权创造能力和运用能力子系统的驱动作用尚有待提升。

（3）从国家层面看，除了知识产权保护管理与创造能力、运用能力子系统间的耦合协调度已走出失调区间，步入不协调向协调过渡的临界区间外，我国知识产权其余各子系统之间的两两耦合协调度尚处于中度失调区间。表现在资源投入与成果产出的匹配，以及成果产出与产业应用的匹配程度较低；市场需求与知识产权产业转化之间仍然存在矛盾；市场需求与资源投入，知识产权保护与服务及知识产权成果创造和产业应用的匹配关系仍需进一步理顺。上述问题不仅是知识产权职能部门所应解决的，而且需要相关部门的综合协调才能形成合力。

（4）从区域层面看，各地知识产权子系统之间的匹配情况表现不一。各子系统耦合协调度较高的是江苏、北京和广东；上海、浙江、山东、福建的局部子系统耦合协调度较高。我国知识产权子系统之间不协调的主要原因是知识产权发展程度、发展层次偏低。也就是说，科教资源基础雄厚、经济发展水平高的区域知识产权子系统的耦合协调度较高；科教资源基础薄弱、经济发展水平低的区域知识产权子系统的耦合协调度较低。因此，提升知识产权子系统的耦合协调度，不仅是知识产权工作系统本身的职责，也需要社会各经济职能部门的共同努力。

（5）需要特别指出的是，无论是关联分析还是耦合协调度分析，都只是从一个侧面反映知识产权系统的运行状况。这种分析是基于发展结果对发展过程的回溯式分析，并非是对运行过程的直接观察和测度，因此，分析结论与实际过程可能存在一定程度的偏差。

第5章 知识产权资源跨区域流动网络

区域间知识流动是促进知识产权成果向生产力转化的重要环节，也是知识产权在区域间优化配置、实现区域协调发展的社会机制。因此，知识产权资源跨区域流动网络分析是知识产权区域布局分析的重要组成部分。本章首先展示知识产权资源跨区域流动网络总体概况；其次以全国 31 个省区市为评价对象，分别选取 2008~2015 年实际发生的专利（申请）权交易件数作为知识产权交易状况的量化指标，分析知识产权资源跨区域流动网络的形成与运行。全部数据来源于国家知识产权局专利检索数据库，即本章的知识产权资源主要是指专利资源。

5.1 知识产权资源跨区域流动网络总体概况

北京

知识产权输出（点出度）			知识产权输入（点入度）		
年份	分值	排名	年份	分值	排名
2008	9.27	2	2008	12.93	1
2009	11.30	2	2009	9.54	2
2010	14.06	1	2010	9.55	31
2011	9.14	1	2011	5.48	4
2012	8.54	1	2012	6.93	2
2013	8.84	2	2013	20.67	30
2014	7.75	3	2014	13.55	2
2015	11.12	4	2015	14.50	2

续表

本区域知识产权交易关系数量			本区域知识产权交易关系网络密度		
年份	数值	排名	年份	分值	排名
2008	226	2	2008	32.19%	29
2009	278	1	2009	36.77%	29
2010	326	1	2010	37.47%	30
2011	393	2	2011	48.40%	29
2012	393	2	2012	48.40%	28
2013	473	1	2013	54.37%	31
2014	542	3	2014	62.30%	30
2015	525	2	2015	60.34%	29

天津

知识产权输出（点出度）			知识产权输入（点入度）		
年份	分值	排名	年份	分值	排名
2008	1.41	12	2008	0.82	15
2009	4.78	5	2009	1.89	8
2010	1.39	14	2010	3.26	7
2011	0.90	15	2011	1.44	8
2012	0.55	16	2012	0.96	9
2013	2.00	10	2013	1.17	31
2014	1.43	13	2014	1.66	11
2015	1.39	16	2015	2.43	10
本区域知识产权交易关系数量			本区域知识产权交易关系网络密度		
年份	数值	排名	年份	分值	排名
2008	70	18	2008	63.64%	9
2009	161	11	2009	67.08%	7
2010	193	13	2010	63.07%	14
2011	354	7	2011	54.46%	26
2012	270	10	2012	71.05%	12
2013	381	11	2013	69.02%	20
2014	497	8	2014	70.80%	24
2015	370	14	2015	80.09%	14

河北

知识产权输出（点出度）			知识产权输入（点入度）		
年份	分值	排名	年份	分值	排名
2008	1.81	10	2008	1.03	11
2009	2.15	9	2009	1.30	12
2010	3.20	6	2010	1.78	9
2011	1.64	7	2011	0.94	15
2012	1.36	7	2012	0.63	14
2013	3.26	7	2013	1.20	13
2014	2.54	10	2014	1.81	9
2015	1.53	15	2015	2.26	12
本区域知识产权交易关系数量			本区域知识产权交易关系网络密度		
年份	数值	排名	年份	分值	排名
2008	104	13	2008	38.24%	27
2009	179	10	2009	52.34%	23
2010	257	6	2010	55.63%	21
2011	294	9	2011	63.64%	20
2012	270	10	2012	64.29%	20
2013	300	19	2013	71.43%	17
2014	471	13	2014	78.50%	15
2015	507	4	2015	67.06%	24

山西

知识产权输出（点出度）			知识产权输入（点入度）		
年份	分值	排名	年份	分值	排名
2008	0.61	17	2008	0.52	19
2009	0.29	24	2009	0.57	16
2010	0.43	22	2010	0.88	20
2011	0.59	17	2011	0.45	20
2012	0.49	18	2012	0.57	15
2013	0.61	19	2013	0.50	20
2014	1.24	14	2014	0.83	17
2015	0.36	24	2015	0.78	18
本区域知识产权交易关系数量			本区域知识产权交易关系网络密度		
年份	数值	排名	年份	分值	排名
2008	63	19	2008	57.27%	16
2009	108	19	2009	59.34%	15
2010	162	17	2010	59.56%	18
2011	217	16	2011	70.92%	14
2012	241	13	2012	70.47%	13
2013	224	22	2013	82.35%	6
2014	402	16	2014	79.45%	13
2015	320	17	2015	84.21%	6

内蒙古

知识产权输出（点出度）			知识产权输入（点入度）		
年份	分值	排名	年份	分值	排名
2008	0.33	22	2008	0.23	23
2009	0.06	28	2009	0.17	26
2010	0.26	25	2010	0.66	21
2011	0.14	25	2011	0.41	21
2012	0.11	25	2012	0.24	22
2013	0.42	22	2013	0.28	28
2014	0.35	22	2014	0.50	22
2015	0.27	26	2015	0.44	26

本区域知识产权交易关系数量			本区域知识产权交易关系网络密度		
年份	数值	排名	年份	分值	排名
2008	24	26	2008	80.00%	2
2009	22	26	2009	73.33%	4
2010	68	26	2010	75.56%	5
2011	115	23	2011	87.12%	2
2012	159	19	2012	75.71%	7
2013	180	25	2013	75.00%	13
2014	368	21	2014	87.62%	4
2015	184	24	2015	87.62%	3

辽宁

知识产权输出（点出度）			知识产权输入（点入度）		
年份	分值	排名	年份	分值	排名
2008	4.46	4	2008	0.99	12
2009	1.81	11	2009	2.86	7
2010	2.32	8	2010	1.25	15
2011	1.34	10	2011	1.23	11
2012	1.16	11	2012	0.93	10
2013	1.43	12	2013	0.84	16
2014	2.03	12	2014	0.96	16
2015	1.60	14	2015	1.69	16

本区域知识产权交易关系数量			本区域知识产权交易关系网络密度		
年份	数值	排名	年份	分值	排名
2008	163	7	2008	47.66%	20
2009	121	17	2009	57.62%	18
2010	192	14	2010	56.14%	20
2011	275	10	2011	59.52%	22
2012	270	10	2012	64.29%	20
2013	423	7	2013	65.08%	22
2014	476	12	2014	79.33%	14
2015	475	9	2015	73.08%	19

吉林

知识产权输出（点出度）			知识产权输入（点入度）		
年份	分值	排名	年份	分值	排名
2008	0.56	19	2008	0.66	17
2009	0.51	22	2009	0.36	20
2010	0.96	17	2010	1.72	11
2011	0.31	19	2011	0.26	25
2012	0.70	14	2012	0.27	19
2013	1.24	14	2013	0.42	21
2014	0.77	19	2014	0.24	25
2015	0.66	22	2015	0.64	21

本区域知识产权交易关系数量			本区域知识产权交易关系网络密度		
年份	数值	排名	年份	分值	排名
2008	37	25	2008	66.07%	6
2009	88	20	2009	56.41%	19
2010	169	16	2010	62.13%	16
2011	163	19	2011	77.62%	10
2012	173	18	2012	72.08%	10
2013	281	21	2013	82.16%	7
2014	378	20	2014	81.82%	10
2015	259	21	2015	84.64%	5

黑龙江

知识产权输出（点出度）			知识产权输入（点入度）		
年份	分值	排名	年份	分值	排名
2008	1.95	9	2008	0.54	18
2009	0.78	18	2009	0.29	22
2010	1.52	13	2010	0.49	24
2011	0.52	18	2011	0.29	24
2012	0.73	13	2012	0.30	18
2013	1.23	15	2013	0.34	25
2014	0.57	20	2014	0.47	23
2015	1.36	17	2015	0.69	20

本区域知识产权交易关系数量			本区域知识产权交易关系网络密度		
年份	数值	排名	年份	分值	排名
2008	86	16	2008	65.15%	7
2009	126	16	2009	60.00%	13
2010	105	21	2010	67.31%	7
2011	201	17	2011	73.90%	12
2012	213	16	2012	78.31%	6
2013	318	15	2013	75.71%	11
2014	492	9	2014	75.69%	19
2015	314	18	2015	74.76%	16

上海

知识产权输出（点出度）			知识产权输入（点入度）		
年份	分值	排名	年份	分值	排名
2008	9.72	1	2008	6.43	2
2009	8.02	3	2009	9.28	3
2010	9.29	3	2010	10.21	1
2011	7.18	3	2011	4.85	5
2012	4.40	3	2012	2.93	6
2013	8.19	3	2013	4.24	4
2014	4.47	6	2014	4.75	4
2015	9.35	5	2015	8.19	4

本区域知识产权交易关系数量			本区域知识产权交易关系网络密度		
年份	数值	排名	年份	分值	排名
2008	170	5	2008	44.74%	25
2009	268	3	2009	44.67%	27
2010	318	3	2010	42.06%	29
2011	357	6	2011	59.50%	23
2012	389	3	2012	51.46%	25
2013	448	6	2013	59.26%	28
2014	498	6	2014	70.94%	23
2015	527	1	2015	64.90%	26

江苏

知识产权输出（点出度）			知识产权输入（点入度）		
年份	分值	排名	年份	分值	排名
2008	3.19	6	2008	5.59	4
2009	4.82	4	2009	13.73	1
2010	7.81	4	2010	9.16	3
2011	3.45	5	2011	8.84	1
2012	3.85	5	2012	7.59	1
2013	5.60	6	2013	15.72	2
2014	6.62	4	2014	17.21	1
2015	13.10	3	2015	15.16	1

本区域知识产权交易关系数量			本区域知识产权交易关系网络密度		
年份	数值	排名	年份	分值	排名
2008	185	4	2008	44.05%	26
2009	230	4	2009	49.78%	25
2010	294	5	2010	49.00%	26
2011	373	5	2011	53.13%	28
2012	381	5	2012	50.40%	27
2013	468	3	2013	57.64%	30
2014	536	5	2014	66.01%	27
2015	525	2	2015	64.66%	27

安徽

知识产权输出（点出度）			知识产权输入（点入度）		
年份	分值	排名	年份	分值	排名
2008	0.56	19	2008	0.82	15
2009	0.95	15	2009	1.41	10
2010	1.03	16	2010	3.20	8
2011	1.24	11	2011	2.72	6
2012	0.59	15	2012	1.19	7
2013	1.16	16	2013	1.87	8
2014	3.02	7	2014	1.72	10
2015	2.36	11	2015	3.46	7
本区域知识产权交易关系数量			本区域知识产权交易关系网络密度		
年份	数值	排名	年份	分值	排名
2008	101	14	2008	76.52%	3
2009	110	18	2009	70.51%	5
2010	223	8	2010	58.68%	19
2011	265	12	2011	63.10%	21
2012	238	14	2012	69.59%	16
2013	302	17	2013	79.47%	8
2014	449	14	2014	74.83%	21
2015	471	10	2015	72.46%	20

浙江

知识产权输出（点出度）			知识产权输入（点入度）		
年份	分值	排名	年份	分值	排名
2008	3.26	5	2008	5.54	5
2009	3.81	6	2009	6.23	5
2010	7.02	5	2010	7.72	5
2011	4.47	4	2011	6.63	2
2012	3.89	4	2012	3.49	5
2013	7.92	4	2013	3.83	5
2014	9.19	2	2014	4.35	5
2015	13.33	1	2015	7.70	5
本区域知识产权交易关系数量			本区域知识产权交易关系网络密度		
年份	数值	排名	年份	分值	排名
2008	193	3	2008	45.95%	23
2009	229	5	2009	54.52%	21
2010	299	4	2010	46.00%	27
2011	386	3	2011	54.99%	25
2012	403	1	2012	46.32%	30
2013	451	5	2013	59.66%	27
2014	544	2	2014	62.53%	29
2015	513	3	2015	63.18%	28

福建

知识产权输出（点出度）		
年份	分值	排名
2008	0.52	20
2009	0.86	16
2010	1.03	16
2011	0.92	14
2012	1.21	10
2013	1.37	13
2014	2.70	8
2015	2.77	9

知识产权输入（点入度）		
年份	分值	排名
2008	3.76	6
2009	1.68	9
2010	1.52	13
2011	1.05	13
2012	0.89	11
2013	1.65	10
2014	1.35	13
2015	1.89	14

本区域知识产权交易关系数量		
年份	数值	排名
2008	141	8
2009	184	7
2010	199	12
2011	294	9
2012	254	12
2013	404	9
2014	404	15
2015	487	6

本区域知识产权交易关系网络密度		
年份	分值	排名
2008	46.08%	22
2009	60.13%	12
2010	65.03%	11
2011	70.00%	15
2012	74.27%	9
2013	73.19%	15
2014	79.84%	12
2015	69.37%	21

江西

知识产权输出（点出度）		
年份	分值	排名
2008	0.16	24
2009	0.55	21
2010	0.79	19
2011	0.29	21
2012	0.31	20
2013	0.51	20
2014	0.86	18
2015	1.63	13

知识产权输入（点入度）		
年份	分值	排名
2008	0.85	14
2009	0.69	15
2010	0.96	19
2011	1.10	12
2012	0.52	16
2013	1.33	11
2014	1.41	12
2015	1.76	15

本区域知识产权交易关系数量		
年份	数值	排名
2008	46	23
2009	126	16
2010	59	27
2011	174	18
2012	156	20
2013	301	18
2014	382	18
2015	387	12

本区域知识产权交易关系网络密度		
年份	分值	排名
2008	63.89%	8
2009	69.23%	6
2010	81.94%	3
2011	82.86%	5
2012	65.00%	19
2013	79.21%	9
2014	82.68%	6
2015	83.77%	7

山东

知识产权输出（点出度）			知识产权输入（点入度）		
年份	分值	排名	年份	分值	排名
2008	2.25	8	2008	2.25	8
2009	3.10	7	2009	1.33	11
2010	2.08	10	2010	3.63	6
2011	1.35	9	2011	1.58	7
2012	1.59	6	2012	4.47	3
2013	6.20	5	2013	2.31	6
2014	5.89	5	2014	3.08	6
2015	7.31	6	2015	5.16	6

本区域知识产权交易关系数量			本区域知识产权交易关系网络密度		
年份	数值	排名	年份	分值	排名
2008	168	6	2008	49.12%	19
2009	181	9	2009	59.15%	16
2010	217	10	2010	51.67%	24
2011	377	4	2011	58.00%	24
2012	330	7	2012	55.00%	24
2013	471	2	2013	58.00%	29
2014	541	4	2014	66.63%	26
2015	501	5	2015	66.27%	25

河南

知识产权输出（点出度）			知识产权输入（点入度）		
年份	分值	排名	年份	分值	排名
2008	0.75	16	2008	0.94	13
2009	1.22	12	2009	0.50	18
2010	1.31	15	2010	1.24	16
2011	1.34	10	2011	1.33	9
2012	0.50	17	2012	0.48	17
2013	2.95	9	2013	1.77	9
2014	2.63	9	2014	1.03	15
2015	2.14	12	2015	1.97	13

本区域知识产权交易关系数量			本区域知识产权交易关系网络密度		
年份	数值	排名	年份	分值	排名
2008	126	10	2008	46.32%	21
2009	137	12	2009	65.24%	9
2010	139	18	2010	66.19%	10
2011	224	15	2011	73.20%	13
2012	293	8	2012	63.42%	21
2013	379	12	2013	74.90%	14
2014	487	10	2014	74.92%	20
2015	479	7	2015	73.69%	17

湖北

知识产权输出（点出度）			知识产权输入（点入度）		
年份	分值	排名	年份	分值	排名
2008	1.27	13	2008	2.51	7
2009	2.61	8	2009	1.30	12
2010	1.89	11	2010	1.74	10
2011	1.20	12	2011	1.28	10
2012	1.34	8	2012	0.98	8
2013	1.49	11	2013	2.21	7
2014	0.99	17	2014	1.84	8
2015	2.50	10	2015	2.74	9

本区域知识产权交易关系数量			本区域知识产权交易关系网络密度		
年份	数值	排名	年份	分值	排名
2008	115	12	2008	63.19%	12
2009	182	8	2009	59.48%	14
2010	191	15	2010	62.42%	15
2011	273	11	2011	65.00%	19
2012	236	15	2012	69.01%	17
2013	386	10	2013	69.93%	18
2014	498	7	2014	76.62%	17
2015	440	11	2015	73.33%	18

湖南

知识产权输出（点出度）			知识产权输入（点入度）		
年份	分值	排名	年份	分值	排名
2008	2.61	7	2008	0.75	16
2009	1.87	10	2009	0.99	13
2010	1.59	12	2010	1.33	14
2011	1.58	8	2011	0.91	16
2012	1.10	12	2012	0.65	13
2013	0.80	18	2013	0.86	15
2014	1.23	15	2014	1.07	14
2015	3.00	8	2015	2.39	11

本区域知识产权交易关系数量			本区域知识产权交易关系网络密度		
年份	数值	排名	年份	分值	排名
2008	139	9	2008	45.42%	24
2009	190	6	2009	55.56%	20
2010	221	9	2010	52.62%	23
2011	354	7	2011	54.46%	26
2012	285	9	2012	67.86%	18
2013	354	14	2013	64.13%	23
2014	476	12	2014	73.23%	22
2015	476	8	2015	67.81%	22

广东

知识产权输出（点出度）			知识产权输入（点入度）		
年份	分值	排名	年份	分值	排名
2008	7.04	3	2008	5.77	3
2009	12.69	1	2009	7.16	4
2010	10.30	2	2010	8.73	4
2011	8.57	2	2011	6.42	3
2012	5.27	2	2012	4.06	4
2013	10.31	1	2013	6.06	3
2014	10.20	1	2014	7.75	3
2015	13.22	2	2015	14.00	3
本区域知识产权交易关系数量			本区域知识产权交易关系网络密度		
年份	数值	排名	年份	分值	排名
2008	228	1	2008	35.08%	28
2009	270	2	2009	45.00%	26
2010	322	2	2010	42.59%	28
2011	400	1	2011	45.98%	30
2012	384	4	2012	47.29%	29
2013	458	4	2013	60.58%	25
2014	541	4	2014	62.18%	31
2015	525	2	2015	60.34%	29

广西

知识产权输出（点出度）			知识产权输入（点入度）		
年份	分值	排名	年份	分值	排名
2008	0.33	22	2008	0.26	22
2009	0.76	19	2009	0.25	23
2010	0.79	19	2010	0.43	25
2011	0.23	23	2011	0.24	26
2012	0.27	21	2012	0.21	23
2013	0.18	28	2013	0.31	27
2014	0.37	21	2014	0.59	21
2015	1.01	19	2015	0.71	19
本区域知识产权交易关系数量			本区域知识产权交易关系网络密度		
年份	数值	排名	年份	分值	排名
2008	62	20	2008	68.89%	4
2009	38	24	2009	90.48%	1
2010	118	20	2010	64.84%	12
2011	130	22	2011	83.33%	3
2012	109	25	2012	69.87%	15
2013	194	24	2013	92.38%	2
2014	380	19	2014	82.25%	8
2015	380	13	2015	75.10%	15

海南

知识产权输出（点出度）		
年份	分值	排名
2008	0.92	15
2009	0.10	27
2010	0.58	20
2011	0.06	28
2012	0.06	27
2013	0.20	27
2014	0.16	26
2015	0.24	27

知识产权输入（点入度）		
年份	分值	排名
2008	0.14	24
2009	0.40	19
2010	0.60	23
2011	0.65	18
2012	0.19	24
2013	0.20	30
2014	0.18	27
2015	0.30	27

本区域知识产权交易关系数量		
年份	数值	排名
2008	19	27
2009	23	25
2010	105	21
2011	87	26
2012	88	26
2013	139	28
2014	321	22
2015	248	22

本区域知识产权交易关系网络密度		
年份	分值	排名
2008	63.33%	11
2009	76.67%	2
2010	79.55%	4
2011	79.09%	8
2012	80.00%	4
2013	89.10%	5
2014	76.43%	18
2015	81.05%	11

重庆

知识产权输出（点出度）		
年份	分值	排名
2008	0.28	23
2009	0.80	17
2010	0.88	18
2011	0.95	13
2012	0.32	19
2013	0.61	19
2014	1.09	16
2015	1.25	18

知识产权输入（点入度）		
年份	分值	排名
2008	1.62	9
2009	0.88	14
2010	1.70	12
2011	0.73	17
2012	0.25	21
2013	0.40	22
2014	0.65	19
2015	2.26	12

本区域知识产权交易关系数量		
年份	数值	排名
2008	43	24
2009	135	14
2010	133	19
2011	235	13
2012	204	17
2013	316	16
2014	393	17
2015	346	15

本区域知识产权交易关系网络密度		
年份	分值	排名
2008	59.72%	14
2009	64.29%	11
2010	63.33%	13
2011	68.71%	17
2012	59.65%	23
2013	68.40%	21
2014	77.67%	16
2015	82.38%	8

四川

知识产权输出（点出度）			知识产权输入（点入度）		
年份	分值	排名	年份	分值	排名
2008	1.78	11	2008	1.15	10
2009	1.20	13	2009	3.20	6
2010	2.43	7	2010	1.20	17
2011	2.70	6	2011	1.04	14
2012	1.29	9	2012	0.81	12
2013	3.15	8	2013	1.22	12
2014	2.70	8	2014	2.14	7
2015	3.78	7	2015	3.43	8
本区域知识产权交易关系数量			本区域知识产权交易关系网络密度		
年份	数值	排名	年份	分值	排名
2008	121	11	2008	57.62%	15
2009	129	15	2009	53.75%	22
2010	230	7	2010	54.76%	22
2011	298	8	2011	53.99%	27
2012	333	6	2012	51.23%	26
2013	421	8	2013	59.97%	26
2014	545	1	2014	62.64%	28
2015	471	10	2015	67.09%	23

贵州

知识产权输出（点出度）			知识产权输入（点入度）		
年份	分值	排名	年份	分值	排名
2008	0.59	18	2008	0.38	20
2009	0.42	23	2009	0.19	25
2010	0.13	26	2010	0.66	21
2011	0.30	20	2011	0.54	19
2012	0.19	22	2012	0.26	20
2013	0.36	23	2013	0.59	17
2014	0.21	23	2014	0.25	24
2015	0.29	25	2015	0.62	22
本区域知识产权交易关系数量			本区域知识产权交易关系网络密度		
年份	数值	排名	年份	分值	排名
2008	60	21	2008	66.67%	5
2009	68	22	2009	75.56%	3
2010	74	25	2010	67.27%	8
2011	146	21	2011	80.22%	7
2012	118	23	2012	75.64%	8
2013	141	27	2013	90.38%	4
2014	170	26	2014	93.41%	2
2015	220	23	2015	80.88%	12

云南

知识产权输出（点出度）			知识产权输入（点入度）		
年份	分值	排名	年份	分值	排名
2008	0.40	21	2008	0.31	21
2009	0.13	26	2009	0.30	21
2010	0.45	21	2010	0.39	27
2011	0.11	26	2011	0.32	23
2012	0.13	24	2012	0.25	21
2013	0.13	29	2013	0.53	18
2014	0.18	25	2014	0.47	23
2015	0.47	23	2015	0.54	24

本区域知识产权交易关系数量			本区域知识产权交易关系网络密度		
年份	数值	排名	年份	分值	排名
2008	83	17	2008	62.88%	13
2009	77	21	2009	58.33%	17
2010	88	24	2010	66.67%	9
2011	151	20	2011	82.97%	4
2012	147	21	2012	70.00%	14
2013	218	23	2013	90.83%	3
2014	307	23	2014	80.79%	11
2015	339	16	2015	80.71%	13

西藏

知识产权输出（点出度）			知识产权输入（点入度）		
年份	分值	排名	年份	分值	排名
2008	0.00	26	2008	0.05	26
2009	0.06	28	2009	0.17	26
2010	0.02	28	2010	0.04	30
2011	0.02	29	2011	0.15	27
2012	0.05	28	2012	0.15	26
2013	0.25	25	2013	0.32	26
2014	0.02	28	2014	0.13	29
2015	0.00	30	2015	0.04	30

本区域知识产权交易关系数量			本区域知识产权交易关系网络密度		
年份	数值	排名	年份	分值	排名
2008	1	29	2008	50.00%	18
2009	4	28	2009	66.67%	8
2010	4	30	2010	66.67%	9
2011	11	29	2011	91.67%	1
2012	36	28	2012	85.71%	3
2013	65	30	2013	72.22%	16
2014	38	29	2014	90.48%	3
2015	19	27	2015	95.00%	1

陕西

知识产权输出（点出度）			知识产权输入（点入度）		
年份	分值	排名	年份	分值	排名
2008	0.99	14	2008	0.23	23
2009	1.12	14	2009	0.51	17
2010	2.17	9	2010	1.18	18
2011	0.83	16	2011	0.35	22
2012	0.55	16	2012	0.27	19
2013	0.97	17	2013	0.52	19
2014	2.14	11	2014	0.64	20
2015	0.93	20	2015	0.91	17

本区域知识产权交易关系数量			本区域知识产权交易关系网络密度		
年份	数值	排名	年份	分值	排名
2008	99	15	2008	63.46%	10
2009	136	13	2009	64.76%	10
2010	205	11	2010	59.94%	17
2011	234	14	2011	68.42%	18
2012	263	11	2012	62.62%	22
2013	373	13	2013	62.17%	24
2014	485	11	2014	69.09%	25
2015	471	10	2015	67.09%	23

甘肃

知识产权输出（点出度）			知识产权输入（点入度）		
年份	分值	排名	年份	分值	排名
2008	0.40	21	2008	0.23	23
2009	0.57	20	2009	0.11	27
2010	0.41	23	2010	0.64	22
2011	0.24	22	2011	0.10	28
2012	0.15	23	2012	0.09	27
2013	0.44	21	2013	0.25	29
2014	0.18	25	2014	0.20	26
2015	0.22	28	2015	0.46	25

本区域知识产权交易关系数量			本区域知识产权交易关系网络密度		
年份	数值	排名	年份	分值	排名
2008	47	22	2008	52.22%	17
2009	13	27	2009	43.33%	28
2010	91	23	2010	50.00%	25
2011	98	25	2011	74.24%	11
2012	145	22	2012	79.67%	5
2013	165	26	2013	78.57%	10
2014	172	25	2014	81.90%	9
2015	279	20	2015	91.18%	2

青海

知识产权输出（点出度）			知识产权输入（点入度）		
年份	分值	排名	年份	分值	排名
2008	0.00	26	2008	0.05	26
2009	0.00	29	2009	0.06	28
2010	0.00	29	2010	0.15	28
2011	0.08	27	2011	0.10	28
2012	0.02	30	2012	0.05	28
2013	0.31	24	2013	0.36	24
2014	0.06	27	2014	0.15	28
2015	0.05	30	2015	0.22	28

本区域知识产权交易关系数量			本区域知识产权交易关系网络密度		
年份	数值	排名	年份	分值	排名
2008	1	29	2008	50.00%	18
2009	0	29	2009	0.00%	30
2010	17	29	2010	85.00%	2
2011	29	28	2011	69.05%	16
2012	28	29	2012	93.33%	2
2013	68	29	2013	75.56%	12
2014	150	27	2014	82.42%	7
2015	149	25	2015	81.87%	9

宁夏

知识产权输出（点出度）			知识产权输入（点入度）		
年份	分值	排名	年份	分值	排名
2008	0.00	26	2008	0.02	27
2009	0.00	29	2009	0.00	29
2010	0.06	27	2010	0.09	29
2011	0.00	30	2011	0.10	28
2012	0.03	31	2012	0.05	28
2013	0.03	30	2013	0.03	31
2014	0.06	27	2014	0.09	30
2015	0.07	29	2015	0.16	29

本区域知识产权交易关系数量			本区域知识产权交易关系网络密度		
年份	数值	排名	年份	分值	排名
2008	0	30	2008	0.00%	30
2009	0	29	2009	0.00%	30
2010	19	28	2010	95.00%	1
2011	33	27	2011	78.57%	9
2012	53	27	2012	94.64%	1
2013	30	31	2013	100.00%	1
2014	88	28	2014	97.78%	1
2015	107	26	2015	81.06%	10

新疆

知识产权输出（点出度）			知识产权输入（点入度）		
年份	分值	排名	年份	分值	排名
2008	0.05	25	2008	0.09	25
2009	0.23	25	2009	0.23	24
2010	0.30	24	2010	0.41	26
2011	0.22	24	2011	0.41	21
2012	0.07	26	2012	0.17	25
2013	0.24	26	2013	0.39	23
2014	0.19	24	2014	0.79	18
2015	0.84	21	2015	0.61	23
本区域知识产权交易关系数量			本区域知识产权交易关系网络密度		
年份	数值	排名	年份	分值	排名
2008	2	28	2008	100.00%	1
2009	57	23	2009	51.82%	24
2010	93	22	2010	70.45%	6
2011	108	24	2011	81.82%	6
2012	112	24	2012	71.79%	11
2013	291	20	2013	69.29%	19
2014	294	24	2014	85.96%	5
2015	297	19	2015	86.84%	4

5.2　知识产权资源跨区域流动网络分析

5.2.1　跨区域总体描述性统计分析

从省区市角度来看，任何地区都存在专利的本地交易和跨区域交易行为。本地交易分为本地输入（本地 *A* 机构从本地 *B* 机构输入知识产权）与本地输出（本地 *A* 机构向本地 *B* 机构输出知识产权）；跨区域交易也分为跨区域输入（本地从其他省区市输入知识产权）与跨区域输出（本地向其他省区市输出知识产权）。从某种意义上说，跨区域的专利交易（输出与输入）比例高、交易量大，则资源充分使用的可能性就大，有助于实现资源能力在初次分配后的再分配、再平衡，也是知识产权区域布局效应的一个重要方面。因此，本报告对跨区域专利交易情况做重点分析。

需要特别说明的是：第一，上述所提到的输入与输出均针对的是具体交易机构，本地或跨区域输入与输出是指具体交易机构间交易量的集合。第二，虽然我国各省区市内部的专利交易输出量与输入量存在差异，有的省区市输入量大于输出量，有的省区市则相反，但本报告收集的数据表明，在 31 个省区市总体范围内专利交易总输出量与总输入量相等，即各省区市输出的专利必然有包括该省区市在内的相应省区市将其输入。

描述性统计分析首先从国家层面对区域间知识产权交易状况进行统计分析，其次对各省区市内部知识产权交易状况、区域间知识产权交易状况等进行统计分析，以便从整体上把握区域间知识产权交易状况。

通过检索专利权交易生效日、专利权变更前地址和变更后地址，本报告获得 31 个省区市 8 个年度专利权交易件数（因篇幅较大，仅以 2015 年 31 个省区市专利权交易件数 31×31 矩阵的局部作为样表，见表 5.1），以此建立专利交易关系网络的初始矩阵。

表 5.1　2015 年全国各省区市专利权交易件数矩阵（样表）　　单位：件

省区市	北京	天津	河北	山西	内蒙古	辽宁	…	甘肃	青海	宁夏	新疆
北京	5348	142	102	19	13	114	…	8	3	8	3
天津	58	692	22	2	1	13	…	4	0	0	0
河北	59	13	690	1	4	4	…	11	1	0	1
山西	8	0	2	260	0	1	…	0	0	0	1
内蒙古	12	1	1	0	176	10	…	0	0	1	0
辽宁	69	7	11	2	11	734	…	5	0	0	3
⋮	⋮	⋮	⋮	⋮	⋮	⋮		⋮	⋮	⋮	⋮
甘肃	8	0	2	0	0	2	…	98	0	0	0
青海	1	0	0	0	0	0	…	0	24	0	0
宁夏	4	0	1	0	0	0	…	0	1	66	0
新疆	68	0	1	0	0	1	…	1	0	0	180

注：表格第一列为变更前省区市，第一行为变更后省区市

2008~2015 年，全国 31 个省区市专利交易有如下特点。

一是跨区域交易量规模不断增长，增速较快。2008~2015 年全国专利跨区域交易量规模情况如图 5.1 所示。由图 5.1 可见，全国专利无论是总交易量（含本地内部交易），还是跨区域交易量，总体规模均呈增长趋势。在 2014 年达到峰值后，2015 年有所回落。增速方面，总交易量年均增速 18.60%，跨区域交易量年均增速 29.72%。跨区域交易量年均增速高于总交易量年均增速，反映出我国知识产权跨区域交易量呈快速增长的趋势。

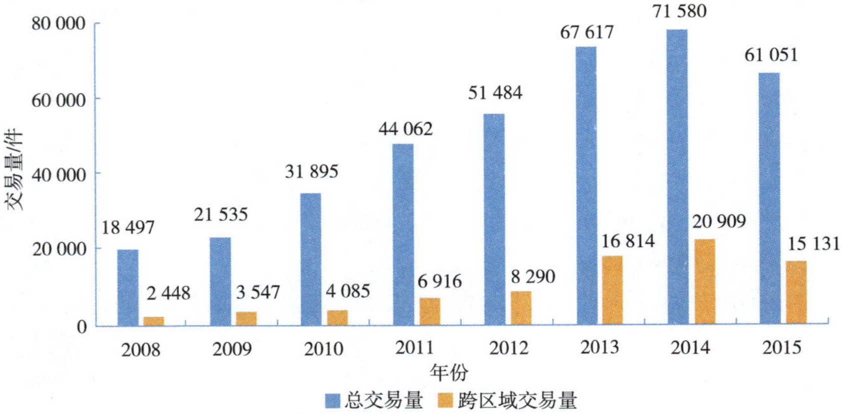

图 5.1　全国专利跨区域交易量规模情况（2008~2015 年）

二是跨区域交易量占比虽然不断上升，但总体上占比仍然偏低。2008~2015 年全国专利跨区域交易量占总交易量比例如图 5.2 所示。

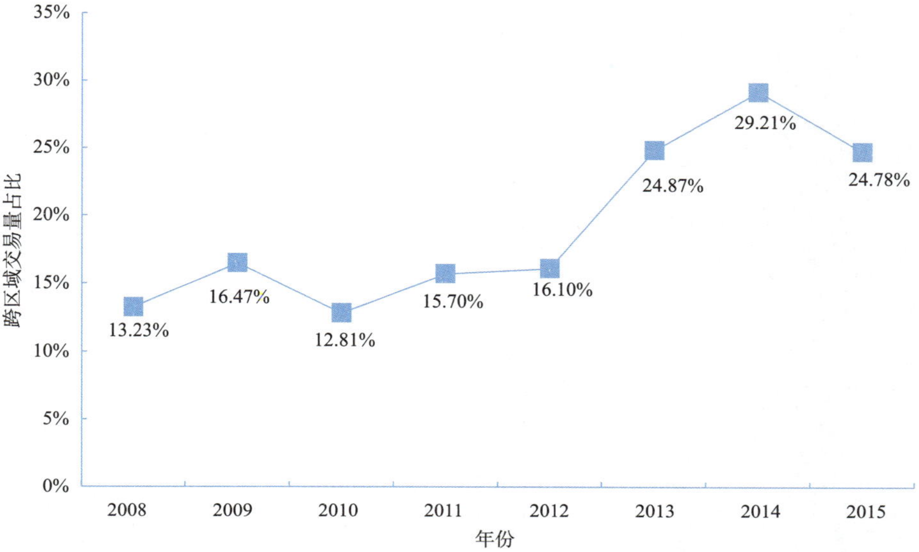

图 5.2　全国专利跨区域交易量占总交易量比例（2008~2015 年）

由图 5.2 可见，我国专利跨区域交易量占总交易量比例，由 2008 年的 13.23%提高到 2015 年的 24.78%，年均增速 9.38%。但总体上，跨区域交易量尚不到总交易量的 30%，即使比例最高的 2014 年，跨区域交易量占比也仅为 29.21%，且 2015 年跨区域交易量占总交易量比例相比 2014 年有所下滑。

具体到省区市层面，由 2015 年各省区市专利本地交易量占比情况可知，2015 年，除了上海、甘肃等 6 个省区市专利本地交易量占比在 50%以下，西藏专利本地交易量占比为 0 外，其余 24 个省区市专利本地交易量的 50%以上是在本地进行的，其中陕西达到 70%以上，广东也接近于 70%。这反映出我国区域专利资源流动具有本地化特点。

三是参与专利跨区域交易的省区市相对集中，发达省区市吸纳资源的能力更强。表5.2 中，2008~2015 年各年前三位专利跨区域输出量、输入量主要集中在北京、上海、广东、江苏和浙江 5 个省市。值得关注的是，这些省市不仅是输出的主要省市，更是输入的主要省市。其中，上海（2009~2010 年）、江苏（2009~2014 年）、浙江（2011 年）、北京（2008 年、2013~2014 年）均在不同年份的专利跨区域输入量高于输出量，属于专利净流入省市。上述事实说明，知识产权流向并非是由资源丰富的省区市向资源贫乏的省区市流动；而是相反，越是资源丰富的省区市，越容易形成知识产权资源的“虹吸”现象。上述 4 个省市均是发达省市，是知识产权运用和体现价值增值的重点区域。这一点从表 5.3 中后三位省区的情况能够再次得到印证。

表 5.2　全国专利跨区域交易前三位省市情况（2008~2015 年）　单位：件

年份	输出省市	输出量	同期输入量	输入省市	输入量	同期输出量
2008	上海	414	274	北京	551	395
	北京	395	551	上海	274	414
	广东	300	246	广东	246	300
2009	广东	666	376	江苏	721	253
	北京	593	501	北京	501	593
	上海	421	487	上海	487	421
2010	北京	751	510	上海	545	496
	广东	550	466	北京	510	751
	上海	496	545	江苏	489	417
2011	北京	1218	730	江苏	1177	460
	广东	1141	855	浙江	883	596
	上海	957	646	广东	855	1141
2012	北京	1735	1407	江苏	1541	781
	广东	1070	825	北京	1407	1735
	上海	893	595	山东	907	322
2013	广东	2394	1408	北京	4800	2052
	北京	2052	4800	江苏	3651	1301
	上海	1901	984	广东	1408	2394
2014	广东	2968	2254	江苏	5009	1926
	浙江	2674	1265	北京	3942	2256
	北京	2256	3942	广东	2254	2968
2015	浙江	2055	1940	广东	2006	2038
	广东	2038	2006	浙江	1940	2055
	江苏	2020	1765	江苏	1765	2020

表 5.3　全国专利跨区域交易后三位省区情况（2008~2015 年）　单位：件

年份	输出省区	输出量	同期输入量	输入省区	输入量	同期输出量
2008	西藏	0	2	西藏	2	0
	青海	0	2	青海	2	0
	宁夏	0	1	宁夏	1	0
2009	西藏	3	9	甘肃	6	30
	青海	0	3	青海	3	0
	宁夏	0	0	宁夏	0	0
2010	宁夏	3	5	青海	8	0
	西藏	1	2	宁夏	5	3
	青海	0	8	西藏	2	1
2011	海南	8	87	甘肃	13	32
	西藏	3	20	青海	13	10
	宁夏	0	13	宁夏	13	0
2012	西藏	10	31	甘肃	18	31
	宁夏	6	11	宁夏	11	6
	青海	5	10	青海	10	5

续表

年份	输出省区	输出量	同期输入量	输入省区	输入量	同期输出量
2013	广西	41	72	甘肃	59	103
	云南	31	123	海南	47	47
	宁夏	7	7	宁夏	7	7
2014	青海	18	43	青海	43	18
	宁夏	18	27	西藏	39	5
	西藏	5	39	宁夏	27	18
2015	宁夏	11	11	宁夏	11	11
	青海	7	7	青海	7	7
	西藏	0	0	西藏	0	0

出现在专利跨区域交易后三位的省区有西藏、青海、宁夏、甘肃、海南、广西、云南（表 5.3），均是专利资源贫瘠省区，也是经济发展相对落后省区。尽管考察期内向这些相对落后省区输入的专利资源的总的数量在增加，但增加量十分有限；同时这些相对落后省区的输出数量也在增加，甚至有输出量大于输入量的情况，如甘肃（2009 年、2011~2013 年）。考虑到专利具有向发达省区市流入的趋势的事实，可以认为专利存在资源流动的“马太效应”，即资源越丰富的省区市，专利越倾向流入；资源越贫瘠的省区市，专利越倾向流出。

四是跨区域交易量大于本地交易量的省区市呈现波动性、无规则变化。尽管本地交易量高于跨区域交易量的现象普遍存在，但在许多省区市仍然存在跨区域交易量高于本地交易量的情况。2008~2015 年，31 个省区市跨区域交易量高于当年本地交易量的省区市情况如表 5.4 所示。

表 5.4　跨区域交易量高于当年本地交易量的省区市统计（2008~2015 年）

省区市	2008 年	2009 年	2010 年	2011 年	2012 年	2013 年	2014 年	2015 年	合计
北京	●					●	●		3
天津	●	●				●			3
河北	●						●		2
山西							●		1
内蒙古	●		●		●	●	●		5
辽宁									0
吉林						●	●		2
黑龙江	●								1
上海	●							●	2
江苏	●								1
浙江									0
安徽	●						●		2
福建									0
江西	●		●	●		●	●	●	6

续表

省区市	2008 年	2009 年	2010 年	2011 年	2012 年	2013 年	2014 年	2015 年	合计
山东									0
河南							●		1
湖北	●								1
湖南	●								1
广东									0
广西	●	●							2
海南	●		●	●	●		●	●	6
重庆	●								1
四川	●								1
贵州	●						●		2
云南									0
西藏	●		●	●	●	●	●	●	7
陕西									0
甘肃	●	●						●	3
青海	●			●	●	●	●	●	6
宁夏	●								1
新疆						●	●	●	3
合计	20	3	4	4	4	8	13	7	63

由表 5.4 可见，2008 年，全国专利跨区域交易量高于本地交易量的省区市达到 20 个，超半数省区市的技术来源以外部为主导，其中不乏北京、上海、江苏等发达省市。一方面反映出各地区技术资源存在供给缺口；另一方面反映出各地区对技术资源有强大的发展需求。2009~2012 年，各地区研发技术取得了长足进展，对外部技术资源的需求虽然继续增加，但更多是以本地技术资源供给为主，仅有内蒙古、江西、海南、西藏等少数几个中西部省区仍然维持着以外部资源供给为主的状态。2013~2015 年则再次出现了以北京、上海为代表的新一轮的外部技术吸纳高潮。对于发达省市区而言，与 2008 年不同的是，该轮以外部技术来源为主导的热潮并非是由于本地资源的缺乏，而是在本地技术资源巨量涌现的基础上再一次大规模地吸纳外部技术资源，其中隐含着区域创新分工的雏形。

区域创新分工主要表现：当一个地区未能形成商业化的专利时，通过有偿转移方式由另一个地区来实现商业化，这就为区域创新分工创造了条件；一个地区专注于优势技术研发，通过市场交易方式由另一个专业化地区负责提供外围技术。结果必将使各方受益，促进资源有效利用，增加社会整体福利。

5.2.2　专利交易跨区域网络特征分析

知识产权交易活动使参与交易的区域形成知识产权交易网络，网络的拓展和功能完善又进一步改进了知识产权交易。网络分析主要是分析网络的规模、结构等。

1. 整体网络

在对区域专利交易网络（个体网络）特征展开分析之前，首先对全国整体网络特征进行简要描述。如前所述，专利网络规模以全国 31 个省区市为网络边界，反映网络中每个省区市（行动者）及其拥有的与其他省区市的专利交易关系（网络连接）的数量。由于省区市间的差异，每个省区市与其他省区市的专利交易数量明显不同。如表 5.1 所示，天津 2015 年在本市的专利权交易件数为 692 件，向北京输出的专利权交易件数为 58 件，而向内蒙古和山西两地输出的专利权交易件数分别只有 1 件和 2 件。即使这样，本报告也认为天津与内蒙古和山西建立了专利交易关系，并将这一点和天津与北京之间的专利交易关系同等看待，只是交易量上所反映的“权重”不同而已。因此，在测度网络规模时，天津与内蒙古、山西、北京的专利交易关系（网络连接）数量均计为 1。

2008~2015 年我国专利交易关系网络规模和密度的变化情况如表 5.5 所示。

表 5.5　我国专利交易关系网络规模和密度变化情况（2008~2015 年）

年份	交易关系（连接）数量	网络密度值
2008	282	0.30
2009	333	0.36
2010	380	0.41
2011	456	0.49
2012	454	0.49
2013	532	0.57
2014	600	0.65
2015	583	0.63

从表 5.5 中可以看出，2008~2015 年我国专利交易关系网络规模和密度均呈增加的态势，网络规模［由交易关系（连接）数量所体现］年均增速 10.93%，网络密度年均增速 11.18%。2015 年比 2014 年有所下降，但即使是 2014 年网络规模达到 600，距理论上的网络规模边界值 930（即 31×30）的上限仍有一定的发展空间。

运用 Ucinet 6 自带的可视化程序 NetDraw 将考察期初与期末的专利交易关系网络制成可视化图谱，如图 5.3 所示。网络图中，中心性强的省区市圆点更大，交互关系强的省区市连线更粗，关系数量较少的省区市通常处于网络边缘。

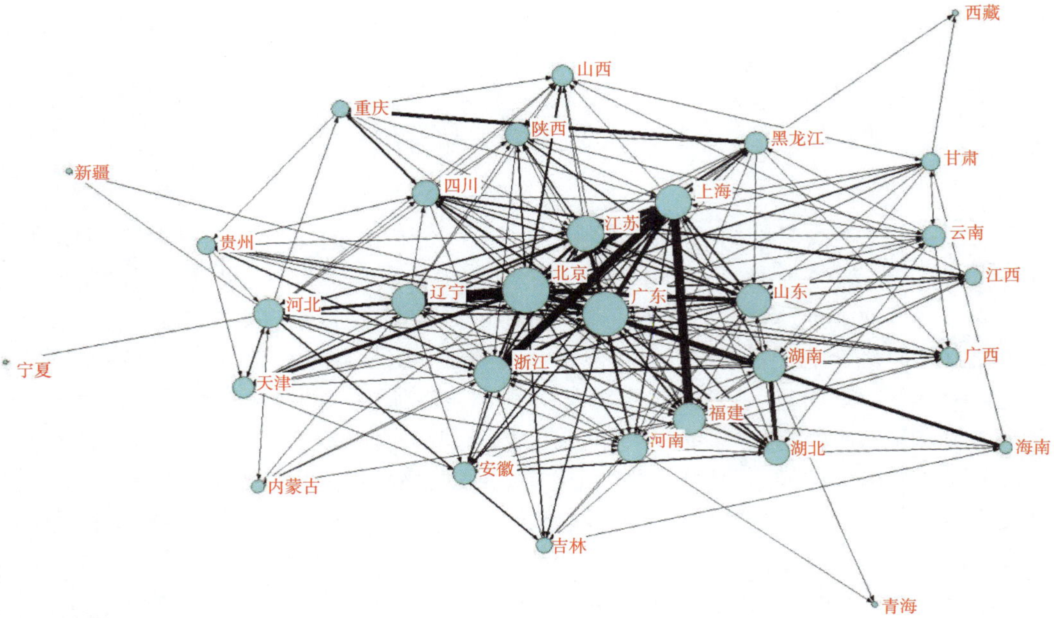

（a）考察期初的专利交易关系网络（2008 年）

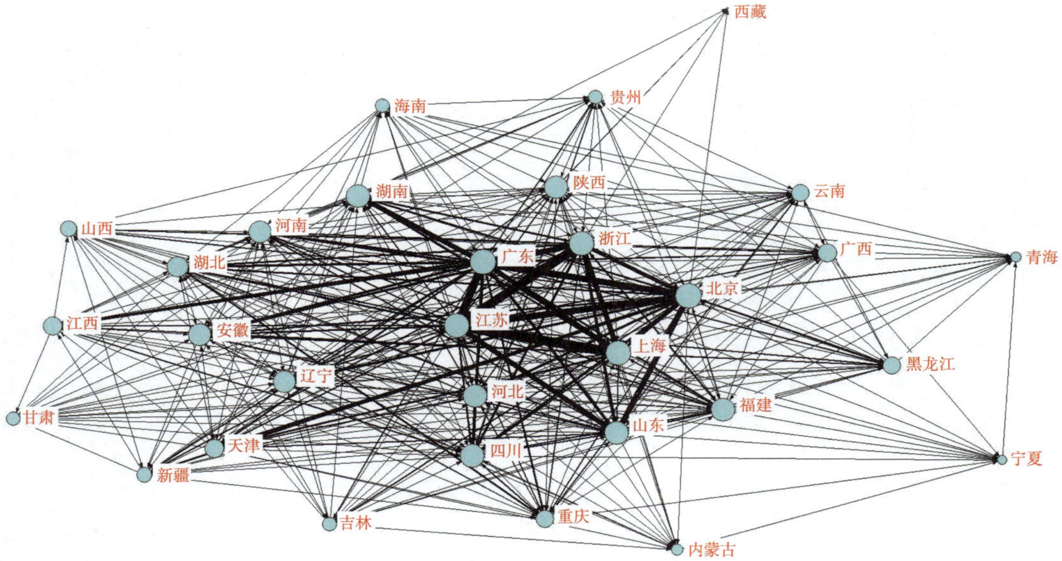

（b）考察期末的专利交易关系网络（2015 年）

图 5.3　考察期初与考察期末的我国专利交易关系网络对比（2008 年和 2015 年）

从图 5.3 中可以看到，与考察期初（2008 年）相比，考察期末（2015 年）区域间专利交易关系网络更加密集。与此相对应，处于网络中心位置的主要有北京、上海、广东、江苏、浙江、山东，它们均为知识产权资源丰富和经济发达的省市。

2. 个体网络

整体网络分析是在全国层面研究以各省区市为节点的交易关系网络的转移与结构，这种分析虽然能够初步刻画各省区市在全国专利交易关系网络中的作用，但这种作用的描述还相当粗略。因此，有必要从个体的角度进一步分析我国专利交易关系网络的运行特征。

网络中心性指标能够刻画节点在网络中的位置。由于知识产权交易关系是具有方向性的，即 *A* 方向 *B* 方输出知识产权时，*A* 点在整体网络的中心性测度指标为“点出度”；反过来，当 *A* 方从 *B* 方输入知识产权时，*A* 点在整体网络的中心性测度指标为“点入度”。

以下以具体省区市为研究对象，分析以该省区市为中心形成的关系网络。通过覆盖省区市数量、与其他省区市关系的连接数量及关系分布密度三个指标，本报告对 2008~2015 年 31 个省区市在全国专利交易关系网络中的影响力变化情况进行分析。

首先，2008 年全国范围中心度排名中，位列点出度前 5 位的省市是上海（9.72）、北京（9.27）、广东（7.04）、辽宁（4.46）和浙江（3.26）；位列点入度前 5 位的省市是北京（12.93）、上海（6.43）、广东（5.77）、江苏（5.59）和浙江（5.54）。通过比较可以看出，一方面，上海、北京和广东是主要的输出中心，同时是主要的输入中心；另一方面，北京和浙江的点入度值大于点出度值，说明这一时期中心度排名靠前的部分省市主要还是更多地输入外部资源。到 2015 年，点出度前 5 位的省市变化为浙江（13.33）、广东（13.22）、江苏（13.10）、北京（11.12）和上海（9.35）；点入度前 5 位的省市是江苏（15.16）、北京（14.50）、广东（14.00）、上海（8.19）和浙江（7.70）。可以看出，我国专利交易关系网络呈现多中心节点的整体格局。与期初相比，期末点出度值和点入度值均明显提高，反映出交易量明显增加，并且这些中心点主要分布在经济发达地区；值得注意的是，除了浙江外，排名前 3 位的省市的点入度值全部大于点出度值，说明这些发达省市的专利输入能力比输出能力更强大。

至于一些中心度较低的边缘省区，如西藏、青海、宁夏等，2008~2015 年（2008 年点出度值 0~0.28；2015 年点出度值 0~0.47），但都是点入度值大于点出度值，属于明显的以专利输入为主的省区。

其次，从各省区市 2008 年和 2015 年的交易关系数量与在全国范围内的网络分布的密度情况对比可以看出，各省区市交易关系数量均有不同程度的增加，覆盖的网络密度也有较大提高。网络密度是实际交易关系数量与最大交易关系数量的比值。其中，理想的最大交易关系数量为除了本省区市之外的其他 30 个省区市，共 870 个关系；如果是全覆盖且全连接的话，理想的最大网络密度值为 1。2008 年，即使全国网络密度值最高的北京，也仅为 0.26，可见当时专利交易关系网络尚不发达；到 2015 年，情况已有明显改善。2015 年网络密度值在 0.60 及以上的省市有北京、上海、江苏、广东 4 个经济发达省市，这些省市在不同的区位上通过遍布全国的网络发挥着知识产权资源的吸纳与辐射功能。

最后，跨区域交易关系更关注的是双向往来关系（两方关系），而不是单向的输出或输入，因此考察各省区市的双向往来关系情况更有意义。从 2008 年和 2015 年各省区市同时具有专利交易双向往来关系的数量变化对比可以看到，2008 年，除了少数较发达省区市有一定的双向往来关系外，总体上，全国范围内各省区市间的双向往来关系还不够发达。仅北京、广东、江苏、上海 4 省市与 10 个以上地区建立了双向往来关系；到 2015 年，这种状况有很大改观，建立较为完善的双向往来关系的仍是那些相对发达的省区市。值得关注的是，四川的变化较为显著，其双向往来关系数量仅次于江苏，且超过了上海，作为西部创新活跃地区，其知识产权资源的吸纳与辐射功能正在逐步体现。

5.2.3 专利交易跨区域网络块模型分析

本报告所进行的块模型分析是在整体网络层面对各个“位置（地位）”上的子群内和子群间关系的分析。“位置（地位）”是指结构上的对等性，即如果两个行动者接受和发向网络中所有其他行动者的关系是相同的，那么他们就是结构上的等价。块模型的目的是揭示在整个网络中存在多少个“块”或者“子群”，这可以揭示网络的整体结构。

块模型分析的主要方法是 CONCOR（convergent correlations，迭代相关收敛）法。具体步骤是，根据块模型的定义，把知识产权交易关系网络中的所有 31 个省区市（行动者）通过 CONCOR 法聚类成不同位置（子群）B_1，B_2，…，B_n，并且存在一个对应法则 ϕ，它把 31 个省区市（行动者）分到各个位置之中，即如果省区市（行动者）i 处于位置（子群）B_k 之中，则 $\phi(i)=B_k$。b_{kir} 表示位置 B_k 和 B_i 在关系 X_r 上是否存在联系（设有 r 个二元关系的集合 X_1，X_2，…，X_r）。如果存在联系，则 $b_{kir}=1$，否则为 0。

以下以 2015 年为例进行分析。运用 Ucinet 6 将表 5.1 进行二值化处理，将多值关系数据转换成二值关系数据，变换后形成的二值化矩阵如表 5.6 所示（因篇幅所限，仅列出 31×31 矩阵的一部分）。

表 5.6 全国各省区市之间专利权交易二值化矩阵（2015 年）

省区市	北京	天津	河北	山西	内蒙古	辽宁	…	甘肃	青海	宁夏	新疆
北京	1	1	1	1	1	1	…	1	1	1	1
天津	1	1	1	1	1	1	…	1	0	0	0
河北	1	1	1	1	1	1	…	1	1	0	1
山西	1	0	1	1	0	1	…	0	0	0	1
内蒙古	1	1	1	0	1	1	…	0	0	1	0
辽宁	1	1	1	1	1	1	…	1	0	0	1
⋮	⋮	⋮	⋮	⋮	⋮	⋮		⋮	⋮	⋮	⋮
甘肃	1	0	1	0	0	1	…	1	0	0	0
青海	1	0	0	0	0	0	…	0	1	0	0
宁夏	1	0	1	0	0	0	…	0	1	1	0
新疆	1	0	1	0	0	1	…	1	0	0	1

对此二值化矩阵继续运用 Ucinet 6 进行 CONCOR 分析，得到 31 个省区市知识产权交易关系网络的四个子群情况。全国可以划分为四个子群，各子群成员数量差异较大：最大的子群有 10 个成员；最小的子群仅有 4 个成员。具体如下。

第一个子群的成员有：北京、上海、河北、广东、安徽、福建、江苏、四川、山东、浙江共 10 个。

第二个子群的成员有：江西、青海、西藏、贵州共 4 个。

第三个子群的成员有：天津、辽宁、吉林、甘肃、新疆、黑龙江、宁夏、内蒙古共 8 个。

第四个子群的成员有：广西、湖南、云南、山西、陕西、湖北、重庆、河南、海南共 9 个。

对上述四子群分别计算其子群网络密度，得到全国 31 个省区市子群密度矩阵（表5.7）。对角线上的密度值表示子群（块）内知识产权交易关系强度，非对角线的密度值表示两个子群（块）之间的知识产权交易关系强度。子群密度最大值为 1，表示子群内部成员之间的交易关系非常紧密；子群密度最小值为 0，表示子群内部成员之间没有任何交易关系。

表 5.7　子群密度矩阵（2015 年）

子群	子群 1	子群 2	子群 3	子群 4
子群 1	0.97	0.33	0.48	0.67
子群 2	0.20	0.00	0.03	0.06
子群 3	0.38	0.00	0.13	0.04
子群 4	0.56	0.00	0.03	0.15

注：R^2=0.411

由表 5.7 可以看出，就子群本身而言，子群 1 密度较大，为 0.97，表明这个子群（块）内部成员之间的交易关系紧密；子群 2、子群 3、子群 4 的密度较小。分别为 0.00、0.13 和 0.15，表明这些子群（块）内部成员之间的交易关系比较少；从子群间网络密度值来看，子群 1 与子群 4 之间的交易关系相对紧密，为 0.56 和 0.67，但远不如子群 1 内部成员之间的交易关系紧密，表明这两个子群间存在一定的交易关系；子群 1 和子群 2 之间的网络密度值相对较低，为 0.20 和 0.33，表明这两个子群间的交易关系较少；子群 1 和子群 3 之间的网络密度值居于子群 1 与子群 4、子群 1 与子群 2 之间。由此可见，我国知识产权交易关系网络具有鲜明的核心–边缘结构特征。

核心–边缘结构是现实中存在的一种重要的社会网络结构。在这种结构中主要存在两类行动者：核心行动者和边缘行动者。核心行动者相互之间的联系紧密，构成凝聚子群；处于边缘位置的行动者相互之间不存在关系或者存在较少的关系，因而不构成凝聚子群，但是它们与核心成员之间有关系。

上述交易关系的核心–边缘结构特征通过块矩阵图更能直观地反映出来，如图 5.4 所示［图中 1 表示存在交易关系，0 表示不存在交易关系（图中空白处）；子矩阵为 1 的方阵，表明交易关系很强］。

	北京	上海	河北	广东	安徽	福建	江苏	四川	山东	浙江	江西	西藏	青海	贵州	天津	辽宁	吉林	甘肃	新疆	黑龙江	宁夏	内蒙古	广西	湖南	云南	山西	湖北	海南	重庆	陕西	河南
北京	1	1	1	1	1	1	1	1	1	1	1				1	1	1	1		1	1	1		1	1	1	1		1	1	1
上海	1	1	1	1	1	1	1	1	1	1	1		1		1	1							1	1		1	1				1
河北	1	1	1	1			1	1	1	1					1		1	1													1
广东	1	1	1	1	1	1	1	1	1	1	1			1	1	1	1		1			1	1	1	1	1	1	1	1	1	1
安徽	1	1	1	1	1	1	1		1	1	1									1						1	1		1		1
福建	1	1	1	1	1	1	1	1	1	1	1													1					1		1
江苏	1	1	1	1	1	1	1	1	1	1	1				1		1	1		1			1	1	1	1	1	1	1	1	1
四川	1	1	1	1	1	1	1	1	1	1	1		1	1	1										1	1	1		1	1	1
山东	1	1	1	1	1	1	1	1	1	1					1	1	1	1	1	1	1	1	1	1		1	1		1	1	1
浙江	1	1	1	1	1	1	1	1	1	1	1			1	1	1	1	1	1	1		1	1	1	1	1	1	1	1	1	1
江西	1	1		1				1		1	1									1				1							
西藏																															
青海													1																		
贵州		1		1				1						1										1							
天津	1	1	1	1			1		1						1	1														1	
辽宁	1		1	1			1		1	1					1	1				1		1							1		
吉林	1			1	1		1		1								1														
甘肃	1																	1													
新疆	1			1			1		1										1										1		
黑龙江	1	1		1			1		1	1					1	1				1											
宁夏																					1										
内蒙古	1			1												1						1									
广西	1		1	1			1		1	1													1						1	1	
湖南	1	1	1	1			1			1													1	1			1		1		
云南	1																								1				1		
山西	1	1		1				1		1																1					
湖北	1	1		1	1	1	1	1	1	1														1			1		1		
海南										1																		1		1	
重庆	1		1	1		1	1	1		1																	1		1		
陕西	1	1	1	1	1		1			1					1									1						1	
河南	1	1	1	1		1	1	1		1					1																1

图 5.4　31 个省区市专利交易关系块矩阵图（2015 年）

理论上，在块矩阵图中，如果在每个位置（地位）内的所有行动者完全结构对等，那么位置（地位）之间和位置（地位）内部的子矩阵，对所有关系来讲，将全部为 1 或 0。但在实际的知识产权交易关系网络数据中，各省区市（行动者）并非完全结构对等，所以在呈现的交易关系块矩阵图中，位置（地位）之间和位置（地位）内部的子矩阵将既包括 1，也包括 0。图 5.4 中，对角子矩阵反映的是各自块内省区市之间的交易关系强度；交叉子矩阵反映的是块间及其内部各省区市之间的交易关系强度。

从图 5.4 可以直观看出，4 个区块（子群）区分明显，并形成 4 × 4 块矩阵。左上角为子群 1 内部的交易关系（A_{11}），在整个矩阵中密度最大；而子群 3 与子群 2（A_{32}）之间、子群 4 与子群 2（A_{42}）之间的交易关系为 0，图中显示为空白。按照核心–边缘结构可以将整个网络分为核心、中间和边缘三个部分。其中，同属子群 1 中的北京、上海、河北、广东、安徽、福建、江苏、四川、山东、浙江 10 个省市之间的专利交易关系最为紧密，因而构成了我国知识产权交易关系整体网络的核心；而其他区域则分别处于中间（子群 4 和子群 3）和边缘（子群 2）的结构位置。中间块的省区市数量为 17 个；边缘块主要由一些经济欠发达省区组成。图 5.4 的 4 × 4 块矩阵中，第一行（A_{12}，A_{13}，A_{14}）和第一列（A_{21}，A_{31}，A_{41}）均反映了核心块与各块之间的交易情况，其交易关系密度明显高于其他各块间的交易，可见我国知识产权区块（子群）间的交易关系主要是围绕核心块而展开的。而中间块、边缘块之间的联系相对稀疏，中间块与边缘块之间的联系几乎为零（A_{32}，A_{42}，A_{23}，A_{24}）。不仅如此，子群 2、子群 3 和子群 4 各内部之间的交易关系也较少（A_{22}，A_{33}，A_{44}），更多地表现为地区自身的内部交易（A_{22}，A_{33}，A_{44} 中的对角线）。

以上分析的是 2015 年的情况，同理可以得到 2008~2014 年的相应情况（表 5.8）。从考察期间的全过程看，首先，我国专利交易关系网络呈现由无序（未形成明显结构特征）到有序（形成明显结构特征）的逐步演变过程。在 2008~2009 年，我国知识产权交易关系网络尚未形成明显的核心块，表现在这两年的子群 1 内部成员省区市的网络密度值还不是很高（分别为 0.61 和 0.64），并且子群 1 与同年其他三个子群之间的网络密度值也很低（2008 年为 0.21~0.60；2009 年为 0.06~0.38），反映出全国范围内的专利交易关系不够活跃。因此，2008 年和 2009 年的子群 1 尚不能算作真正意义上的核心块。2010 年起，子群 1 内部交易量大幅上升，网络密度值达到 0.83，核心块雏形初步显现，成员构成主要为沿海地区省市，但与其他三个子群之间的网络密度值仍然很低（为 0.06~0.61）。2011~2012 年，子群 1 进一步演变，以北京、山东、江苏、浙江、广东等省市为主要成员的核心块初步形成，表现在子群 1 自身的网络密度值均达到了 0.98，且与其他子群形成稳中有升的交易关系。2013~2014 年，子群 1 基本形成核心块，成员数量减少，并趋向稳定，主要省市是北京、上海、山东、江苏、浙江、广东。值得关注的是，四川加入了核心块。2015 年，子群 1 所形成的核心块在已经稳定的基础上呈现逐步扩大的趋势。在整个考察期内，北京、江苏、广东始终作为子群 1 成员没有改变，浙江、山东则晚一年（2009 年）加入，最终在核心块形成过程中，逐步居于专利交易关系网络的中心位置。

表 5.8　专利交易关系网络核心块的演进（2008~2015 年）

年份	2008	2009	2010	2011	2012	2013	2014	2015
子群 1	北京 辽宁 上海 江苏 湖北 广东 广西 青海	北京 天津 河北 上海 江苏 浙江 安徽 福建 江西 山东 河南 湖北 湖南 广东 广西 重庆 贵州 新疆	北京 天津 河北 江苏 浙江 福建 山东 广东	北京 天津 上海 江苏 浙江 福建 山东 广东	北京 江苏 浙江 福建 山东 湖北 湖南 广东	北京 上海 江苏 浙江 山东 广东	北京 上海 江苏 浙江 山东 广东 四川	北京 河北 上海 江苏 浙江 安徽 福建 山东 广东 四川
数量	8	18	8	8	8	6	7	10

其次，我国专利交易关系网络分布结构与知识产权区域资源、能力布局结构基本吻合，并且与省区市经济发达程度也相互对应。从核心块的形成和基本稳定情况来看，北京、江苏、广东、浙江、上海、山东居于专利交易关系网络的核心位置（地位）。这些省市都是我国知识产权资源丰富的区域，也是我国经济较为发达的地区。

像矩阵是子群间网络关系的简化表达形式，由于比较直观，其能够更明确地揭示网络连接关系的本质。像矩阵中，连线的缺失并不反映子群间连接关系的中断，而只是反映子群间的连接关系密度值低于整体网络关系的密度值，因而被“省略”掉了。根据 α-密度指标法得到的像矩阵绘制出我国区域块（子群）间知识产权交易关系网络结构逐年演变简图，如图 5.5 所示。图 5.5 省略了区域内的本地交易关系（即自反性）。

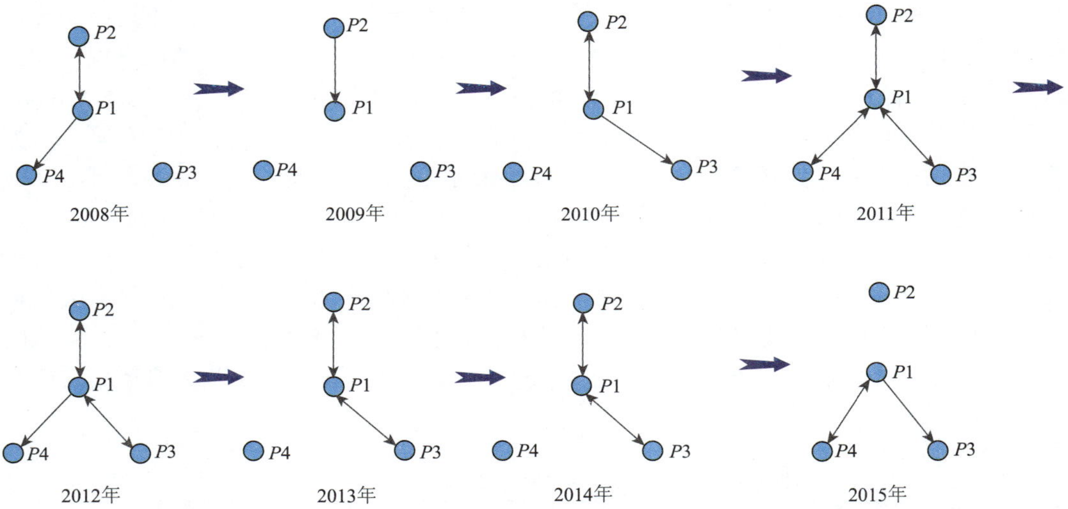

图 5.5　根据 α-密度指标法得到的像矩阵绘制出知识产权交易关系网络结构逐年演变简图

图 5.5 中，$P1$、$P2$、$P3$、$P4$ 分别代表子群 1、子群 2、子群 3、子群 4，4 个子群（块）之间的关系随着时间的变化不断演变。由图 5.5 可见，2008~2010 年，局部子群之间存在一定的联系，但未形成明显的核心块。2010~2011 年，子群之间形成了核心块 $P1$，其中既有 $P1$ 向 $P2$、$P3$、$P4$ 的输出关系（连线中 $P1$ 向外指的箭头），也有 $P2$、$P3$、$P4$ 向 $P1$ 的输入关系（连线中指向 $P1$ 的箭头），表明 $P1$ 是知识产权输出、输入的核心区块；而 $P2$、$P3$、$P4$ 之间却没有连接关系线，反映出这些子群构成了中间块或边缘块。2013~2015 年，一方面局部子群与核心块保持并加强双向联系，而另一方面有的子群与核心块的关系趋于减弱，并演化为边缘块。

理想状态下子群之间的网络关系结构简图如图 5.6 所示，即子群之间有双向往来关系，才有利于最大限度地发挥网络功效。将上述各年我国知识产权资源跨区域流动现状（图 5.5）与这一理想状态模式对比可以看出，我国知识产权区域布局效应的提升还要通过加强知识产权资源跨区域流动来实现。

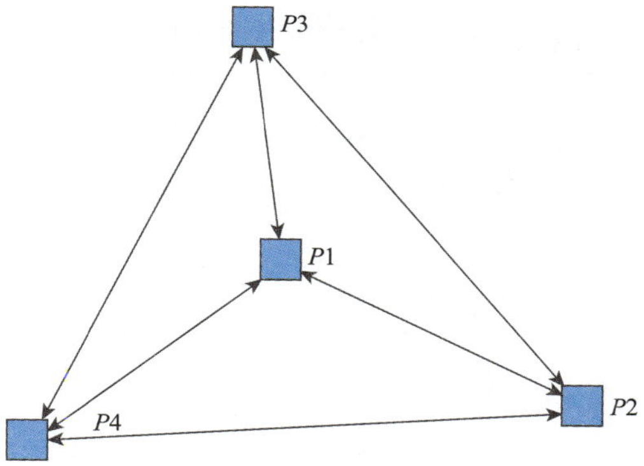

图 5.6　理想状态下子群之间的网络关系结构简图（省略自反性）

5.3　结论与讨论

（1）2008 年以来，区域间和区域内的知识产权交易规模呈现稳步增长态势，区域内的知识产权交易规模远大于区域间的知识产权交易规模，区域间的知识产权交易主要发生在发达区域与发达区域之间，区域间知识产权交易的不平衡特征明显。一般而言，知识产权交易具有促进转化和优化分工的功能。然而，区域内交易和区域间交易的上述功能并非完全相同。从我国的实际情况看，区域间的交易既具有转化功能，又能打破知识产权资源流动的区域壁垒，促进区域间的知识产权分工和产业分工。因此，通过市场环境建设促进区域间的知识产权交易，对于优化知识产权区域分工，同时促进知识产权向产业化转化至关重要。

（2）我国知识产权跨区域流动（交易）的空间聚集效应逐步显现，知识产权交易关系网络结构呈现“核心–边缘”结构模式。北京、江苏、广东是我国知识产权交易关系网络的一级中心。浙江、山东、上海是我国知识产权交易关系网络的二级中心。四川已成为我国知识产权交易关系网络二级中心节点区域的新成员。从国家知识产权交易关系网络中心区域的形成路径看，我国知识产权交易中心呈现从北向东再向南部和中部演变的趋势。广东不仅知识产权创造和运用活跃，知识产权交易也发展迅速，尤其是企业积极参与知识产权交易活动，成为交易活动的主体，推动着我国知识产权交易体制机制的创新。

（3）区域知识产权交易活跃程度与区域知识产权资源聚集程度，以及知识产权系统运行协调程度基本吻合，由此可进一步认为，区域知识产权系统运行协调是知识产权资源聚集的内在动力，而知识产权资源聚集又促进了区域内和区域间的知识产权流动与交易。因此，就区域知识产权宏观管理而言，不仅要着眼于资源的聚集，还应通过市场手段和政策调整促进知识产权系统的运行协同，使其处于高效的运行状态，进而提升区域知识产权的综合竞争实力。

（4）区域间知识产权交易活动所产生的极化效应，一方面使网络中心区域的吸纳与辐射能力增强，拓展了知识产权价值实现的地域空间；另一方面使边缘区域能更多地利用中心区域的创新成果，弥补本区域知识产权创造能力不足的短板，因此，区域间知识产权交易是各参与方共享、共赢的活动。值得注意的现象是，知识产权流动并非是由资源丰富的省区市向资源贫乏的省区市流动，越是资源丰富的区域，越容易形成“虹吸”现象。

（5）应该看到，就我国知识产权价值链各个环节的运行特征看，创造环节的投入驱动特征明显，而交易环节的市场驱动特征更明显。也就是说，政府可以运用诸多投入手段增加知识产权产出，但在交易环节的调控手段相对较少。因此，政府调控的核心是完善市场机制，运用市场手段促进交易。在现实经济的发展中，投入手段和交易手段应紧密结合，优化使用。过多强调投入导向，就必然会带来大量成果生产出来，又难于顺利转化，造成资源浪费的后果。单纯注重交易转化，又可能使源头创新能力受到抑制，造成创新成果供给不足。因此，在改革实践中应注意两种政策工具的综合并用。

第6章
知识产权区域布局效应评价

知识产权区域布局社会功能和效应评价是知识产权区域布局研究面临的重大理论与实践问题。本报告专设一章开展尝试性研究，以期引起深入探讨。首先展示各区域知识产权区域布局效应评价结果总体概况；其次依据本报告第2章关于知识产权区域布局效应评价的理论分析，建立综合评价指标体系；再次以全国31个省区市为评价单元，利用综合评价指标体系分析考察期内知识产权区域布局效应；最后对上述评价结果进行综合讨论。

6.1 知识产权区域布局效应评价结果总体概况

北京

知识产权资源流动			优势技术领域（35个）	全国排名
年份	分值	排名	计算机技术管理方法	1
			生物材料分析	1
2008	47.94	1	计算机技术	1
2009	50.49	1	测量	1
2010	55.05	1	生物技术	2
2011	63.11	1	化学工程	2
2012	78.73	1	音像技术	2
2013	84.06	1	数字通信	2
2014	93.80	1	环境技术	2
2015	98.61	1	土木工程	2
			电信	2

续表

知识产权合作

年份	分值	排名
2008	8.75	1
2009	12.51	2
2010	18.57	1
2011	23.25	1
2012	38.95	1
2013	76.12	1
2014	91.05	1
2015	88.23	1

知识产权成果转化

年份	分值	排名
2008	9.83	6
2009	10.18	6
2010	9.17	6
2011	12.56	6
2012	13.08	6
2013	15.14	6
2014	16.52	6
2015	15.21	8

优势技术领域（35 个）	全国排名
光学	2
发动机、泵、涡轮机	2
有机精细化学	3
基础通信处理	3
显微结构和纳米技术	3
控制	3
电机、电气装置、电能	3
半导体	3
材料、冶金	3
医学技术	4
表面加工技术、涂层	4
运输	4
高分子化学、聚合物	5
机器零件	5
热处理及器具	5
基础材料化学	5
纺织和造纸机器	7
装卸	8
其他特殊机械	8
药品	8
机器工具	11
食品化学	12
其他消费品	14
家具、游戏	16

天津

知识产权资源流动		
年份	分值	排名
2008	9.07	7
2009	10.23	7
2010	9.75	8
2011	12.66	7
2012	14.51	8
2013	16.93	8
2014	19.78	8
2015	19.19	8

知识产权合作		
年份	分值	排名
2008	1.77	11
2009	2.45	12
2010	2.87	12
2011	3.49	11
2012	4.49	12
2013	5.50	14
2014	7.18	12
2015	7.30	10

知识产权成果转化		
年份	分值	排名
2008	7.75	7
2009	7.34	7
2010	7.87	7
2011	9.02	8
2012	11.08	7
2013	14.06	7
2014	14.39	8
2015	14.91	9

优势技术领域（35 个）	全国排名
有机精细化学	7
装卸	7
生物技术	8
化学工程	8
纺织和造纸机器	8
计算机技术管理方法	9
生物材料分析	9
音像技术	9
数字通信	9
环境技术	9
医学技术	9
表面加工技术、涂层	9
高分子化学、聚合物	9
机器零件	9
机器工具	9
计算机技术	10
土木工程	10
基础通信处理	10
显微结构和纳米技术	10
热处理及器具	10
其他特殊机械	10
测量	11
电信	11
控制	11
运输	11
药品	11
电机、电气装置、电能	12
基础材料化学	12
家具、游戏	12
光学	13
半导体	13
食品化学	13
发动机、泵、涡轮机	14
材料、冶金	15
其他消费品	15

河北

知识产权资源流动		
年份	分值	排名
2008	5.84	13
2009	5.36	15
2010	6.79	12
2011	5.94	15
2012	6.91	16
2013	6.46	17
2014	7.00	16
2015	6.96	16

知识产权合作		
年份	分值	排名
2008	1.60	13
2009	2.08	15
2010	2.84	13
2011	3.24	13
2012	4.64	11
2013	6.45	11
2014	7.57	11
2015	6.87	12

知识产权成果转化		
年份	分值	排名
2008	3.08	16
2009	3.30	17
2010	3.59	17
2011	4.78	16
2012	5.88	15
2013	6.73	15
2014	7.85	15
2015	8.42	16

优势技术领域（35 个）	全国排名
半导体	12
有机精细化学	16
材料、冶金	16
土木工程	17
发动机、泵、涡轮机	17
装卸	18
纺织和造纸机器	18
表面加工技术、涂层	18
机器零件	18
机器工具	18
基础通信处理	18
显微结构和纳米技术	18
热处理及器具	18
运输	18
药品	18
基础材料化学	18
化学工程	19
数字通信	19
环境技术	19
医学技术	19
高分子化学、聚合物	19
电信	19
控制	19
电机、电气装置、电能	19
生物材料分析	20
计算机技术	20
测量	20
家具、游戏	20
光学	20
生物技术	21
计算机技术管理方法	21
音像技术	21
其他消费品	21
其他特殊机械	22
食品化学	23

山西

知识产权资源流动

年份	分值	排名
2008	3.12	23
2009	3.19	22
2010	3.17	23
2011	3.74	22
2012	4.46	22
2013	4.56	23
2014	6.14	19
2015	4.34	24

知识产权合作

年份	分值	排名
2008	1.24	21
2009	1.66	18
2010	1.79	20
2011	1.97	19
2012	2.17	22
2013	3.08	22
2014	3.42	23
2015	3.21	21

知识产权成果转化

年份	分值	排名
2008	2.31	20
2009	2.39	21
2010	2.44	21
2011	2.92	21
2012	3.22	21
2013	3.29	20
2014	3.20	21
2015	2.77	22

优势技术领域（35 个）	全国排名
药品	16
显微结构和纳米技术	19
热处理及器具	19
材料、冶金	20
土木工程	20
化学工程	20
环境技术	20
食品化学	20
装卸	20
机器零件	20
基础材料化学	20
电机、电气装置、电能	20
纺织和造纸机器	20
发动机、泵、涡轮机	21
基础通信处理	21
运输	21
机器工具	21
高分子化学、聚合物	21
家具、游戏	21
半导体	22
测量	22
其他消费品	22
控制	22
光学	22
音像技术	22
数字通信	23
表面加工技术、涂层	23
医学技术	23
其他特殊机械	23
有机精细化学	23
电信	23
计算机技术管理方法	23
计算机技术	24
生物材料分析	25
生物技术	28

内蒙古

知识产权资源流动		
年份	分值	排名
2008	3.77	18
2009	3.29	21
2010	4.06	20
2011	4.02	20
2012	7.17	15
2013	5.08	21
2014	4.78	23
2015	5.20	21

知识产权合作		
年份	分值	排名
2008	1.09	27
2009	1.26	26
2010	1.41	25
2011	1.41	26
2012	1.55	27
2013	1.78	27
2014	2.03	28
2015	2.39	27

知识产权成果转化		
年份	分值	排名
2008	1.53	25
2009	1.61	25
2010	1.87	24
2011	2.07	24
2012	2.13	24
2013	2.37	24
2014	2.32	26
2015	2.46	24

优势技术领域（35 个）	全国排名
材料、冶金	24
数字通信	25
生物技术	25
发动机、泵、涡轮机	26
基础通信处理	26
运输	26
半导体	26
测量	26
其他消费品	26
土木工程	27
化学工程	27
环境技术	27
食品化学	27
机器工具	27
控制	27
表面加工技术、涂层	27
医学技术	27
其他特殊机械	27
计算机技术	27
生物材料分析	27
药品	28
显微结构和纳米技术	28
热处理及器具	28
装卸	28
机器零件	28
基础材料化学	28
电机、电气装置、电能	28
高分子化学、聚合物	28
家具、游戏	28
光学	28
音像技术	28
有机精细化学	28
电信	28
纺织和造纸机器	29
计算机技术管理方法	29

辽宁

知识产权资源流动		
年份	分值	排名
2008	15.51	5
2009	13.70	5
2010	15.18	5
2011	19.97	5
2012	19.72	5
2013	15.62	9
2014	15.17	9
2015	15.45	10

知识产权合作		
年份	分值	排名
2008	2.21	7
2009	2.85	8
2010	4.83	8
2011	5.78	7
2012	7.42	7
2013	9.44	7
2014	9.64	7
2015	6.57	13

知识产权成果转化		
年份	分值	排名
2008	5.21	10
2009	6.98	8
2010	6.05	10
2011	9.00	9
2012	8.77	12
2013	10.55	12
2014	10.11	14
2015	8.59	15

优势技术领域（35 个）	全国排名
材料、冶金	7
表面加工技术、涂层	8
计算机技术管理方法	8
食品化学	9
发动机、泵、涡轮机	9
有机精细化学	9
化学工程	10
环境技术	10
基础材料化学	10
机器工具	10
高分子化学、聚合物	10
控制	10
热处理及器具	11
机器零件	11
电机、电气装置、电能	11
药品	12
土木工程	12
测量	12
装卸	13
音像技术	13
数字通信	13
计算机技术	13
生物技术	13
纺织和造纸机器	14
家具、游戏	14
光学	14
医学技术	14
电信	14
生物材料分析	14
基础通信处理	15
运输	15
半导体	15
其他特殊机械	15
显微结构和纳米技术	16
其他消费品	16

吉林

知识产权资源流动

年份	分值	排名
2008	4.24	17
2009	3.91	17
2010	4.23	18
2011	3.95	21
2012	4.03	24
2013	4.41	25
2014	4.31	25
2015	4.15	25

知识产权合作

年份	分值	排名
2008	1.32	18
2009	1.61	20
2010	1.75	21
2011	1.72	22
2012	2.78	18
2013	2.95	23
2014	3.54	22
2015	2.85	23

知识产权成果转化

年份	分值	排名
2008	2.77	18
2009	4.14	15
2010	2.77	19
2011	4.21	18
2012	4.19	18
2013	3.03	22
2014	3.94	19
2015	4.44	19

优势技术领域（35个）	全国排名
光学	12
显微结构和纳米技术	15
高分子化学、聚合物	17
半导体	18
有机精细化学	19
药品	19
测量	19
音像技术	19
发动机、泵、涡轮机	20
控制	20
生物技术	20
医学技术	20
电信	20
运输	20
数字通信	21
计算机技术	21
纺织和造纸机器	21
机器工具	22
机器零件	22
基础通信处理	22
环境技术	23
电机、电气装置、电能	23
生物材料分析	23
计算机技术管理方法	24
基础材料化学	24
土木工程	24
家具、游戏	24
表面加工技术、涂层	25
食品化学	25
化学工程	25
热处理及器具	25
装卸	25
其他消费品	25
材料、冶金	26
其他特殊机械	26

黑龙江

知识产权资源流动

年份	分值	排名
2008	3.25	22
2009	3.80	18
2010	4.08	19
2011	4.34	19
2012	5.42	19
2013	5.57	20
2014	5.85	20
2015	5.76	20

知识产权合作

年份	分值	排名
2008	1.47	16
2009	1.84	17
2010	2.10	16
2011	2.69	16
2012	2.92	17
2013	3.46	20
2014	3.83	20
2015	3.38	20

知识产权成果转化

年份	分值	排名
2008	2.26	21
2009	2.66	19
2010	2.73	20
2011	2.88	22
2012	3.02	22
2013	3.09	21
2014	3.20	22
2015	2.96	21

优势技术领域（35 个）	全国排名
食品化学	8
显微结构和纳米技术	11
生物技术	12
测量	13
电信	13
药品	14
光学	15
数字通信	15
计算机技术	15
高分子化学、聚合物	16
发动机、泵、涡轮机	16
控制	16
基础通信处理	16
医学技术	17
运输	17
机器工具	17
机器零件	17
生物材料分析	17
基础材料化学	17
家具、游戏	17
表面加工技术、涂层	17
热处理及器具	17
音像技术	18
环境技术	18
电机、电气装置、电能	18
化学工程	18
其他特殊机械	18
纺织和造纸机器	19
计算机技术管理方法	19
土木工程	19
装卸	19
其他消费品	20
半导体	21
有机精细化学	21
材料、冶金	23

上海

知识产权资源流动		
年份	分值	排名
2008	29.07	2
2009	27.89	2
2010	28.40	2
2011	31.24	2
2012	32.52	3
2013	31.75	3
2014	32.05	3
2015	31.88	4

知识产权合作		
年份	分值	排名
2008	5.00	2
2009	7.75	4
2010	9.32	5
2011	12.18	5
2012	14.05	5
2013	17.59	5
2014	17.35	5
2015	13.38	6

知识产权成果转化		
年份	分值	排名
2008	13.02	5
2009	14.14	5
2010	14.68	4
2011	17.97	5
2012	18.15	5
2013	19.01	5
2014	21.53	5
2015	20.51	5

优势技术领域（35个）	全国排名
显微结构和纳米技术	1
半导体	1
测量	4
电信	4
光学	4
数字通信	4
计算机技术	4
控制	4
生物材料分析	4
音像技术	4
计算机技术管理方法	4
生物技术	5
发动机、泵、涡轮机	5
基础通信处理	5
医学技术	5
电机、电气装置、电能	5
有机精细化学	5
高分子化学、聚合物	6
表面加工技术、涂层	6
环境技术	6
纺织和造纸机器	6
土木工程	6
装卸	6
运输	7
机器工具	7
机器零件	7
热处理及器具	7
化学工程	7
基础材料化学	8
其他消费品	8
材料、冶金	8
家具、游戏	9
药品	10
其他特殊机械	11
食品化学	18

江苏

知识产权资源流动

年份	分值	排名
2008	14.06	6
2009	13.98	4
2010	22.64	3
2011	27.47	3
2012	33.30	2
2013	38.24	2
2014	35.96	2
2015	47.62	2

知识产权合作

年份	分值	排名
2008	3.84	5
2009	8.68	3
2010	9.80	4
2011	12.62	4
2012	18.64	3
2013	30.11	3
2014	39.92	2
2015	34.12	3

知识产权成果转化

年份	分值	排名
2008	24.60	2
2009	26.13	2
2010	28.03	2
2011	46.79	2
2012	57.96	2
2013	61.85	2
2014	68.79	2
2015	70.94	2

优势技术领域（35 个）	全国排名
控制	1
生物技术	1
发动机、泵、涡轮机	1
基础通信处理	1
医学技术	1
电机、电气装置、电能	1
有机精细化学	1
高分子化学、聚合物	1
表面加工技术、涂层	1
环境技术	1
纺织和造纸机器	1
土木工程	1
装卸	1
运输	1
机器工具	1
机器零件	1
化学工程	1
基础材料化学	1
其他消费品	1
材料、冶金	1
家具、游戏	1
其他特殊机械	1
显微结构和纳米技术	2
半导体	2
测量	2
生物材料分析	2
热处理及器具	2
药品	2
电信	3
光学	3
数字通信	3
计算机技术	3
音像技术	3
计算机技术管理方法	3
食品化学	3

浙江

知识产权资源流动		
年份	分值	排名
2008	15.88	4
2009	12.72	6
2010	13.23	6
2011	13.86	6
2012	17.19	7
2013	14.21	11
2014	14.96	10
2015	14.50	12

知识产权合作		
年份	分值	排名
2008	3.25	6
2009	4.58	6
2010	5.27	7
2011	6.51	6
2012	10.58	6
2013	17.32	6
2014	17.20	6
2015	16.42	5

知识产权成果转化		
年份	分值	排名
2008	14.37	3
2009	14.51	4
2010	13.42	5
2011	21.53	4
2012	24.96	4
2013	31.02	4
2014	34.41	4
2015	38.61	3

优势技术领域（35 个）	全国排名
纺织和造纸机器	2
装卸	2
运输	2
机器工具	2
机器零件	2
表面加工技术、涂层	3
环境技术	3
化学工程	3
家具、游戏	3
发动机、泵、涡轮机	4
电机、电气装置、电能	4
土木工程	4
其他消费品	4
其他特殊机械	4
热处理及器具	4
控制	5
材料、冶金	5
半导体	5
测量	5
光学	5
数字通信	5
音像技术	5
生物技术	6
医学技术	6
有机精细化学	6
显微结构和纳米技术	6
生物材料分析	6
电信	6
计算机技术	6
计算机技术管理方法	6
食品化学	6
基础通信处理	7
高分子化学、聚合物	7
基础材料化学	7
药品	7

安徽

知识产权资源流动		
年份	分值	排名
2008	5.99	11
2009	6.47	11
2010	5.82	13
2011	6.59	12
2012	8.22	13
2013	9.06	13
2014	10.14	13
2015	14.53	11

知识产权合作		
年份	分值	排名
2008	1.48	15
2009	2.20	14
2010	2.90	11
2011	3.91	10
2012	4.09	13
2013	6.30	13
2014	7.96	10
2015	9.94	8

知识产权成果转化		
年份	分值	排名
2008	3.47	15
2009	4.45	14
2010	5.15	11
2011	7.70	12
2012	9.22	11
2013	10.42	13
2014	12.27	11
2015	14.23	11

优势技术领域（35 个）	全国排名
食品化学	1
材料、冶金	2
机器工具	3
机器零件	3
其他特殊机械	3
高分子化学、聚合物	3
基础材料化学	3
药品	3
装卸	4
纺织和造纸机器	5
运输	5
表面加工技术、涂层	5
化学工程	5
家具、游戏	5
其他消费品	5
显微结构和纳米技术	5
电机、电气装置、电能	6
热处理及器具	6
环境技术	7
发动机、泵、涡轮机	7
土木工程	8
半导体	8
有机精细化学	8
控制	9
测量	9
光学	9
电信	9
基础通信处理	9
音像技术	10
医学技术	10
计算机技术管理方法	10
生物技术	11
计算机技术	12
生物材料分析	13
数字通信	14

福建

知识产权资源流动		
年份	分值	排名
2008	5.62	14
2009	5.67	13
2010	5.68	14
2011	5.81	16
2012	8.61	12
2013	11.25	12
2014	10.23	12
2015	10.78	13

知识产权合作		
年份	分值	排名
2008	1.37	17
2009	2.54	11
2010	1.89	18
2011	2.47	17
2012	3.15	16
2013	6.31	12
2014	6.94	14
2015	5.86	15

知识产权成果转化		
年份	分值	排名
2008	6.84	8
2009	6.60	9
2010	7.12	8
2011	10.07	7
2012	10.92	8
2013	11.76	11
2014	12.03	12
2015	12.72	12

优势技术领域（35 个）	全国排名
其他消费品	7
纺织和造纸机器	9
生物技术	9
光学	10
食品化学	11
半导体	11
计算机技术	11
数字通信	11
高分子化学、聚合物	12
电信	12
音像技术	12
计算机技术管理方法	12
显微结构和纳米技术	13
基础通信处理	14
家具、游戏	15
电机、电气装置、电能	15
生物材料分析	15
其他特殊机械	16
基础材料化学	16
装卸	16
表面加工技术、涂层	16
环境技术	16
医学技术	16
化学工程	17
测量	17
材料、冶金	18
土木工程	18
有机精细化学	18
控制	18
机器工具	19
机器零件	19
运输	19
发动机、泵、涡轮机	19
热处理及器具	20
药品	22

江西

知识产权资源流动

年份	分值	排名
2008	3.00	24
2009	3.15	23
2010	3.44	22
2011	3.71	23
2012	4.06	23
2013	4.73	22
2014	4.05	26
2015	4.56	23

知识产权合作

年份	分值	排名
2008	1.16	24
2009	1.33	24
2010	1.52	23
2011	1.70	23
2012	1.84	23
2013	4.02	17
2014	5.30	16
2015	5.24	16

知识产权成果转化

年份	分值	排名
2008	2.40	19
2009	2.44	20
2010	2.90	18
2011	3.43	19
2012	4.02	19
2013	4.73	18
2014	5.48	18
2015	6.15	18

优势技术领域（35 个）	全国排名
半导体	17
计算机技术	19
生物材料分析	19
音像技术	20
表面加工技术、涂层	20
有机精细化学	20
光学	21
电信	21
显微结构和纳米技术	21
材料、冶金	21
数字通信	22
计算机技术管理方法	22
电机、电气装置、电能	22
环境技术	22
医学技术	22
化学工程	22
运输	22
发动机、泵、涡轮机	22
其他消费品	23
纺织和造纸机器	23
基础通信处理	23
家具、游戏	23
装卸	23
测量	23
控制	23
机器工具	23
机器零件	23
生物技术	24
食品化学	24
高分子化学、聚合物	24
热处理及器具	24
其他特殊机械	25
土木工程	25
药品	25
基础材料化学	26

山东

知识产权资源流动		
年份	分值	排名
2008	8.70	8
2009	9.44	8
2010	10.34	7
2011	12.49	8
2012	13.93	9
2013	17.55	6
2014	23.13	7
2015	25.28	7

知识产权合作		
年份	分值	排名
2008	4.93	4
2009	6.64	5
2010	11.16	2
2011	14.09	3
2012	16.95	4
2013	21.78	4
2014	23.43	4
2015	20.40	4

知识产权成果转化		
年份	分值	排名
2008	13.75	4
2009	16.68	3
2010	18.69	3
2011	24.45	3
2012	29.03	3
2013	33.18	3
2014	35.50	3
2015	37.62	4

优势技术领域（35 个）	全国排名
药品	1
有机精细化学	2
其他消费品	2
食品化学	2
高分子化学、聚合物	2
其他特殊机械	2
基础材料化学	2
医学技术	3
热处理及器具	3
土木工程	3
材料、冶金	4
环境技术	4
化学工程	4
纺织和造纸机器	4
家具、游戏	4
机器零件	4
生物技术	4
计算机技术	5
生物材料分析	5
计算机技术管理方法	5
装卸	5
机器工具	5
音像技术	6
运输	6
发动机、泵、涡轮机	6
测量	6
控制	6
表面加工技术、涂层	7
数字通信	7
电机、电气装置、电能	7
光学	8
电信	8
基础通信处理	8
半导体	10
显微结构和纳米技术	12

河南

知识产权资源流动

年份	分值	排名
2008	5.46	15
2009	4.97	16
2010	5.46	16
2011	6.33	13
2012	5.83	18
2013	6.41	18
2014	6.19	18
2015	6.47	19

知识产权合作

年份	分值	排名
2008	1.79	9
2009	2.69	9
2010	3.61	9
2011	4.21	9
2012	5.48	9
2013	7.40	9
2014	9.28	8
2015	11.25	7

知识产权成果转化

年份	分值	排名
2008	4.01	12
2009	4.96	13
2010	4.83	12
2011	6.22	14
2012	6.61	14
2013	13.54	8
2014	15.31	7
2015	17.49	6

优势技术领域（35 个）	全国排名
药品	6
食品化学	7
生物材料分析	10
电机、电气装置、电能	10
医学技术	11
有机精细化学	12
材料、冶金	12
化学工程	12
其他消费品	13
基础材料化学	13
热处理及器具	13
土木工程	13
纺织和造纸机器	13
家具、游戏	13
其他特殊机械	14
生物技术	14
装卸	14
高分子化学、聚合物	15
机器零件	15
机器工具	15
音像技术	15
测量	15
控制	15
表面加工技术、涂层	15
运输	16
光学	16
环境技术	17
计算机技术	17
计算机技术管理方法	17
数字通信	17
电信	17
基础通信处理	17
发动机、泵、涡轮机	18
半导体	19
显微结构和纳米技术	20

湖北

知识产权资源流动		
年份	分值	排名
2008	7.15	9
2009	6.63	10
2010	8.73	10
2011	8.93	11
2012	13.90	10
2013	17.14	7
2014	24.30	6
2015	30.23	5

知识产权合作		
年份	分值	排名
2008	1.77	10
2009	2.66	10
2010	3.22	10
2011	3.48	12
2012	4.66	10
2013	6.78	10
2014	8.22	9
2015	8.99	9

知识产权成果转化		
年份	分值	排名
2008	4.44	11
2009	5.79	11
2010	6.36	9
2011	8.55	10
2012	10.33	9
2013	12.06	10
2014	13.41	10
2015	14.37	10

优势技术领域（35个）	全国排名
其他消费品	6
家具、游戏	6
生物技术	7
光学	7
生物材料分析	8
显微结构和纳米技术	8
土木工程	9
运输	9
计算机技术	9
半导体	9
材料、冶金	10
测量	10
数字通信	10
电信	10
纺织和造纸机器	11
装卸	11
音像技术	11
表面加工技术、涂层	11
环境技术	11
计算机技术管理方法	11
基础通信处理	11
热处理及器具	12
其他特殊机械	12
机器工具	12
控制	12
药品	13
电机、电气装置、电能	13
医学技术	13
有机精细化学	13
高分子化学、聚合物	13
机器零件	13
化学工程	14
基础材料化学	14
食品化学	15
发动机、泵、涡轮机	15

湖南

知识产权资源流动

年份	分值	排名
2008	5.91	12
2009	5.57	14
2010	5.58	15
2011	5.94	14
2012	6.79	17
2013	7.91	14
2014	7.46	15
2015	7.27	15

知识产权合作

年份	分值	排名
2008	1.63	12
2009	2.27	13
2010	2.62	15
2011	2.93	14
2012	3.50	15
2013	5.43	15
2014	5.80	15
2015	5.99	14

知识产权成果转化

年份	分值	排名
2008	3.96	13
2009	5.23	12
2010	4.83	13
2011	7.85	11
2012	9.29	10
2013	12.29	9
2014	13.47	9
2015	15.41	7

优势技术领域（35 个）	全国排名
材料、冶金	11
运输	12
装卸	12
基础通信处理	12
机器零件	12
发动机、泵、涡轮机	12
表面加工技术、涂层	13
环境技术	13
其他特殊机械	13
土木工程	14
计算机技术	14
半导体	14
电机、电气装置、电能	14
有机精细化学	14
生物技术	15
热处理及器具	15
基础材料化学	15
生物材料分析	16
测量	16
数字通信	16
计算机技术管理方法	16
机器工具	16
化学工程	16
显微结构和纳米技术	17
纺织和造纸机器	17
音像技术	17
控制	17
食品化学	17
其他消费品	18
家具、游戏	18
光学	18
电信	18
医学技术	18
高分子化学、聚合物	18
药品	21

广东

知识产权资源流动		
年份	分值	排名
2008	17.87	3
2009	17.65	3
2010	20.54	4
2011	22.09	4
2012	26.28	4
2013	29.51	4
2014	28.96	4
2015	32.39	3

知识产权合作		
年份	分值	排名
2008	4.96	3
2009	15.00	1
2010	10.44	3
2011	16.50	2
2012	27.09	2
2013	45.49	2
2014	28.34	3
2015	34.73	2

知识产权成果转化		
年份	分值	排名
2008	28.25	1
2009	32.69	1
2010	39.00	1
2011	58.13	1
2012	64.97	1
2013	75.51	1
2014	86.93	1
2015	98.47	1

优势技术领域（35个）	全国排名
热处理及器具	1
数字通信	1
音像技术	1
光学	1
电信	1
基础通信处理	2
表面加工技术、涂层	2
计算机技术	2
电机、电气装置、电能	2
计算机技术管理方法	2
控制	2
家具、游戏	2
医学技术	2
运输	3
装卸	3
发动机、泵、涡轮机	3
生物技术	3
生物材料分析	3
测量	3
纺织和造纸机器	3
其他消费品	3
半导体	4
有机精细化学	4
基础材料化学	4
机器工具	4
高分子化学、聚合物	4
环境技术	5
其他特殊机械	5
土木工程	5
食品化学	5
药品	5
材料、冶金	6
机器零件	6
化学工程	6
显微结构和纳米技术	7

广西

知识产权资源流动		
年份	分值	排名
2008	1.77	27
2009	1.64	28
2010	1.78	28
2011	2.19	27
2012	2.34	29
2013	4.08	26
2014	5.17	22
2015	3.66	27

知识产权合作		
年份	分值	排名
2008	1.21	22
2009	1.38	23
2010	1.63	22
2011	1.77	21
2012	2.59	20
2013	3.16	21
2014	4.49	18
2015	3.40	19

知识产权成果转化		
年份	分值	排名
2008	2.04	22
2009	2.32	22
2010	2.34	22
2011	3.17	20
2012	3.22	20
2013	3.68	19
2014	3.50	20
2015	3.77	20

优势技术领域（35 个）	全国排名
食品化学	4
药品	4
基础材料化学	6
其他特殊机械	6
家具、游戏	8
运输	10
其他消费品	10
有机精细化学	11
高分子化学、聚合物	11
计算机技术管理方法	13
发动机、泵、涡轮机	13
机器工具	13
材料、冶金	13
热处理及器具	14
控制	14
环境技术	14
电信	15
医学技术	15
装卸	15
纺织和造纸机器	15
化学工程	15
音像技术	16
土木工程	16
机器零件	16
电机、电气装置、电能	17
生物技术	17
数字通信	18
计算机技术	18
生物材料分析	18
测量	18
光学	19
基础通信处理	19
表面加工技术、涂层	19
半导体	20
显微结构和纳米技术	22

海南

知识产权资源流动		
年份	分值	排名
2008	1.44	30
2009	1.31	30
2010	1.61	30
2011	1.71	30
2012	3.35	26
2013	2.32	29
2014	2.33	29
2015	1.99	30

知识产权合作		
年份	分值	排名
2008	1.08	28
2009	1.18	28
2010	1.13	30
2011	1.19	29
2012	1.24	29
2013	1.25	30
2014	1.38	30
2015	1.36	30

知识产权成果转化		
年份	分值	排名
2008	1.13	29
2009	1.10	29
2010	1.18	29
2011	1.27	29
2012	1.36	29
2013	1.42	29
2014	1.39	29
2015	1.37	29

优势技术领域（35个）	全国排名
电信	25
纺织和造纸机器	25
音像技术	25
光学	25
药品	26
基础材料化学	27
有机精细化学	27
计算机技术管理方法	27
生物技术	27
基础通信处理	27
半导体	27
显微结构和纳米技术	27
其他特殊机械	28
医学技术	28
数字通信	28
生物材料分析	28
食品化学	29
家具、游戏	29
运输	29
其他消费品	29
高分子化学、聚合物	29
装卸	29
土木工程	29
计算机技术	29
测量	29
表面加工技术、涂层	29
发动机、泵、涡轮机	30
机器工具	30
材料、冶金	30
热处理及器具	30
环境技术	30
化学工程	30
机器零件	30
电机、电气装置、电能	30
控制	31

重庆

知识产权资源流动		
年份	分值	排名
2008	3.49	20
2009	3.46	20
2010	4.76	17
2011	5.13	17
2012	7.39	14
2013	7.83	15
2014	8.42	14
2015	6.57	18

知识产权合作		
年份	分值	排名
2008	1.27	19
2009	1.62	19
2010	1.96	17
2011	2.35	18
2012	2.65	19
2013	3.85	18
2014	3.96	19
2015	4.50	18

知识产权成果转化		
年份	分值	排名
2008	3.58	14
2009	4.02	16
2010	4.54	15
2011	5.92	15
2012	5.28	16
2013	5.70	17
2014	7.82	16
2015	11.62	13

优势技术领域（35 个）	全国排名
机器工具	6
其他特殊机械	7
家具、游戏	7
运输	8
机器零件	8
其他消费品	9
装卸	9
发动机、泵、涡轮机	10
化学工程	11
医学技术	12
数字通信	12
生物材料分析	12
基础通信处理	13
控制	13
音像技术	14
显微结构和纳米技术	14
食品化学	14
测量	14
表面加工技术、涂层	14
计算机技术管理方法	15
土木工程	15
环境技术	15
电信	16
纺织和造纸机器	16
半导体	16
计算机技术	16
热处理及器具	16
电机、电气装置、电能	16
光学	17
药品	17
有机精细化学	17
材料、冶金	17
生物技术	18
基础材料化学	19
高分子化学、聚合物	20

四川

知识产权资源流动		
年份	分值	排名
2008	6.94	10
2009	7.70	9
2010	8.76	9
2011	9.70	10
2012	12.19	11
2013	15.43	10
2014	14.88	11
2015	16.49	9

知识产权合作		
年份	分值	排名
2008	1.92	8
2009	3.85	7
2010	5.58	6
2011	5.37	8
2012	6.74	8
2013	7.46	8
2014	7.12	13
2015	7.27	11

知识产权成果转化		
年份	分值	排名
2008	5.48	9
2009	6.44	10
2010	4.68	14
2011	7.40	13
2012	8.00	13
2013	9.48	14
2014	10.69	13
2015	10.64	14

优势技术领域（35个）	全国排名
基础通信处理	4
电信	5
数字通信	6
半导体	6
光学	6
医学技术	7
生物材料分析	7
控制	7
音像技术	7
测量	7
计算机技术管理方法	7
土木工程	7
机器工具	8
发动机、泵、涡轮机	8
环境技术	8
计算机技术	8
热处理及器具	8
电机、电气装置、电能	8
高分子化学、聚合物	8
其他特殊机械	9
化学工程	9
显微结构和纳米技术	9
药品	9
材料、冶金	9
基础材料化学	9
机器零件	10
装卸	10
食品化学	10
表面加工技术、涂层	10
纺织和造纸机器	10
有机精细化学	10
生物技术	10
家具、游戏	11
其他消费品	12
运输	13

贵州

知识产权资源流动

年份	分值	排名
2008	2.02	26
2009	2.47	25
2010	2.24	26
2011	2.60	26
2012	2.75	27
2013	2.74	28
2014	4.33	24
2015	5.07	22

知识产权合作

年份	分值	排名
2008	1.20	23
2009	1.40	22
2010	1.30	27
2011	1.55	25
2012	1.72	25
2013	1.77	28
2014	2.65	25
2015	2.58	24

知识产权成果转化

年份	分值	排名
2008	1.59	23
2009	1.80	23
2010	2.05	23
2011	2.40	23
2012	2.47	23
2013	2.46	23
2014	2.54	23
2015	2.55	23

优势技术领域（35 个）	全国排名
食品化学	16
其他特殊机械	19
材料、冶金	19
家具、游戏	19
其他消费品	19
基础通信处理	20
数字通信	20
计算机技术管理方法	20
机器工具	20
药品	20
控制	21
土木工程	21
环境技术	21
热处理及器具	21
电机、电气装置、电能	21
基础材料化学	21
机器零件	21
装卸	21
电信	22
表面加工技术、涂层	22
半导体	23
音像技术	23
发动机、泵、涡轮机	23
计算机技术	23
高分子化学、聚合物	23
运输	23
光学	24
生物材料分析	24
测量	24
化学工程	24
医学技术	25
显微结构和纳米技术	25
有机精细化学	25
纺织和造纸机器	26
生物技术	26

云南

知识产权资源流动

年份	分值	排名
2008	2.44	25
2009	2.67	24
2010	3.02	25
2011	3.13	25
2012	4.87	20
2013	5.80	19
2014	5.60	21
2015	6.70	17

知识产权合作

年份	分值	排名
2008	1.25	20
2009	1.43	21
2010	1.81	19
2011	1.87	20
2012	2.22	21
2013	2.44	24
2014	2.68	24
2015	2.48	25

知识产权成果转化

年份	分值	排名
2008	1.57	24
2009	1.64	24
2010	1.59	26
2011	1.97	25
2012	2.05	26
2013	2.23	25
2014	2.46	24
2015	2.45	25

优势技术领域（35个）	全国排名
其他消费品	17
计算机技术管理方法	18
食品化学	19
生物技术	19
其他特殊机械	20
表面加工技术、涂层	21
测量	21
化学工程	21
材料、冶金	22
基础材料化学	22
装卸	22
计算机技术	22
生物材料分析	22
有机精细化学	22
纺织和造纸机器	22
土木工程	23
热处理及器具	23
光学	23
显微结构和纳米技术	23
基础通信处理	24
数字通信	24
机器工具	24
药品	24
环境技术	24
电机、电气装置、电能	24
电信	24
半导体	24
音像技术	24
医学技术	24
家具、游戏	25
控制	25
发动机、泵、涡轮机	25
高分子化学、聚合物	25
运输	25
机器零件	26

西藏

知识产权资源流动

年份	分值	排名
2008	1.00	31
2009	1.03	31
2010	1.04	31
2011	1.07	31
2012	1.07	31
2013	1.23	31
2014	1.19	31
2015	1.33	31

知识产权合作

年份	分值	排名
2008	1.00	31
2009	1.01	31
2010	1.03	31
2011	1.02	31
2012	1.03	31
2013	1.03	31
2014	1.05	31
2015	1.06	31

知识产权成果转化

年份	分值	排名
2008	1.02	31
2009	1.02	31
2010	1.00	31
2011	1.01	31
2012	1.01	31
2013	1.01	31
2014	1.01	31
2015	1.01	31

优势技术领域（35 个）	全国排名
控制	30
其他消费品	31
计算机技术管理方法	31
食品化学	31
生物技术	31
其他特殊机械	31
表面加工技术、涂层	31
测量	31
化学工程	31
材料、冶金	31
基础材料化学	31
装卸	31
计算机技术	31
生物材料分析	31
有机精细化学	31
纺织和造纸机器	31
土木工程	31
热处理及器具	31
光学	31
显微结构和纳米技术	31
基础通信处理	31
数字通信	31
机器工具	31
药品	31
环境技术	31
电机、电气装置、电能	31
电信	31
半导体	31
音像技术	31
医学技术	31
家具、游戏	31
发动机、泵、涡轮机	31
高分子化学、聚合物	31
运输	31
机器零件	31

陕西

知识产权资源流动		
年份	分值	排名
2008	5.30	16
2009	6.47	12
2010	8.65	11
2011	11.64	9
2012	17.75	6
2013	24.05	5
2014	26.35	5
2015	25.58	6

知识产权合作		
年份	分值	排名
2008	1.56	14
2009	2.04	16
2010	2.67	14
2011	2.93	15
2012	3.55	14
2013	4.62	16
2014	4.77	17
2015	4.69	17

知识产权成果转化		
年份	分值	排名
2008	2.79	17
2009	3.29	18
2010	3.90	16
2011	4.75	17
2012	5.19	17
2013	6.15	16
2014	6.65	17
2015	6.63	17

优势技术领域（35 个）	全国排名
显微结构和纳米技术	4
基础通信处理	6
计算机技术	7
电信	7
半导体	7
控制	8
测量	8
数字通信	8
音像技术	8
医学技术	8
热处理及器具	9
电机、电气装置、电能	9
家具、游戏	10
其他消费品	11
基础材料化学	11
生物材料分析	11
土木工程	11
光学	11
发动机、泵、涡轮机	11
表面加工技术、涂层	12
纺织和造纸机器	12
环境技术	12
化学工程	13
计算机技术管理方法	14
材料、冶金	14
机器工具	14
高分子化学、聚合物	14
运输	14
机器零件	14
有机精细化学	15
药品	15
生物技术	16
其他特殊机械	17
装卸	17
食品化学	21

甘肃

知识产权资源流动

年份	分值	排名
2008	3.40	21
2009	3.56	19
2010	3.61	21
2011	4.86	18
2012	4.84	21
2013	6.95	16
2014	6.57	17
2015	7.55	14

知识产权合作

年份	分值	排名
2008	1.13	25
2009	1.30	25
2010	1.49	24
2011	1.57	24
2012	1.77	24
2013	3.56	19
2014	3.62	21
2015	2.89	22

知识产权成果转化

年份	分值	排名
2008	1.46	26
2009	1.46	26
2010	1.60	25
2011	1.84	26
2012	2.06	25
2013	2.16	26
2014	2.39	25
2015	2.14	26

优势技术领域（35 个）	全国排名
医学技术	21
生物材料分析	21
其他特殊机械	21
热处理及器具	22
家具、游戏	22
土木工程	22
高分子化学、聚合物	22
生物技术	22
食品化学	22
基础材料化学	23
化学工程	23
药品	23
显微结构和纳米技术	24
控制	24
其他消费品	24
发动机、泵、涡轮机	24
表面加工技术、涂层	24
运输	24
机器零件	24
有机精细化学	24
基础通信处理	25
计算机技术	25
半导体	25
测量	25
电机、电气装置、电能	25
环境技术	25
计算机技术管理方法	25
材料、冶金	25
电信	26
音像技术	26
光学	26
机器工具	26
装卸	26
数字通信	27
纺织和造纸机器	28

青海

知识产权资源流动		
年份	分值	排名
2008	1.60	28
2009	1.82	27
2010	1.91	27
2011	2.14	28
2012	2.53	28
2013	2.89	27
2014	2.86	28
2015	3.22	28

知识产权合作		
年份	分值	排名
2008	1.02	30
2009	1.07	30
2010	1.17	29
2011	1.11	30
2012	1.19	30
2013	1.70	29
2014	1.50	29
2015	2.30	28

知识产权成果转化		
年份	分值	排名
2008	1.07	30
2009	1.08	30
2010	1.07	30
2011	1.05	30
2012	1.10	30
2013	1.11	30
2014	1.15	30
2015	1.20	30

优势技术领域（35 个）	全国排名
基础通信处理	28
热处理及器具	29
化学工程	29
药品	29
控制	29
发动机、泵、涡轮机	29
机器零件	29
电机、电气装置、电能	29
环境技术	29
材料、冶金	29
机器工具	29
医学技术	30
生物材料分析	30
其他特殊机械	30
家具、游戏	30
土木工程	30
高分子化学、聚合物	30
生物技术	30
食品化学	30
基础材料化学	30
显微结构和纳米技术	30
其他消费品	30
表面加工技术、涂层	30
运输	30
有机精细化学	30
计算机技术	30
半导体	30
测量	30
计算机技术管理方法	30
电信	30
音像技术	30
光学	30
装卸	30
数字通信	30
纺织和造纸机器	30

宁夏

知识产权资源流动

年份	分值	排名
2008	1.49	29
2009	1.50	29
2010	1.67	29
2011	1.85	29
2012	2.12	30
2013	2.13	30
2014	2.06	30
2015	2.16	29

知识产权合作

年份	分值	排名
2008	1.04	29
2009	1.09	29
2010	1.18	28
2011	1.25	28
2012	1.63	26
2013	1.80	26
2014	2.03	27
2015	1.86	29

知识产权成果转化

年份	分值	排名
2008	1.21	28
2009	1.24	28
2010	1.26	28
2011	1.32	28
2012	1.37	28
2013	1.47	28
2014	1.44	28
2015	1.61	28

优势技术领域（35 个）	全国排名
装卸	24
机器零件	25
机器工具	25
热处理及器具	26
控制	26
电机、电气装置、电能	26
计算机技术管理方法	26
数字通信	26
材料、冶金	27
家具、游戏	27
高分子化学、聚合物	27
运输	27
电信	27
纺织和造纸机器	27
化学工程	28
发动机、泵、涡轮机	28
环境技术	28
土木工程	28
食品化学	28
其他消费品	28
表面加工技术、涂层	28
计算机技术	28
半导体	28
测量	28
基础通信处理	29
医学技术	29
生物材料分析	29
其他特殊机械	29
生物技术	29
基础材料化学	29
显微结构和纳米技术	29
有机精细化学	29
音像技术	29
光学	29
药品	30

新疆

知识产权资源流动		
年份	分值	排名
2008	3.63	19
2009	1.99	26
2010	3.12	24
2011	3.16	24
2012	3.70	25
2013	4.44	24
2014	3.86	27
2015	4.08	26

知识产权合作		
年份	分值	排名
2008	1.10	26
2009	1.21	27
2010	1.35	26
2011	1.36	27
2012	1.41	28
2013	2.09	25
2014	2.26	26
2015	2.41	26

知识产权成果转化		
年份	分值	排名
2008	1.30	27
2009	1.25	27
2010	1.46	27
2011	1.65	27
2012	1.62	27
2013	1.76	27
2014	1.80	27
2015	1.87	27

优势技术领域（35个）	全国排名
生物技术	23
纺织和造纸机器	24
其他特殊机械	24
基础材料化学	25
家具、游戏	26
高分子化学、聚合物	26
化学工程	26
环境技术	26
土木工程	26
食品化学	26
表面加工技术、涂层	26
计算机技术	26
医学技术	26
生物材料分析	26
显微结构和纳米技术	26
有机精细化学	26
装卸	27
机器零件	27
热处理及器具	27
电机、电气装置、电能	27
发动机、泵、涡轮机	27
其他消费品	27
测量	27
音像技术	27
光学	27
药品	27
机器工具	28
控制	28
计算机技术管理方法	28
材料、冶金	28
运输	28
数字通信	29
电信	29
半导体	29
基础通信处理	30

6.2　知识产权区域布局效应评价体系与方法

6.2.1　评价指标体系构建

1. 知识产权资源流动

区域间和区域内的技术（知识产权）流动，是知识产权向生产力转化的重要机制或条件，也是区域知识产权协同运行的基本标志。因此，区域间和区域内的知识产权流动是知识产权区域布局效应评价的重要指标。

以技术为核心的知识产权流动，既包括有形的一面，即租金溢出，也包括无形的一面，即纯知识溢出。前者通过如专利交易、转让，技术产品买卖等市场交易方式进行；后者则通过技术服务、技术咨询、技术合作、专利引用等半市场交易或非市场交易方式实现技术流动。从一般意义上说，一项复杂的专利技术很难通过简单的交易完整转让给受让方，可能还涉及有关技术的培训、学习、交流及后续合作等诸多交互活动。因此，完整地评价知识产权资源流动效应有相当的难度。

基于数据的可获得性，本报告使用技术市场交易额和交易合同共同表征区域知识产权资源流动效应。数据来源于 2009~2016 年的《中国科技统计年鉴》和《全国技术市场统计年度报告》。

自 1985 年《国务院关于技术转让的暂行规定》明确地把技术作为一种可以在市场上进行交易的商品以来，我国技术市场交易实现了跨越式发展，其优化技术资源配置、促进技术转移与扩散功能有效促进了区域知识产权资源的充分利用。在《全国技术市场统计年度报告》中，技术市场交易合同类别包括技术开发、技术转让、技术咨询、技术服务，几乎涵盖了所有有形的市场化技术交易形式。可用于交易的技术存在两种可能：一是未开发技术的交易，如技术市场交易合同中“技术开发合同”所包括的委托开发、合作开发等属于未开发技术的交易；二是已开发技术的交易（用于许可、买卖的已有技术产品和服务），如技术市场交易合同中所包括的技术转让、技术咨询和技术服务等类别的合同。其中，已开发技术的交易，既包括显性的技术交易，如专利转让或许可，也包括隐性的技术交易，如专利转让后的 know-how①转移，以及技术咨询和服务等无形产品。技术市场交易额和交易合同作为有形技术的流动，其中也蕴含了大量无形的技术交流活动。因此，使用技术市场交易额和交易合同两个指标能够满足本报告对知识产权资源流动效应评价的基本要求。

在这两个变量中，如果单纯使用技术市场交易合同，统计结果可能存在技术市场交易合同偏多，但单笔合同金额较少的情况，从而产生交易数量虚高的情况；相反，如果单纯使用技术市场交易额，则可能出现单笔合同金额较大的情况，从而混淆了真实的技术交易数量。因此本报告同时使用这两个指标计算区域知识产权资源流动效应指数。

① 表示技术诀窍.

2. 知识产权合作

打破计划经济条件下形成的区域知识产权封闭运行的既有格局，促进创新组织间及个体间的合作是知识产权区域布局要实现的重要功能。组织间、个体间，以及组织与个体间的合作是知识产权转移和扩散的方式之一，是隐性知识传播的主要机制，因而也是知识产权资源产生 1+1>2 效应的重要路径。

关于知识产权合作的测度，学术界多通过专利合作分析来实现。专利合作的概念包含广义和狭义两个方面。广义的专利合作是指以专利为载体的所有形式的合作，既包括专利研发过程中的合作，又包括围绕专利成果展开的许可、转让、开发、应用等一系列的活动，涵盖专利生产、专利转让、成果开发、产品推广的整个过程，包括委托开发、合作研究、合作开发、专利许可或转让等多种合作形式。狭义的专利合作专指专利研发过程中的合作，即共同研究，主要表现形式为共同署名或联合申请。本报告主要界定于狭义的专利合作。

专利合作数据的分析，不但可以追溯知识产权合作的历史演变过程（时间视角），而且能够看到不同区域在专利合作网络中的地位和作用（空间视角）。本报告使用发明专利联合申请的合作关系（简称合作专利）数量作为对区域间知识产权合作的表征。合作涉及至少两方的关系，因此本报告统计的是合作关系对，即将每个合作专利的全部申请人的合作关系对分别统计，并加总求和。这些关系对包括两个部分：一是区域内的合作关系对；二是区域间的合作关系对。本报告重点关注区域间知识产权合作。数据来源于国家知识产权局专利检索数据库。

3. 知识产权成果转化

加快知识产权成果向现实生产力转化，促进区域知识产权与产业发展的深度融合是知识产权区域布局要实现的基本功能，也是新技术、新发明最终实现市场价值最为重要的环节。知识产权资源的流动与合理配置是促进成果转化的主要途径。因此，知识产权成果转化理应成为知识产权区域布局效应评价的核心指标。

知识产权成果转化是科技成果转化的重要组成部分，目前学术界尚缺乏对这些概念或指标的规范界定，更缺乏系统、权威的统计测度指标体系和相关基础性工作①②。科技活动涉及研究开发（包括基础研究、应用研究、试验发展）、研究开发成果转化和应用、科技服务三个部分，因此从广义上讲科技成果应包含这三类科技活动所对应产生的成果。然而，实践中则多从“研究开发”这一狭义理解并对科技成果进行界定或分类。1987 年颁布的《中华人民共和国国家科学技术委员会科学技术成果鉴定办法》中的分类，将科技成果分为科学理论成果、应用技术成果、软科学研究成果三类。但之后，1994 年出台的《中华人民共和国科学技术成果鉴定办法》及 1996 年出台的《中华人民共和国促进科技成果转化法》对可用于鉴定和转化的科技成果的界定则主要是指应用技术成果，而不包括科学理论成果和软科学研究成果。

OECD③国家科技成果转化的相关研究，大多都是围绕公共资助研究如何进行商业性

---

① 蔡跃洲. 科技成果转化的内涵边界与统计测度[J]. 科学学研究，2015（1）：37-44.

② 贺德方. 对科技成果及科技成果转化若干基本概念的辨析与思考[J]. 中国软科学，2011（11）：1-7.

③ OECD（Organization for Economic Co-operation and Development），表示经济合作与发展组织.

转化展开的。在创新体系中，承担研究开发工作的主体包括企业、大学和研究机构。对于企业来说，其任何行为都以实现市场价值和商业利润为终极目标，其研发工作取得的研究成果最终都会以特定形式进行应用和推广，因此基本上不存在转化问题；而对于大学和研究机构来说，其研究工作的直接产出是知识创造，但创造的新知识并不会自动和直接地转化为满足市场需求的产品与服务，为了最大限度开发研究成果的经济社会价值，就需要促进其更好地实现商业性转化。

鉴于以上，本报告主要从“应用技术成果”这一角度界定知识产权成果转化的内涵，即大学、研究机构通过政府公共财政支持所获得的知识产权成果面向市场的应用。知识产权成果转化主要通过向企业转让技术成果，经过企业的新产品开发和市场销售过程最终得以实现，本报告据此设计指标体系，展开测度和评价。考虑数据的代表性和可获得性，使用“各地区规上①工业企业新产品开发经费支出”和“各地区规上工业企业新产品销售收入”表征知识产权成果的转化效应。数据来源于 2009~2016 年的《中国科技统计年鉴》。

4. 区域特色优势技术形成

从国家层面看，知识产权区域布局的任务之一就是要理顺知识产权的区域分工，摆脱各区域同质化发展的传统路径，形成若干既特色鲜明，又优势互补的知识产权功能区，使知识产权对区域经济发展的引领功能得到充分发挥。本报告提出区域特色优势技术综合指数评价指标，反映区域技术综合优势，并以此作为知识产权区域布局效应评价的定量指标之一。

国内外学术界通行的做法是用专利表征技术。本报告将区域发明申请专利数量作为区域技术的代理。由于每一条发明申请专利都有一个或多个国际专利分类（international patent classification，IPC）号，如何将专利分类和国民经济统计体系中的产业分类对应起来，为产业布局、优化、发展、预测等提供决策参考，一直是国内外各界不懈努力的目标。在国内，国家知识产权局规划发展司于 2015 年推出过《国际专利分类与国民经济行业分类参照关系表（试用版）》；国际上，比较有代表性的是 OECD 版和 WIPO②版的 IPC 与产业技术领域分类对照表。由于前者仅考虑少数发达工业国，没有考虑到新兴国家的参照需求，WIPO 在 OECD 版的基础上形成了使用范围更为广泛的对照表，WIPO 版对照表根据 IPC 变化而不断修正，先后有 2005 版、2008 版和 2016 版，将现有 IPC 分解到 35 个产业技术领域中，形成了涵盖电子、化工、机械等具有国际可比性的专利–产业分类对照体系，是目前国际上较为权威的产业技术领域分类方法。该分类并非将 IPC 的专利全部纳入产业分类对照体系，而是侧重突出对与产业发展有联系的发明专利在产业技术领域中的归类。

本报告根据研究的时段，采用了 2008 年版产业技术领域分类对照表（IPC8-Technology Concordance），将 31 个省区市的发明申请专利分别分配到 35 个产业技术领域分类中，再经过归类和加总后便得到 31 个省区市在 35 个产业技术领域分类中的专利

① 规上表示规模及规模以上.

② WIPO（World Intellectual Property Organization），表示世界知识产权组织.

数量分布。发明申请专利数据来源于国家知识产权局专利检索数据库。

本报告将区域特色优势技术定义为既具有区域范围内相对优势的技术，又具有全国范围内绝对优势的技术。应当承认，要求相对优势技术和绝对优势技术在同一个区域内统一实现具有一定的难度。通常情况下更多的表现是，本地具有相对优势的技术在全国范围内却没有绝对优势；而在全国范围内具有绝对优势的技术，在本地却不一定具有相对优势。为了与知识产权区域布局效应评价的其他指标形成相对一致的量化口径，本报告构造了“区域特色优势技术综合指数”指标，通过将相对优势技术领域数量×30%和绝对优势技术领域数量×70%加权求和获得。这样便可将难以直接比较的相对优势技术和绝对优势技术纳入统一框架下，在同一个区域内综合考量。从而通过区域特色优势技术综合指数的测度，定量地反映一个区域的技术专长和比较优势，同时反映区域核心技术能力的变化。

6.2.2 评价流程与方法

知识产权区域布局效应评价流程与方法具体如下。

首先，对四类分项指标分别进行描述性统计分析与评价。其中，关于知识产权资源流动效应和知识产权成果转化效应的分项指标评价，主要运用全局熵值法和综合指数分析方法；关于知识产权合作效应的分项指标评价，主要运用社会网络分析方法；关于区域特色优势技术形成的分项指标评价，通过计算相对技术优势（relative technological advantage，RTA）指数，筛选并统计区域相对技术优势领域数量，计算、筛选并统计区域绝对技术优势领域数量，之后将两类技术优势领域数量加权求和得到。

其次，综合四个分项指标的区域年度数据，采用全局熵值法计算分项指标权重，并在此基础上采用综合指数计算方法得到区域评价综合指数值（得分）。根据综合指数值（得分）对知识产权区域布局效应进行描述性统计分析与评价。

最后，对我国知识产权区域布局效应的分析结果进行综合评价和讨论。

6.3 知识产权区域布局效应分项评价

6.3.1 知识产权资源流动效应评价

由于区域技术流动存在输出和输入两种情况，每一种情况都不能完全反映该区域的知识产权资源流动，通过技术市场技术流出地域合同金额、合同数，以及技术市场技术流入地域合同金额、合同数四个指标测算知识产权资源流动效应。知识产权资源流动既包括区域内知识产权资源流动，也包括区域间知识产权资源流动。

考察期内，各省区市知识产权资源流动效应评价结果排序变化对比情况如表 6.1 所示。

表 6.1　各省区市知识产权资源流动效应评价结果排序变化对比（2008 年和 2015 年）

区域	考察期末（2015 年）		考察期初（2008 年）		位次变化
	位次	得分	位次	得分	
北京	1	98.61	1	47.94	0
江苏	2	47.62	6	14.06	4
广东	3	32.39	3	17.87	0
上海	4	31.88	2	29.07	−2
湖北	5	30.23	9	7.15	4
陕西	6	25.58	16	5.30	10
山东	7	25.28	8	8.70	1
天津	8	19.19	7	9.07	−1
四川	9	16.49	10	6.94	1
辽宁	10	15.45	5	15.51	−5
安徽	11	14.53	11	5.99	0
浙江	12	14.50	4	15.88	−8
福建	13	10.78	14	5.62	1
甘肃	14	7.55	21	3.40	7
湖南	15	7.27	12	5.91	−3
河北	16	6.96	13	5.84	−3
云南	17	6.70	25	2.44	8
重庆	18	6.57	20	3.49	2
河南	19	6.47	15	5.46	−4
黑龙江	20	5.76	22	3.25	2
内蒙古	21	5.20	18	3.77	−3
贵州	22	5.07	26	2.02	4
江西	23	4.56	24	3.00	1
山西	24	4.34	23	3.12	−1
吉林	25	4.15	17	4.24	−8
新疆	26	4.08	19	3.63	−7
广西	27	3.66	27	1.77	0
青海	28	3.22	28	1.60	0
宁夏	29	2.16	29	1.49	0
海南	30	1.99	30	1.44	0
西藏	31	1.33	31	1.00	0

从表 6.1 中可以看到，与考察期初（2008 年）相比，考察期末（2015 年）前 10 位的省市总体上保持稳定状态。其中北京、江苏、广东、上海、湖北、山东、天津、四川、

辽宁 9 省市保持在前 10 位，部分省市的位次变化却较为明显，陕西跃入前 10 位，浙江脱离前 10 位。前 10 位中变化幅度较大的是江苏、湖北、陕西、辽宁和浙江。其中，江苏由第 6 位（2008 年）上升为第 2 位（2015 年），湖北由第 9 位（2008 年）上升为第 5 位（2015 年），两省均上升了 4 个位次；辽宁下降了 5 个位次，由第 5 位（2008 年）下降为第 10 位（2015 年）；浙江则大幅下降了 8 个位次，由第 4 位（2008 年）下降为第 12 位（2015 年）。值得关注的是，陕西大幅上升了 10 个位次，由第 16 位（2008 年）跃升为第 6 位（2015 年），是考察期末唯一新进入前 10 位的省份，反映出陕西在知识产权资源流动中日渐重要的区域地位。

此外，考察期末，前 10 位省区市中中西部省份占 3 席，分别是湖北、陕西和四川，比考察期初增加 1 席，反映了西部省区市知识产权资源流动趋于活跃。

除了前 10 位省市之外，其他上升幅度较大的省份还有甘肃（上升 7 个位次）、云南（上升 8 个位次）和贵州（上升 4 个位次）；下降幅度较大的是河南（下降 4 个位次）、吉林（下降 8 个位次）和新疆（下降 7 个位次）。

广西、青海、宁夏、海南、西藏 5 省区考察期末和期初比没有变化，始终处于排序的后 5 位。

从得分上看，考察期间北京呈现明显的一枝独秀，遥遥领先于其他省区市，且这一差距趋于拉大。江苏则后来居上，得分明显高于除了北京之外的其他各省区市。湖北与陕西两个中西部省份在知识产权资源流动方面正在不断追逐广东和上海两个东部省市，差距在日益缩小。

6.3.2 知识产权合作效应评价

知识产权合作是一个复杂的过程，区域间知识产权合作和区域内知识产权合作各有其相应的内涵与作用。通常认为，区域内知识产权合作主要得益于地理邻近和认知邻近（文化、制度、行为方式等方面的接近），但区域内知识产权合作在获得技术扩散收益的同时，容易产生路径依赖，并形成锁定效应，长期来看不益于获得更多异质性知识和互补性资产（如新的市场）；而区域间知识产权合作则可以在很大程度上摆脱这个不利影响。然而，区域间知识产权合作却受到地理距离和面对面交换信息成本高昂的约束，使技术扩散存在一定的门槛。尽管交通、通信基础设施逐步便利化，但技术转移往往是一个复杂的交互过程，地理距离的影响仍然是难以跨越的障碍之一。从国家全局视角看，能够让技术通过交流与合作，得以在全国范围内扩散、转移，是改变区域间知识产权发展不平衡、不充分的重要途径，也是促进全国范围内区域创新分工协作的市场机制。基于以上，有必要将此两类合作模式进行分别讨论。

本报告首先分析和评价区域间知识产权合作，其次分析和评价区域内知识产权合作，最后将二者进行综合分析和评价。

1. 区域间知识产权合作

考察期内，各省区市区域间知识产权合作评价指数（得分）排序变化对比情况如

表 6.2 所示。

表 6.2　各省区市区域间知识产权合作评价指数（得分）排序变化对比（2008 年和 2015 年）

区域	考察期末（2015 年）		考察期初（2008 年）		位次变化
	位次	得分	位次	得分	
北京	1	97.01	1	8.62	0
江苏	2	35.42	5	3.41	3
广东	3	25.02	3	4.87	0
山东	4	24.27	2	5.71	−2
浙江	5	15.97	6	2.72	1
上海	6	13.62	4	4.53	−2
河南	7	12.63	10	1.77	3
安徽	8	12.16	15	1.56	7
湖北	9	10.32	12	1.74	3
天津	10	9.09	8	1.86	−2
河北	11	8.64	11	1.75	0
四川	12	8.17	9	1.78	−3
辽宁	13	8.13	7	2.46	−6
福建	14	6.67	17	1.35	3
湖南	15	6.53	13	1.66	−2
江西	16	6.37	24	1.18	8
陕西	17	5.55	14	1.64	−3
重庆	18	5.11	20	1.27	2
黑龙江	19	4.01	16	1.52	−3
山西	20	3.80	19	1.27	−1
广西	21	3.45	21	1.25	0
吉林	22	3.25	18	1.32	−4
甘肃	23	3.06	25	1.13	2
贵州	24	2.94	22	1.21	−2
内蒙古	25	2.83	26	1.11	1
新疆	26	2.67	28	1.08	2
青海	27	2.38	30	1.03	3
云南	28	2.32	23	1.19	−5
宁夏	29	2.16	29	1.05	0
海南	30	1.44	27	1.08	−3
西藏	31	1.09	31	1.00	0

从表 6.2 中可以看出，与考察期初（2008 年）相比，考察期末（2015 年）排名前

10 位的省市中有 8 个省市继续保留，分别是北京、江苏、广东、山东、浙江、上海、河南、天津。全国省区市中，北京遥遥领先于其他省区市，且地位始终保持全国第一，得分大幅度增加，反映了北京作为全国技术中心，其与全国各地之间联系强度的增加。考察期末位列第 2~4 的江苏、广东、山东得分变化也较为显著，可以看出这三个省份在加强区域间知识产权合作方面的力度明显增强。除了上述外，安徽和湖北两个中部省份也在区域间知识产权合作方面有长足进展，到考察期末，进入全国前 10 位行列。其中安徽由第 15 位（2008 年）上升为第 8 位（2015 年），大幅上升了 7 个位次；湖北由第 12 位（2008 年）上升为第 9 位（2015 年），上升了 3 个位次。考察期末，辽宁和四川脱离前 10 位，辽宁由第 7 位（2008 年）下降为第 13 位（2015 年），大幅下降了 6 个位次；四川由第 9 位（2008 年）下降为第 12 位（2015 年），下降了 3 个位次。

除了上述外，位次变化较大的还有江西、吉林和云南。其中江西大幅上升了 8 个位次，由第 24 位（2008 年）上升为第 16 位（2015 年），反映出其在区域间知识产权合作方面有所加强；而吉林和云南则分别下降了 4 个位次和 5 个位次，反映出两省在区域间知识产权合作方面尽管有所加强（得分变化为正），但加强的强度相对偏低。

2. 区域内知识产权合作

考察期内，各省区市区域内知识产权合作评价指数（得分）排序变化对比情况如表 6.3 所示。

表 6.3　各省区市区域内知识产权合作评价指数（得分）排序变化对比（2008 年和 2015 年）

区域	考察期末（2015 年）		考察期初（2008 年）		位次变化
	位次	得分	位次	得分	
北京	1	67.75	1	9.07	0
广东	2	57.37	3	5.18	1
江苏	3	31.08	4	4.87	1
浙江	4	17.48	5	4.49	1
上海	5	12.83	2	6.09	−3
山东	6	11.39	6	3.12	0
河南	7	8.05	9	1.84	2
湖北	8	5.88	8	1.86	0
四川	9	5.15	7	2.24	−2
安徽	10	4.74	18	1.31	8
湖南	11	4.73	11	1.57	0
福建	12	3.96	13	1.40	1
广西	13	3.29	25	1.12	12
天津	14	3.13	12	1.56	−2
重庆	15	3.10	19	1.27	4
辽宁	16	2.94	10	1.61	−6

续表

区域	考察期末（2015 年）		考察期初（2008 年）		位次变化
	位次	得分	位次	得分	
云南	17	2.86	14	1.37	−3
河北	18	2.73	20	1.26	2
陕西	19	2.68	15	1.36	−4
江西	20	2.61	26	1.10	6
甘肃	21	2.48	24	1.14	3
青海	22	2.10	30	1.01	8
吉林	23	1.92	17	1.32	−6
黑龙江	24	1.91	16	1.35	−8
山西	25	1.82	22	1.17	−3
新疆	26	1.81	23	1.17	−3
贵州	27	1.73	21	1.19	−6
内蒙古	28	1.35	28	1.06	0
海南	29	1.16	27	1.07	−2
宁夏	30	1.15	29	1.02	−1
西藏	31	1.00	31	1.00	0

从表 6.3 中可以看出，与考察期初（2008 年）相比，考察期末（2015 年）排名前 10 位的省市中除了辽宁外，其他 9 个省市继续保留，分别是北京、广东、江苏、浙江、上海、山东、河南、湖北、四川。其中，北京和广东遥遥领先于全国其他地区。从得分变化幅度上可以看出，考察期内这两个省市区域内知识产权合作关系数量呈现大幅上升态势。考察期末位列第 3 位和第 4 位的江苏、浙江得分变化也较为显著，反映出两省在加强区域内知识产权合作方面的力度明显增强。除了上述外，安徽也在区域内知识产权合作方面有相当的进步，大幅上升了 8 个位次，由第 18 位（2008 年）上升为第 10 位（2015 年），进入前 10 位行列。相比之下，考察期末辽宁脱离前 10 位，由第 10 位（2008 年）下降为第 16 位（2015 年），大幅下降了 6 个位次。

除了上述外，位次变化较大的还有广西、江西、青海，其位次不同程度上升；而陕西、吉林、黑龙江、贵州 4 省份位次则不同程度下降，尽管这些省份在区域内知识产权合作方面有所加强（得分变化为正），但加强的强度相对偏低。

3. 知识产权合作综合评价

本报告将上述区域间知识产权合作和区域内知识产权合作赋予差异化权重（前者赋权为 0.7，后者赋权为 0.3），构造各省区市知识产权合作综合评价指数（得分），评价结果及排序变化对比情况如表 6.4 所示。

表 6.4　各省区市知识产权合作综合评价指数（得分）排序变化对比（2008 年和 2015 年）

区域	考察期末（2015 年）		考察期初（2008 年）		位次变化
	位次	得分	位次	得分	
北京	1	88.23	1	8.75	0
广东	2	34.73	3	4.96	1
江苏	3	34.12	5	3.84	2
山东	4	20.40	4	4.93	0
浙江	5	16.42	6	3.25	1
上海	6	13.38	2	5.00	－4
河南	7	11.25	9	1.79	2
安徽	8	9.94	15	1.48	7
湖北	9	8.99	10	1.77	1
天津	10	7.30	11	1.77	1
四川	11	7.27	8	1.92	−3
河北	12	6.87	13	1.60	1
辽宁	13	6.57	7	2.21	−6
湖南	14	5.99	12	1.63	−2
福建	15	5.86	17	1.37	2
江西	16	5.24	24	1.16	8
陕西	17	4.69	14	1.56	−3
重庆	18	4.50	19	1.27	1
广西	19	3.40	22	1.21	3
黑龙江	20	3.38	16	1.47	−4
山西	21	3.21	21	1.24	0
甘肃	22	2.89	25	1.13	3
吉林	23	2.85	18	1.32	−5
贵州	24	2.58	23	1.20	−1
云南	25	2.48	20	1.25	−5
新疆	26	2.41	26	1.10	0
内蒙古	27	2.39	27	1.09	0
青海	28	2.30	30	1.02	2
宁夏	29	1.86	29	1.04	0
海南	30	1.36	28	1.08	−2
西藏	31	1.06	31	1.00	0

从表 6.4 中可以看出，与考察期初（2008 年）相比，考察期末（2015 年）排名前 10 位的省市中有 8 个省市继续保留，分别是北京、广东、江苏、山东、浙江、上海、河

南、湖北。其中，北京遥遥领先于全国其他省区市，且地位始终保持全国第一，得分大幅度增加。考察期末位列第 2 位和第 3 位的广东、江苏得分虽然与北京有不小差距，但在全国范围内，其知识产权合作方面也处于领先地位；位列第 4 位和第 5 位的山东、浙江得分变化也较为显著，可以看出这两个省份在加强知识产权合作方面的力度明显。除了上述外，安徽和天津两个省市在知识产权合作方面也有长足进展，到考察期末，进入全国前 10 位行列。其中安徽变化幅度较大，由第 15 位（2008 年）上升为第 8 位（2015 年），大幅上升了 7 个位次；天津由第 11 位（2008 年）上升为第 10 位（2015 年），上升了 1 个位次。考察期末，辽宁和四川脱离前 10 位，辽宁由第 7 位（2008 年）下降为第 13 位（2015 年），大幅下降了 6 个位次；四川由第 8 位（2008 年）下降为第 11 位（2015 年），下降了 3 个位次。从得分变化看，这两个省份知识产权合作力度仍持续加强，但加强的强度对偏小，因此导致位次下降。

除了上述外，位次变化较大的还有上海、江西、黑龙江、吉林、云南 5 省市。其中，江西大幅上升 8 个位次；而上海、黑龙江、吉林、云南 4 省市位次则不同程度下降，尽管这些省市在知识产权合作方面有所加强（得分变化为正），但加强的强度明显偏低。

6.3.3　知识产权成果转化效应评价

考察期内，各省区市知识产权成果转化效应评价结果排序变化对比情况如表 6.5 所示。

表 6.5　各省区市知识产权成果转化效应评价结果排序变化对比（2008 年和 2015 年）

区域	考察期末（2015 年）		考察期初（2008 年）		位次变化
	位次	得分	位次	得分	
广东	1	98.47	1	28.25	0
江苏	2	70.94	2	24.60	0
浙江	3	38.61	3	14.37	0
山东	4	37.62	4	13.75	0
上海	5	20.51	5	13.02	0
河南	6	17.49	12	4.01	6
湖南	7	15.41	13	3.96	6
北京	8	15.21	6	9.83	−2
天津	9	14.91	7	7.75	−2
湖北	10	14.37	11	4.44	1
安徽	11	14.23	15	3.47	4
福建	12	12.72	8	6.84	−4
重庆	13	11.62	14	3.58	1
四川	14	10.64	9	5.48	−5

续表

区域	考察期末（2015年）		考察期初（2008年）		位次变化
	位次	得分	位次	得分	
辽宁	15	8.59	10	5.21	−5
河北	16	8.42	16	3.08	0
陕西	17	6.63	17	2.79	0
江西	18	6.15	19	2.40	1
吉林	19	4.44	18	2.77	−1
广西	20	3.77	22	2.04	2
黑龙江	21	2.96	21	2.26	0
山西	22	2.77	20	2.31	−2
贵州	23	2.55	23	1.59	0
内蒙古	24	2.46	25	1.53	1
云南	25	2.45	24	1.57	−1
甘肃	26	2.14	26	1.46	0
新疆	27	1.87	27	1.30	0
宁夏	28	1.61	28	1.21	0
海南	29	1.37	29	1.13	0
青海	30	1.20	30	1.07	0
西藏	31	1.01	31	1.02	0

从表6.5中可以看到，与考察期初（2008年）相比，考察期末（2015年）前10位的省市总体上保持稳定状态。其中广东、江苏、浙江、山东、上海、北京、天津7省市继续保持不变，河南、湖南、湖北分别取代福建、四川、辽宁，进入前10位。其中，河南由第12位（2008年）上升为第6位（2015年），湖南由第13位（2008年）上升为第7位（2015年），两省均上升了6个位次，与湖北（上升了1个位次）共同成为考察期末新进入前10位的省份，反映出中部省份的上升态势明显。

考察期内，下降明显的省份是福建、四川、辽宁。其中福建下降了4个位次，由第8位（2008年）下降为第12位（2015年）；四川和辽宁均下降了5个位次，四川由第9位（2008年）下降为第14位（2015年），辽宁由第10位（2008年）下降为第15位（2015年）。

除了前10位省市之外，其他省区市变化幅度基本不大。甘肃、新疆、宁夏、海南、青海、西藏6省区考察期末和期初比没有变化，始终处于排序的后6位。

从得分上看，排名前5位的省市层次分明，广东呈现明显的一枝独秀，遥遥领先于全国各地，且这一差距在考察期间趋于扩大。排在第2位的江苏虽然紧居其后，但仍然存在明显差距。位居第3位和第4位的浙江、山东基本处于同一层次，得分明显落后于广东、江苏；上海则与前4位省份差距明显。

从知识产权成果转化总体情况看，首先，考察期间除了西藏外，各区域知识产权成果转化都呈增长态势，但广东、江苏、浙江、山东增势强劲，中部地区的河南、湖南和安徽也有较大幅度增长。其次，区域间差距总体格局没有较大变化，基本延续东、中、西部依次递减的空间分布特征。东南沿海地区是知识产权成果转化的主要地带，中部地区居于其次，以安徽、湖南、河南等为代表，而西部地区则是知识产权成果转化的薄弱区域。

6.3.4　区域特色优势技术形成评价

为避免年度统计差异导致的测算结果偏差，本报告将累计的区域发明专利申请量作为考察期的区域技术代理加以评价。具体而言，将 2008~2011 年、2012~2015 年两个时段的区域发明专利申请量各自累加，分别作为考察期初、考察期末区域特色优势技术评价的基础数据。考察期内各省区市区域技术优势指数评价结果变化对比情况如表 6.6 所示。

表 6.6　各省区市区域技术优势指数评价结果变化对比

区域	考察期末			考察期初			指数变化对比
	相对优势技术领域/个	绝对优势技术领域/个	综合指数	相对优势技术领域/个	绝对优势技术领域/个	综合指数	
北京	15	31	26.2	17	17	17	9.2
天津	16	10	11.8	19	17	17.6	−5.8
河北	20	0	6	16	0	4.8	1.2
山西	16	0	4.8	16	0	4.8	0
内蒙古	13	0	3.9	10	0	3	0.9
辽宁	15	9	10.8	17	16	16.3	−5.5
吉林	13	0	3.9	18	0	5.4	−1.5
黑龙江	15	0	4.5	15	1	5.2	−0.7
上海	19	30	26.7	16	35	29.3	−2.6
江苏	16	35	29.3	19	35	30.2	−0.9
浙江	17	35	29.6	18	35	29.9	−0.3
安徽	11	26	21.5	18	8	11	10.5
福建	17	1	5.8	14	2	5.6	0.2
江西	15	0	4.5	8	1	3.1	1.4
山东	12	32	26	20	26	24.2	1.8
河南	16	3	6.9	17	3	7.2	−0.3
湖北	12	10	10.6	17	6	9.3	1.3
湖南	17	1	5.8	16	5	8.3	−2.5
广东	13	35	28.4	8	34	26.2	2.2
广西	9	6	6.9	14	0	4.2	2.7

续表

区域	考察期末			考察期初			指数变化对比
	相对优势技术领域/个	绝对优势技术领域/个	综合指数	相对优势技术领域/个	绝对优势技术领域/个	综合指数	
海南	11	0	3.3	9	0	2.7	0.6
重庆	13	7	8.8	13	5	7.4	1.4
四川	16	20	18.8	12	9	9.9	8.9
贵州	9	0	2.7	12	0	3.6	−0.9
云南	13	0	3.9	13	0	3.9	0
西藏	6	0	1.8	7	0	2.1	−0.3
陕西	17	9	11.4	10	10	10	1.4
甘肃	14	0	4.2	14	0	4.2	0
青海	9	0	2.7	9	0	2.7	0
宁夏	13	0	3.9	13	0	3.9	0
新疆	13	0	3.9	14	0	4.2	−0.3

从表 6.6 中可以看到，考察期初拥有绝对优势技术领域较多的有上海、江苏、浙江、广东、山东等省市，绝对优势技术领域涵盖了 20 个以上，乃至全覆盖（35 个为上限），成为拥有一级技术实力的省市；北京、天津、辽宁、陕西也在 10~20 个产业技术领域拥有绝对优势技术，属于拥有二级技术实力的省市。考察期末，上海、江苏、浙江、广东、山东等省市继续保持绝对优势技术领域涵盖 20 个以上，乃至全覆盖（35 个为上限）的状态，在此基础上，一级技术实力的省市新增三个成员——北京、安徽、四川，其绝对优势技术领域分别达到 31 个、26 个、20 个；二级技术实力的省市有天津和湖北，其中湖北由考察期初的 6 个绝对优势技术领域增加到考察期末的 10 个绝对优势技术领域。

需要说明的是，相对优势技术是反映区域自身的技术优势的，因此不具有区域间比较的意义。但一个区域拥有的相对优势技术，经过培育，有可能逐步发展成为全国范围内的绝对优势技术。以表 6.6 中的安徽为例，考察期初，安徽相对优势技术领域多达 18 个，而绝对优势技术领域仅为 8 个（这 8 个绝对优势技术领域同时是该省的相对优势技术领域）；到考察期末，安徽相对优势技术领域减至 11 个，而绝对优势技术领域大幅增长至 26 个，其中增加的绝对优势技术领域均来自曾经的相对优势技术领域，并且随着绝对优势技术领域的增加，相对优势技术领域在技术能力整体提升的情况下其数量反而下降了，因为绝对优势技术之间也存在相对更优势的技术。

鉴于以上，在将区域相对优势技术和绝对优势技术整合为区域特色优势技术综合指数时，兼顾二者，但侧重绝对优势技术。因此，区域特色优势技术综合指数按照领域数量加权求和求得，其中将相对优势技术权重设定为 0.3，绝对优势技术权重设定为 0.7。经测算，各省区市区域特色优势技术综合指数变化情况如图 6.1 所示。

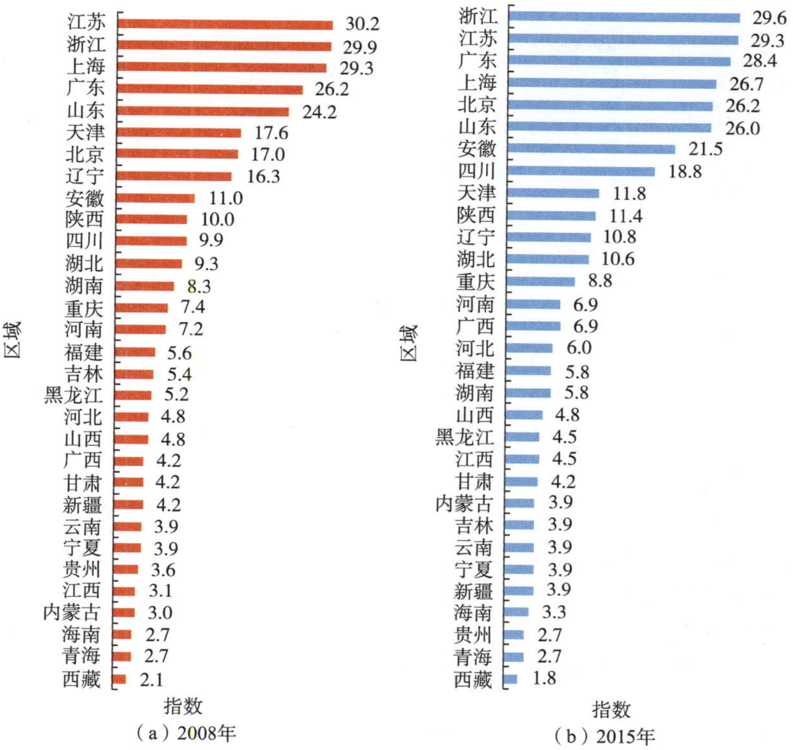

图 6.1　各省区市区域特色优势技术综合指数变化对比（2008 年和 2015 年）

由图 6.1 可以看出，考察期末区域特色优势技术综合指数在 20 以上的省市有浙江、江苏、广东、上海、北京、山东、安徽，与考察期初相比增加了北京和安徽两个省市。部分省市考察期内综合指数变化幅度较大，上升明显的省市是北京、安徽和四川，其综合指数分别上升了 9.2、10.5 和 8.9；下降明显的省市是天津和辽宁，分别下降了 5.8 和 5.5。

6.4　知识产权区域布局效应综合评价

运用全局熵值法，计算知识产权区域布局效应各分项指标及权重，结果如表 6.7 所示。

表 6.7　知识产权区域布局效应评价指标及权重

准则层	权重	指标层	权重
知识产权资源流动	0.3235	技术流入地域合同数	0.1852
		技术流入地域合同金额	0.1981
		技术流出地域合同数	0.2486
		技术流出地域合同金额	0.3681

续表

准则层	权重	指标层	权重
知识产权合作	0.2186	区域间知识产权合作	0.4639
		区域内知识产权合作	0.5361
知识产权成果转化	0.3961	规上工业企业新产品开发经费支出	0.2086
		规上工业企业新产品销售收入	0.2074
		高技术产业新产品开发经费支出	0.2771
		高技术产业新产品销售收入	0.3069
区域特色优势技术形成	0.0618	区域特色优势技术综合指数	1

从表 6.7 中可以看出，知识产权成果转化是影响知识产权区域布局效应的最重要的指标，权重达到 0.3961；其次是知识产权资源流动，权重达到 0.3235，两者合计占全部的 71.96%。尽管如此，也并不能说明知识产权合作和由知识产权形成的区域特色优势技术就不重要，从指标层的构成来看，这两大分项指标虽然不如前两项分项指标那样产生直接效应，但却是前两项分项指标实现的重要基础。

各指标层数据经标准化处理之后，通过加权求和，得到全国 31 个省区市知识产权区域布局效应综合指数（得分）及变化对比情况，如表 6.8 所示。

表 6.8　各省区市知识产权区域布局效应综合指数（得分）及变化对比（2008 年和 2015 年）

区域	考察期末（2015 年）		考察期初（2008 年）		位次变化
	位次	得分	位次	得分	
广东	1	64.54	2	23.39	1
北京	2	61.02	1	24.68	–1
江苏	3	56.73	4	21.39	1
山东	4	32.15	6	14.09	2
浙江	5	29.70	5	17.75	0
上海	6	26.75	3	21.72	–3
湖北	7	19.16	10	6.14	3
安徽	8	16.43	12	5.67	4
天津	9	15.62	8	9.84	–1
四川	10	14.71	9	6.67	–1
陕西	11	13.91	14	4.98	3
河南	12	12.41	15	4.97	3
辽宁	13	11.57	7	10.71	–6
湖南	14	10.60	13	5.29	–1
福建	15	10.59	11	5.71	–4
重庆	16	9.18	17	4.09	1

续表

区域	考察期末（2015 年）		考察期初（2008 年）		位次变化
	位次	得分	位次	得分	
河北	17	7.75	16	4.14	−1
江西	18	5.51	22	2.51	4
广西	19	4.57	25	2.22	6
甘肃	20	4.47	23	2.51	3
黑龙江	21	4.31	19	3.05	−2
云南	22	4.22	26	2.21	4
吉林	23	4.17	18	3.60	−5
山西	24	3.81	20	2.90	−4
内蒙古	25	3.62	24	2.38	−1
贵州	26	3.41	27	1.99	1
新疆	27	3.06	21	2.51	−6
青海	28	2.26	29	1.42	1
宁夏	29	2.21	28	1.70	−1
海南	30	1.85	30	1.40	0
西藏	31	1.12	31	1.07	0

从表 6.8 中可以看到，与考察期初（2008 年）相比，考察期末（2015 年）前 10 位的省市总体上保持稳定状态，除了辽宁外，广东、北京、江苏、山东、浙江、上海、湖北、天津、四川 9 个省市得以继续保留。安徽新进入前 10 位，由第 12 位（2008 年）上升为第 8 位（2015 年）。

考察期末，前 10 位省市中，广东、北京、江苏领先全国，是知识产权区域布局效应的领先省市。从得分变化可以看出，这三个省市的知识产权区域布局效应综合指数大幅增长，领跑全国，且考察期内地位保持稳定。山东、浙江、上海属于知识产权区域布局效应综合指数得分的第二梯队，虽然距离第一梯队三个省市尚有一定距离，但从全国范围看，也堪称知识产权区域布局效应的先进省市。位居前 10 位靠后的湖北、安徽、天津、四川与排序仅次于前 10 位的陕西、河南、辽宁、湖南、福建合计共 9 个省市，其综合效应指数在 10~20，属于第三梯队。第三梯队中，中西部省份占 6 个，是知识产权区域布局效应的潜力省份。

除了上述外，其余 16 个省区市则在知识产权区域布局效应中各有收益（综合指数增长），但增长幅度有所差异。其中，考察期内江西、广西和云南大幅上升 4 ~ 6 个位次；而吉林、山西和新疆则大幅下降 4 ~ 6 个位次。

从知识产权区域布局效应总体情况看，首先，考察期间各区域知识产权区域布局效应综合指数都呈增长态势，广东、北京、江苏明显处于领先位置，山东、浙江、上海也增势强劲，中西部地区的湖北、安徽、河南、湖南、四川、陕西也显示出巨大的增长潜力。其次，区域间差距的总体格局没有较大变化，基本延续东、中、西部依次递减的空间分布特征。以北京、江苏、广东为核心，华北、华中、华南三大片区分别成为知识产权区域布局效应显现的主要地区。再次，中部地区以安徽、湖北、湖南、河南为代表，西部地区以四川、陕西为代表，这些省份是知识产权区域布局效应快速增长的区域。最后，偏远地区如黑龙江、内蒙古、新疆、西藏、甘肃、青海、贵州等地区，仍然是知识产权区域布局效应综合指数有待全面提高的区域。

6.5 结论与讨论

（1）知识产权资源流动与市场经济发达程度呈现一定的关联性。目前知识产权资源流动的主要活跃区域集中在北京、江苏、广东、上海、山东等东部经济发达省市，同时具有向内陆省区市延伸的趋势。中部地区的湖北和西部地区的陕西是考察期内两个较为活跃，也是知识产权资源流动效应增加幅度较大的区域。这表明知识产权资源流动已经从东部沿海地区向中西部地区转移，虽然中西部地区参与的省区市还比较少。知识产权资源流动的增加能够带动周边区域实现知识产权资源配置的优化和分享。

（2）知识产权合作在经济发达区域得到了大幅加强，突出表现在北京及东南沿海的江苏、广东、山东、浙江、上海，而中部地区则是河南、安徽、湖北较为突出。结合区域知识产权资源能力评价结果（第 3 章）可以发现，知识产权合作与知识产权资源密集度呈现一定的关联性，资源密集度高的省区市合作概率更高。知识产权合作是知识产权资源创造和运用的重要途径，二者相辅相成，形成良性循环。

（3）知识产权成果转化在多数地区实现了长足发展。除了广东、江苏、浙江、山东、上海、北京、天津外，中部地区的河南、湖南、湖北、安徽也有突出表现，西部地区主要是重庆和四川。知识产权成果转化与当地产业发展呈现一定的关联性，产业需求促进知识产权成果的应用，但知识产权成果转化需要相应的资金、人才、环境等配套，以及知识产权流动、知识产权产学研合作和产业间合作或协作等。

（4）从区域特色优势技术看，各区域均形成一批本地特色优势技术，但在全国范围内拥有绝对优势技术的区域仍然集中在江苏、上海、浙江、广东、山东、北京、天津、辽宁等省市。中西部地区的陕西、四川、安徽、湖北也形成了一定数量的绝对优势技术。绝对优势技术既与本地的研发水平相关，也与资金、人才的投入相关，还需要知识产权资源流动、知识产权合作等机制的促进，等等。总之，区域特色优势技术的形成应是多方面效应的综合体现。

（5）从知识产权区域布局优化目标的角度看，国家目标函数与各个省区市的目标函数可能不尽相同。因此，上述分析结果对于国家整体利益和区域局部利益的意义不同。一般而言，这种意义上的差别可能仅仅是程度大小的差异而不是作用方向的差异。也就是说，无论是知识产权资源流动，还是知识产权合作和知识产权成果转化，它们对国家整体利益和区域局部利益都是正向促进的。

（6）影响区域知识产权发展的因素众多，布局只是众多因素中的一种，加之各因素往往不是单独发挥作用，而是相互联系，形成合力。这样就很难把布局因素从系统中完全隔离出来研究其功能和效应的实现。尽管本报告提供的分析框架尽可能将与布局因素直接相关的变量提取出来，并作为测度指标以求更客观地反映实际，但仍有诸多不足。目前，学术界和管理层还没有开发出具有普遍适用意义的、能对知识产权区域布局效应或布局质量进行综合评价的指标体系。作为知识产权区域布局效应或布局质量评价的一种尝试，本报告给出一个初步的评价方案，该方案还有待完善。

下　篇

知识产权区域布局研究专题报告

第 7 章
中国制造业重点产业发展与知识产权区域布局

本章以中国制造业发展战略实施为背景，以知识产权区域布局与中国制造业发展战略实施的关系为主线开展分析。首先阐明中国制造业发展的知识产权内涵及知识产权战略对中国制造业发展的战略支撑作用；然后基于产业价值链理论建立中国制造业重点产业发展的知识产权布局分析框架，提出开展研究的具体技术路线，以便为进一步的分析提供基础。

7.1 中国制造业与知识产权战略的关系

7.1.1 中国制造业的知识产权内涵

中国制造业发展战略，是我国实施制造强国战略的行动纲领，旨在将我国制造业由大变强，打造成具有国际竞争力的制造业。中国制造业发展战略中提及“知识产权”18 次，“科技”27 次，“研发”39 次，“技术”145 次，“创新”100 次，体现出对知识产权的创造、运用、保护和管理的内在要求。可以说，要实现中国制造业发展战略的产业发展目标，以知识产权为核心的科技创新能力提升是关键。这里通过对中国制造业发展战略相关文本内容的分析，详细阐明其知识产权内涵，具体体现在以下方面。

1. 知识产权创造和运用是实现中国制造业发展战略目标的核心要求

中国制造业发展战略方针与目标分为三个部分，分别为指导思想、基本原则和战略目标。其中，指导思想部分明确提出创新驱动、质量为先、绿色发展、结构优化、人才为本的基本方针，创新驱动中提到要“突破一批重点领域关键共性技术，促进制造业数字化网络化智能化”，质量为先中提到要“加强质量技术攻关、自主品牌培育”，绿色发展中提到要“加强节能环保技术、工艺、装备推广应用，全面推行清洁生产”，以上这些都建立在知识产权的创造和运用基础之上。

在战略目标部分，中国制造业发展战略设定了“三步走”实现制造强国的战略目标，到 2020 年要“掌握一批重点领域关键核心技术，优势领域竞争力进一步增强，产品质量有较大提高”，到2025年要“制造业整体素质大幅提升，创新能力显著增强，全员劳动生产率明显提高，两化（工业化和信息化）融合迈上新台阶”，到2035年要“创新能力大幅提升，重点领域发展取得重大突破，整体竞争力明显增强，优势行业形成全球创新引领能力”。同样，这些中长期目标也都要求我国制造业在关键领域掌握核心知识产权，引领全球行业创新能力成长。在2020年和2025年制造业主要目标指标中，规模以上制造业研发经费内部支出占主营业务收入比重、规模以上制造业每亿元主营业务收入有效发明专利数、关键工序数控化率均是最直接体现对知识产权创造和运用活动的核心要求。综上可知，要实现中国制造业发展的战略目标，以知识产权创造和运用为核心的科技创新是最重要的内在驱动力。

2. 核心知识产权创造和运用是提高国家制造业创新能力的主要任务

中国制造业发展的战略任务和重点中的第一项就是“提高国家制造业创新能力”，重点提到要“围绕产业链部署创新链，围绕创新链配置资源链，加强关键核心技术攻关，加速科技成果产业化，提高关键环节和重点领域的创新能力”。在这个指导思想下，具体提出从加强关键核心技术研发、提高创新设计能力等方面加强知识产权创造能力，包括瞄准国家重大战略需求和未来产业发展制高点，定期研究制定发布制造业重点领域技术创新路线图；继续抓紧实施国家科技重大专项，通过国家科技计划（专项、基金等）支持关键核心技术研发；加强设计领域共性关键技术研发，攻克信息化设计、过程集成设计、复杂过程和系统设计等共性技术，开发一批具有自主知识产权的关键设计工具软件，建设完善创新设计生态系统。这些都是从技术创新过程的前端环节加强研发和设计，提升我国制造业向价值链高端环节延伸的能力。

在此基础上，提出要从推进科技成果产业化、强化知识产权运用等方面加强知识产权在制造业创新能力提升中的应用。具体包括完善科技成果转化运行机制，研究制定促进科技成果转化和产业化的指导意见，建立完善科技成果信息发布和共享平台，健全以技术交易市场为核心的技术转移和产业化服务体系；加强制造业重点领域关键核心技术知识产权储备，构建产业化导向的专利组合和战略布局。可以看出，我国制造业创新能力提升的关键一方面在于加强核心技术的研发和设计，另一方面在于促进以产业化为导向的知识产权的转移和运用。

3. 自主知识产权掌握是提升国家制造业基础能力的关键

中国制造业发展战略提出核心基础零部件（元器件）、先进基础工艺、关键基础材料和产业技术基础（以下统称“四基”）等工业基础能力薄弱，是制约我国制造业创新发展和质量提升的症结所在。为了摆脱关键核心技术与高端装备对外依存度高的局面，我国只有加强“四基”创新能力建设，具体包括要强化前瞻性基础研究，着力解决影响核心基础零部件（元器件）产品性能和稳定性的关键共性技术；建立基础工艺创新体系，利用现有资源建立关键共性基础工艺研究机构，开展先进成型、加工等关键制造工艺联合攻关；加大基础专用材料研发力度，提高专用材料自给保障能力和制备技术水平；开展工业强基示范应用，完善首台（套）、首批次政策，支持核心基础零部件（元器件）、先进基础工艺、关键基础材料推广应用。显然，通过对“四基”技术的研发、推广和应用，加强“四基”自主知识产权的掌握才是提升我国制造业基础能力的关键。

4. 自主品牌建设和质量控制是提升制造业核心价值的内在要求

我国制造业由大做强的重要标志是自主品牌和产品质量在全球范围内的明显提升。中国制造业发展战略提出要实现制造业质量大幅提升，形成具有自主知识产权的名牌产品，不断提升企业品牌价值和中国制造整体形象。这些都是要通过自主知识产权的创造和运用实现。具体而言，在制造业品牌建设方面，扶持一批品牌培育和运营专业服务机构，开展品牌管理咨询、市场推广等服务。健全集体商标、证明商标注册管理制度；打造一批特色鲜明、竞争力强、市场信誉好的产业集群区域品牌；建设品牌文化，引导企业增强以质量和信誉为核心的品牌意识，树立品牌消费理念，提升品牌附加值和软实力；加速我国品牌价值评价国际化进程，充分发挥各类媒体作用，加大中国品牌宣传推广力度，树立中国制造品牌良好形象。在质量控制方面，实施工业产品质量提升行动计划，组织攻克一批长期困扰产品质量提升的关键共性质量技术，加强可靠性设计、试验与验证技术开发应用，推广采用先进成型和加工方法、在线检测装置、智能化生产和物流系统及检测设备等，使重点实物产品的性能稳定性、质量可靠性、环境适应性、使用寿命等指标达到国际同类产品先进水平，从而加快提升产品质量。显然，以自主品牌为核心的知识产权培育及以共性质量技术为核心的知识产权运用是提升我国制造业价值的内在要求。

5. 绿色技术的研发和推广是制造业可持续发展的必然选择

可持续发展已经成为建设制造强国的重要着力点，以绿色技术为核心的绿色制造体系打造是制造业可持续发展的必然选择。中国制造业发展战略提出要全面推进钢铁、有色、化工、建材、轻工、印染等传统制造业绿色改造，加强绿色产品研发应用，推广轻量化、低功耗、易回收等技术工艺，从而加快制造业绿色改造升级。要积极构建绿色制造体系，支持企业开发绿色产品，推行生态设计，显著提升产品节能环保低碳水平，引导绿色生产和绿色消费。以上节能环保技术、工艺和装备的研发及推广，高效、清洁、低碳、循环绿色制造体系的构建都离不开在绿色低碳领域知识产权的创造和运用，也是我国制造业可持续发展的必然选择。

6. 关键知识产权布局是推动重点领域突破发展的重要抓手

制造业覆盖面很广，为了确保到 2025 年，用十年的时间，迈入制造强国行列，必须坚持整体推进、重点突破。中国制造业发展战略围绕经济社会发展和国家安全重大需求，选择十大优势和战略产业作为突破点，“到 2025 年，70%的核心基础零部件、关键基础材料实现自主保障，80 种标志性先进工艺得到推广应用，部分达到国际先进水平”。国家制造强国建设战略咨询委员会特组织编制了这些领域的技术路线图，称为“中国制造业重点领域技术路线图”。这些技术路线图指明了十大优势领域的技术发展方向和发展路径，而其中最为关键的便是明确提出了各个领域需要的关键知识产权布局。中国制造业发展战略中明确提出要实施高端装备创新工程，对十大领域中的大型飞机、航空发动机及燃气轮机、民用航天、智能绿色列车、节能与新能源汽车、海洋工程装备及高技术船舶、智能电网成套装备、高档数控机床、核电装备、高端诊疗设备等实施一批创新和产业化专项、重大工程，确保到2020年上述领域实现自主研制及应用。可以说，这些领域关键技术及核心知识产权布局引领了未来一段时期内我国制造业的发展方向，也是推动制造业重点领域实现突破发展的重要抓手。

7.1.2 知识产权战略对中国制造业发展的战略支撑作用

2008年，我国发布了《国家知识产权战略纲要》，提出到2020年，把我国建设成为知识产权创造、运用、保护和管理水平较高的国家。此后，分别于2014年12月发布了《深入实施国家知识产权战略行动计划（2014—2020年）》、2015年12月发布了《国务院关于新形势下加快知识产权强国建设的若干意见》。这三个国务院层面发布的文件明确了我国知识产权战略的发展方向，三个文件中“产业”一词分别出现了15次、26次和32次。这里，通过对这三个文件的分析，阐明我国知识产权战略对产业发展的支撑作用，主要体现在以下方面。

1. 完善知识产权制度，加强知识产权政策与产业政策的衔接

《国家知识产权战略纲要》中提出在进一步完善知识产权法律法规与健全知识产权执法和管理体制的基础上，要强化知识产权在经济、文化和社会政策中的导向作用。加强产业政策、区域政策、科技政策、贸易政策与知识产权政策的衔接。制定适合相关产业发展的知识产权政策，促进产业结构的调整与优化；针对不同地区发展特点，完善知识产权扶持政策，培育地区特色经济，促进区域经济协调发展。实际中，国家或区域层面的产业政策、区域政策、科技政策、贸易政策及知识产权政策往往采取某一职能部门牵头，其他部门配合的方式制定出台，导致虽然不同政策目标、对象和工具之间有所交叉，但是大多将知识产权的作用局限于知识产权保护和管理，仅作为区域产业发展的环境保障。然而，随着知识经济和经济全球化深入发展，知识产权日益成为我国产业发展的战略性资源和国际竞争力的核心要素，是我国制造业发展能否掌握主动权的关键。因此，通过知识产权战略的实施，大力促进政策制定部门之间的沟通和合作，将相关知识产权政策的制定和实施置于区域产业政策制定的考虑范围内，使得知识产权在产业发展中的战略地位前移，更好地为产业发展提供支撑作用。

2. 促进知识产权创造运用，支撑产业转型升级

首先，《国家知识产权战略纲要》中提出从专利、商标、版权等方面设立专项任务，支撑相关产业发展。具体而言，在专利方面提出要“以国家战略需求为导向，在生物和医药、信息、新材料、先进制造、先进能源、海洋、资源环境、现代农业、现代交通、航空航天等技术领域超前部署，掌握一批核心技术的专利，支撑我国高技术产业与新兴产业发展”；在商标方面提出要“充分发挥商标在农业产业化中的作用。积极推动市场主体注册和使用商标，促进农产品质量提高，保证食品安全，提高农产品附加值，增强市场竞争力”；在版权方面提出要“扶持新闻出版、广播影视、文学艺术、文化娱乐、广告设计、工艺美术、计算机软件、信息网络等版权相关产业发展”；此外，在特定领域知识

产权方面还提出“加强集成电路布图设计专有权的有效利用，促进集成电路产业发展”。

当然，以上还只是明确知识产权创造和运用在产业发展中的重要作用，此后，《深入实施国家知识产权战略行动计划（2014—2020 年）》中明确了知识产权创造运用在不同类型产业发展中的支撑作用。第一，提到要推动知识产权密集型产业发展。包括更加注重知识产权质量和效益，优化产业布局，引导产业创新，促进产业提质增效升级；面向产业集聚区、行业和企业，实施专利导航试点项目，开展专利布局，在关键技术领域形成一批专利组合，构建支撑产业发展和提升企业竞争力的专利储备；加强专利协同运用，推动专利联盟建设，建立具有产业特色的全国专利运营与产业化服务平台；鼓励有条件的地区发展区域特色知识产权密集型产业，构建优势互补的产业协调发展格局；建设一批知识产权密集型产业集聚区，在产业集聚区推行知识产权集群管理，构筑产业竞争优势。第二，提出要服务现代农业发展。包括要加强植物新品种、农业技术专利、地理标志和农产品商标创造运用，促进农业向技术装备先进、综合效益明显的现代化方向发展；提高农业机械研发水平，加强农业机械专利布局，组建一批产业技术创新战略联盟。第三，提出要促进现代服务业发展。包括大力发展知识产权服务业，扩大服务规模、完善服务标准、提高服务质量，推动服务业向高端发展；培育知识产权服务市场，形成一批知识产权服务业集聚区。

此外，《国务院关于新形势下加快知识产权强国建设的若干意见》还提出要加强重点产业知识产权海外布局规划，具体包括围绕战略性新兴产业等重点领域，建立专利导航产业发展工作机制，实施产业规划类和企业运营类专利导航项目，绘制服务我国产业发展的相关国家和地区专利导航图，推动我国产业深度融入全球产业链、价值链和创新链。以上都体现出知识产权战略围绕我国产业发展提出的战略举措，为中国制造业发展战略目标的实现提供了良好的战略支撑。

3. 加强知识产权保护，营造产业发展良好环境

知识产权保护可以为产业发展营造良好的外部环境，尤其是对于一些新兴的业态，更需要知识产权战略积极探索新的保护模式。《国家知识产权战略纲要》中提出修订惩处侵犯知识产权行为的法律法规，加大司法惩处力度。提高权利人自我维权的意识和能力。降低维权成本，提高侵权代价，有效遏制侵权行为。《深入实施国家知识产权战略行动计划（2014—2020 年）》中提出加强重点领域知识产权行政执法，包括积极开展执法专项行动，重点查办跨区域、大规模和社会反响强烈的侵权案件，加大对民生、重大项目和优势产业等领域侵犯知识产权行为的打击力度。《国务院关于新形势下加快知识产权强国建设的若干意见》提出加强新业态新领域创新成果的知识产权保护，包括完善植物新品种、生物遗传资源及其相关传统知识、数据库保护和国防知识产权等相关法律制度；研究完善商业模式知识产权保护制度和实用艺术品外观设计专利保护制度；加强互联网、电子商务、大数据等领域的知识产权保护规则研究，推动完善相关法律法规；制定众创、众包、众扶、众筹的知识产权保护政策。

4. 改善和强化知识产权管理，为产业发展提供服务支撑

《国家知识产权战略纲要》《深入实施国家知识产权战略行动计划（2014—2020年）》《国务院关于新形势下加快知识产权强国建设的若干意见》均对知识产权管理提出相应的战略举措，试图改善并强化我国现行的知识产权管理，为产业发展提供良好的服务支撑，主要体现在以下方面：第一，完善知识产权审查和注册机制。包括完善知识产权审查协作机制。建立重点优势产业专利申请的集中审查制度，建立健全涉及产业安全的专利审查工作机制。第二，实施重大经济活动知识产权评议。针对重大产业规划、政府重大投资活动等开展知识产权评议；加强知识产权主管部门和产业主管部门间的沟通协作，制定发布重大经济活动知识产权评议指导手册，提高知识产权服务机构评议服务能力。第三，建立知识产权价值评估、统计和财务核算制度。包括开展知识产权统计监测，全面反映知识产权的发展状况；逐步建立知识产权产业统计制度，完善知识产权服务业统计制度，明确统计范围，统一指标口径，在新修订的国民经济核算体系中体现知识产权内容，将知识产权产品逐步纳入国民经济核算，将知识产权指标纳入国民经济和社会发展规划。第四，构建国家基础知识产权信息公共服务平台。包括指导有关行业建设知识产权专业信息库，鼓励社会机构对知识产权信息进行深加工，提供专业化、市场化的知识产权信息服务，满足社会多层次需求；促进知识产权系统集成、资源整合和信息共享。

7.2 中国制造业产业发展的知识产权布局分析框架

7.2.1 产业价值链的理论概念与空间演化内涵

1. 产业价值链的基本概念

随着产业内分工不断地向纵深发展，传统的产业内部不同类型的价值创造活动逐步由一个企业为主导分离为多个企业深度参与的活动，这些企业相互构成上下游关系，共同创造价值。围绕服务于某种特定需求或进行特定产品生产（及提供服务）所涉及的一系列互为基础、相互依存的上下游链条关系就构成了产业链。

从现代工业的产业链环节来看，一个完整的产业链包括原材料加工、中间产品生产、制成品组装、销售、服务等多个环节，不同环节上有不同的参与角色，发挥着不同的作用，并获得相应的利益。产业链上各个环节的活动都直接影响整个产业的价值创造活动，而每个环节又包含众多类似的企业，它们的价值创造活动具有相似性。

当价值链理论的分析对象由一个特定的企业转向整个产业时，就形成了产业价值链。产业价值链是企业内部和企业之间为满足用户特定需求或进行特定产品生产（及提供服务）所经历的原材料采购、生产、销售、服务等一系列价值增值活动。它以产业链为基础从整体角度分析产业链中各环节的价值创造活动及其影响价值创造的核心因素。制造产业的产业链环节大体可以划分为原材料生产与供应—零部件生产与制造—制成品

生产与组装三大环节，而这些环节基本又可分为研发、采购、生产、销售、服务五个价值创造活动，它们共同构成了制造产业的价值链。

2. 产业价值链的基本特征

第一，构成产业价值链的各个组成部分是一个有机的整体，相互联动、相互制约、相互依存，每个环节都由大量的同类企业构成，上游产业（环节）和下游产业（环节）之间存在着大量的信息、物质、资金方面的交换关系。

第二，产业价值链的各个环节存在着增加值与盈利水平的差异性。例如，文嫮和韩笑[①]对集成电路（integrated circuit，IC）产业价值链的设计、光罩、制造、封装、测试环节价值分布进行了测算，证实了差异的存在。有研究者将计算机企业分为技术发源与标准制定、核心部件设计与制造、一般部件设计与制造、代工生产与制造组装、品牌营销与管理五种类型，并根据企业销售利润额和销售利润率刻画出计算机产业价值链的价值分布差异。

第三，产业价值链的各个环节对要素条件的需求存在差异性，不同的环节，对于技术、人力、资本、规模等要求不同，因而具有不同的区位偏好，这也就导致了产业价值链不同环节空间分布存在较大的差异。产业价值链各环节所要求的生产要素差异很大，而各地区之间的生产要素禀赋并不一样，因此，就有必要将产业价值链各个环节放在拥有其所需生产要素的地区中。

3. 产业价值链的空间演化内涵

由产业价值链的基本概念和基本特征可知，产业价值链具有产业和价值双重特征，因此，产业价值链的空间属性既包括同一产业链内部各价值环节企业的空间分布，也包括相关产业链各价值环节的地理空间分布。

产业价值链的空间演化包含两层意思：一是产业价值链的内涵演化，包括产业价值链的延伸和拓展。演化结果是同一产业链上的节点及每一节点中的企业数量增加，以及不同产业链之间的关系日益复杂，从而使产业价值链的内涵更丰富。二是产业价值链空间范围的演化，包括产业价值链在一个区域之内和在不同区域之间的延伸和拓展。演化结果是产业价值链空间范围扩大、市场范围拓宽、产业影响力增强。产业价值链的延伸是指将一条既已存在的产业链在一定区域空间中尽可能地向前后端延展，向前端延展进入基础产业环节和技术研发环节，向后端延展则进入市场环节；产业价值链的拓展是指在一定地域空间范围内，将具有某种产业关联的不同部门，借助某种产业融合方式形成新的产业链条。

产业价值链的空间分布实质上反映的是不同产业链各价值环节的区域分工。产业价值链区域分工是指产业链以各增值环节为分析单位，尽可能根据各增值环节对要素条件的不同偏好，将各增值环节安排在拥有其所需要素条件较好的地区中，以充分利用各地区的比较优势，从而提高产业的竞争力。可见，产业价值链区域分工正是基于各价值链

---

① 文嫮，韩笑. 中间环节市场结构与价值链治理者的决定——以 2G 和 3G 时代中国移动通信产业为例[J]. 中国工业经济，2014，(3)：134-146.

活动对要素条件的需求差异之上形成的区域分工。产业价值链的空间分布实质上反映的是以知识和学习为基础的分工，这种分工模式的出现，反映了产业产品价值活动的可分性和不同价值活动对于知识与学习能力的不同要求。

产业价值链的空间动态演化，是产业价值链内涵深化和空间范围扩大的有机统一，它推动着区域生产要素的重组，引起区域产业结构、空间布局的变动。

7.2.2 基于产业价值链的知识产权布局分析框架构建

1. 基于纵向和横向环节的产业价值链二维分析框架

产业价值链分析的目的就是要区分不同的产业价值链环节，明确各个环节在产业价值链中所处的位置和重要性，找到产业价值链发展的重点环节，为提高产业价值链竞争力和运行效率制定措施。

在产业价值链分析过程中，从不同研究目的和视角出发，有不同的分析方式，其中常见的是按照距离最终产品的远近，从纵向将产业价值链划分为上游、中游、下游，这一划分方法是相对的，多用来进行笼统的分析。另一种是从横向按照生产工艺流程分析，一般包括研发、采购、加工制造、销售和售后服务等。在一个产业的众多价值活动中，并不是每一个环节都创造同等的价值，实际上只有某些特定的价值活动在创造价值中起决定的作用。这些起决定作用的价值活动就是产业价值链上的战略环节。哪个区域抓住了这些战略环节，就控制了整个产业价值链，也就控制了该行业。一般而言，高科技产业的主要增值环节中，研发环节创造的价值最多，占了整个产业价值链创造价值的大部分，其次是销售环节，而生产制造只占了其中的小部分。

由于产业价值链的复杂性，既涉及中观的产业层面又涉及微观的企业层面，进行产业价值链分析需要从两个不同维度展开，即产业层面的产业形态维度及企业层面的行业形态维度，前者是从产业链条的纵向角度进行考察，后者则是从价值环节的横向角度进行考察，两者结合能够更好地分析产业价值链的重要性及发展状况。因此，从这两个层面构建产业价值链的二维分析框架，如图 7.1 所示。

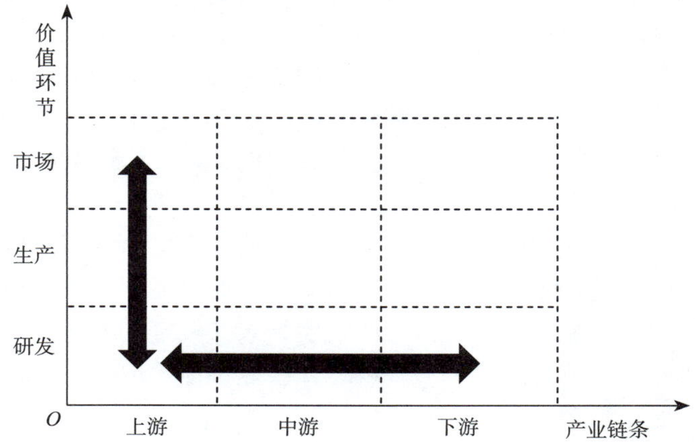

图 7.1 产业价值链的二维分析框架

对于纵向的产业链条形态，产业价值链是基于产业内分工而形成的链状组织，因此，产业内分工越细，产业价值链的长度也就越长，相应的环节越多，对产业价值链的影响也就越复杂。同时，各环节的发展速度不同，导致其对产业价值链发展和运行的总体影响也不同。因此，各区域可以根据自身的产业价值链布局现状及未来布局规划，在纵向上进行产业链条的拓展。

对于横向的价值环节形态，产业价值链作为一个整体时主要体现出了它的横向链状结构，但是其各个组成环节又可以作为一个独立的主体进行发展，并对产业价值链的发展产生影响。在单独产业链条环节中，可以大致分为研发或设计、生产或制造、市场或营销等环节，这些环节的价值分布决定了哪些企业可以获得最大的利润。因此，各区域也可以努力在这些横向价值环节上进行延伸，既可以进入前端研发或设计环节，也可以进入市场或营销环节。

根据该二维分析框架可知，产业价值链的空间演化具有深刻的知识产权内涵。由于产业价值链的空间演化既可以横向延伸，又可以纵向拓展，作为产业价值链不同产业链条的重要价值环节，研发环节往往是产业价值链中增加值最高的环节。一个区域既可以进行纵向产业链条的知识产权布局，在上游、中游和下游环节进行转移，也可以进行横向价值环节的知识产权布局，向侧重基础研究和应用研究成果的研发环节延伸，或者向侧重商标和品牌的市场环节延伸。这些都需要各个区域权衡自身的产业价值链，并与其创新链进行关联，在此基础上，将资源链与创新链匹配，进而与产业价值链匹配，形成“资源链–创新链–产业价值链”的良好互动。

2. 基于二维分析框架的产业价值链知识产权布局分析思路

根据以上二维分析框架，遵循“资源链–创新链–产业价值链”匹配的基本思路，本报告认为应该从以下几方面对产业价值链的知识产权布局进行分析。

第一，产业价值链的知识产权资源分布分析。通过识别产业价值链的产业链条和价值环节，重点分析不同产业链条各价值环节的知识产权资源的空间分布现状和趋势。

第二，产业价值链的知识产权资源运行关联和耦合协同状况分析。通过从产业链条和价值环节两个维度，对区域层面知识产权资源之间的运行关联，以及知识产权资源与生产、市场资源的运行关联进行分析，从而识别区域内部产业价值链发展与知识产权布局的匹配状况。

第三，根据产业价值链的知识产权资源空间分布及空间匹配状况，识别我国各个区域在产业价值链拓展和延伸过程中面临的障碍，以及如何通过空间资源的合理配置提高产业价值链的运行效率，从而从知识产权布局方面为各区域产业发展提供技术指导。

7.2.3 中国制造业重点产业知识产权布局分析技术路线

1. 中国制造业重点产业选择

“中国制造业重点领域技术路线图”提出了对包括新一代信息技术产业、高档数控机床和机器人、航空航天装备、海洋工程装备及高技术船舶、先进轨道交通装备、节能与新能源汽车、电力装备、农业装备、新材料、生物医药及高性能医疗器械的十大重点领域进行优先发展。

为了从产业价值链角度分析中国制造业的知识产权布局，需要从产业链条和价值环节两个维度对重点产业进行分解。本报告分别选择中国制造业中的先进轨道交通产业和医药制造产业作为研究对象。

2. 数据来源与指标选择

本报告根据“中国制造业重点领域技术路线图”、《国民经济行业分类》（GB/T 4754—2017）、《国际专利分类与国民经济行业分类参照关系表（2018）》等资料，分别对先进轨道交通产业和医药制造产业的产业链条与价值环节进行对应，并进行相关数据检索和处理。

在价值环节上，本报告将产业进一步细分为研发、生产、销售和盈利四个环节。其中，研发环节用各区域的发明专利申请量来表征。生产环节用规模以上工业企业数量和从业人员数来表征，体现区域的创造潜力。销售和盈利环节用规模以上工业企业主营业务收入和营业利润来表征：其中，销售环节用规模以上工业企业主营业务收入来表征，体现区域的运用能力；盈利环节用规模以上工业企业营业利润来表征，体现区域的转化能力。

所需数据来源：发明专利申请量数据来源于国家知识产权局专利检索网站。规模以上工业企业数量、从业人员数、主营业务收入和营业利润的数据来源为中国工业企业数据库，通过加总各地区的企业数据，得到区域层面的指标。

3. 先进轨道交通产业专利检索方法及分析思路

通过研究《国民经济行业分类》（GB/T 4754—2017）发现，铁路运输设备制造业（371）（371 为产业代码，下同）对应于先进轨道交通产业，其下属又可以分为铁路机车车辆及动车组制造（3711）、窄轨机车车辆制造（3712）、铁路机车车辆配件制造（3713）、铁路专用设备及器材配件制造（3714）、铁路运输设备系统（3719）五个子产业。因此，本报告以铁路运输设备制造业（371）代表中国制造业中的先进轨道交通产业进行分析。

限于数据的可得性，本报告仅通过专利指标反映先进轨道交通产业各个产业链条的知识产权资源，这就要求对各个产业链条进行专利检索。根据国家知识产权局发布的《国际专利分类与国民经济行业分类参照关系表（试用版）编制说明》（《专利统计简报》2015年第 23 期），构建得到各产业的专利检索式，检索各区域在各个子产业领域的发明专利数量。窄轨机车车辆制造（3712）的专利是铁路机车车辆及动车组制造（3711）的专利的子集，无法区分出两个子产业的专利，因此将两个子产业合并，最终共得到先进轨道交通产业链条四个子产业的检索结果，如表 7.1 所示。

表 7.1　先进轨道交通产业链条各子产业的专利检索式（以 2009 年北京为例）

产业	区域	时间	检索式
铁路机车车辆及动车组制造和窄轨机车车辆制造（3711+3712）	北京	2009 年	SIC=（B60L or B60M or B61C1 or B61C3 or B61C5 or B61C7 or B61C11 or B61C13 or B61D1 or B61D3 or B61D5 or B61D7 or B61D9 or B61D11 or B61F7 or B61F9 or B61F11 or B61F13）and AD=2009 and CO=11
铁路机车车辆配件制造（3713）	北京	2009 年	SIC=(B60B17 or B60B29 or B60B30 or B60B31 or B60B35 or B60B37 or B60B39 or B60T or B61C9 or B61C15 or B61C17 or B61D17 or B61D19 or B61D23 or B61D25 or B61D31 or B61D33 or B61D35 or B61D37 or B61D39 or B61D41 or B61D41/02 or B61D41/06 or B61D45 or B61D47 or B61D49 or B61F1 or B61F3 or B61F5 or B61F15 or B61F17 or B61F19 or B61F99 or B61G or B61H）and AD=2009 and CO=11
铁路专用设备及器材配件制造（3714）	北京	2009 年	SIC=（B21H1/08 or B21K7 or B61C8 or B61D15 or B61J or（B61K not B61K9）or（B61L not（B61L9 or B61L15））or（E01B not（E01B1 or E01B35 or E01B37）））and AD=2009 and CO=11
铁路运输设备系统（3719）	北京	2009 年	SIC=（B61B3 or B61B5 or B61B7 or B61B9 or B61B10 or B61B11 or B61B12 or B61B13 or B61B15 or B61D43 or E01B37）and AD=2009 and CO=11

需要注意的是，根据国际专利分类的具体解释，铁路运输设备系统（3719）对应的知识产权涉及的是铁路系统相关技术，因此，这部分对应的就是铁路系统环节。

根据以上分析，结合先进轨道交通产业的实际情况，一个完整的先进轨道交通产业的产业链条包括铁路机车车辆配件制造、铁路专用设备及器材配件制造、铁路运输设备系统、铁路机车车辆及动车组制造和窄轨机车车辆制造等环节，而每个产业链条又可以分为研发、生产、销售和盈利四个价值环节。这样，先进轨道交通产业的产业价值链的二维分析框架如图 7.2 所示。

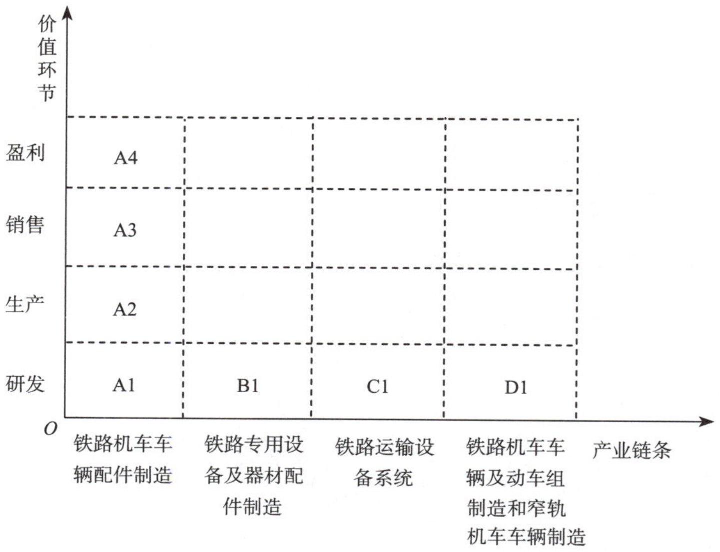

图 7.2　先进轨道交通产业的产业价值链的二维分析框架

首先，绘制每个子产业在四个价值环节的区域分布图谱，分析每个价值环节（研发、生产、销售和盈利）的区域特征和演变规律，即图 7.2 中的 A1、A2、A3 和 A4。

其次，计算每个子产业四个价值环节间的耦合协调度，分别考察研发环节与生产环节（A1 与 A2）、研发环节与销售环节（A1 与 A3）、研发环节与盈利环节（A1 与 A4）耦合协调度的区域特征和演变规律。

最后，结合产业链条的四个环节，分析每个区域即每个细分产业（铁路机车车辆配件制造、铁路专用设备及器材配件制造、铁路运输设备系统、铁路机车车辆及动车组制造和窄轨机车车辆制造）分别在四个价值环节（研发、生产、销售、盈利）的组合特征，即图 7.2 中的“A1-A2-A3-A4”。

4. 医药制造产业专利检索方法及分析思路

在中国制造业发展战略中，生物医药是指针对重大疾病的化学药、中药、生物技术药物新产品，重点包括新机制和新靶点化学药、抗体药物、抗体偶联药物、全新结构蛋白及多肽药物、新型疫苗、临床优势突出的创新中药及个性化治疗药物。在《国民经济行业分类》（GB/T 4754—2017）中，医药制造业（27）的下属细分产业包括化学药品原料药制造（2710）、化学药品制剂制造（2720）、中药饮片加工（2730）、中成药生产（2740）、生物药品制造（2760）五个子产业。中国制造业发展战略中的生物医药所包含的内容与《国民经济行业分类》（GB/T 4754—2017）中的医药制造业（27）基本对应。考虑到数据的可操作性，本报告以医药制造业为分析对象，对其产业链条和价值环节进行划分，并进行相关数据检索和处理。

限于数据的可得性，本报告仅通过专利指标反映医药制造产业各个产业链条的知识产权资源，这就要求对各个产业链条进行专利检索。根据国家知识产权局发布的《国际专利分类与国民经济行业分类参照关系表（试用版）编制说明》（《专利统计简报》2015 年第 23 期），构建得到各产业的专利检索式，检索各区域在各个子产业领域的发明专利数量。中药饮片加工（2730）的专利是中成药生产（2740）的专利的子集，无法区分出两个子产业的专利，因此将两个子产业合并。综上，在产业链条上，将医药制造产业分为化学药品原料药制造（2710）、化学药品制剂制造（2720）、中药饮片加工及中成药生产（2730+2740）、生物药品制造（2760）四个子产业。

医药制造产业链条四个子产业的专利检索式，如表 7.2 所示。

表 7.2 医药制造产业链条各子产业的专利检索式（以 2009 年北京为例）

产业	区域	时间	检索式
化学药品原料药制造（2710）	北京	2009 年	SIC=（A61K31 or A61P or C12N9 or C12P）and AD=2009 and CO=11
化学药品制剂制造（2720）	北京	2009 年	SIC=（A61F6 or A61K9 or A61K31 or A61K33 or A61K41 or A61K45 or A61K49 or A61K51）and AD=2009 and CO=11
中药饮片加工及中成药生产（2730+2740）	北京	2009 年	SIC=（A61K9 or A61K33 or A61K35 or A61K36 or A61K49 or A61P or C12G3）and AD=2009 and CO=11
生物药品制造（2760）	北京	2009 年	SIC=（A61K9 or A61K38 or A61K39 or A61K41 or A61K45 or A61K48 or A61K49 or A61P or（C12N not C12N9）or C12Q）and AD=2009 and CO=11

医药制造产业的产业链条包括化学药品原料药制造、化学药品制剂制造、中药饮片加工及中成药生产、生物药品制造等环节，而每个产业链条又可以分为研发、生产、销售和盈利几个价值环节。这样，医药制造产业的产业价值链的二维分析框架如图 7.3 所示。

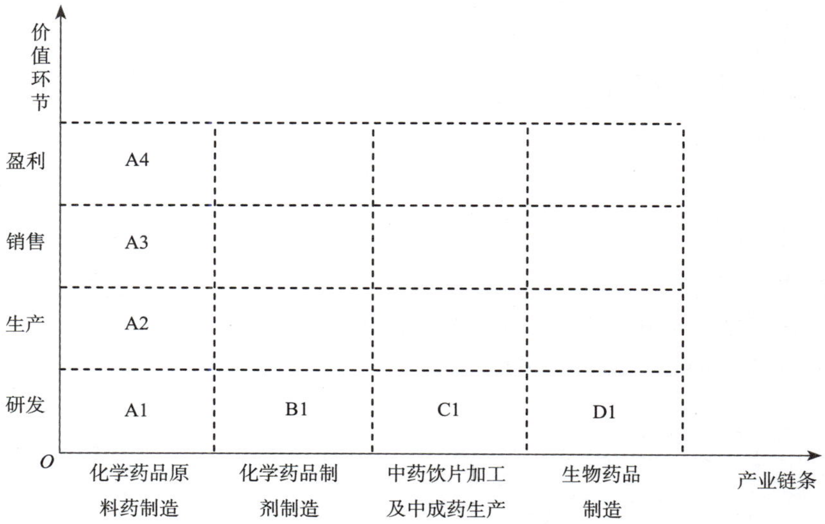

图 7.3　医药制造产业的产业价值链的二维分析框架

首先，绘制每个子产业在四个价值环节的区域分布图谱，分析每个价值环节（研发、生产、销售和盈利）的区域分布特征和演变规律，即图 7.3 中的 A1、A2、A3 和 A4。

其次，计算每个子产业四个价值环节间的耦合协调度，分别考察研发环节与生产环节（A1 与 A2）、研发环节与销售环节（A1 与 A3）、研发环节与盈利环节（A1 与 A4）耦合协调度的区域差异和演变特征。

最后，结合产业价值的四个环节，分析每个区域即每个细分产业（化学药品原料药制造、化学药品制剂制造、中药饮片加工及中成药生产、生物药品制造）在四个价值环节（研发、生产、销售、盈利）的组合特征，即图 7.3 中的“A1-A2-A3-A4”。

第 8 章
先进轨道交通产业发展与知识产权区域布局

依据第 7 章建立的二维分析框架，本章首先分析先进轨道交通产业四个子产业研发环节、生产环节、销售环节和盈利环节的区域分布特征及演变规律；其次分析产业价值链不同环节的耦合协调度；最后，综合分析先进轨道交通产业价值链的区域布局特征。

8.1 区域先进轨道交通产业评价总体概况

北京　　先进轨道交通产业

产业整体		2009 年		2013 年	
		分值	排名	分值	排名
	研发	100.00	1	71.52	2
	生产	36.39	11	40.47	7
	销售	24.31	9	27.44	6
	盈利	12.39	11	22.57	7

四个子产业		2009 年		2013 年	
		分值	排名	分值	排名
铁路机车车辆及动车组制造和窄轨机车车辆制造					
	研发	100.00	1	68.08	2

续表

四个子产业		2009 年		2013 年	
		分值	排名	分值	排名
铁路机车车辆及动车组制造和窄轨机车车辆制造					
	生产	54.15	8	43.50	8
	销售	20.42	9	10.34	12
	盈利	1.00	31	1.00	30
铁路机车车辆配件制造					
	研发	62.88	4	47.98	6
	生产	23.89	8	17.82	6
	销售	10.22	9	17.38	5
	盈利	6.48	9	16.24	4
铁路专用设备及器材配件制造					
	研发	100.00	1	100.00	1
	生产	26.95	8	48.43	6
	销售	33.27	8	46.85	5
	盈利	56.00	4	51.86	4
铁路运输设备系统					
	研发	100.00	1	56.96	2
	生产	9.10	17	7.90	14
	销售	8.10	16	5.14	12
	盈利	18.41	11	39.42	4

天津 先进轨道交通产业

产业整体		2009年分值	2009年排名	2013年分值	2013年排名
	研发	12.00	20	13.88	20
	生产	8.99	16	8.90	20
	销售	5.84	17	4.09	19
	盈利	5.04	17	5.18	19

四个子产业		2009年分值	2009年排名	2013年分值	2013年排名
铁路机车车辆及动车组制造和窄轨机车车辆制造					
	研发	20.80	16	10.74	20
	生产	2.15	16	6.79	15
	销售	1.07	16	1.89	17
	盈利	8.41	14	7.81	13
铁路机车车辆配件制造					
	研发	11.61	21	12.19	21
	生产	11.50	13	6.15	16
	销售	7.05	12	2.58	18
	盈利	3.35	15	1.00	31
铁路专用设备及器材配件制造					
	研发	2.71	21	21.45	11
	生产	13.20	14	9.29	18
	销售	10.14	13	8.21	16
	盈利	15.58	11	14.77	13
铁路运输设备系统					
	研发	1.00	21	5.30	18
	生产	1.00	25	1.00	17
	销售	1.00	25	1.00	17
	盈利	16.82	18	23.44	13

河北　　先进轨道交通产业

产业整体	2009 年 分值	2009 年 排名	2013 年 分值	2013 年 排名
研发	17.21	16	22.02	14
生产	65.19	3	56.37	4
销售	39.27	5	46.95	5
盈利	22.40	6	49.11	4

四个子产业	2009 年 分值	2009 年 排名	2013 年 分值	2013 年 排名
铁路机车车辆及动车组制造和窄轨机车车辆制造				
研发	15.85	18	17.77	16
生产	39.26	10	64.25	5
销售	23.40	8	38.24	4
盈利	27.93	8	40.88	4
铁路机车车辆配件制造				
研发	13.38	19	28.41	11
生产	33.75	3	10.65	11
销售	11.22	7	4.57	11
盈利	5.55	10	4.18	12
铁路专用设备及器材配件制造				
研发	16.36	11	14.99	16
生产	100.00	1	100.00	1
销售	91.50	2	100.00	1
盈利	82.39	3	93.17	2
铁路运输设备系统				
研发	17.50	9	5.30	18
生产	100.00	1	1.00	17
销售	32.88	7	1.00	17
盈利	1.00	31	23.44	13

山西　　先进轨道交通产业

产业整体		2009 年 分值	2009 年 排名	2013 年 分值	2013 年 排名
	研发	13.16	18	19.08	18
	生产	39.59	9	35.46	11
	销售	18.85	11	20.51	13
	盈利	18.24	9	12.91	11

四个子产业		2009 年 分值	2009 年 排名	2013 年 分值	2013 年 排名
铁路机车车辆及动车组制造和窄轨机车车辆制造					
	研发	14.20	20	12.36	19
	生产	35.56	11	31.38	10
	销售	11.63	11	15.39	10
	盈利	32.38	7	13.32	9
铁路机车车辆配件制造					
	研发	18.68	16	25.61	15
	生产	26.25	7	17.62	8
	销售	8.98	10	8.04	8
	盈利	9.59	7	6.94	8
铁路专用设备及器材配件制造					
	研发	2.71	21	12.84	17
	生产	16.45	11	12.24	15
	销售	15.90	11	8.03	16
	盈利	9.71	13	9.11	15
铁路运输设备系统					
	研发	12.00	11	22.52	7
	生产	81.09	4	97.98	2
	销售	56.70	4	47.29	3
	盈利	33.79	3	28.89	9

内蒙古 先进轨道交通产业

产业整体		2009 年 分值	2009 年 排名	2013 年 分值	2013 年 排名
	研发	4.47	26	4.62	24
	生产	12.75	15	6.19	22
	销售	9.60	13	8.03	15
	盈利	7.65	16	11.18	13

四个子产业		2009 年 分值	2009 年 排名	2013 年 分值	2013 年 排名
铁路机车车辆及动车组制造和窄轨机车车辆制造					
	研发	5.95	24	3.70	24
	生产	25.36	12	9.56	14
	销售	14.36	10	10.60	11
	盈利	26.92	9	17.16	7
铁路机车车辆配件制造					
	研发	6.30	24	5.47	23
	生产	1.49	23	2.96	21
	销售	1.15	24	1.92	19
	盈利	2.93	22	4.17	13
铁路专用设备及器材配件制造					
	研发	1.00	25	2.08	27
	生产	1.79	23	1.00	26
	销售	1.50	23	1.00	26
	盈利	1.17	21	1.00	26
铁路运输设备系统					
	研发	1.00	21	13.91	10
	生产	22.88	15	13.75	10
	销售	2.43	19	6.88	11
	盈利	14.87	26	25.02	10

辽宁　　先进轨道交通产业

产业整体	2009年 分值	2009年 排名	2013年 分值	2013年 排名
研发	35.74	9	71.52	2
生产	50.43	6	40.47	7
销售	50.76	4	27.44	6
盈利	44.98	4	22.57	7

四个子产业	2009年 分值	2009年 排名	2013年 分值	2013年 排名
铁路机车车辆及动车组制造和窄轨机车车辆制造				
研发	38.95	8	39.95	6
生产	66.73	7	63.13	6
销售	49.10	4	34.11	5
盈利	56.90	4	19.95	6
铁路机车车辆配件制造				
研发	39.89	7	39.59	8
生产	27.12	6	30.77	4
销售	24.93	3	20.08	4
盈利	37.62	2	12.54	6
铁路专用设备及器材配件制造				
研发	24.90	5	28.98	9
生产	48.84	4	64.67	3
销售	36.42	7	56.93	3
盈利	20.02	9	47.17	7
铁路运输设备系统				
研发	6.50	18	9.61	13
生产	33.50	14	88.22	3
销售	13.50	14	100.00	1
盈利	17.09	13	100.00	1

吉林　　先进轨道交通产业

产业整体		2009 年 分值	2009 年 排名	2013 年 分值	2013 年 排名
	研发	16.05	17	17.73	19
	生产	49.14	8	46.78	5
	销售	31.74	7	54.13	4
	盈利	24.05	5	47.21	5

四个子产业		2009 年 分值	2009 年 排名	2013 年 分值	2013 年 排名
铁路机车车辆及动车组制造和窄轨机车车辆制造					
	研发	15.85	18	16.69	18
	生产	87.92	4	92.55	2
	销售	40.40	5	75.23	2
	盈利	73.46	3	67.72	2
铁路机车车辆配件制造					
	研发	29.29	12	23.37	16
	生产	15.84	12	15.06	9
	销售	4.49	13	6.54	10
	盈利	3.73	14	5.56	10
铁路专用设备及器材配件制造					
	研发	2.71	21	5.30	24
	生产	14.26	12	10.24	17
	销售	9.72	15	9.29	15
	盈利	5.55	16	5.65	17
铁路运输设备系统					
	研发	1.00	21	9.61	13
	生产	63.69	7	67.45	5
	销售	36.49	6	26.71	5
	盈利	18.62	10	1.00	31

黑龙江　　先进轨道交通产业

产业整体		2009年		2013年	
		分值	排名	分值	排名
	研发	22.42	13	20.89	15
	生产	50.17	7	24.18	14
	销售	23.67	10	21.02	12
	盈利	16.81	10	11.93	12

四个子产业		2009年		2013年	
		分值	排名	分值	排名
铁路机车车辆及动车组制造和窄轨机车车辆制造					
	研发	22.45	15	17.77	16
	生产	80.52	5	3.10	17
	销售	25.95	6	21.74	6
	盈利	34.26	6	20.06	5
铁路机车车辆配件制造					
	研发	31.05	11	27.29	12
	生产	27.80	5	10.53	12
	销售	8.61	11	3.62	13
	盈利	10.19	6	1.56	29
铁路专用设备及器材配件制造					
	研发	7.83	14	11.76	18
	生产	18.33	10	17.09	13
	销售	7.81	16	7.80	18
	盈利	6.58	14	5.65	17
铁路运输设备系统					
	研发	17.50	9	5.30	18
	生产	43.03	12	100.00	1
	销售	25.77	11	43.09	4
	盈利	20.55	8	21.67	28

上海　　先进轨道交通产业

产业整体		2009 年 分值	2009 年 排名	2013 年 分值	2013 年 排名
	研发	65.84	3	35.58	9
	生产	6.04	22	9.17	18
	销售	6.67	16	6.93	16
	盈利	10.20	14	9.01	17

四个子产业		2009 年 分值	2009 年 排名	2013 年 分值	2013 年 排名
铁路机车车辆及动车组制造和窄轨机车车辆制造					
	研发	67.00	4	36.16	8
	生产	4.75	14	1.00	19
	销售	3.97	14	1.00	19
	盈利	15.73	12	7.71	14
铁路机车车辆配件制造					
	研发	39.89	7	33.44	10
	生产	3.01	18	3.89	19
	销售	2.44	16	3.06	15
	盈利	3.89	13	2.38	18
铁路专用设备及器材配件制造					
	研发	77.81	2	31.13	8
	生产	11.46	15	17.28	12
	销售	13.98	12	20.85	12
	盈利	23.65	8	24.45	11
铁路运输设备系统					
	研发	28.50	5	13.91	10
	生产	4.97	19	10.55	11
	销售	9.93	15	4.86	14
	盈利	24.23	7	32.28	7

江苏　　先进轨道交通产业

产业整体		2009年		2013年	
		分值	排名	分值	排名
	研发	79.16	2	100.00	1
	生产	100.00	1	100.00	1
	销售	100.00	1	87.74	3
	盈利	100.00	1	100.00	1

四个子产业		2009年		2013年	
		分值	排名	分值	排名
铁路机车车辆及动车组制造和窄轨机车车辆制造					
	研发	93.40	2	100.00	1
	生产	97.09	2	46.55	7
	销售	52.53	3	21.64	7
	盈利	41.93	5	13.38	8
铁路机车车辆配件制造					
	研发	100.00	1	100.00	1
	生产	100.00	1	100.00	1
	销售	100.00	1	100.00	1
	盈利	100.00	1	100.00	1
铁路专用设备及器材配件制造					
	研发	31.72	4	75.25	3
	生产	40.01	6	43.62	9
	销售	75.05	4	44.03	7
	盈利	100.00	1	51.52	6
铁路运输设备系统					
	研发	28.50	5	44.04	4
	生产	79.99	5	16.92	9
	销售	30.55	8	9.26	9
	盈利	29.02	6	36.92	6

浙江　　　　先进轨道交通产业

产业整体	2009年 分值	2009年 排名	2013年 分值	2013年 排名
研发	55.42	4	42.14	8
生产	4.96	23	8.24	21
销售	3.11	21	3.19	22
盈利	3.46	18	5.59	18

四个子产业	2009年 分值	2009年 排名	2013年 分值	2013年 排名
铁路机车车辆及动车组制造和窄轨机车车辆制造				
研发	60.40	5	33.46	9
生产	1.00	17	1.00	19
销售	1.00	17	1.00	19
盈利	8.35	15	7.71	14
铁路机车车辆配件制造				
研发	77.02	2	58.05	3
生产	7.01	14	6.49	15
销售	3.84	14	3.10	14
盈利	4.48	11	4.53	11
铁路专用设备及器材配件制造				
研发	12.95	13	20.37	12
生产	6.00	18	11.59	16
销售	4.28	17	4.90	19
盈利	2.44	18	4.38	19
铁路运输设备系统				
研发	45.00	2	13.91	10
生产	1.23	24	1.00	17
销售	1.57	22	1.00	17
盈利	16.89	15	23.44	13

安徽 先进轨道交通产业

产业整体		2009 年		2013 年	
		分值	排名	分值	排名
	研发	50.21	6	50.05	7
	生产	8.89	17	11.15	15
	销售	2.44	24	5.11	18
	盈利	1.00	31	4.10	20

四个子产业		2009 年		2013 年	
		分值	排名	分值	排名
铁路机车车辆及动车组制造和窄轨机车车辆制造					
	研发	52.15	6	48.07	5
	生产	1.00	17	1.00	19
	销售	1.00	17	1.00	19
	盈利	8.35	15	7.71	14
铁路机车车辆配件制造					
	研发	68.18	3	50.22	5
	生产	16.08	11	8.99	14
	销售	3.14	15	3.92	12
	盈利	1.00	31	1.18	30
铁路专用设备及器材配件制造					
	研发	21.48	10	46.20	4
	生产	2.98	19	15.16	14
	销售	2.61	19	11.43	14
	盈利	2.34	19	9.83	15
铁路运输设备系统					
	研发	23.00	8	5.30	18
	生产	3.24	20	1.00	17
	销售	1.54	23	1.00	17
	盈利	16.84	16	23.44	13

福建　　先进轨道交通产业

产业整体		2009 年 分值	2009 年 排名	2013 年 分值	2013 年 排名
	研发	18.95	15	6.65	22
	生产	1.39	27	1.88	26
	销售	1.20	27	1.40	26
	盈利	2.12	21	2.94	24

四个子产业		2009 年 分值	2009 年 排名	2013 年 分值	2013 年 排名
铁路机车车辆及动车组制造和窄轨机车车辆制造					
	研发	25.75	12	5.33	21
	生产	1.00	17	1.00	19
	销售	1.00	17	1.00	19
	盈利	8.35	15	7.71	14
铁路机车车辆配件制造					
	研发	23.98	15	9.39	22
	生产	1.00	25	1.00	25
	销售	1.00	25	1.00	25
	盈利	2.91	24	2.05	20
铁路专用设备及器材配件制造					
	研发	4.41	18	4.23	25
	生产	2.80	20	3.84	21
	销售	2.09	21	2.88	20
	盈利	1.13	22	1.78	22
铁路运输设备系统					
	研发	6.50	18	1.00	24
	生产	1.00	25	1.00	17
	销售	1.00	25	1.00	17
	盈利	16.82	18	23.44	13

江西　　先进轨道交通产业

产业整体		2009 年 分值	2009 年 排名	2013 年 分值	2013 年 排名
	研发	9.68	22	4.62	24
	生产	3.28	25	3.46	24
	销售	1.67	25	1.60	25
	盈利	2.21	20	3.00	23

四个子产业		2009 年 分值	2009 年 排名	2013 年 分值	2013 年 排名
铁路机车车辆及动车组制造和窄轨机车车辆制造					
	研发	9.25	22	3.70	24
	生产	1.00	17	1.00	19
	销售	1.00	17	1.00	19
	盈利	8.35	15	7.71	14
铁路机车车辆配件制造					
	研发	8.07	23	4.36	25
	生产	4.15	16	3.10	20
	销售	2.19	18	1.59	20
	盈利	3.00	19	2.11	19
铁路专用设备及器材配件制造					
	研发	7.83	14	7.46	20
	生产	1.00	24	4.05	20
	销售	1.00	24	2.04	22
	盈利	1.00	24	1.85	21
铁路运输设备系统					
	研发	12.00	11	1.00	24
	生产	6.36	18	1.00	17
	销售	1.72	21	1.00	17
	盈利	17.19	12	23.44	13

山东　　先进轨道交通产业

产业整体		2009 年 分值	2009 年 排名	2013 年 分值	2013 年 排名
	研发	49.63	7	63.61	5
	生产	56.94	4	75.25	3
	销售	84.22	2	89.84	2
	盈利	50.66	2	97.01	3

四个子产业		2009 年 分值	2009 年 排名	2013 年 分值	2013 年 排名
铁路机车车辆及动车组制造和窄轨机车车辆制造					
	研发	50.50	7	39.41	7
	生产	100.00	1	100.00	1
	销售	100.00	1	100.00	1
	盈利	87.03	2	100.00	1
铁路机车车辆配件制造					
	研发	61.11	5	80.42	2
	生产	17.33	10	40.81	3
	销售	19.47	4	34.34	3
	盈利	15.78	4	32.32	3
铁路专用设备及器材配件制造					
	研发	23.19	8	46.20	4
	生产	9.45	16	49.52	5
	销售	24.05	10	26.56	11
	盈利	18.83	10	16.00	12
铁路运输设备系统					
	研发	39.50	3	100.00	1
	生产	91.60	2	27.18	8
	销售	100.00	1	16.29	7
	盈利	100.00	1	50.34	3

河南　　先进轨道交通产业

产业整体		2009年 分值	2009年 排名	2013年 分值	2013年 排名
	研发	13.16	18	20.44	16
	生产	31.17	12	28.91	13
	销售	17.23	12	16.51	14
	盈利	21.29	7	15.60	10

四个子产业		2009年 分值	2009年 排名	2013年 分值	2013年 排名
铁路机车车辆及动车组制造和窄轨机车车辆制造					
	研发	12.55	21	26.43	13
	生产	1.00	17	1.47	18
	销售	1.00	17	1.06	18
	盈利	8.35	15	7.45	27
铁路机车车辆配件制造					
	研发	15.14	18	13.86	20
	生产	21.17	9	13.30	10
	销售	12.30	6	7.57	9
	盈利	15.60	5	7.36	7
铁路专用设备及器材配件制造					
	研发	7.83	14	17.14	15
	生产	48.00	5	59.21	4
	销售	36.77	6	53.49	4
	盈利	46.22	6	37.72	8
铁路运输设备系统					
	研发	12.00	11	9.61	13
	生产	72.39	6	8.75	12
	销售	50.03	5	1.88	15
	盈利	32.38	4	24.76	11

湖北　　　　先进轨道交通产业

产业整体	2009 年 分值	2009 年 排名	2013 年 分值	2013 年 排名
研发	27.63	11	29.71	11
生产	16.95	13	40.68	6
销售	8.56	15	23.23	11
盈利	8.03	15	9.41	15

四个子产业	2009 年 分值	2009 年 排名	2013 年 分值	2013 年 排名
铁路机车车辆及动车组制造和窄轨机车车辆制造				
研发	24.10	13	32.92	10
生产	4.23	15	76.16	4
销售	2.41	15	17.82	9
盈利	11.54	13	9.73	10
铁路机车车辆配件制造				
研发	38.13	9	26.17	14
生产	1.51	22	9.04	13
销售	1.33	21	2.92	16
盈利	3.09	17	2.98	15
铁路专用设备及器材配件制造				
研发	16.36	11	22.52	10
生产	26.27	9	24.64	10
销售	10.01	14	19.02	13
盈利	6.28	15	11.17	14
铁路运输设备系统				
研发	12.00	11	18.22	8
生产	63.48	8	52.15	7
销售	62.61	3	69.35	2
盈利	44.03	2	59.84	2

湖南 先进轨道交通产业

产业整体		2009年 分值	2009年 排名	2013年 分值	2013年 排名
	研发	38.05	8	51.18	6
	生产	72.41	2	82.38	2
	销售	76.02	3	100.00	1
	盈利	49.26	3	99.16	2

四个子产业		2009年 分值	2009年 排名	2013年 分值	2013年 排名
铁路机车车辆及动车组制造和窄轨机车车辆制造					
	研发	35.65	10	58.89	4
	生产	96.43	3	81.81	3
	销售	70.01	2	73.25	3
	盈利	100.00	1	56.70	3
铁路机车车辆配件制造					
	研发	43.43	6	53.02	4
	生产	46.22	2	73.91	2
	销售	27.91	2	73.25	2
	盈利	18.06	3	59.59	2
铁路专用设备及器材配件制造					
	研发	23.19	8	19.29	13
	生产	83.65	3	19.84	11
	销售	100.00	1	39.20	8
	盈利	45.35	7	64.44	3
铁路运输设备系统					
	研发	34.00	4	26.83	6
	生产	2.83	22	5.05	16
	销售	1.86	20	1.63	16
	盈利	16.97	14	24.76	11

广东 先进轨道交通产业

产业整体		2009 年		2013 年	
		分值	排名	分值	排名
	研发	54.26	5	29.48	12
	生产	8.73	18	9.34	17
	销售	2.90	23	3.23	21
	盈利	1.27	30	1.00	31

四个子产业		2009 年		2013 年	
		分值	排名	分值	排名
铁路机车车辆及动车组制造和窄轨机车车辆制造					
	研发	78.55	3	30.75	11
	生产	1.00	17	4.25	16
	销售	1.00	17	2.16	16
	盈利	8.35	15	5.89	28
铁路机车车辆配件制造					
	研发	38.13	9	26.73	13
	生产	1.00	25	1.00	25
	销售	1.00	25	1.00	25
	盈利	2.91	24	2.05	20
铁路专用设备及器材配件制造					
	研发	38.55	3	18.22	14
	生产	2.48	21	5.40	19
	销售	2.27	20	2.13	21
	盈利	2.83	17	1.58	23
铁路运输设备系统					
	研发	12.00	11	44.04	4
	生产	51.51	10	56.92	6
	销售	22.13	13	13.66	8
	盈利	8.67	30	12.59	29

广西

先进轨道交通产业

产业整体	2009年 分值	2009年 排名	2013年 分值	2013年 排名
研发	10.26	21	10.27	21
生产	13.96	14	9.73	16
销售	3.42	20	3.13	23
盈利	1.61	29	1.56	30

四个子产业	2009年 分值	2009年 排名	2013年 分值	2013年 排名
铁路机车车辆及动车组制造和窄轨机车车辆制造				
研发	17.50	17	5.33	21
生产	1.00	17	1.00	19
销售	1.00	17	1.00	19
盈利	8.35	15	7.71	14
铁路机车车辆配件制造				
研发	4.54	26	16.10	19
生产	2.23	20	1.99	22
销售	1.26	23	1.13	24
盈利	2.92	23	2.05	20
铁路专用设备及器材配件制造				
研发	4.41	18	6.38	22
生产	1.91	22	1.61	25
销售	1.67	22	1.29	25
盈利	1.03	23	1.03	24
铁路运输设备系统				
研发	12.00	11	9.61	13
生产	84.01	3	73.22	4
销售	28.41	10	20.59	6
盈利	13.32	28	2.70	30

海南 先进轨道交通产业

产业整体		2009 年 分值	2009 年 排名	2013 年 分值	2013 年 排名
	研发	2.16	27	1.00	30
	生产	1.00	28	1.00	28
	销售	1.00	28	1.00	28
	盈利	2.10	22	2.76	26

四个子产业		2009 年 分值	2009 年 排名	2013 年 分值	2013 年 排名
铁路机车车辆及动车组制造和窄轨机车车辆制造					
	研发	4.30	26	1.00	30
	生产	1.00	17	1.00	19
	销售	1.00	17	1.00	19
	盈利	8.35	15	7.71	14
铁路机车车辆配件制造					
	研发	1.00	27	1.56	30
	生产	1.00	25	1.00	25
	销售	1.00	25	1.00	25
	盈利	2.91	24	2.05	20
铁路专用设备及器材配件制造					
	研发	1.00	25	1.00	29
	生产	1.00	24	1.00	26
	销售	1.00	24	1.00	26
	盈利	1.00	24	1.00	26
铁路运输设备系统					
	研发	1.00	21	1.00	24
	生产	1.00	25	1.00	17
	销售	1.00	25	1.00	17
	盈利	16.82	18	23.44	13

重庆　　先进轨道交通产业

产业整体		2009年		2013年	
		分值	排名	分值	排名
	研发	23.58	12	20.21	17
	生产	8.49	19	5.46	23
	销售	4.98	18	2.24	24
	盈利	2.03	26	3.84	21

四个子产业		2009年		2013年	
		分值	排名	分值	排名
铁路机车车辆及动车组制造和窄轨机车车辆制造					
	研发	27.40	11	23.18	14
	生产	17.68	13	1.00	19
	销售	6.18	13	1.00	19
	盈利	7.36	30	7.71	14
铁路机车车辆配件制造					
	研发	25.75	14	23.37	16
	生产	4.72	15	6.01	17
	销售	2.43	17	2.65	17
	盈利	3.26	16	3.04	14
铁路专用设备及器材配件制造					
	研发	7.83	14	6.38	22
	生产	1.00	24	3.72	22
	销售	1.00	24	1.78	23
	盈利	1.00	24	2.15	20
铁路运输设备系统					
	研发	28.50	5	1.00	24
	生产	2.06	23	1.00	17
	销售	1.24	24	1.00	17
	盈利	16.83	17	23.44	13

四川　　先进轨道交通产业

产业整体	2009 年 分值	2009 年 排名	2013 年 分值	2013 年 排名
研发	32.26	10	33.55	10
生产	53.77	5	36.39	10
销售	32.63	6	24.48	10
盈利	11.90	12	9.06	16

四个子产业	2009 年 分值	2009 年 排名	2013 年 分值	2013 年 排名
铁路机车车辆及动车组制造和窄轨机车车辆制造				
研发	37.30	9	26.97	12
生产	72.01	6	26.41	13
销售	24.80	7	18.00	8
盈利	16.86	11	2.11	29
铁路机车车辆配件制造				
研发	29.29	12	35.68	9
生产	31.58	4	20.24	5
销售	15.08	5	10.40	7
盈利	6.89	8	6.68	9
铁路专用设备及器材配件制造				
研发	24.90	5	34.36	7
生产	31.15	7	45.00	8
销售	26.05	9	31.08	9
盈利	13.82	12	26.56	10
铁路运输设备系统				
研发	12.00	11	18.22	8
生产	55.89	9	8.01	13
销售	64.00	2	7.58	10
盈利	31.36	5	30.72	8

贵州　　先进轨道交通产业

产业整体		2009年		2013年	
		分值	排名	分值	排名
	研发	5.05	25	6.65	22
	生产	8.06	20	8.94	19
	销售	3.43	19	3.70	20
	盈利	1.81	28	3.77	22

四个子产业		2009年		2013年	
		分值	排名	分值	排名
铁路机车车辆及动车组制造和窄轨机车车辆制造					
	研发	1.00	29	4.79	23
	生产	1.00	17	27.30	12
	销售	1.00	17	4.84	15
	盈利	8.35	15	8.45	11
铁路机车车辆配件制造					
	研发	11.61	21	9.39	22
	生产	1.24	24	1.82	23
	销售	1.31	22	1.56	21
	盈利	2.98	20	2.65	16
铁路专用设备及器材配件制造					
	研发	2.71	21	4.23	25
	生产	1.00	24	1.00	26
	销售	1.00	24	1.00	26
	盈利	1.00	24	1.00	26
铁路运输设备系统					
	研发	1.00	21	5.30	18
	生产	48.36	11	1.00	17
	销售	29.76	9	1.00	17
	盈利	14.51	27	23.44	13

云南　　先进轨道交通产业

产业整体	2009 年 分值	2009 年 排名	2013 年 分值	2013 年 排名
研发	7.95	23	4.62	24
生产	4.40	24	2.23	25
销售	8.75	14	6.89	17
盈利	11.10	13	9.48	14

四个子产业	2009 年 分值	2009 年 排名	2013 年 分值	2013 年 排名
铁路机车车辆及动车组制造和窄轨机车车辆制造				
研发	5.95	24	3.16	26
生产	1.00	17	1.00	19
销售	1.00	17	1.00	19
盈利	8.35	15	7.71	14
铁路机车车辆配件制造				
研发	16.91	17	3.24	28
生产	2.49	19	1.71	24
销售	1.63	19	1.16	23
盈利	3.03	18	2.05	20
铁路专用设备及器材配件制造				
研发	1.00	25	10.68	19
生产	13.47	13	3.31	23
销售	41.66	5	28.32	10
盈利	50.79	5	29.78	9
铁路运输设备系统				
研发	1.00	21	1.00	24
生产	1.00	25	1.00	17
销售	1.00	25	1.00	17
盈利	16.82	18	23.44	13

西藏　　先进轨道交通产业

产业整体		2009年 分值	2009年 排名	2013年 分值	2013年 排名
	研发	1.00	30	1.23	29
	生产	1.00	28	1.00	28
	销售	1.00	28	1.00	28
	盈利	2.10	22	2.76	26

四个子产业		2009年 分值	2009年 排名	2013年 分值	2013年 排名
铁路机车车辆及动车组制造和窄轨机车车辆制造					
	研发	1.00	29	1.00	30
	生产	1.00	17	1.00	18
	销售	1.00	17	1.00	19
	盈利	8.35	15	7.71	19
铁路机车车辆配件制造					
	研发	1.00	27	2.12	29
	生产	1.00	25	1.00	25
	销售	1.00	25	1.00	25
	盈利	2.91	24	2.05	20
铁路专用设备及器材配件制造					
	研发	1.00	25	1.00	29
	生产	1.00	24	1.00	26
	销售	1.00	24	1.00	26
	盈利	1.00	24	1.00	26
铁路运输设备系统					
	研发	1.00	21	1.00	24
	生产	1.00	25	1.00	17
	销售	1.00	25	1.00	17
	盈利	16.82	18	23.44	13

陕西　　先进轨道交通产业

产业整体	2009 年 分值	2009 年 排名	2013 年 分值	2013 年 排名
研发	21.84	14	25.18	13
生产	38.02	10	35.03	12
销售	28.10	8	26.30	9
盈利	19.91	8	26.33	6

四个子产业	2009 年 分值	2009 年 排名	2013 年 分值	2013 年 排名
铁路机车车辆及动车组制造和窄轨机车车辆制造				
研发	24.10	13	23.18	14
生产	47.22	9	29.44	11
销售	11.13	12	8.53	14
盈利	17.83	10	7.91	12
铁路机车车辆配件制造				
研发	13.38	19	18.90	18
生产	3.62	17	5.86	18
销售	10.57	8	1.43	22
盈利	3.93	12	2.46	17
铁路专用设备及器材配件制造				
研发	24.90	5	37.59	6
生产	85.42	2	73.71	2
销售	84.98	3	97.51	2
盈利	84.02	2	100.00	1
铁路运输设备系统				
研发	6.50	18	5.30	18
生产	15.36	16	1.00	17
销售	7.52	17	1.00	17
盈利	11.60	29	23.44	13

甘肃 先进轨道交通产业

产业整体		2009 年		2013 年	
		分值	排名	分值	排名
	研发	6.21	24	4.39	27
	生产	7.99	21	1.00	28
	销售	3.08	22	1.00	28
	盈利	2.56	19	2.76	26

四个子产业		2009 年		2013 年	
		分值	排名	分值	排名
铁路机车车辆及动车组制造和窄轨机车车辆制造					
	研发	7.60	23	3.16	26
	生产	1.00	17	1.00	19
	销售	1.00	17	1.00	19
	盈利	8.35	15	7.71	14
铁路机车车辆配件制造					
	研发	6.30	24	4.36	25
	生产	1.00	25	1.00	25
	销售	1.00	25	1.00	25
	盈利	2.91	24	2.05	20
铁路专用设备及器材配件制造					
	研发	4.41	18	7.46	20
	生产	7.38	17	1.00	26
	销售	2.73	18	1.00	26
	盈利	1.29	20	1.00	26
铁路运输设备系统					
	研发	1.00	21	1.00	24
	生产	39.27	13	1.00	17
	销售	23.39	12	1.00	17
	盈利	19.68	9	23.44	13

青海　　先进轨道交通产业

产业整体		2009 年		2013 年	
		分值	排名	分值	排名
	研发	1.00	30	1.00	30
	生产	1.00	28	1.27	27
	销售	1.00	28	1.07	27
	盈利	2.10	22	2.81	25

四个子产业		2009 年		2013 年	
		分值	排名	分值	排名
铁路机车车辆及动车组制造和窄轨机车车辆制造					
	研发	1.00	29	1.54	28
	生产	1.00	17	1.00	19
	销售	1.00	17	1.00	19
	盈利	8.35	15	7.71	14
铁路机车车辆配件制造					
	研发	1.00	27	1.00	31
	生产	1.00	25	1.00	25
	销售	1.00	25	1.00	25
	盈利	2.91	24	2.05	20
铁路专用设备及器材配件制造					
	研发	1.00	25	1.00	29
	生产	1.00	24	1.88	24
	销售	1.00	24	1.35	24
	盈利	1.00	24	1.24	24
铁路运输设备系统					
	研发	1.00	21	1.00	24
	生产	1.00	25	1.00	17
	销售	1.00	25	1.00	17
	盈利	16.82	18	23.44	13

宁夏　　先进轨道交通产业

产业整体		2009年 分值	2009年 排名	2013年 分值	2013年 排名
	研发	1.58	28	2.81	28
	生产	1.00	28	1.00	28
	销售	1.00	28	1.00	28
	盈利	2.10	22	2.76	26

四个子产业		2009年 分值	2009年 排名	2013年 分值	2013年 排名
铁路机车车辆及动车组制造和窄轨机车车辆制造					
	研发	2.65	27	1.54	28
	生产	1.00	17	1.00	19
	销售	1.00	17	1.00	19
	盈利	8.35	15	7.71	14
铁路机车车辆配件制造					
	研发	1.00	27	3.80	27
	生产	1.00	25	1.00	25
	销售	1.00	25	1.00	25
	盈利	2.91	24	2.05	20
铁路专用设备及器材配件制造					
	研发	1.00	25	2.08	27
	生产	1.00	24	1.00	26
	销售	1.00	24	1.00	26
	盈利	1.00	24	1.00	26
铁路运输设备系统					
	研发	1.00	21	9.61	13
	生产	1.00	25	1.00	17
	销售	1.00	25	1.00	17
	盈利	16.82	18	23.44	13

新疆 先进轨道交通产业

产业整体		2009 年 分值	2009 年 排名	2013 年 分值	2013 年 排名
	研发	1.58	28	71.52	2
	生产	1.80	26	40.47	7
	销售	1.32	26	27.44	6
	盈利	1.94	27	22.57	7

四个子产业		2009 年 分值	2009 年 排名	2013 年 分值	2013 年 排名
铁路机车车辆及动车组制造和窄轨机车车辆制造					
	研发	2.65	27	68.08	2
	生产	1.00	17	43.50	8
	销售	1.00	17	10.34	12
	盈利	8.35	15	1.00	30
铁路机车车辆配件制造					
	研发	1.00	27	47.98	6
	生产	2.03	21	17.82	6
	销售	1.35	20	17.38	5
	盈利	2.95	21	16.24	4
铁路专用设备及器材配件制造					
	研发	1.00	25	100.00	1
	生产	1.00	24	48.43	6
	销售	1.00	24	46.85	5
	盈利	1.00	24	51.86	4
铁路运输设备系统					
	研发	1.00	21	56.96	2
	生产	3.13	21	7.90	14
	销售	2.75	8	5.14	12
	盈利	15.54	25	39.42	4

8.2 先进轨道交通产业价值链的空间分布分析

产业价值链空间布局既能反映特定产业价值环节在整个国土空间的分布状况，也能体现具体区域整合产业价值链各个环节，形成产业价值链整体优势的状况。

8.2.1 描述性统计分析

在展开先进轨道交通产业的产业价值链空间分布分析之前，首先对先进轨道交通产业的相关技术和经济指标做简要的描述性统计分析（以北京为例）。

1. 技术指标描述性统计分析

先进轨道交通产业四个子产业包括铁路机车车辆及动车组制造和窄轨机车车辆制造、铁路机车车辆配件制造、铁路专用设备及器材配件制造和铁路运输设备系统。考察期初（2009 年）和考察期末（2013 年）每个子产业的发明专利申请量及年均增速情况如表 8.1 所示。

表 8.1 考察期内先进轨道交通产业四个子产业发明专利申请量及年均增速情况

子产业	考察期初发明专利申请量/件	考察期末发明专利申请量/件	年均增速
铁路机车车辆及动车组制造和窄轨机车车辆制造	512	1237	24.67%
铁路机车车辆配件制造	457	1352	31.15%
铁路专用设备及器材配件制造	274	546	18.81%
铁路运输设备系统	81	100	5.41%
合计	1324	3235	25.02%

由表 8.1 可以看到，考察期内四个子产业的发明专利申请量持续增长，年均增速为 25.02%。其中，铁路机车车辆及动车组制造和窄轨机车车辆制造产业考察期初发明专利申请量最多（512 件），而铁路机车车辆配件制造产业的考察期末发明专利申请量最多（1352 件）；增速最高的是铁路机车车辆配件制造产业，年均增速达到 31.15%；铁路运输设备系统产业在四个子产业中不仅发明专利申请量最少，而且年均增速也最低，为 5.41%。

2. 经济指标描述性统计分析

考察期初（2009 年）和考察期末（2013 年）每个子产业的规模以上工业企业主营业务收入和营业利润分别占四个子产业总体的情况如表 8.2 所示。

表 8.2　考察期内先进轨道交通产业四个子产业主要经济指标情况

子产业	考察期初		考察期末	
	主营业务收入占比	营业利润占比	主营业务收入占比	营业利润占比
铁路机车车辆及动车组制造和窄轨机车车辆制造	48.52%	33.46%	43.10%	35.45%
铁路机车车辆配件制造	23.54%	35.29%	30.41%	36.97%
铁路专用设备及器材配件制造	19.70%	25.90%	20.59%	26.06%
铁路运输设备系统	8.23%	5.35%	5.90%	1.52%
合计	100.00%	100.00%	100.00%	100.00%

注：本表中的数据未经修约，可能存在比例合计不等于 100.00%的情况

由表 8.2 可以看出，第一，铁路机车车辆及动车组制造和窄轨机车车辆制造产业的主营业务收入在四个子产业中的占比由考察期初的 48.52%降至考察期末的 43.10%；营业利润占比由考察期初的 33.46%小幅上升至考察期末的 35.45%，反映利润率有所提高。第二，铁路机车车辆配件制造产业主营业务收入的占比由考察期初的 23.54%增至考察期末的 30.41%；营业利润占比也由考察期初的 35.29%增至考察期末的 36.97%，反映该子产业稳步增长态势良好。第三，铁路专用设备及器材配件制造产业主营业务收入的占比由考察期初的 19.70%小幅增至考察期末的 20.59%；营业利润占比也由考察期初的 25.90%增至考察期末的 26.06%，保持了稳步增长的良好态势。第四，铁路运输设备系统产业主营业务收入的占比由考察期初的 8.23%降至考察期末的 5.90%；营业利润占比也由考察期初的 5.35%降至考察期末的 1.52%，表明该子产业处于下降态势。由此可见，无论是主营业务收入还是营业利润，铁路机车车辆及动车组制造和窄轨机车车辆制造和铁路机车车辆配件制造两个子产业在四个产业中的所占比重较大，考察期末营业利润占比合计达到 72.42%；铁路专用设备及器材配件制造产业位居中游；而铁路运输设备系统产业所占比重最低，且主营业务收入比重和营业利润所占比重呈现下降趋势。

综合以上可以发现，铁路机车车辆及动车组制造和窄轨机车车辆制造产业和铁路机车车辆配件制造产业不论在技术指标和经济指标方面均表现良好，且呈现平稳增长趋势；而铁路运输设备系统产业的两类指标均处于相对较弱地位。

8.2.2　铁路机车车辆及动车组制造和窄轨机车车辆制造产业价值环节空间分布分析

1. 研发环节空间分布分析

图 8.1 为 2009 年和 2013 年铁路机车车辆及动车组制造和窄轨机车车辆制造产业研发环节的空间分布。2009 年处于第一梯队（发明专利申请量 41 件及以上）的区域是北京、江苏和广东。处于第二梯队（发明专利申请量 21~40 件）的区域包括上海、浙江、安徽、山东、辽宁、四川和湖南。2013 年仍然处于第一梯队（发明专利申请量 121 件及以上）的区域为江苏和北京，广东落入第三梯队（发明专利申请量 60 件以下）。上海、辽宁、山东、安徽、浙江维持第二梯队（发明专利申请量 60~120 件）的水平，湖南由第二梯队进入第一梯队。四川的研发能力有所下降，由第二梯队落入第三梯队。

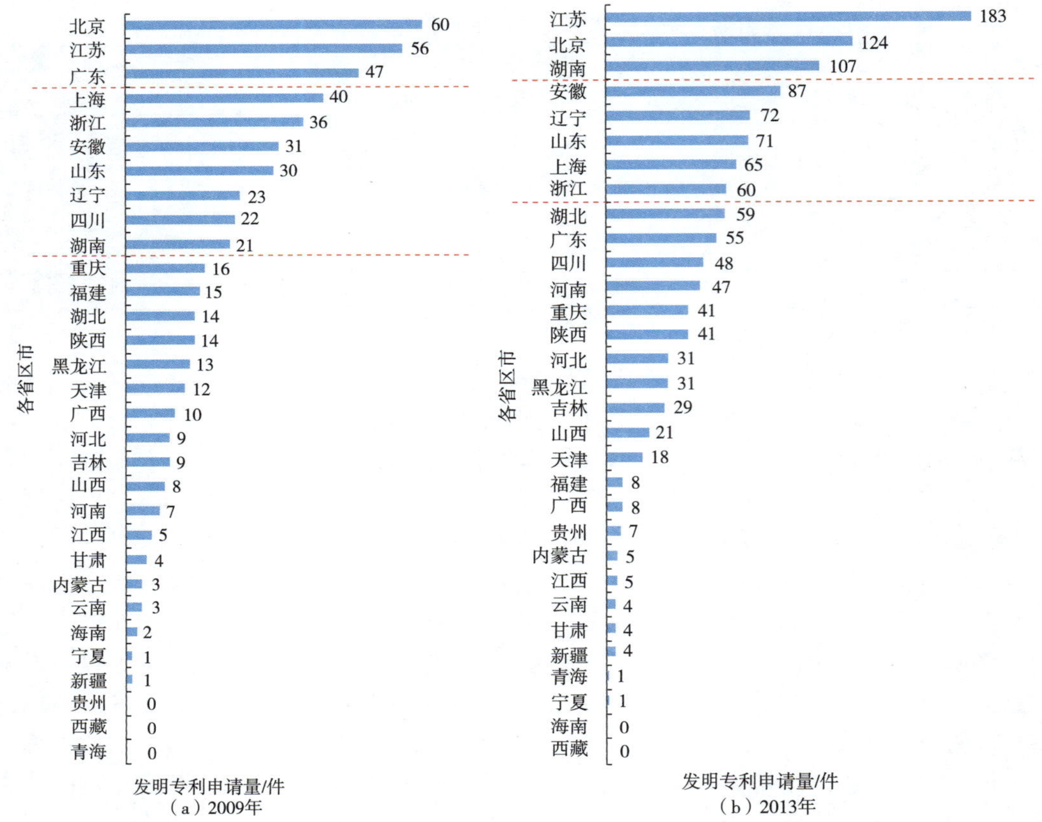

图 8.1　铁路机车车辆及动车组制造和窄轨机车车辆制造产业研发环节空间分布

2. 生产环节空间分布分析

图 8.2 为 2009 年和 2013 年铁路机车车辆及动车组制造和窄轨机车车辆制造产业生产环节的空间分布。2009 年处于第一梯队（从业人员数 11 000 人以上）的区域有山东、江苏、湖南、吉林。处于第二梯队（从业人员数 6 900~11 000 人）的区域包括黑龙江、四川和辽宁。2013 年处于第一梯队（从业人员数 11 000 人以上）的区域包括吉林、山东、湖北和湖南，江苏落入第二梯队（从业人员数 6 900~11 000 人），第二梯队还包括辽宁、北京和河北，而四川和黑龙江退出第二梯队。

3. 销售环节空间分布分析

图 8.3 为 2009 年和 2013 年铁路机车车辆及动车组制造和窄轨机车车辆制造产业销售环节的空间分布。2009 年处于第一梯队（主营业务收入 150 亿元以上）的区域为山东。处于第二梯队（主营业务收入 70 亿~150 亿元）的区域为湖南、江苏、辽宁和吉林。2013 年除山东维持第一梯队（主营业务收入 200 亿元以上）外，吉林和湖南进入第一梯队。河北和辽宁处于第二梯队（主营业务收入 100 亿~200 亿元），江苏离开第二梯队。

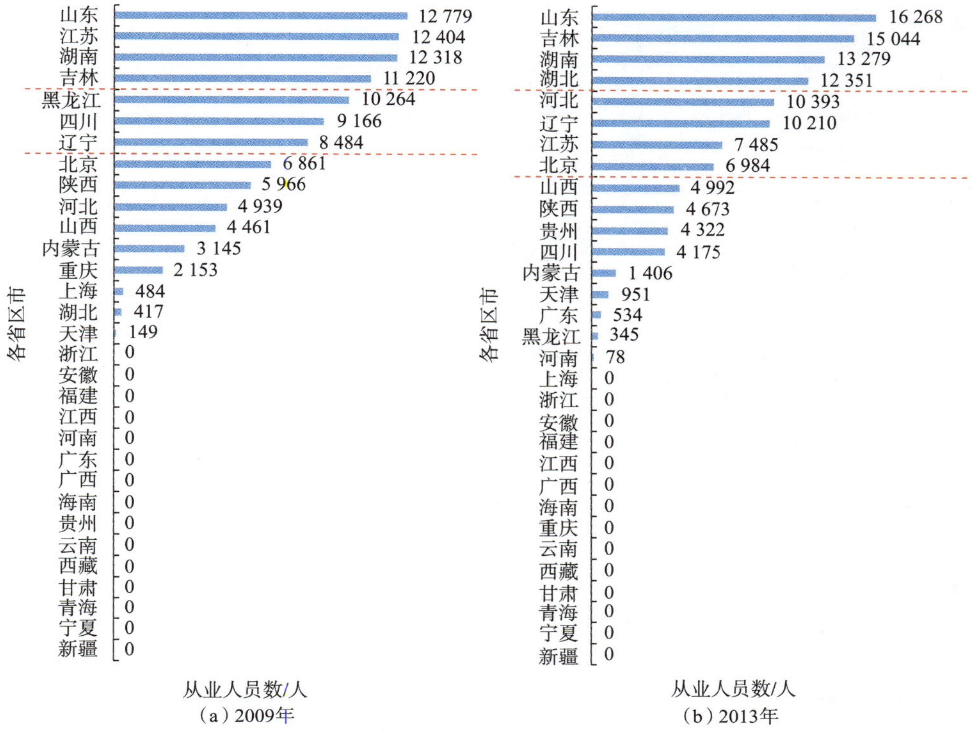

图 8.2　铁路机车车辆及动车组制造和窄轨机车车辆制造产业生产环节空间分布

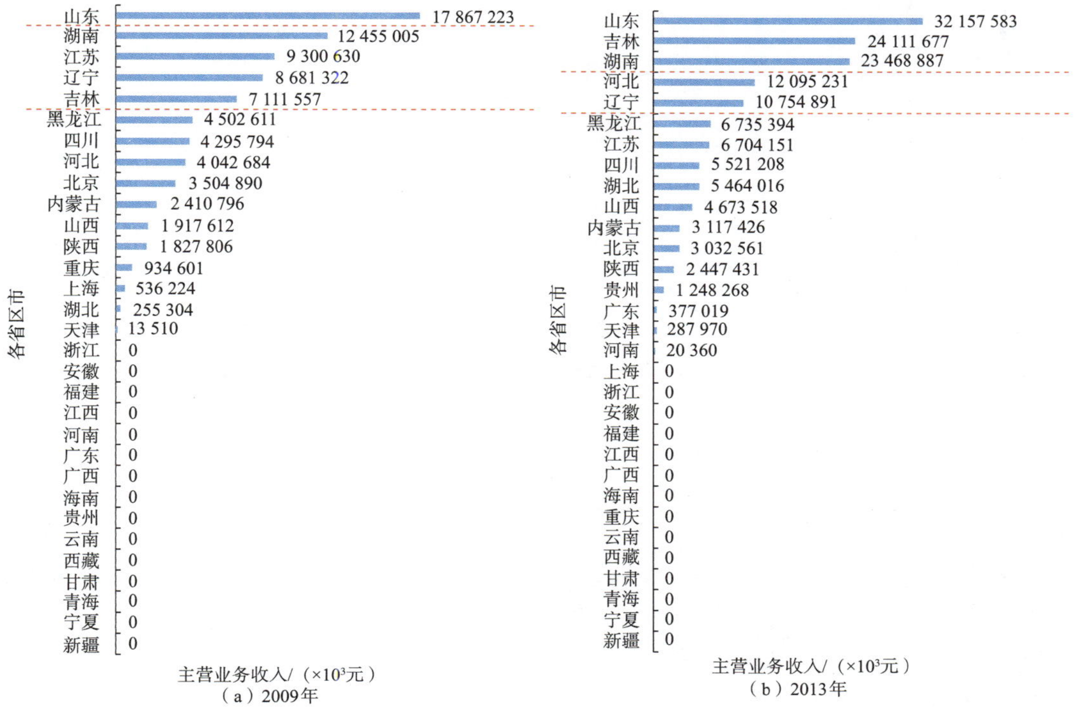

图 8.3　铁路机车车辆及动车组制造和窄轨机车车辆制造产业销售环节空间分布

4. 盈利环节空间分布分析

图 8.4 为 2009 年和 2013 年铁路机车车辆及动车组制造和窄轨机车车辆制造产业盈利环节的空间分布。2009 年处于第一梯队（营业利润 5 亿元以上）的区域有湖南、山东、吉林。处于第二梯队（营业利润 1.9 亿~5 亿元）的区域为辽宁、江苏、黑龙江和山西。处于第三梯队（营业利润 0.7 亿~1.9 亿元）的为河北、内蒙古、陕西和四川。2013 年山东、吉林和湖南仍处于第一梯队（营业利润 10 亿元以上）。黑龙江、辽宁维持在第二梯队（营业利润 3 亿~10 亿元），河北进入第一梯队，内蒙古进入第二梯队，而山西和江苏落入第三梯队（营业利润 1 亿~3 亿元）。

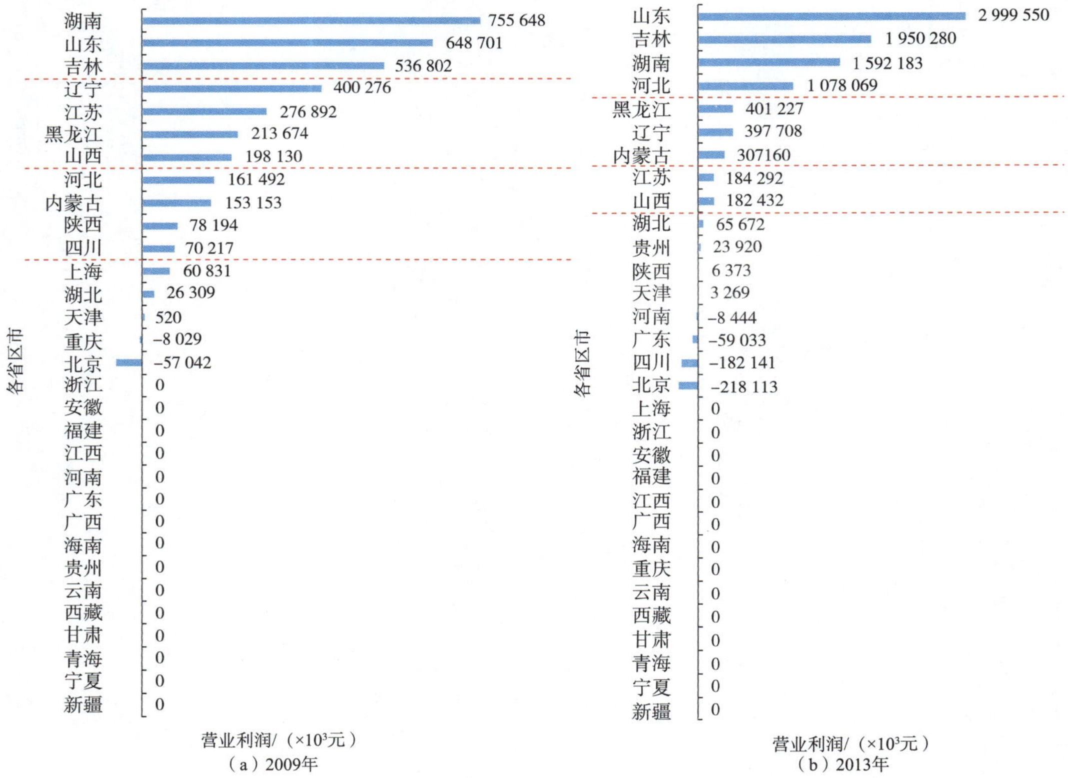

图 8.4 铁路机车车辆及动车组制造和窄轨机车车辆制造产业盈利环节空间分布

8.2.3 铁路机车车辆配件制造产业价值环节空间分布分析

1. 研发环节空间分布分析

图 8.5 为 2009 年和 2013 年铁路机车车辆配件制造产业研发环节的空间分布。2009 年处于第一梯队（发明专利申请量 30 件以上）的区域是江苏、浙江、安徽、北京和山东。处于第二梯队（发明专利申请量 15~30 件）的区域包括黑龙江、吉林、辽宁、四川、湖北、湖南、上海和广东等老工业基地。2013 年处于第一梯队（发明专利申请量 140 件以上）的区域仅有江苏、山东。辽宁、湖南、四川维持在第二梯队（发明专利申请量 60~140

件），北京、安徽、浙江由第一梯队落入第二梯队。

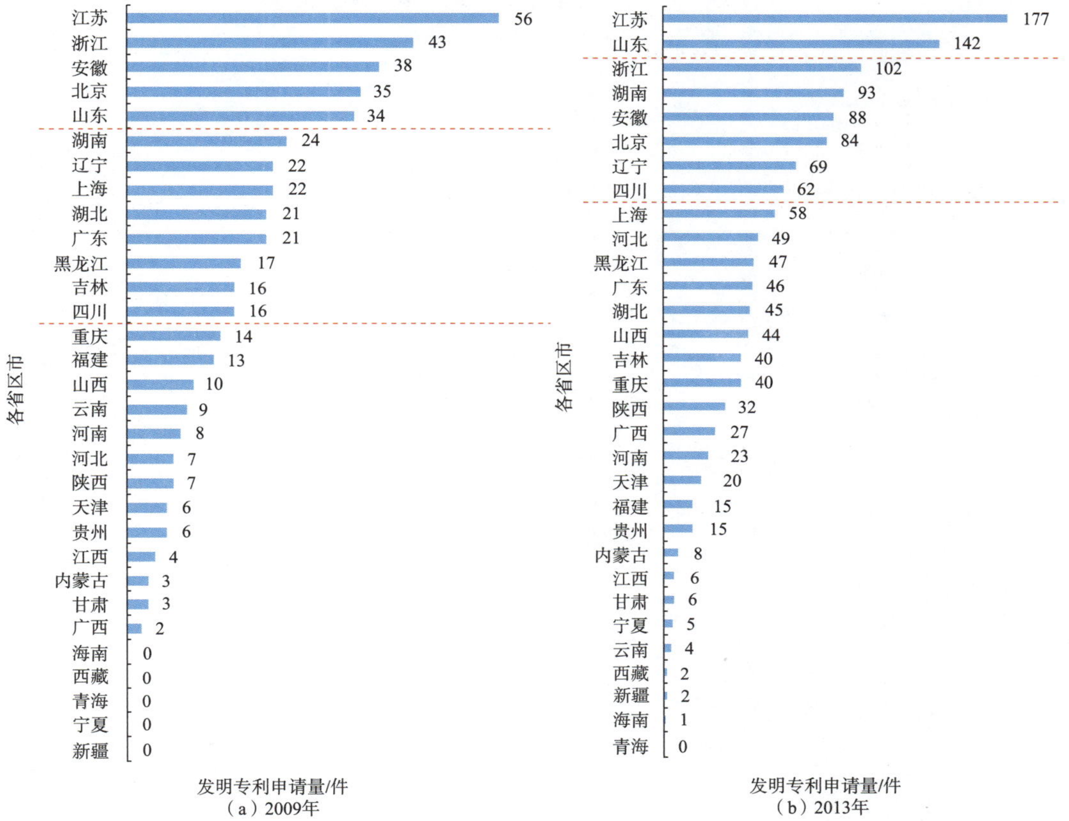

图 8.5　铁路机车车辆配件制造产业研发环节空间分布

2. 生产环节空间分布分析

图 8.6 为 2009 年和 2013 年铁路机车车辆配件制造产业生产环节的空间分布。2009 年处于第一梯队（从业人员数 18 000 人以上）的区域仅有江苏。处于第二梯队（从业人员数 4 500~18 000 人）的区域包括黑龙江、辽宁、河北、山西、湖南和四川。2013 年处于第一梯队（从业人员数 30 000 人以上）的区域为江苏和湖南，其中湖南由第二梯队进入第一梯队。辽宁维持在第二梯队（从业人员数 10 000~30 000 人）。

3. 销售环节空间分布分析

图 8.7 为 2009 年和 2013 年铁路机车车辆配件制造产业销售环节的空间分布。2009 年处于第一梯队（主营业务收入 100 亿元以上）的区域仍仅为江苏，这与该产业的从业人员数量分布一致。处于第二梯队（主营业务收入 25 亿~100 亿元）的区域为辽宁、山东和湖南。2013 年江苏仍然处于第一梯队（主营业务收入 250 亿元以上），湖南由第二梯队进入第一梯队。辽宁、北京和山东处于第二梯队（主营业务收入 50 亿~250 亿元）。

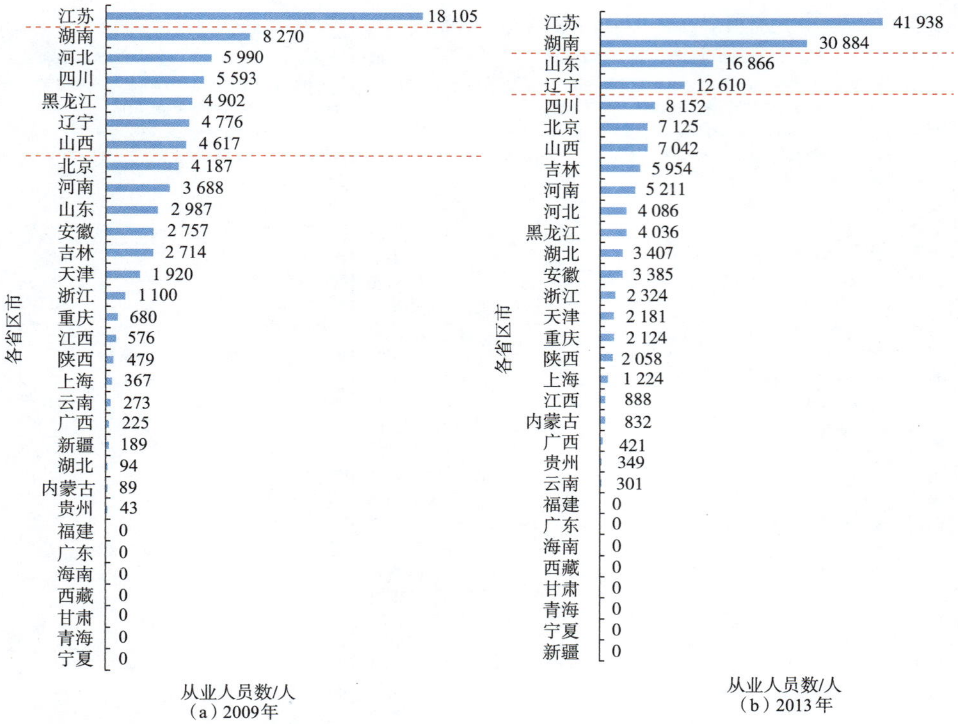

图 8.6　铁路机车车辆配件制造产业生产环节空间分布

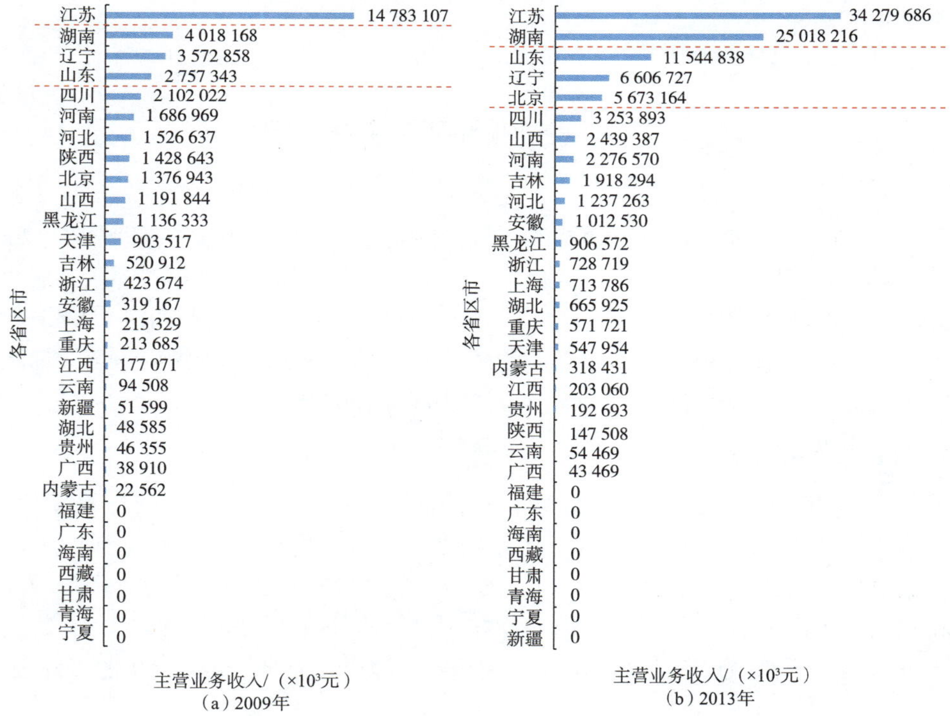

图 8.7　铁路机车车辆配件制造产业销售环节空间分布

4. 盈利环节空间分布分析

图 8.8 为 2009 年和 2013 年铁路机车车辆配件制造产业盈利环节的空间分布。2009 年处于第一梯队（营业利润 10 亿元以上）的区域为江苏。处于第二梯队（营业利润 5 亿~10 亿元）的区域为辽宁。2013 年江苏仍处于第一梯队（营业利润 30 亿元以上）。山东和湖南进入第二梯队（营业利润 10 亿~30 亿元），而辽宁落入第三梯队（营业利润 10 亿元以下）。

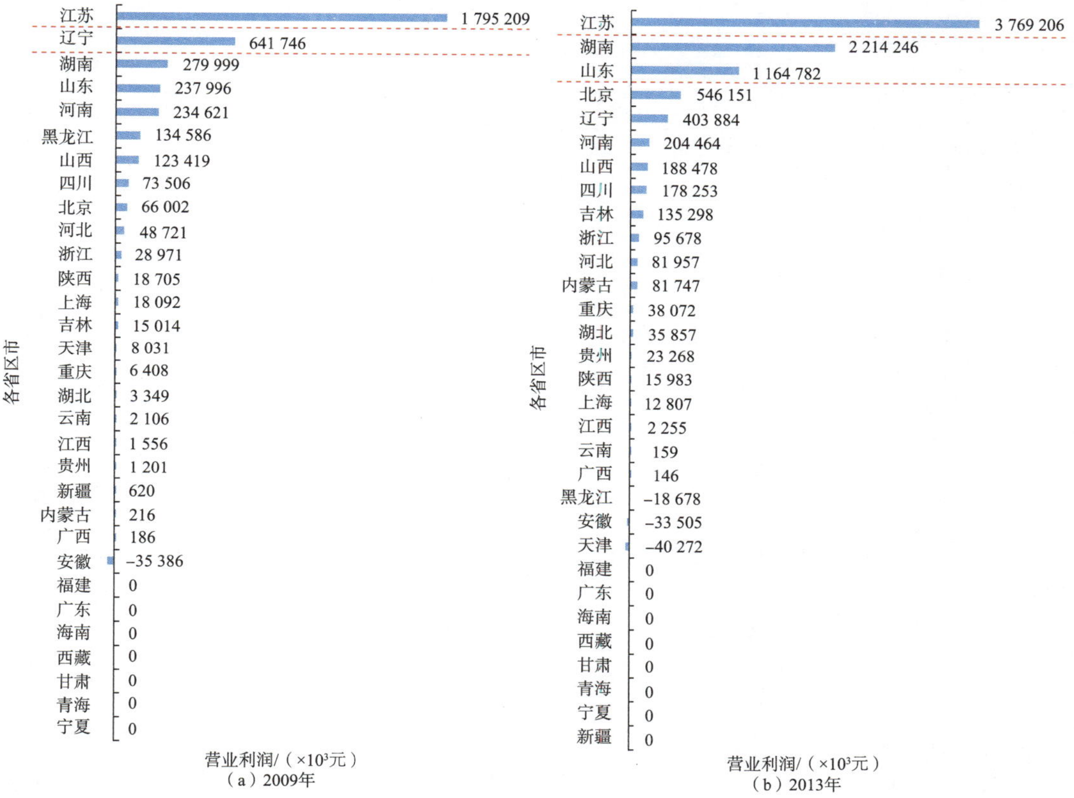

图 8.8　铁路机车车辆配件制造产业盈利环节空间分布

8.2.4　铁路专用设备及器材配件制造产业价值环节空间分布分析

1. 研发环节空间分布分析

图 8.9 为 2009 年和 2013 年铁路专用设备及器材配件制造产业研发环节的空间分布。2009 年处于第一梯队（发明专利申请量 50 件以上）的区域是北京。处于第二梯队（发明专利申请量 10~50 件）的区域包括辽宁、山东、江苏、上海、广东、安徽、陕西、四川、湖南。2013 年处于第一梯队（发明专利申请量 60 件以上）的区域有北京和江苏，辽宁、山东、安徽、四川、上海和陕西仍维持在第二梯队。湖南和广东落入第三梯队（发明专利申请量 20 件及以下）。

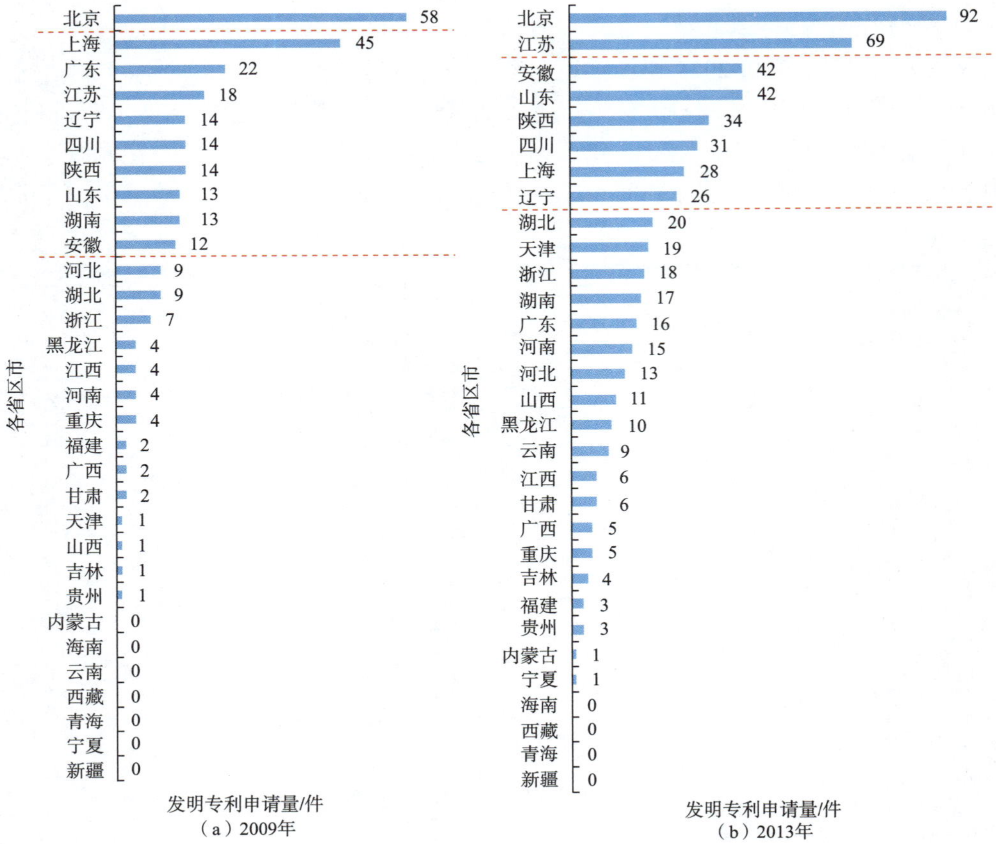

图 8.9　铁路专用设备及器材配件制造产业研发环节空间分布

2. 生产环节空间分布分析

图 8.10 为 2009 年和 2013 年铁路专用设备及器材配件制造产业生产环节的空间分布。2009 年处于第一梯队（从业人员数 6 000 人以上）的区域为河北、陕西和湖南。处于第二梯队（从业人员数 2 000~6 000 人）的区域包括辽宁、北京、江苏、河南、湖北和四川。2013 年空间分布发生较大变化，处于第一梯队（从业人员数 6 000 人以上）的区域除河北和陕西外，辽宁、北京、山东、江苏、河南、四川均进入第一梯队。湖北、湖南、上海、黑龙江、安徽和山西处于第二梯队（从业人员数 2 000~6 000 人）。

3. 销售环节空间分布分析

图 8.11 为 2009 年和 2013 年铁路专用设备及器材配件制造产业销售环节的空间分布。2009 年处于第一梯队（主营业务收入 30 亿元以上）的区域为河北、江苏、湖南和陕西。处于第二梯队（主营业务收入 10 亿~30 亿元）的区域为辽宁、北京、山东、河南、四川和云南。2013 年仅河北和陕西仍然处于第一梯队（主营业务收入 100 亿元以上），河南、江苏、北京、辽宁和湖南处于第二梯队（主营业务收入 40 亿~100 亿元）。其他区域均处于第三梯队。

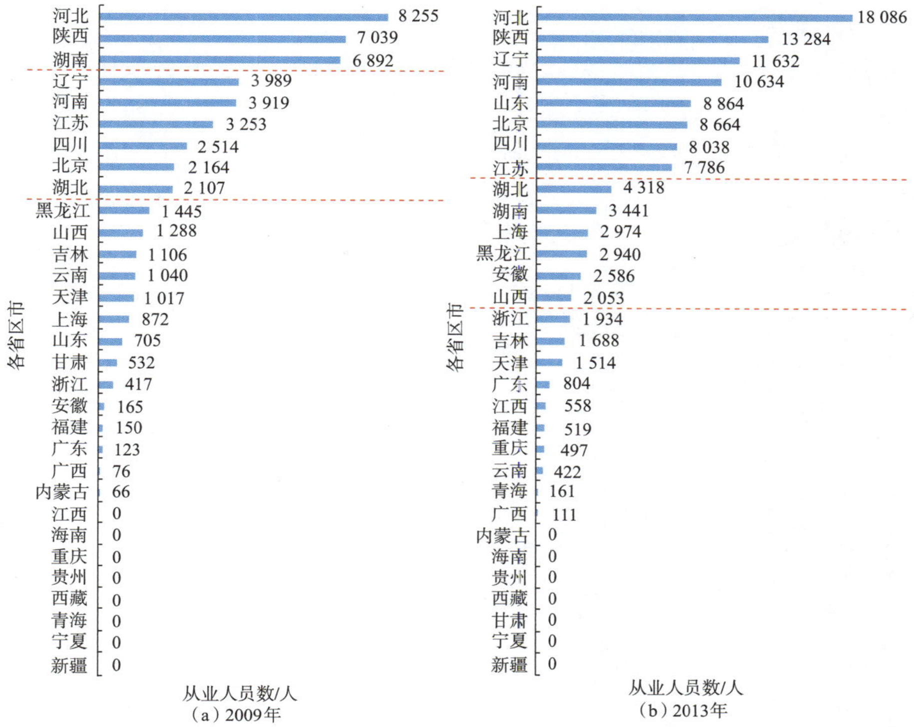

图 8.10　铁路专用设备及器材配件制造产业生产环节空间分布

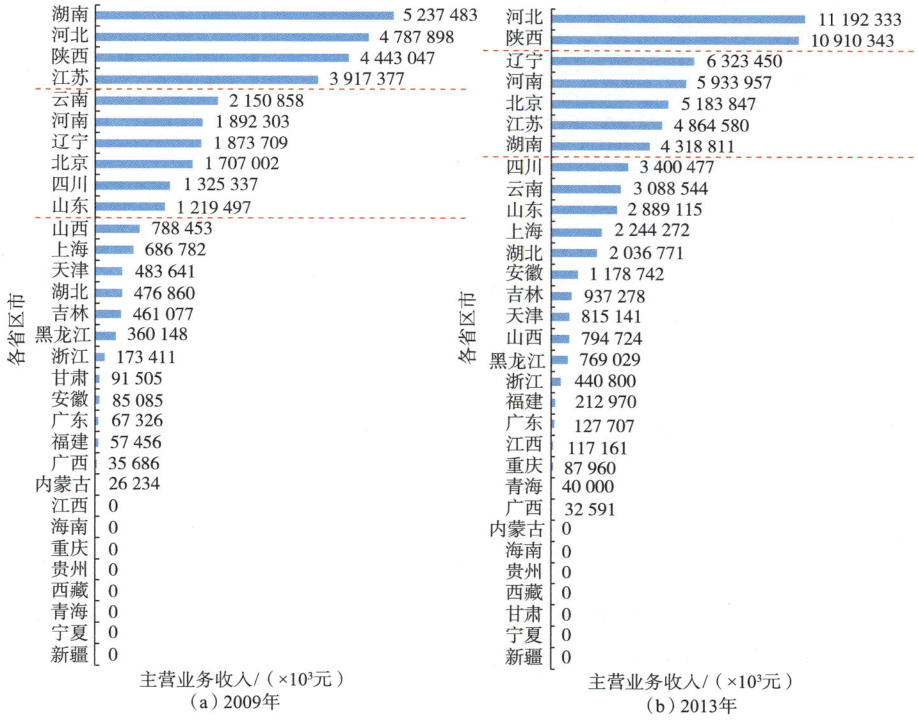

图 8.11　铁路专用设备及器材配件制造产业销售环节空间分布

4. 盈利环节空间分布分析

图 8.12 为 2009 年和 2013 年铁路专用设备及器材配件制造产业盈利环节的空间分布。2009 年处于第一梯队（营业利润 3 亿元以上）的区域为江苏、陕西、河北。处于第二梯队（营业利润 2 亿~3 亿元）的区域为北京、河南、湖南和云南。2013 年河北和陕西仍处于第一梯队（营业利润 10 亿元以上），江苏落入第二梯队（营业利润 5 亿~10 亿元）。北京和湖南保持第二梯队，而河南和云南退出第二梯队。

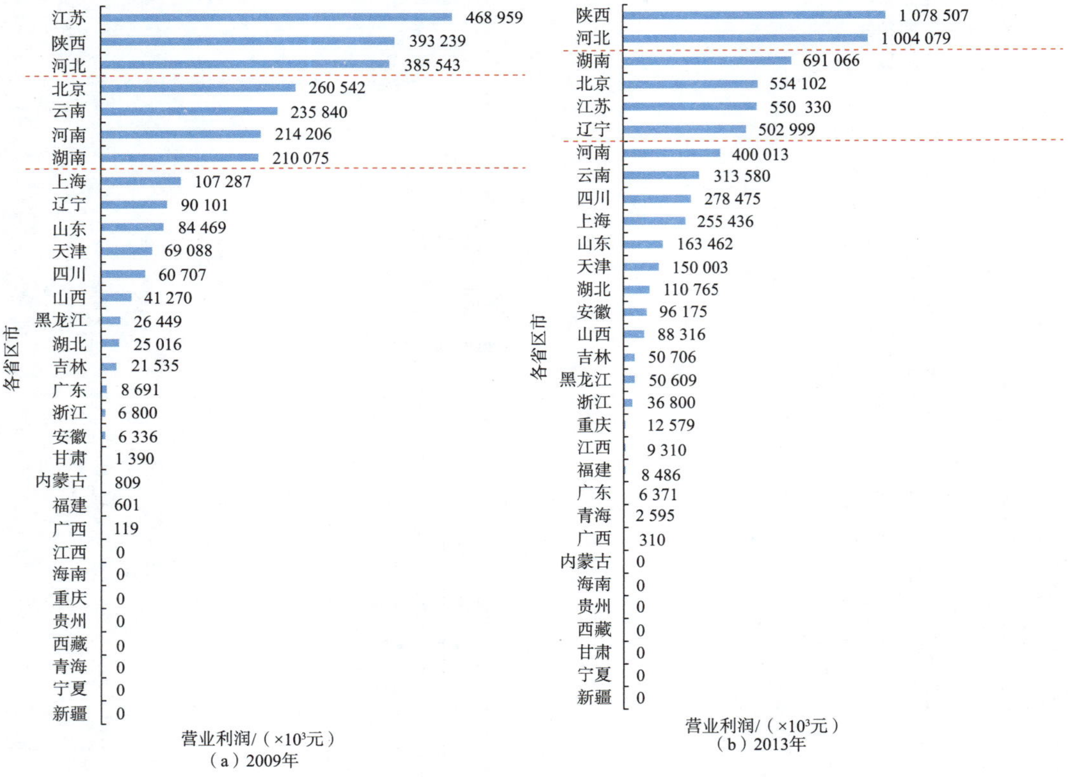

图 8.12 铁路专用设备及器材配件制造产业盈利环节空间分布

8.2.5 铁路运输设备系统产业价值环节空间分布分析

1. 研发环节空间分布分析

图 8.13 为 2009 年和 2013 年铁路运输设备系统产业研发环节的空间分布。2009 年处于第一梯队（发明专利申请量 10 件以上）的区域只有北京。处于第二梯队［发明专利申请量 5（含）~10 件］的区域包括山东、上海、江苏、浙江、湖南和重庆。2013 年处于第一梯队（发明专利申请量 20 件以上）的区域为山东，北京、江苏和广东在第二梯队［发明专利申请量 10（含）~20 件］。浙江、湖南、上海和重庆均退出第二梯队。

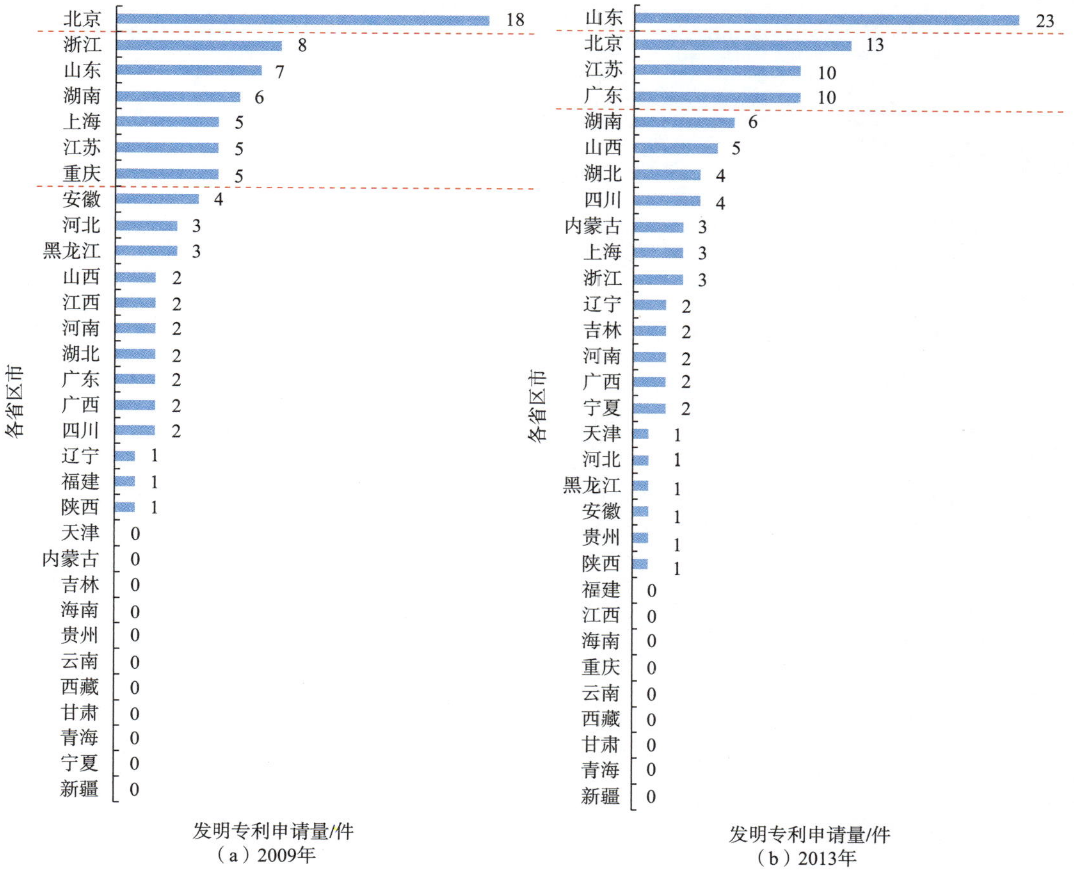

图 8.13　铁路运输设备系统产业研发环节空间分布

2. 生产环节空间分布分析

图 8.14 为 2009 年和 2013 年铁路运输设备系统产业生产环节的空间分布。2009 年处于第一梯队（从业人员数 4 000 人以上）的区域为河北、河南、山东、山西、江苏和广西。处于第二梯队（从业人员数 2 500~4 000 人）的区域包括吉林、湖北、广东、四川和贵州。2013 年区域空间分布发生较大变化。处于第一梯队（从业人员数 5 000 人以上）的区域仅有黑龙江、辽宁和山西。吉林、湖北、广东和广西处于第二梯队（从业人员数 3 000~5 000 人）。

3. 销售环节空间分布分析

图 8.15 为 2009 年和 2013 年铁路运输设备系统产业销售环节的空间分布。2009 年处于第一梯队（主营业务收入 10 亿元以上）的区域较多，包括山东、山西、河南、湖北和四川。处于第二梯队（主营业务收入 4 亿~10 亿元）的区域为黑龙江、吉林、河北、江苏、甘肃、贵州、广东和广西。2013 年仅辽宁处于第一梯队（主营业务收入 50 亿元以上），黑龙江、山西和湖北均处于第二梯队（主营业务收入 20 亿~50 亿元）。

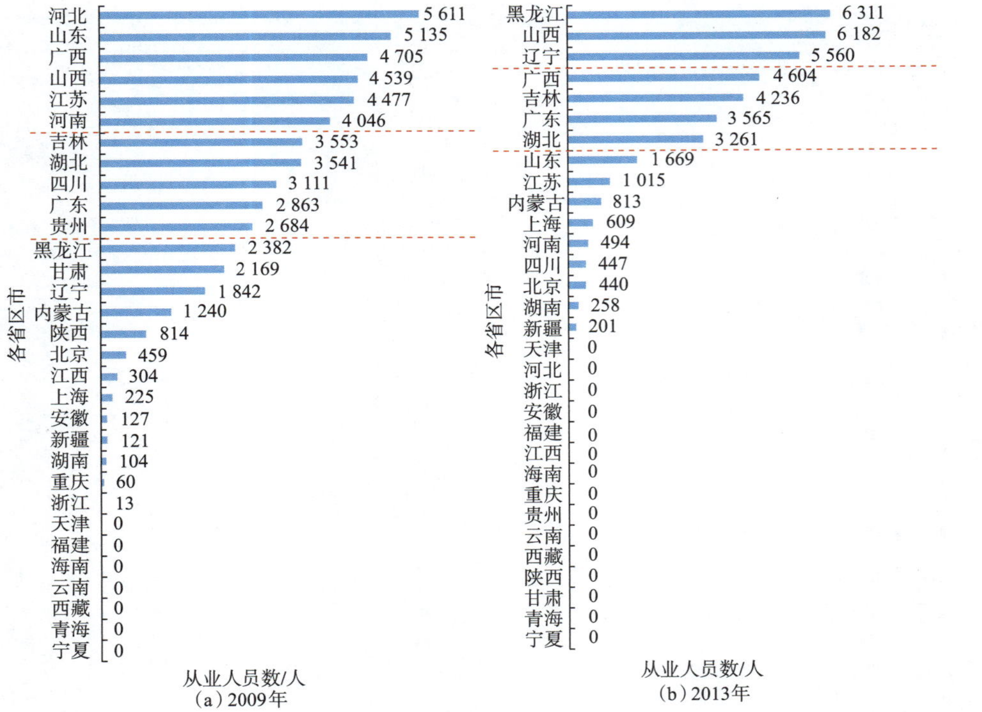

图 8.14 铁路运输设备系统产业生产环节空间分布

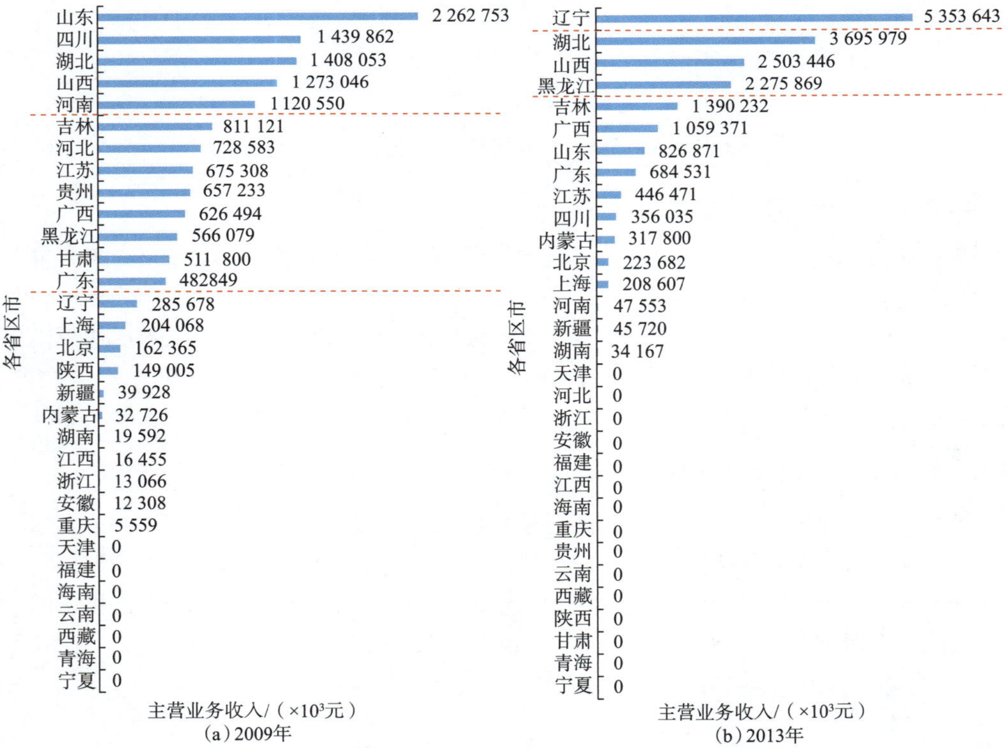

图 8.15 铁路运输设备系统产业销售环节空间分布

4. 盈利环节空间分布分析

图 8.16 为 2009 年和 2013 年铁路运输设备系统产业盈利环节的空间分布。2009 年处于第一梯队（营业利润 3 亿元以上）的区域为山东。处于第二梯队（营业利润 0.4 亿~3 亿元）的区域包括山西、河南、江苏、湖北和四川。2013 年辽宁处于第一梯队（营业利润 2 亿元以上），山东落入第二梯队（营业利润 0.7 亿~2 亿元）。湖北保持在第二梯队。

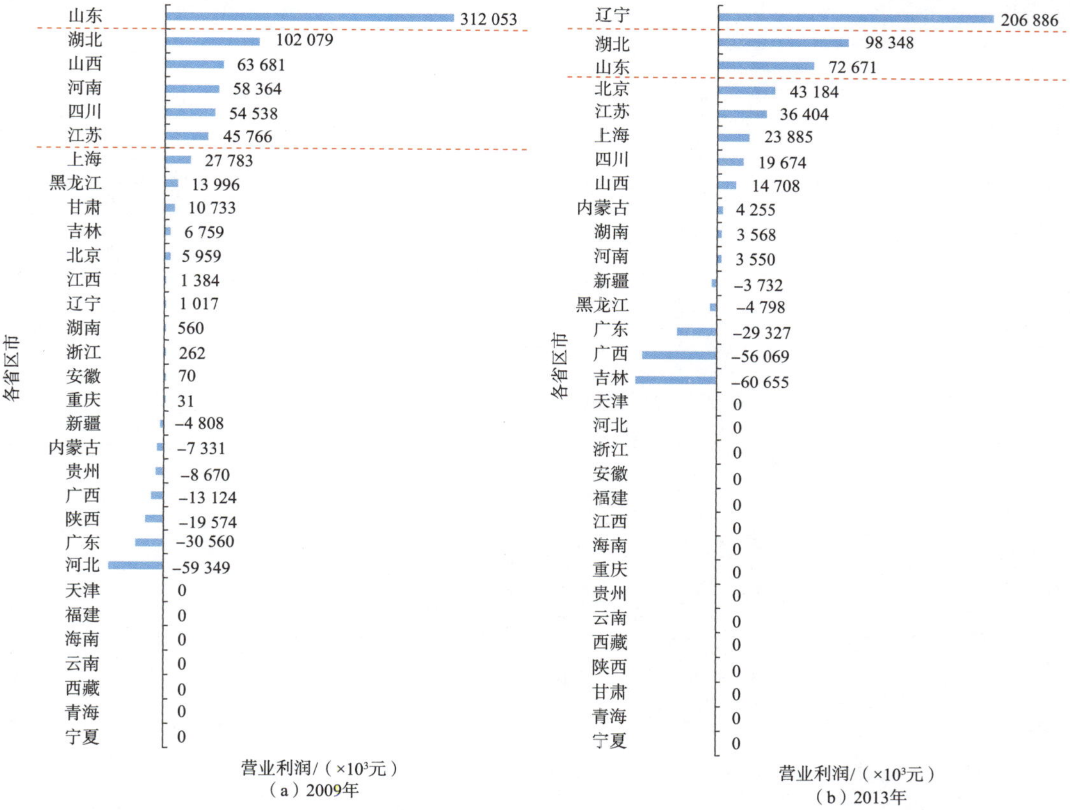

图 8.16 铁路运输设备系统产业盈利环节空间分布

8.3 先进轨道交通产业不同价值环节耦合协调度分析

先进轨道交通产业发展的特点是，在我国部分省区市，四个子产业均有所布局和发展，这样就需要研究每个子产业各产业价值环节之间的运行关系，在此基础上，分析四个子产业的整体布局关系。本节分析先进轨道交通产业四个子产业的研发环节与生产环节、研发环节与销售环节、研发环节与盈利环节的耦合协调度，揭示研发环节与其他环节协同发展的动态特征和区域差异。

8.3.1 铁路机车车辆及动车组制造和窄轨机车车辆制造产业不同价值环节耦合协调度分析

图 8.17~图 8.19 分别为铁路机车车辆及动车组制造和窄轨机车车辆制造产业 31 个省区市的研发环节与生产环节、研发环节与销售环节、研发环节与盈利环节耦合协调度折线图。

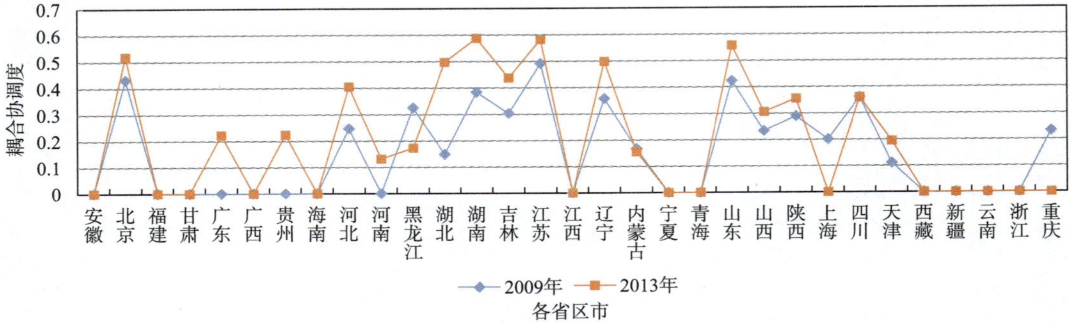

图 8.17 铁路机车车辆及动车组制造和窄轨机车车辆制造产业研发环节与生产环节耦合协调度折线图

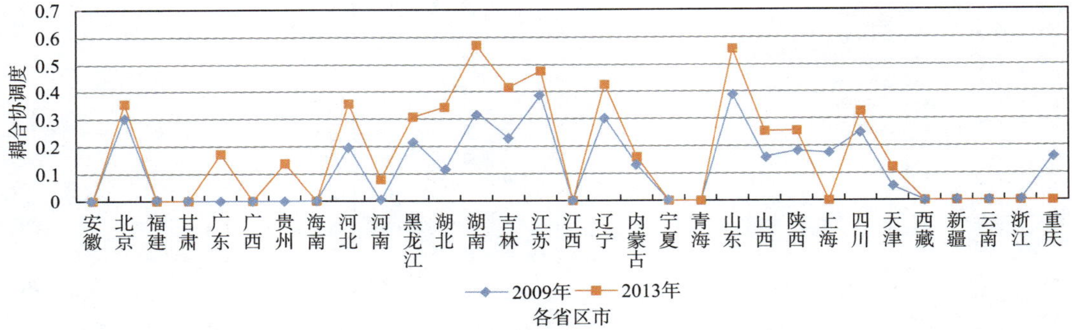

图 8.18 铁路机车车辆及动车组制造和窄轨机车车辆制造产业研发环节与销售环节耦合协调度折线图

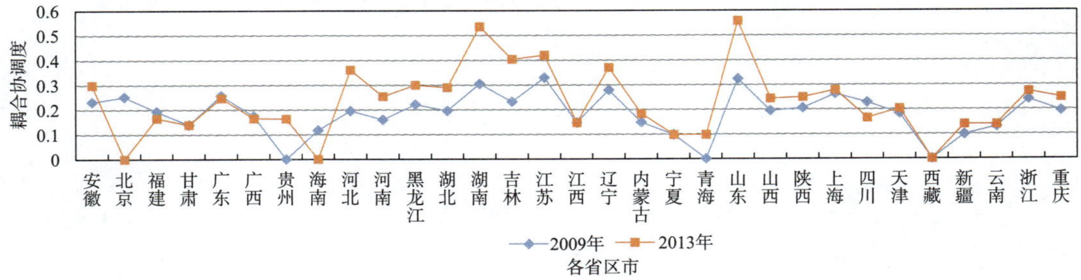

图 8.19 铁路机车车辆及动车组制造和窄轨机车车辆制造产业研发环节与盈利环节耦合协调度折线图

由图 8.17~图 8.19 可以看出，研发环节与生产环节之间的耦合协调度在 2009 年大多数在 0.5 以下。与 2009 年相比，2013 年除黑龙江、内蒙古、重庆和上海之外，其他多数区域的耦合协调度均有所提升（少数区域在 2009 年和 2013 年的耦合协调度均为 0）。其中，北京、湖北、湖南、江苏、辽宁、山东的耦合协调度提高到 0.5 及以上。研发环节与销售环节之间的耦合协调度在 2009 年均在 0.4 以下。与 2009 年相比，2013 年除上海和重庆外，其他多数区域的耦合协调度均上升（少数区域在 2009 年和 2013 年的耦合协调度均为 0）。其中，湖南、吉林、江苏、辽宁和山东的耦合协调度均提高到 0.4 以上。研发环节与盈利环节之间的耦合协调度 2009 年均在 0.35 以下，2013 年湖南、吉林、江苏和山东的耦合协调度均提高到 0.4 以上，而北京、四川、福建和海南的耦合协调度却有所下降。

8.3.2　铁路机车车辆配件制造产业不同价值环节耦合协调度分析

图 8.20~图 8.22 分别为铁路机车车辆配件制造产业 31 个省区市的研发环节与生产环节、研发环节与销售环节、研发环节与盈利环节耦合协调度折线图。

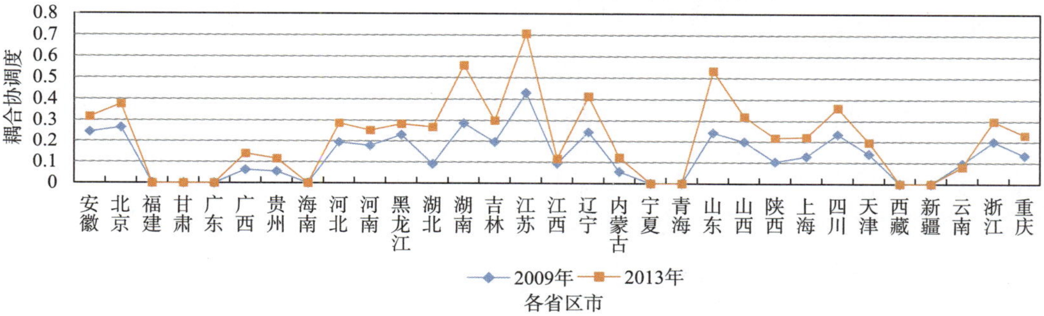

图 8.20　铁路机车车辆配件制造产业研发环节与生产环节耦合协调度折线图

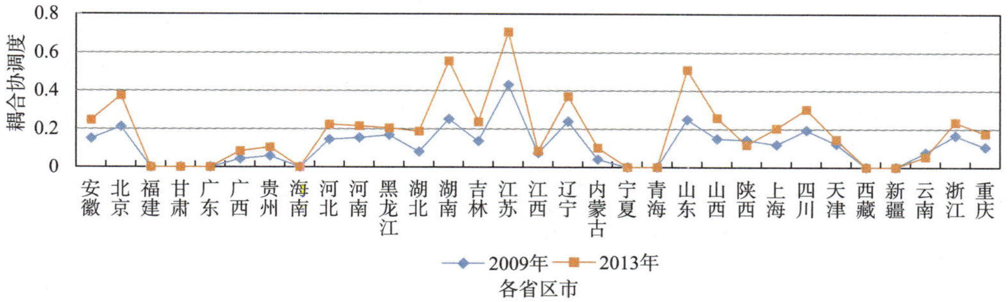

图 8.21　铁路机车车辆配件制造产业研发环节与销售环节耦合协调度折线图

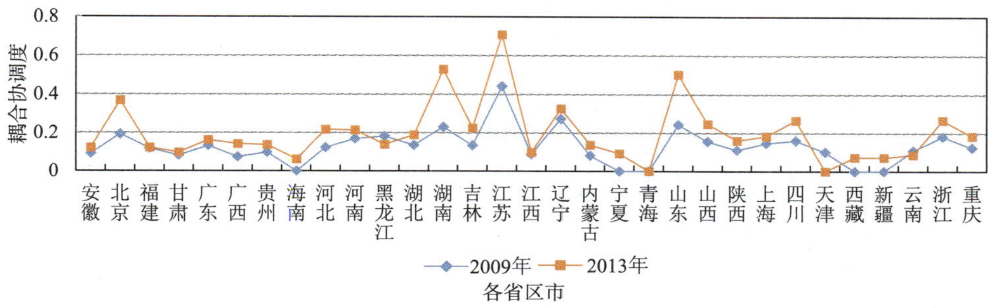

图 8.22　铁路机车车辆配件制造产业研发环节与盈利环节耦合协调度折线图

由图 8.20~图 8.22 可以看出，研发环节与生产环节之间的耦合协调度在 2009 年均在 0.45 以下。与 2009 年相比，2013 年除云南的耦合协调度有少量下降之外，其他多数区域的耦合协调度均有所提升（少数区域在 2009 年和 2013 年的耦合协调度均为 0）。其中，湖南、江苏、山东的耦合协调度提高到 0.5 以上。研发环节与销售环节之间的耦合协调度在 2009 年均在 0.45 以下。与 2009 年相比，2013 年除天津和云南的耦合协调度下降外，其他多数区域的耦合协调度均上升（少数区域在 2009 年和 2013 年的耦合协调度均为 0）。其中，湖南、江苏和山东的耦合协调度均提高到 0.5 以上。研发环节与盈利环节之间的耦合协调度 2009 年均在 0.45 以下，2013 年除天津、黑龙江和云南的耦合协调度下降外，湖南、江苏和山东的耦合协调度均提高到 0.5 以上。

8.3.3 铁路专用设备及器材配件制造产业不同价值环节耦合协调度分析

图 8.23~图 8.25 分别为铁路专用设备及器材配件制造产业 31 个省区市的研发环节与生产环节、研发环节与销售环节、研发环节与盈利环节耦合协调度折线图。

由图 8.23~图 8.25 可以看出，研发环节与生产环节之间的耦合协调度在 2009 年均在 0.3 以下。2013 年，虽然福建、甘肃、广东和陕西的耦合协调度出现不同程度的下降，其他多数区域的耦合协调度均有显著提升（少数区域在 2009 年和 2013 年的耦合协调度均为 0）。其中，湖南、江苏、山东的耦合协调度提高到 0.5 以上。研发环节与销售环节

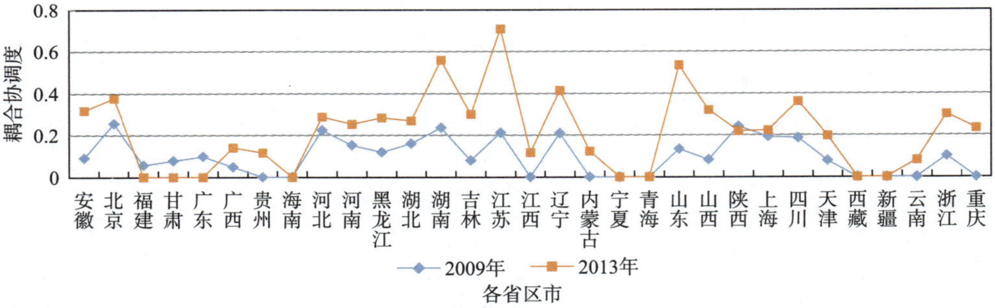

图 8.23 铁路专用设备及器材配件制造产业研发环节与生产环节耦合协调度折线图

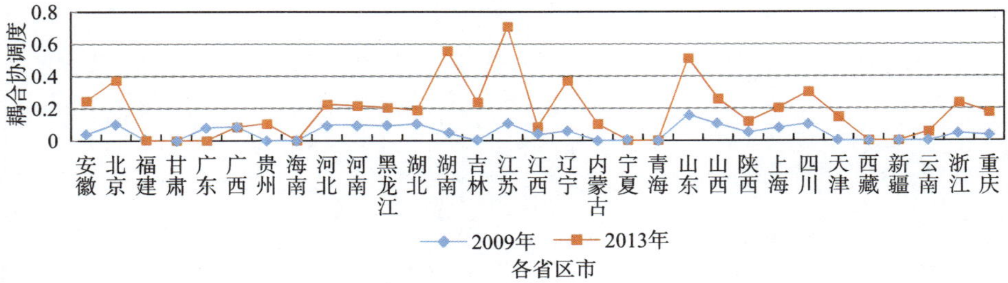

图 8.24 铁路专用设备及器材配件制造产业研发环节与销售环节耦合协调度折线图

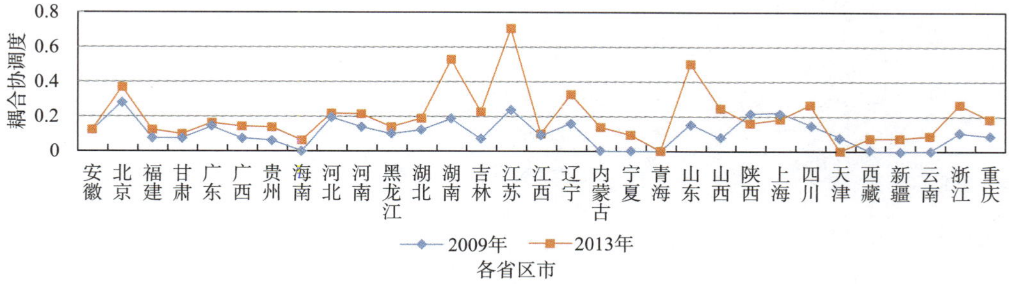

图 8.25　铁路专用设备及器材配件制造产业研发环节与盈利环节耦合协调度折线图

之间的耦合协调度在 2009 年均在 0.3 以下。与 2009 年相比，2013 年，虽然福建、甘肃、广东和陕西的耦合协调度下降，其他多数区域的耦合协调度均有所上升（少数区域在 2009 年和 2013 年的耦合协调度均为 0）。其中，湖南、江苏和山东的耦合协调度均提高到 0.5 以上。研发环节与盈利环节之间的耦合协调度 2009 年均在 0.3 以下，2013 年陕西、上海和天津的耦合协调度下降，其他多数区域的耦合协调度具有不同程度的提升（少数区域在 2009 年和 2013 年的耦合协调度均为 0），湖南、江苏和山东的耦合协调度提高到 0.5 以上。

8.3.4　铁路运输设备系统产业不同价值环节耦合协调度分析

图 8.26~图 8.28 分别为铁路运输设备系统产业 31 个省区市的研发环节与生产环节、研发环节与销售环节、研发环节与盈利环节耦合协调度折线图。

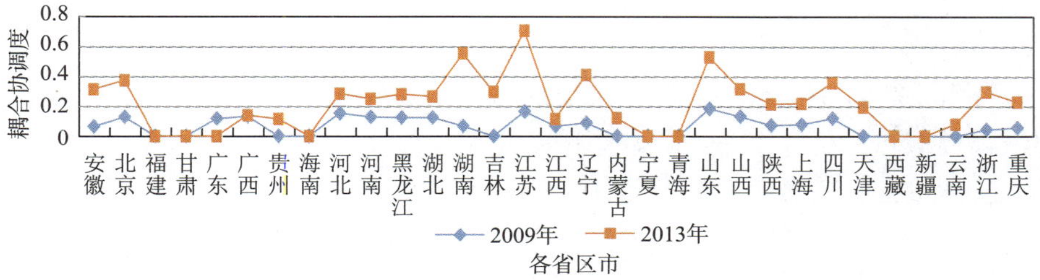

图 8.26　铁路运输设备系统产业研发环节与生产环节耦合协调度折线图

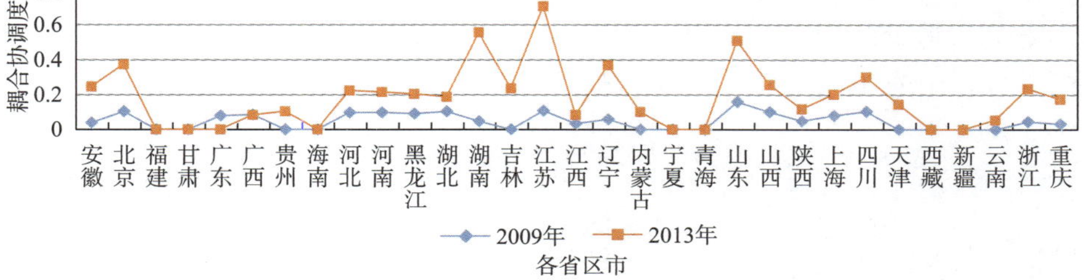

图 8.27　铁路运输设备系统产业研发环节与销售环节耦合协调度折线图

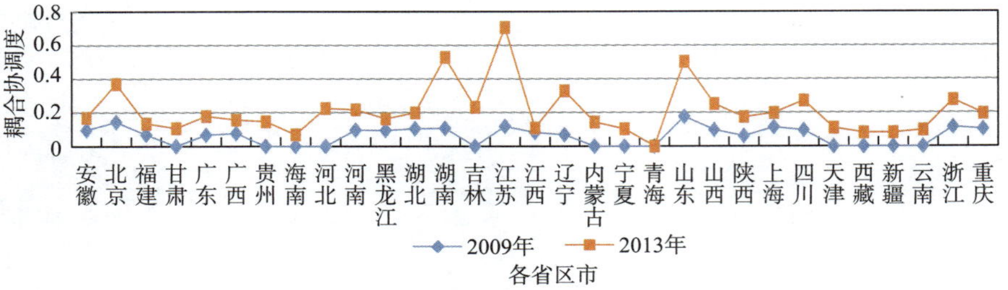

图 8.28　铁路运输设备系统产业研发环节与盈利环节耦合协调度折线图

由图 8.26~图 8.28 可以看出，研发环节与生产环节之间的耦合协调度在 2009 年均在 0.2 以下，研发和生产环节间存在严重的不协调性。2013 年，仅广东的耦合协调度降为 0，其他多数区域的耦合协调度有显著提升（少数区域在 2009 年和 2013 年的耦合协调度均为 0）。其中，湖南、江苏、山东的耦合协调度提高到 0.5 以上。研发环节与销售环节之间的耦合协调度在 2009 年均在 0.2 以下。与 2009 年相比，2013 年仅广东的耦合协调度降为 0 之外，其他多数区域的耦合协调度均有所上升（少数区域在 2009 年和 2013 年的协调度均为 0）。其中，湖南、江苏和山东的耦合协调度均提高到 0.5 以上。2009 年研发环节与盈利环节之间的耦合协调度均在 0.2 以下，2013 年仅青海的耦合协调度为 0，其他多数区域的耦合协调度均有显著提升，湖南、江苏和山东的耦合协调度提高到 0.5 以上。

8.4　先进轨道交通产业价值链的区域布局组合特征分析

组合分析是将各个区域产业链的价值环节在全国的地位进行综合分析，并依据不同区域的组合类型，分析每个子产业在全国的地位，以及四个子产业的综合竞争优势。以价值环节各衡量指标（发明专利申请量、从业人员数、主营业务收入和营业利润）的区域均值作为划分区域在某一价值环节高低水平的标准，基于产业的四个价值环节“研发—生产—销售—盈利”，可将区域划分为 16 种类型，分别为高-高-高-高、低-高-高-高、高-低-高-高、高-高-低-高、高-高-高-低、低-低-高-高、低-高-低-高、低-高-高-低、高-低-低-高、高-低-高-低、高-高-低-低、低-低-低-高、低-低-高-低、低-高-低-低、高-低-低-低、低-低-低-低。2009 年和 2013 年各区域在产业四个价值环节的分布特征如表 8.3 和表 8.4 所示。

表 8.3　产业不同价值环节组合类型的区域分布特征（2009 年）

组合类型	铁路机车车辆及动车组制造和窄轨机车车辆制造	铁路机车车辆配件制造	铁路专用设备及器材配件制造	铁路运输设备系统
高-高-高-高	江苏、辽宁、山东	湖南、江苏、辽宁、山东	北京、河北、湖南、江苏、辽宁、陕西	江苏、山东

续表

组合类型	铁路机车车辆及动车组制造和窄轨机车车辆制造	铁路机车车辆配件制造	铁路专用设备及器材配件制造	铁路运输设备系统
低-高-高-高	河北、黑龙江	河南	河南	河南、湖北、山西、四川
高-低-高-高	—	—	—	—
高-高-低-高	—	—	—	—
高-高-高-低	北京、四川	北京、四川	四川	河北、黑龙江
低-低-高-高	—	—	云南	—
低-高-低-高	—	山西	—	—
低-高-高-低	—	河北	—	甘肃、广东、广西、贵州、吉林
高-低-低-高	—	—	上海	上海
高-低-高-低	—	—	山东	—
高-高-低-低	—	安徽、黑龙江、吉林	湖北	—
低-低-低-高	内蒙古	—	—	—
低-低-高-低	—	陕西	—	—
低-高-低-低	山西、陕西	—	—	辽宁
高-低-低-低	安徽、广东、上海、浙江	广东、湖北、上海、浙江	安徽、广东	安徽、北京、湖南、浙江、重庆
低-低-低-低	福建、甘肃、广西、贵州、海南、河南、江西、宁夏、青海、天津、西藏、新疆、云南、吉林、湖南、湖北、重庆	福建、甘肃、广西、贵州、海南、江西、内蒙古、宁夏、青海、天津、西藏、新疆、云南、重庆	福建、甘肃、广西、贵州、海南、黑龙江、吉林、江西、内蒙古、宁夏、青海、山西、天津、西藏、新疆、浙江、重庆	福建、海南、江西、内蒙古、宁夏、青海、陕西、天津、西藏、新疆、云南

表 8.4　产业不同价值环节组合类型的区域分布特征（2013 年）

组合类型	铁路机车车辆及动车组制造和窄轨机车车辆制造	铁路机车车辆配件制造	铁路专用设备及器材配件制造	铁路运输设备系统
高-高-高-高	湖南、山东	北京、湖南、江苏、辽宁、山东	北京、江苏、辽宁、陕西、四川	湖北
低-高-高-高	河北、吉林	—	河北、河南	辽宁
高-低-高-高	—	—	—	—
高-高-低-高	—	—	—	—
高-高-高-低	辽宁	—	山东	山西
低-低-高-高	—	—	湖南、云南	—
低-高-低-高	—	—	—	—
低-高-高-低	—	—	—	黑龙江、吉林
高-低-低-高	—	—	—	北京、江苏、山东
高-低-高-低	—	—	—	—

续表

组合类型	铁路机车车辆及动车组制造和窄轨机车车辆制造	铁路机车车辆配件制造	铁路专用设备及器材配件制造	铁路运输设备系统
高-高-低-低	北京、湖北、江苏	四川	—	广东
低-低-低-高	—	—	—	上海
低-低-高-低	—	—	—	—
低-高-低-低	—	—	—	广西
高-低-低-低	安徽、广东、河南、陕西、上海、四川、浙江、重庆	安徽、广东、河北、黑龙江、湖北、山西、上海、浙江	安徽、湖北、上海、天津、浙江	湖南、四川
低-低-低-低	福建、甘肃、广西、贵州、海南、黑龙江、江西、内蒙古、宁夏、青海、山西、天津、西藏、新疆、云南	福建、甘肃、广西、贵州、海南、河南、吉林、江西、内蒙古、宁夏、青海、陕西、天津、西藏、新疆、云南、重庆	福建、甘肃、广东、广西、贵州、海南、黑龙江、吉林、江西、内蒙古、宁夏、青海、山西、西藏、新疆、重庆	安徽、福建、甘肃、贵州、海南、河北、河南、江西、内蒙古、宁夏、青海、陕西、天津、西藏、新疆、云南、浙江、重庆

从表 8.3 可以看出，在铁路机车车辆及动车组制造和窄轨机车车辆制造产业，江苏、辽宁、山东属于高-高-高-高型，在研发、生产、销售和盈利四个产业价值环节均占优势。河北和黑龙江属于研发弱，而生产、销售和盈利环节较强的区域。北京和四川在研发、生产和销售环节较强，但是盈利能力处于较低水平。内蒙古则与北京和四川刚好相反，其在研发、生产和销售环节较弱，但是却有相对较高的盈利能力。山西和陕西主要在生产环节表现突出，而安徽、广东、上海和浙江研发能力较强，但是生产、销售和盈利能力不及全国平均水平。其他区域均属于低-低-低-低型。

在铁路机车车辆配件制造产业，湖南、江苏、辽宁和山东在研发、生产、销售和盈利环节均处于领先水平。河南虽然在生产、销售和盈利环节较强，但是研发环节却较弱。北京和四川在研发、生产和销售环节较强，但是盈利能力却处于较低水平。山西在生产和盈利环节处于较高水平，而研发和销售水平较低。河北在生产和销售环节较高，但在研发和盈利能力上却处于较低水平。安徽、黑龙江和吉林在产业价值链的研发和生产环节处于较高水平，但是销售和盈利水平却很低。陕西仅在销售环节处于全国平均水平以上。广东、湖北、上海、浙江仅表现出较强的研发能力。其他区域均属于低-低-低-低型。

在铁路专用设备及器材配件制造产业，北京、河北、湖南、江苏、辽宁和陕西六个区域在研发、生产、销售和盈利环节均表现较强的实力，实现四个环节的协同发展。河南研发能力弱，生产、销售和盈利能力相对较强。四川虽然在研发、生产和销售环节具有较高水平，但是盈利能力却较差。云南仅在销售和盈利环节突出，但是研发和生产环节较弱。上海在研发和盈利环节处于较高水平。山东在研发和销售环节处于较高水平。而湖北在研发和生产环节处于较高水平。此外，安徽和广东在研发环节表现突出，但是其他环节低于全国平均水平。其他区域均属于低-低-低-低型。

在铁路运输设备系统产业，江苏和山东属于高-高-高-高类型，在产业四个价值环节均占优。河南、湖北、山西和四川研发水平低，但生产、销售和盈利水平较高。河北和黑龙江在研发、生产和销售环节较强，但是盈利环节却较弱。甘肃、广东、广西、贵州和吉林在生产和销售环节处于较高水平，但是研发和盈利水平却较低。与之相反，上海在研发和盈利环节处于较高水平，但是生产和销售水平却较低。辽宁仅在生产环节处于全国平均水平之上。安徽、北京、湖南、浙江和重庆仅在研发环节表现突出。其他区域均属于低-低-低-低型。

与 2009 年相比，2013 年除低-低-低-低类型外，其他 15 种类型不协同的区域数量变少。因此，各区域在四个价值环节间的协同性增强。

从表 8.4 可以看出，在铁路机车车辆及动车组制造和窄轨机车车辆制造产业，湖南和山东在产业四个价值环节均表现突出。河北和吉林研发水平较低，但是生产、销售和盈利水平却较高。辽宁在研发、生产和销售环节具有较高水平，但是盈利环节却较弱。北京、湖北和江苏在产业价值链前端两个环节（研发和生产）表现突出，但是后端两个环节（销售和盈利）却较弱。安徽、广东、河南、陕西、上海、四川、浙江和重庆八个区域仅在研发环节处于全国平均水平之上，其他环节均低于全国平均水平。

在铁路机车车辆配件制造产业，北京、湖南、江苏、辽宁和山东在产业四个价值环节均处于较高水平。四川在产业价值链前两个环节（生产和研发）处于较高水平，但是销售和盈利环节却较弱。安徽、广东、河北、黑龙江、湖北、山西、上海和浙江八个区域的研发能力较强，但是生产、销售和盈利环节处于较低水平。

在铁路专用设备及器材配件制造产业，北京、江苏、辽宁、陕西和四川在产业四个价值环节均处于较高水平。河北和河南在研发环节水平较低，但在生产、销售和盈利环节处于较高水平。山东在研发、生产和销售环节能力较强，但是盈利水平处于较低水平。湖南和云南在销售和盈利环节处于全国平均水平之上，但是研发和生产环节却较弱。安徽、湖北、上海、天津和浙江研发能力较强，但是生产、销售和盈利环节处于较低水平。

在铁路运输设备系统产业，湖北是唯一一个在研发、生产、销售和盈利四个环节均较强的区域。辽宁研发水平较高，生产、销售和盈利水平却较低。山西在研发、生产和销售环节较强，但是盈利能力却较低。黑龙江和吉林在研发和盈利环节处于较低水平，在生产和销售环节处于较高水平。北京、江苏和山东在研发和盈利环节表现突出，但是生产和销售环节却较弱。广东在价值链的前两个环节（研发和生产）具有较强实力，但是销售和盈利能力较弱。上海仅在盈利能力上较为突出。而广西仅在生产环节表现突出。

选取每个子产业四个产业价值环节前五名的区域作为典型区域，分析典型区域在产业不同价值环节的分布特征。2009 年和 2013 年产业不同价值环节前五名区域如表 8.5 和表 8.6 所示。

表 8.5　产业不同价值环节前五名区域（2009 年）

产业	研发环节	生产环节	销售环节	盈利环节
铁路机车车辆及动车组制造和窄轨机车车辆制造	北京	山东	山东	湖南
	江苏	江苏	湖南	山东
	广东	湖南	江苏	吉林
	上海	吉林	辽宁	辽宁
	浙江	黑龙江	吉林	江苏
铁路机车车辆配件制造	江苏	江苏	江苏	江苏
	浙江	湖南	湖南	辽宁
	安徽	河北	辽宁	湖南
	北京	四川	山东	山东
	山东	黑龙江	四川	河南
铁路专用设备及器材配件制造	北京	河北	湖南	江苏
	上海	陕西	河北	陕西
	广东	湖南	陕西	河北
	江苏	辽宁	江苏	北京
	辽宁	河南	云南	云南
铁路运输设备系统	北京	河北	山东	山东
	浙江	山东	四川	湖北
	山东	广西	湖北	山西
	湖南	山西	山西	河南
	江苏	江苏	河南	四川

表 8.6　产业不同价值环节前五名区域（2013 年）

产业	研发环节	生产环节	销售环节	盈利环节
铁路机车车辆及动车组制造和窄轨机车车辆制造	江苏	山东	山东	山东
	北京	吉林	吉林	吉林
	湖南	湖南	湖南	湖南
	安徽	湖北	河北	河北
	辽宁	河北	辽宁	黑龙江
铁路机车车辆配件制造	江苏	江苏	江苏	江苏
	山东	湖南	湖南	湖南
	浙江	山东	山东	山东
	湖南	辽宁	辽宁	北京
	安徽	四川	北京	辽宁
铁路专用设备及器材配件制造	北京	河北	河北	陕西
	江苏	陕西	陕西	河北
	安徽	辽宁	辽宁	湖南
	山东	河南	河南	北京
	陕西	山东	北京	江苏
铁路运输设备系统	山东	黑龙江	辽宁	辽宁
	北京	山西	湖北	湖北
	江苏	辽宁	山西	山东
	广东	广西	黑龙江	北京
	湖南	吉林	吉林	江苏

由表 8.5 可以看出，在铁路机车车辆及动车组制造和窄轨机车车辆制造产业，江苏

在研发、生产和销售环节均排在全国前五，而山东、吉林和湖南在生产、销售和盈利环节排在前五，研发环节相对较弱。北京、广东、上海和浙江在研发环节较强，而黑龙江在生产环节较强。辽宁在销售和盈利环节较强。

在铁路机车车辆配件制造产业，江苏在研发、生产、销售和盈利环节均位列第一。山东在研发、销售和盈利环节排在前五。而湖南仅在生产、销售和盈利环节排在前五，研发环节相对较弱。辽宁在销售和盈利环节位居前五。浙江、安徽和北京仅在研发环节位居前五。而河北和黑龙江仅在生产环节位居前五。四川在生产和销售环节位居前五。河南仅在盈利环节位居前五。

在铁路专用设备及器材配件制造产业，江苏在研发、销售和盈利环节均排在全国前五。辽宁在研发和生产环节排在前五。河北、陕西在生产、销售和盈利环节排在前五，但研发环节则相对较弱。北京在研发和盈利环节排在前五。湖南在生产和销售环节排在前五。而云南在销售和盈利环节排在前五。上海和广东仅在研发环节表现突出。河南仅在生产环节表现突出。该产业存在严重错位现象。

在铁路运输设备系统产业，山东在研发、生产、销售和盈利环节均排在全国前五。山西在生产、销售和盈利环节表现突出，但是研发能力较弱。江苏虽然研发和生产环节位居前五，但是销售和盈利环节不在前五之列。而湖北、河南和四川则在销售和盈利环节位居前五。此外，北京、浙江和湖南在生产环节表现突出，而河北和广西在生产环节表现突出。

由表 8.6 可以看出，在铁路机车车辆及动车组制造和窄轨机车车辆制造产业，湖南在研发、生产和销售环节均排在全国前五。而山东、吉林和河北在生产、销售和盈利环节排在前五，研发环节相对较弱。此外，江苏、北京、安徽和辽宁在研发环节上实力明显强于其他区域。湖北仅在生产环节上实力明显强于其他区域。辽宁在研发和销售环节上实力强于其他区域。而黑龙江仅在盈利环节上实力强于其他区域。

在铁路机车车辆配件制造产业，江苏、湖南和山东均实现了在研发、生产、销售和盈利四个环节位居全国前五，表现出很强的协同发展特征。辽宁的生产、销售和盈利能力位居前五，表现出很强的实力。北京在销售和盈利环节排在前五。浙江和安徽仅在研发环节位居前五。而四川仅在生产环节位居前五。

在铁路专用设备及器材配件制造产业，陕西在研发、生产、销售和盈利环节均排在全国前五。河北在生产、销售和盈利环节位居前五，但是研发环节不在前五之列。辽宁、河南在生产和销售环节位居前五。山东在研发和生产环节位居前五。北京在研发、销售和盈利环节排在前五。而江苏在研发和盈利环节排在前五。此外，安徽仅在研发环节实力很强。而湖南仅在盈利环节实力很强。

在铁路运输设备系统产业，不存在四个环节均位居前五的区域。辽宁在生产、销售和盈利环节排在全国前五。山东、北京、江苏在研发和盈利环节排在前五。而黑龙江、山西和吉林在生产和销售环节位居前五。湖北在产业价值链的后两个环节（销售和盈利）占据优势。此外，广东和湖南仅在研发环节上位居前五。而广西仅在生产环节上位居前五。

8.5 结论与讨论

（1）我国先进轨道交通产业是一个知识产权密集且空间聚集程度较高的产业，是我国通过知识产权区域布局带动制造业产业布局优化的重要载体。从分布特征看，该产业已形成环渤海、长三角和中部三大聚集区，三大聚集区有望以长三角为中枢形成具有联动效应的空间板块。三个板块内部的空间布局和价值环节布局又存在差异。环渤海聚集区的空间布局较为分散，北京、山东、辽宁各有优势；长三角聚集区布局主要集中于江苏、浙江，且产业价值环节分布较其他省区市更为均衡，中部聚集区的湖南、湖北、安徽在价值环节优势的整合方面还需进一步提升。

（2）先进轨道交通产业的空间聚集通过各子产业在特定区域的聚集和子产业的各价值环节向优势区域的聚集两个路径实现，因此，通过这种聚集产生的子产业间以知识产权为纽带的创新联动及价值环节之间的以知识产权为导向的升级，成为推动产业发展的核心动力。就整个先进轨道交通产业而言，虽然子产业和价值环节的聚集特征明显，但基于技术的聚集和创新活动的聚集尚不明显，知识产权对产业发展的引导作用还较为薄弱。因此，加强产业核心知识产权的创造，通过知识产权的创新、运用活动带动产业聚集、聚合和聚变是未来政策的着力点。

（3）以江苏、山东、湖南为代表的优势地区不仅在各子产业领域布局均衡，而且在各个子产业的研发、生产、销售各环节同步推进，整体竞争优势逐步显现，不仅是领先区域产业结构升级的重点产业，而且有望成为我国先进轨道交通产业发展的核心密集区。江苏、湖南、安徽、北京是在先进轨道交通产业多个子产业的研发环节具有优势的省市，这些省市研发资源雄厚，产业基础良好，经济发展环境优越，分别位于三个不同的聚集区，有望成为三大聚集区的知识产权创造和运营中心。

（4）先进轨道交通产业是一个市场化程度较低的行业，国有部门垄断行业研发资源并主导产业运行的格局的特征明显。各省区市的子产业布局和价值环节布局，一方面由其产业基础决定，这种产业基础基本沿袭计划经济时期的空间配置格局；另一方面也受到国家政策的深刻影响，特别是近年来高速铁路和城市轨道交通的发展很大程度上改变了产业区域分布格局。因此，我国先进轨道交通产业布局优化的实现机制是一个值得深入研究的课题。

第9章
医药制造产业发展与知识产权区域布局

医药制造产业是较为典型的知识产权密集型产业，核心专利的掌控对市场竞争优势的形成至关重要。加之，我国的医药制造产业是一个市场化程度较高的产业，因此，分析医药制造产业与知识产权区域布局的关系意义重大。依据第8章建立的分析框架，本章首先分析医药制造业四个子产业研发环节、生产环节、销售环节和盈利环节的区域空间分布特征及演变规律；其次分析价值链不同环节的耦合协调度；最后分析医药制造产业价值链的区域布局组合特征。

9.1 区域医药制造产业评价总体概况

北京　　医药制造产业

产业整体		2009年		2013年	
		分值	排名	分值	排名
	研发	100.0	1	24.10	4
	生产	36.91	11	33.30	14
	销售	30.30	10	23.95	12
	盈利	49.69	6	41.25	6

四个子产业		2009年		2013年	
		分值	排名	分值	排名
化学药品原料药制造					
	研发	100.00	1	20.82	5

续表

四个子产业		2009年 分值	2009年 排名	2013年 分值	2013年 排名
化学药品原料药制造					
	生产	4.39	22	3.31	24
	销售	3.31	21	1.49	27
	盈利	3.28	20	4.58	25
化学药品制剂制造					
	研发	100.00	1	27.99	5
	生产	53.74	7	53.31	4
	销售	41.34	4	30.58	4
	盈利	45.14	4	38.49	4
中药饮片加工及中成药生产					
	研发	100.00	1	18.24	5
	生产	19.69	17	20.49	17
	销售	22.57	19	14.82	18
	盈利	42.25	13	30.24	13
生物药品制造					
	研发	100.00	1	31.49	3
	生产	59.38	4	27.31	7
	销售	27.00	8	11.56	10
	盈利	64.45	4	38.60	5

天津　　医药制造产业

产业整体		2009 年 分值	2009 年 排名	2013 年 分值	2013 年 排名
	研发	39.82	6	15.81	8
	生产	25.92	18	18.35	19
	销售	24.36	14	20.34	16
	盈利	27.38	14	23.52	12

四个子产业		2009 年 分值	2009 年 排名	2013 年 分值	2013 年 排名
化学药品原料药制造					
	研发	40.82	6	15.10	8
	生产	14.61	14	14.87	14
	销售	20.92	10	11.75	14
	盈利	12.08	11	9.64	16
化学药品制剂制造					
	研发	44.32	5	22.51	7
	生产	28.90	13	25.12	15
	销售	21.85	10	15.76	12
	盈利	23.74	9	14.91	10
中药饮片加工及中成药生产					
	研发	41.56	6	13.98	10
	生产	19.80	16	8.57	25
	销售	25.12	14	21.43	13
	盈利	38.39	15	39.68	6
生物药品制造					
	研发	35.75	6	15.90	8
	生产	8.12	21	8.31	18
	销售	8.69	15	4.33	19
	盈利	4.88	21	2.54	25

河北　　医药制造产业

产业整体		2009年 分值	2009年 排名	2013年 分值	2013年 排名
	研发	14.36	16	5.08	22
	生产	58.27	8	35.54	13
	销售	36.51	7	31.49	9
	盈利	48.70	7	19.40	15

四个子产业		2009年 分值	2009年 排名	2013年 分值	2013年 排名
化学药品原料药制造					
	研发	14.91	16	4.85	21
	生产	53.31	4	23.42	8
	销售	55.34	4	37.67	5
	盈利	41.58	4	26.81	6
化学药品制剂制造					
	研发	15.35	14	6.31	21
	生产	66.51	5	44.22	7
	销售	22.53	9	23.93	5
	盈利	22.97	10	3.71	25
中药饮片加工及中成药生产					
	研发	15.43	17	4.81	23
	生产	26.84	11	22.91	14
	销售	30.99	10	19.57	15
	盈利	76.76	5	29.98	14
生物药品制造					
	研发	12.77	18	5.14	22
	生产	12.33	17	13.14	14
	销售	4.61	19	5.22	15
	盈利	4.96	20	8.06	17

山西

医药制造产业

产业整体		2009 年		2013 年	
		分值	排名	分值	排名
	研发	13.32	19	6.71	16
	生产	18.42	22	14.90	23
	销售	6.44	25	6.19	25
	盈利	6.15	27	5.22	27

四个子产业		2009 年		2013 年	
		分值	排名	分值	排名
化学药品原料药制造					
	研发	13.45	19	6.55	16
	生产	12.87	17	8.95	18
	销售	7.87	16	7.04	18
	盈利	3.29	19	5.22	23
化学药品制剂制造					
	研发	12.81	18	7.31	18
	生产	27.51	15	21.21	19
	销售	6.59	23	5.56	23
	盈利	7.74	21	5.08	21
中药饮片加工及中成药生产					
	研发	15.65	16	6.68	16
	生产	7.45	24	9.48	24
	销售	3.08	26	3.06	27
	盈利	1.00	31	1.91	29
生物药品制造					
	研发	11.83	19	6.69	18
	生产	8.48	20	5.54	23
	销售	3.69	21	3.26	22
	盈利	5.54	19	5.18	21

内蒙古　　医药制造产业

产业整体		2009年 分值	2009年 排名	2013年 分值	2013年 排名
	研发	3.57	27	2.13	28
	生产	13.48	25	12.60	25
	销售	11.93	21	10.29	21
	盈利	12.48	20	11.35	23

四个子产业		2009年 分值	2009年 排名	2013年 分值	2013年 排名
化学药品原料药制造					
	研发	3.42	27	1.94	28
	生产	18.15	12	12.28	17
	销售	21.77	9	9.65	17
	盈利	10.85	13	8.95	17
化学药品制剂制造					
	研发	3.45	27	2.32	28
	生产	8.84	25	11.43	23
	销售	5.92	24	10.64	17
	盈利	9.65	18	12.82	12
中药饮片加工及中成药生产					
	研发	3.51	27	1.88	28
	生产	6.30	26	8.09	26
	销售	6.26	24	4.29	25
	盈利	11.10	24	5.54	26
生物药品制造					
	研发	3.91	27	2.47	28
	生产	9.58	19	6.13	21
	销售	6.29	17	4.50	18
	盈利	3.86	22	3.27	24

辽宁　　医药制造产业

产业整体		2009 年		2013 年	
		分值	排名	分值	排名
	研发	25.84	9	14.49	10
	生产	35.49	12	37.32	10
	销售	31.28	9	28.86	11
	盈利	31.58	12	28.78	9

四个子产业		2009 年		2013 年	
		分值	排名	分值	排名
化学药品原料药制造					
	研发	25.35	9	13.67	11
	生产	36.31	6	28.80	5
	销售	35.94	5	25.30	6
	盈利	14.56	9	15.43	11
化学药品制剂制造					
	研发	29.16	9	15.11	11
	生产	22.19	18	25.47	14
	销售	19.15	11	17.20	11
	盈利	21.06	11	16.96	9
中药饮片加工及中成药生产					
	研发	27.74	9	13.70	11
	生产	19.16	18	24.51	12
	销售	23.00	18	20.32	14
	盈利	26.72	19	18.79	20
生物药品制造					
	研发	23.44	9	15.84	9
	生产	39.03	9	32.32	6
	销售	29.29	5	18.79	5
	盈利	37.48	7	43.07	4

吉林

医药制造产业

产业整体		2009年		2013年	
		分值	排名	分值	排名
	研发	14.40	15	6.02	20
	生产	64.29	6	63.20	4
	销售	35.68	8	49.33	3
	盈利	34.61	11	44.26	4

四个子产业		2009年		2013年	
		分值	排名	分值	排名
化学药品原料药制造					
	研发	14.66	17	5.35	20
	生产	5.14	21	5.49	21
	销售	3.08	23	4.67	19
	盈利	1.71	23	1.00	31
化学药品制剂制造					
	研发	13.53	16	8.86	15
	生产	22.87	17	25.07	16
	销售	13.66	15	11.97	15
	盈利	18.78	12	14.78	11
中药饮片加工及中成药生产					
	研发	15.93	15	5.59	19
	生产	100.00	1	100.00	1
	销售	100.00	1	100.00	1
	盈利	87.39	3	100.00	1
生物药品制造					
	研发	13.55	16	6.11	20
	生产	30.24	11	13.67	13
	销售	12.86	11	7.38	13
	盈利	20.58	11	18.06	8

黑龙江

医药制造产业

产业整体		2009 年		2013 年	
		分值	排名	分值	排名
	研发	14.21	17	7.90	15
	生产	38.33	9	25.56	17
	销售	24.38	12	16.44	17
	盈利	34.77	10	16.11	20

四个子产业		2009 年		2013 年	
		分值	排名	分值	排名
化学药品原料药制造					
	研发	15.01	15	7.11	15
	生产	3.02	24	4.21	22
	销售	3.11	22	3.53	22
	盈利	6.01	15	7.67	18
化学药品制剂制造					
	研发	13.26	17	8.73	16
	生产	67.48	4	49.80	5
	销售	39.81	5	22.39	8
	盈利	36.97	6	9.06	16
中药饮片加工及中成药生产					
	研发	13.70	19	7.69	15
	生产	25.78	12	16.29	19
	销售	19.86	21	10.64	21
	盈利	46.09	12	23.38	19
生物药品制造					
	研发	14.46	15	8.59	15
	生产	10.76	18	7.11	20
	销售	3.46	22	3.32	21
	盈利	8.83	17	9.91	15

上海　　医药制造产业

产业整体		2009 年 分值	2009 年 排名	2013 年 分值	2013 年 排名
	研发	55.81	4	21.22	6
	生产	34.86	13	29.84	15
	销售	28.66	11	21.84	14
	盈利	42.32	8	26.07	11

四个子产业		2009 年 分值	2009 年 排名	2013 年 分值	2013 年 排名
化学药品原料药制造					
	研发	53.63	4	19.02	6
	生产	17.67	13	19.68	11
	销售	14.67	13	12.81	11
	盈利	11.80	12	18.57	9
化学药品制剂制造					
	研发	55.22	4	29.37	4
	生产	50.69	9	39.64	8
	销售	34.70	6	23.27	6
	盈利	37.01	5	18.71	8
中药饮片加工及中成药生产					
	研发	51.64	4	17.49	6
	生产	9.62	22	10.82	23
	销售	12.74	22	9.04	22
	盈利	12.51	23	11.84	23
生物药品制造					
	研发	60.98	4	24.06	6
	生产	51.83	6	26.31	8
	销售	28.80	7	13.07	6
	盈利	65.28	3	33.27	7

江苏　　医药制造产业

产业整体		2009 年 分值	2009 年 排名	2013 年 分值	2013 年 排名
	研发	67.28	3	50.54	2
	生产	84.12	2	89.42	2
	销售	88.76	2	96.30	2
	盈利	100.00	1	98.05	2

四个子产业		2009 年 分值	2009 年 排名	2013 年 分值	2013 年 排名
化学药品原料药制造					
	研发	69.45	3	47.79	2
	生产	75.25	3	100.00	1
	销售	76.83	3	77.35	2
	盈利	55.52	2	69.16	2
化学药品制剂制造					
	研发	59.86	3	68.63	2
	生产	100.00	1	100.00	1
	销售	100.00	1	100.00	1
	盈利	100.00	1	100.00	1
中药饮片加工及中成药生产					
	研发	67.58	3	44.99	2
	生产	27.88	10	20.79	16
	销售	41.22	6	29.97	8
	盈利	46.99	11	35.49	10
生物药品制造					
	研发	68.70	3	52.18	2
	生产	53.42	5	60.53	2
	销售	44.65	3	45.32	2
	盈利	43.24	5	54.06	2

浙江　　医药制造产业

产业整体		2009 年 分值	2009 年 排名	2013 年 分值	2013 年 排名
	研发	33.27	8	16.77	7
	生产	74.51	3	66.08	3
	销售	52.85	3	38.71	6
	盈利	75.76	3	41.51	5

四个子产业		2009 年 分值	2009 年 排名	2013 年 分值	2013 年 排名
化学药品原料药制造					
	研发	34.37	8	15.15	7
	生产	100.00	1	93.83	3
	销售	91.03	2	63.51	3
	盈利	100.00	1	66.33	3
化学药品制剂制造					
	研发	30.88	8	21.06	8
	生产	51.68	8	45.68	6
	销售	27.20	8	22.95	7
	盈利	30.25	8	23.24	5
中药饮片加工及中成药生产					
	研发	33.93	8	14.44	9
	生产	18.49	19	21.73	15
	销售	24.08	17	14.18	19
	盈利	39.24	14	26.35	18
生物药品制造					
	研发	33.04	8	19.06	7
	生产	73.90	2	37.49	3
	销售	29.06	6	12.85	8
	盈利	30.41	8	17.78	9

安徽　　医药制造产业

产业整体		2009 年		2013 年	
		分值	排名	分值	排名
	研发	17.24	13	26.62	3
	生产	33.44	14	36.50	12
	销售	15.64	18	20.69	15
	盈利	13.24	19	18.72	16

四个子产业		2009 年		2013 年	
		分值	排名	分值	排名
化学药品原料药制造					
	研发	19.55	11	25.99	3
	生产	24.54	9	14.21	16
	销售	14.10	14	14.63	10
	盈利	4.91	16	10.05	15
化学药品制剂制造					
	研发	16.99	11	26.38	6
	生产	35.00	11	35.51	10
	销售	10.48	18	10.96	16
	盈利	7.77	20	8.15	17
中药饮片加工及中成药生产					
	研发	18.16	12	28.16	3
	生产	21.56	15	36.24	7
	销售	21.29	20	24.65	9
	盈利	26.46	20	28.96	15
生物药品制造					
	研发	14.91	14	25.85	5
	生产	13.17	16	12.96	15
	销售	6.78	16	6.08	14
	盈利	8.12	18	13.19	13

福建　　医药制造产业

产业整体		2009年 分值	2009年 排名	2013年 分值	2013年 排名
	研发	9.16	21	6.09	18
	生产	13.72	24	15.31	22
	销售	10.05	24	8.19	24
	盈利	12.42	21	10.95	24

四个子产业		2009年 分值	2009年 排名	2013年 分值	2013年 排名
化学药品原料药制造					
	研发	9.72	21	5.75	18
	生产	7.01	19	6.62	19
	销售	6.79	18	4.12	20
	盈利	3.82	18	6.62	19
化学药品制剂制造					
	研发	7.81	23	7.12	20
	生产	13.51	24	14.65	21
	销售	8.54	20	6.41	21
	盈利	7.88	19	5.35	20
中药饮片加工及中成药生产					
	研发	9.13	21	5.15	20
	生产	7.44	25	11.59	22
	销售	10.71	23	7.83	23
	盈利	22.93	21	14.90	22
生物药品制造					
	研发	9.45	21	6.96	16
	生产	28.55	12	14.26	12
	销售	9.23	13	5.00	16
	盈利	9.95	16	9.78	16

江西　　医药制造产业

产业整体		2009 年		2013 年	
		分值	排名	分值	排名
	研发	8.10	23	3.30	25
	生产	29.03	16	42.78	9
	销售	18.72	16	31.60	8
	盈利	11.21	23	22.80	13

四个子产业		2009 年		2013 年	
		分值	排名	分值	排名
化学药品原料药制造					
	研发	8.41	23	2.90	25
	生产	13.15	16	25.85	7
	销售	7.32	17	18.17	9
	盈利	2.22	22	18.40	10
化学药品制剂制造					
	研发	8.81	22	4.48	24
	生产	19.40	19	27.79	13
	销售	14.37	14	14.18	13
	盈利	6.65	23	9.82	14
中药饮片加工及中成药生产					
	研发	8.47	23	2.95	25
	生产	33.96	6	46.27	4
	销售	37.19	8	43.08	4
	盈利	30.40	17	37.37	8
生物药品制造					
	研发	7.36	23	3.60	25
	生产	5.62	24	10.12	17
	销售	2.86	25	8.75	12
	盈利	3.18	23	6.10	19

山东 医药制造产业

产业整体		2009年 分值	2009年 排名	2013年 分值	2013年 排名
	研发	83.36	2	100.00	1
	生产	100.00	1	100.00	1
	销售	100.00	1	100.00	1
	盈利	99.59	2	100.00	1

四个子产业		2009年 分值	2009年 排名	2013年 分值	2013年 排名
化学药品原料药制造					
	研发	88.31	2	100.00	1
	生产	91.82	2	97.15	2
	销售	100.00	1	100.00	1
	盈利	47.34	3	100.00	1
化学药品制剂制造					
	研发	76.93	2	100.00	1
	生产	89.51	2	76.99	2
	销售	62.24	2	49.51	2
	盈利	61.86	2	51.09	2
中药饮片加工及中成药生产					
	研发	92.48	2	100.00	1
	生产	42.13	5	38.11	6
	销售	80.40	2	43.35	3
	盈利	100.00	1	73.37	2
生物药品制造					
	研发	75.55	2	100.00	1
	生产	100.00	1	100.00	1
	销售	100.00	1	100.00	1
	盈利	100.00	1	100.00	1

河南　　医药制造产业

产业整体		2009 年		2013 年	
		分值	排名	分值	排名
	研发	37.19	7	15.36	9
	生产	66.46	5	55.82	5
	销售	43.52	5	40.40	5
	盈利	53.65	5	37.48	7

四个子产业		2009 年		2013 年	
		分值	排名	分值	排名
化学药品原料药制造					
	研发	39.31	7	14.57	9
	生产	41.45	5	49.34	4
	销售	29.78	7	46.30	4
	盈利	19.27	7	47.55	4
化学药品制剂制造					
	研发	33.61	7	20.13	9
	生产	59.91	6	31.19	12
	销售	31.42	7	13.24	14
	盈利	32.26	7	11.27	13
中药饮片加工及中成药生产					
	研发	42.00	5	14.73	8
	生产	42.60	4	42.15	5
	销售	43.33	5	32.63	6
	盈利	48.70	10	36.55	9
生物药品制造					
	研发	33.62	7	15.06	10
	生产	68.80	3	34.44	4
	销售	46.50	2	26.37	3
	盈利	76.54	2	36.20	6

湖北　　医药制造产业

产业整体		2009年 分值	2009年 排名	2013年 分值	2013年 排名
	研发	17.95	11	11.35	13
	生产	37.28	10	42.83	8
	销售	24.38	12	29.12	10
	盈利	27.99	13	27.86	10

四个子产业		2009年 分值	2009年 排名	2013年 分值	2013年 排名
化学药品原料药制造					
	研发	18.29	12	10.54	13
	生产	28.37	7	27.61	6
	销售	31.71	6	18.60	8
	盈利	24.05	5	14.32	13
化学药品制剂制造					
	研发	16.35	13	11.79	12
	生产	35.17	10	34.92	11
	销售	12.33	16	18.40	9
	盈利	16.90	15	19.08	7
中药饮片加工及中成药生产					
	研发	17.82	13	10.49	13
	生产	21.82	14	35.64	8
	销售	26.80	12	30.20	7
	盈利	29.20	18	32.91	11
生物药品制造					
	研发	18.60	11	12.80	13
	生产	30.66	10	21.64	10
	销售	10.90	12	10.74	11
	盈利	10.54	14	15.30	11

湖南　　医药制造产业

产业整体		2009 年		2013 年	
		分值	排名	分值	排名
	研发	13.44	18	6.36	17
	生产	29.54	15	37.13	11
	销售	22.43	15	22.90	13
	盈利	27.15	15	22.00	14

四个子产业		2009 年		2013 年	
		分值	排名	分值	排名
化学药品原料药制造					
	研发	14.01	18	6.33	17
	生产	13.43	15	22.38	9
	销售	16.98	12	24.25	7
	盈利	13.95	10	30.09	5
化学药品制剂制造					
	研发	12.17	19	7.25	19
	生产	22.88	16	22.12	18
	销售	11.18	17	7.43	20
	盈利	10.82	17	5.72	19
中药饮片加工及中成药生产					
	研发	13.76	18	5.61	17
	生产	29.30	9	34.27	9
	销售	34.87	9	22.31	10
	盈利	54.57	6	26.96	17
生物药品制造					
	研发	13.43	17	6.79	17
	生产	18.46	13	24.26	9
	销售	17.02	9	13.00	7
	盈利	16.32	12	14.98	12

广东 医药制造产业

产业整体		2009 年 分值	2009 年 排名	2013 年 分值	2013 年 排名
	研发	42.41	5	24.04	5
	生产	69.54	4	54.46	6
	销售	50.92	4	42.40	4
	盈利	71.97	4	57.80	3

四个子产业		2009 年 分值	2009 年 排名	2013 年 分值	2013 年 排名
化学药品原料药制造					
	研发	43.14	5	21.49	4
	生产	18.79	11	16.08	12
	销售	17.83	11	11.55	15
	盈利	23.86	6	22.19	7
化学药品制剂制造					
	研发	36.69	6	29.63	3
	生产	77.16	3	58.90	3
	销售	52.09	3	40.26	3
	盈利	58.58	3	43.96	3
中药饮片加工及中成药生产					
	研发	41.50	7	21.48	4
	生产	59.43	3	47.25	3
	销售	56.57	4	34.97	5
	盈利	90.76	2	55.12	3
生物药品制造					
	研发	45.15	5	27.00	4
	生产	45.74	7	32.57	5
	销售	37.73	4	20.20	4
	盈利	40.34	6	43.26	3

广西

医药制造产业

产业整体		2009 年 分值	2009 年 排名	2013 年 分值	2013 年 排名
	研发	6.26	25	14.47	11
	生产	22.79	20	21.15	18
	销售	10.32	23	11.93	19
	盈利	12.40	22	16.86	19

四个子产业		2009 年 分值	2009 年 排名	2013 年 分值	2013 年 排名
化学药品原料药制造					
	研发	6.80	24	14.44	10
	生产	2.77	26	5.76	20
	销售	1.65	26	3.83	21
	盈利	1.37	25	6.49	20
化学药品制剂制造					
	研发	5.00	26	11.18	13
	生产	16.00	22	5.33	26
	销售	4.46	25	4.31	25
	盈利	1.23	26	5.02	22
中药饮片加工及中成药生产					
	研发	7.24	25	15.65	7
	生产	31.44	7	33.49	10
	销售	29.17	11	21.62	11
	盈利	52.41	7	40.14	5
生物药品制造					
	研发	5.80	26	14.51	11
	生产	7.80	22	4.60	25
	销售	3.07	23	2.38	24
	盈利	1.49	26	1.26	26

海南 医药制造产业

产业整体		2009年 分值	2009年 排名	2013年 分值	2013年 排名
	研发	9.05	22	2.58	27
	生产	6.41	27	5.97	27
	销售	4.74	26	4.51	26
	盈利	10.45	24	6.35	26

四个子产业		2009年 分值	2009年 排名	2013年 分值	2013年 排名
化学药品原料药制造					
	研发	9.52	22	2.26	27
	生产	1.05	29	1.00	30
	销售	1.02	29	1.00	30
	盈利	1.02	28	4.11	28
化学药品制剂制造					
	研发	11.17	20	4.00	25
	生产	18.47	21	18.92	20
	销售	10.04	19	8.79	18
	盈利	17.83	13	9.67	15
中药饮片加工及中成药生产					
	研发	8.86	22	2.19	27
	生产	1.00	31	1.00	31
	销售	1.00	31	1.13	30
	盈利	3.78	28	1.00	31
生物药品制造					
	研发	7.97	22	2.75	27
	生产	1.00	28	1.00	29
	销售	1.00	28	1.00	29
	盈利	1.00	28	1.00	29

重庆　　医药制造产业

产业整体		2009 年		2013 年	
		分值	排名	分值	排名
	研发	15.83	14	6.06	19
	生产	24.14	19	17.08	20
	销售	13.18	19	11.61	20
	盈利	9.37	25	12.20	21

四个子产业		2009 年		2013 年	
		分值	排名	分值	排名
化学药品原料药制造					
	研发	16.07	14	5.51	19
	生产	22.70	10	14.35	15
	销售	10.80	15	9.95	16
	盈利	7.91	14	13.63	14
化学药品制剂制造					
	研发	14.17	15	7.38	17
	生产	18.73	20	12.76	22
	销售	7.47	21	5.84	22
	盈利	6.18	24	4.20	24
中药饮片加工及中成药生产					
	研发	16.88	14	5.61	17
	生产	17.94	20	14.72	21
	销售	24.39	16	14.16	20
	盈利	13.95	22	18.66	21
生物药品制造					
	研发	15.73	13	6.57	19
	生产	4.87	25	5.94	22
	销售	2.22	26	2.92	23
	盈利	1.58	25	5.42	20

四川 医药制造产业

产业整体		2009年 分值	2009年 排名	2013年 分值	2013年 排名
	研发	24.09	10	13.18	12
	生产	58.53	7	46.22	7
	销售	38.36	6	33.54	7
	盈利	39.75	9	36.74	8

四个子产业		2009年 分值	2009年 排名	2013年 分值	2013年 排名
化学药品原料药制造					
	研发	24.09	10	11.34	12
	生产	27.91	8	20.10	10
	销售	24.40	8	11.97	13
	盈利	14.92	8	14.36	12
化学药品制剂制造					
	研发	22.98	10	19.68	10
	生产	33.91	12	35.54	9
	销售	18.67	12	17.41	10
	盈利	17.36	14	21.33	6
中药饮片加工及中成药生产					
	研发	27.46	10	12.55	12
	生产	61.83	2	49.11	2
	销售	73.37	3	45.86	2
	盈利	86.75	4	54.78	4
生物药品制造					
	研发	22.21	10	13.29	12
	生产	40.31	8	17.24	11
	销售	16.38	10	12.35	9
	盈利	21.66	10	17.63	10

贵州　　医药制造产业

产业整体		2009 年		2013 年	
		分值	排名	分值	排名
	研发	6.50	24	4.45	23
	生产	18.50	21	15.89	21
	销售	12.54	20	9.60	23
	盈利	14.49	18	11.75	22

四个子产业		2009 年		2013 年	
		分值	排名	分值	排名
化学药品原料药制造					
	研发	6.65	25	4.04	23
	生产	1.00	30	1.48	29
	销售	1.00	30	1.09	29
	盈利	1.01	29	4.39	26
化学药品制剂制造					
	研发	6.18	24	4.93	23
	生产	7.54	26	5.57	25
	销售	3.68	26	1.57	26
	盈利	2.39	25	1.09	27
中药饮片加工及中成药生产					
	研发	7.46	24	4.88	21
	生产	31.42	8	26.88	11
	销售	39.67	7	21.62	11
	盈利	51.00	8	30.65	12
生物药品制造					
	研发	5.92	25	4.28	24
	生产	2.78	26	2.79	26
	销售	2.99	24	1.73	26
	盈利	10.10	15	4.47	23

云南 医药制造产业

产业整体		2009年 分值	2009年 排名	2013年 分值	2013年 排名
	研发	11.10	20	5.17	21
	生产	14.92	23	13.81	24
	销售	10.90	22	10.01	22
	盈利	18.26	16	17.04	18

四个子产业		2009年 分值	2009年 排名	2013年 分值	2013年 排名
化学药品原料药制造					
	研发	11.18	20	4.64	22
	生产	1.72	27	2.44	26
	销售	1.62	27	1.76	24
	盈利	1.39	24	5.78	21
化学药品制剂制造					
	研发	10.90	21	6.02	22
	生产	15.86	23	9.35	24
	销售	6.83	22	4.72	24
	盈利	7.47	22	4.88	23
中药饮片加工及中成药生产					
	研发	12.03	20	4.87	22
	生产	17.26	21	18.86	18
	销售	26.65	13	18.07	16
	盈利	50.69	9	38.91	7
生物药品制造					
	研发	10.56	20	5.68	21
	生产	7.17	23	5.19	24
	销售	4.09	20	2.18	25
	盈利	13.79	13	4.85	22

西藏　　医药制造产业

产业整体		2009 年 分值	2009 年 排名	2013 年 分值	2013 年 排名
	研发	1.00	31	1.00	31
	生产	1.00	31	1.00	31
	销售	1.00	31	1.00	31
	盈利	2.57	28	2.41	29

四个子产业		2009 年 分值	2009 年 排名	2013 年 分值	2013 年 排名
化学药品原料药制造					
	研发	1.00	31	1.00	31
	生产	1.00	30	1.00	30
	销售	1.00	30	1.00	30
	盈利	1.01	29	4.11	28
化学药品制剂制造					
	研发	1.27	30	1.00	31
	生产	1.00	31	1.00	30
	销售	1.00	31	1.00	30
	盈利	1.00	31	1.01	29
中药饮片加工及中成药生产					
	研发	1.00	30	1.00	31
	生产	2.39	28	1.66	30
	销售	2.35	28	1.80	29
	盈利	10.84	25	4.37	27
生物药品制造					
	研发	1.00	31	1.00	31
	生产	1.00	28	1.00	29
	销售	1.00	28	1.00	29
	盈利	1.00	28	1.00	29

陕西 医药制造产业

产业整体		2009年分值	2009年排名	2013年分值	2013年排名
	研发	17.49	12	10.00	14
	生产	28.03	17	26.47	16
	销售	16.73	17	15.29	18
	盈利	17.23	17	17.93	17

四个子产业		2009年分值	2009年排名	2013年分值	2013年排名
化学药品原料药制造					
	研发	17.33	13	9.66	14
	生产	11.15	18	15.65	13
	销售	5.64	19	12.20	12
	盈利	4.59	17	19.87	8
化学药品制剂制造					
	研发	16.71	12	10.40	14
	生产	28.60	14	23.49	17
	销售	17.57	13	8.11	19
	盈利	15.00	16	5.77	18
中药饮片加工及中成药生产					
	研发	18.38	11	9.68	14
	生产	24.89	13	23.44	13
	销售	24.63	15	18.05	17
	盈利	33.09	16	28.01	16
生物药品制造					
	研发	17.41	12	10.51	14
	生产	15.69	15	11.23	16
	销售	5.20	18	4.03	20
	盈利	1.67	24	6.65	18

甘肃 医药制造产业

产业整体		2009 年 分值	2009 年 排名	2013 年 分值	2013 年 排名
	研发	6.06	26	4.04	24
	生产	7.61	26	9.97	26
	销售	3.60	27	3.91	27
	盈利	7.84	26	6.82	25

四个子产业		2009 年 分值	2009 年 排名	2013 年 分值	2013 年 排名
化学药品原料药制造					
	研发	6.04	26	3.82	24
	生产	3.30	23	2.31	27
	销售	2.14	24	1.70	25
	盈利	1.19	27	5.38	22
化学药品制剂制造					
	研发	6.09	25	3.80	26
	生产	1.93	30	1.03	29
	销售	1.16	30	1.02	29
	盈利	1.02	30	1.00	31
中药饮片加工及中成药生产					
	研发	6.18	26	3.87	24
	生产	9.10	23	15.35	20
	销售	4.97	25	5.76	24
	盈利	9.02	26	8.47	24
生物药品制造					
	研发	6.09	24	4.50	23
	生产	16.56	14	7.15	19
	销售	8.74	14	4.67	17
	盈利	26.07	9	13.09	14

青海　　医药制造产业

产业整体		2009年 分值	2009年 排名	2013年 分值	2013年 排名
	研发	1.36	29	1.47	30
	生产	2.60	29	3.73	28
	销售	1.71	29	2.15	28
	盈利	1.00	31	3.55	28

四个子产业		2009年 分值	2009年 排名	2013年 分值	2013年 排名
化学药品原料药制造					
	研发	1.50	29	1.42	30
	生产	2.94	25	2.48	25
	销售	1.71	25	1.56	26
	盈利	1.24	26	5.10	24
化学药品制剂制造					
	研发	1.00	31	1.45	30
	生产	3.06	28	1.00	30
	销售	1.83	27	1.00	30
	盈利	1.13	29	1.01	29
中药饮片加工及中成药生产					
	研发	1.33	29	1.52	29
	生产	2.63	27	5.81	27
	销售	2.75	27	4.04	26
	盈利	3.13	30	7.00	25
生物药品制造					
	研发	1.53	29	1.47	30
	生产	1.00	28	1.34	28
	销售	1.00	28	1.24	27
	盈利	1.00	28	1.22	27

宁夏　　医药制造产业

产业整体		2009 年		2013 年	
		分值	排名	分值	排名
	研发	1.29	30	1.66	29
	生产	2.76	28	2.16	30
	销售	1.95	28	1.25	29
	盈利	1.81	29	1.00	31

四个子产业		2009 年		2013 年	
		分值	排名	分值	排名
化学药品原料药制造					
	研发	1.35	30	1.74	29
	生产	5.91	20	3.58	23
	销售	4.64	20	2.84	23
	盈利	2.80	21	2.63	30
化学药品制剂制造					
	研发	1.91	29	1.84	29
	生产	2.31	29	1.68	28
	销售	1.24	29	1.06	28
	盈利	1.21	27	1.03	28
中药饮片加工及中成药生产					
	研发	1.00	30	1.46	30
	生产	1.20	30	1.77	29
	销售	1.15	30	1.00	31
	盈利	3.47	29	1.08	30
生物药品制造					
	研发	1.29	30	1.71	29
	生产	1.00	28	1.00	29
	销售	1.00	28	1.00	29
	盈利	1.00	28	1.00	29

新疆　　　　医药制造产业

产业整体		2009年 分值	2009年 排名	2013年 分值	2013年 排名
	研发	3.32	28	2.87	26
	生产	1.86	30	2.77	29
	销售	1.09	30	1.25	29
	盈利	1.33	30	1.79	30

四个子产业		2009年 分值	2009年 排名	2013年 分值	2013年 排名
化学药品原料药制造					
	研发	3.17	28	2.70	26
	生产	1.11	28	1.53	28
	销售	1.03	28	1.16	28
	盈利	1.00	31	4.34	27
化学药品制剂制造					
	研发	3.00	28	2.84	27
	生产	3.44	27	2.12	27
	销售	1.41	28	1.27	27
	盈利	1.19	28	1.10	26
中药饮片加工及中成药生产					
	研发	3.28	28	2.52	26
	生产	2.04	29	3.42	28
	销售	1.75	29	1.84	28
	盈利	4.59	27	2.01	28
生物药品制造					
	研发	3.75	28	3.38	26
	生产	2.10	27	2.46	27
	销售	1.30	27	1.18	28
	盈利	1.32	27	1.14	28

9.2　医药制造产业价值链的空间分布分析

医药制造产业价值链空间分布以该产业的四个子产业为样本，研究每个子产业价值链各环节的空间分布格局，分析典型区域子产业价值链的运行特征。

9.2.1　描述性统计分析

在展开医药制造产业价值链空间分布分析之前，首先对医药制造产业的相关技术和经济指标做简要的描述性统计分析。

1. 技术指标描述性统计分析

医药制造产业四个子产业包括化学药品原料药制造（产业代码 2710）、化学药品制剂制造（2720）、中药饮片加工及中成药生产（2730+2740）和生物药品制造（2760）。考察期初（2009 年）和考察期末（2013 年）每个子产业的专利申请量及年均增速如表 9.1 所示。

表 9.1　考察期内医药制造产业四个子产业发明专利申请量及年均增速情况

子产业	考察期初发明专利申请量/件	考察期末发明专利申请量/件	年均增速
化学药品原料药制造	14 218	33 260	23.67%
化学药品制剂制造	7 353	14 826	19.16%
中药饮片加工及中成药生产	13 211	32 423	25.16%
生物药品制造	16 513	38 544	23.60%
合计	51 295	119 053	23.43%

由表 9.1 可以看到，考察期内四个子产业的发明专利申请量持续高速增长，年均增速高达 23.43%。其中，生物药品制造发明专利申请量最多，考察期末达到 38 544 件；增速最高的是中药饮片加工及中成药生产，年均增速达到 25.16%；化学药品制剂制造产业在四个子产业中不仅发明专利申请量最少，而且年均增速也最低，为 19.16%。上述情况反映，医药制造产业结构向健康化、高端化发展的趋势明显。

2. 经济指标描述性统计分析

考察期初（2009 年）和考察期末（2013 年）每个子产业的主营业务收入和营业利润分别占四个子产业总体的情况如表 9.2 所示。

表 9.2　考察期内医药制造产业四个子产业主要经济指标情况

子产业	考察期初		考察期末	
	主营业务收入占比	营业利润占比	主营业务收入占比	营业利润占比
化学药品原料药制造	24.77%	20.17%	20.75%	14.60%
化学药品制剂制造	34.69%	37.65%	31.36%	33.92%
中药饮片加工及中成药生产	29.40%	27.10%	34.77%	36.07%
生物药品制造	11.14%	15.08%	13.12%	15.41%
合计	100.00%	100.00%	100.00%	100.00%

由表 9.2 可以看出，第一，化学药品原料药制造产业主营业务收入占四个子产业总体的比重由考察期初的 24.77%降至考察期末的 20.75%；营业利润占比也由期初的 20.17%降至期末的 14.60%。说明在经济指标方面，该板块占总体的比重呈下降态势。第二，化学药品制剂制造产业主营业务收入的占比由考察期初的 34.69%降至考察期末的 31.36%；营业利润占比也由期初的 37.65%降至期末的 33.92%。同样反映出在经济指标方面，这一板块占总体的比重呈下降态势。第三，中药饮片加工及中成药生产产业主营业务收入的占比由考察期初的 29.40%增至考察期末的 34.77%；营业利润占比也由期初的 27.10%增至期末的 36.07%。说明在经济指标方面，该板块占总体的比重呈上升态势。第四，生物药品制造产业主营业务收入的占比由考察期初的 11.14%增至考察期末的 13.12%；营业利润占比也由期初的 15.08%增至期末的 15.41%。同样说明在经济指标方面，该板块占总体的比重呈微升态势。

综合以上分析，从经济指标看，化学药品原料药制造产业和化学药品制剂制造产业在四个子产业中的比重呈下降趋势；中药饮片加工及中成药生产产业的比重则呈上升趋势；而生物药品制造产业比重呈缓慢增长态势。经济指标的结果再次印证了技术指标所反映的内容，即医药制造产业结构向健康化、高端化发展的趋势明显。

9.2.2　化学药品原料药制造产业价值环节空间分布分析

1. 研发环节空间分布分析

图 9.1 为 2009 年和 2013 年化学药品原料药制造产业研发环节的空间分布。2009 年处于第一梯队（发明专利申请量 1 300 件及以上）的区域是北京、山东和江苏；处于第二梯队（发明专利申请量 500~1 300 件）的区域包括河南、浙江和广东等。2013 年处于第一梯队（发明专利申请量 5 000 件及以上）的区域是山东，北京和江苏由第一梯队落入第二梯队（发明专利申请量 1 700~5 000 件），河南、浙江、上海和天津由第二梯队落入第三梯队（发明专利申请量 1 700 件以下）。

2. 生产环节空间分布分析

图 9.2 为 2009 年和 2013 年化学药品原料药制造产业生产环节的空间分布。2009 年处于第一梯队（从业人员数 30 000 人及以上）的区域为浙江、山东和江苏；处于第二梯队（从业人员数 15 000~30 000 人）的区域包括辽宁、河北和河南；湖北、四川、安徽

和重庆处于第三梯队（从业人员数 10 000~15 000 人）。2013 年江苏、山东和浙江仍处于第一梯队（从业人员数 50 000 人及以上）；除河南和辽宁仍处于第二梯队（从业人员数 20 000~50 000 人）外，湖北和江西进入第二梯队。

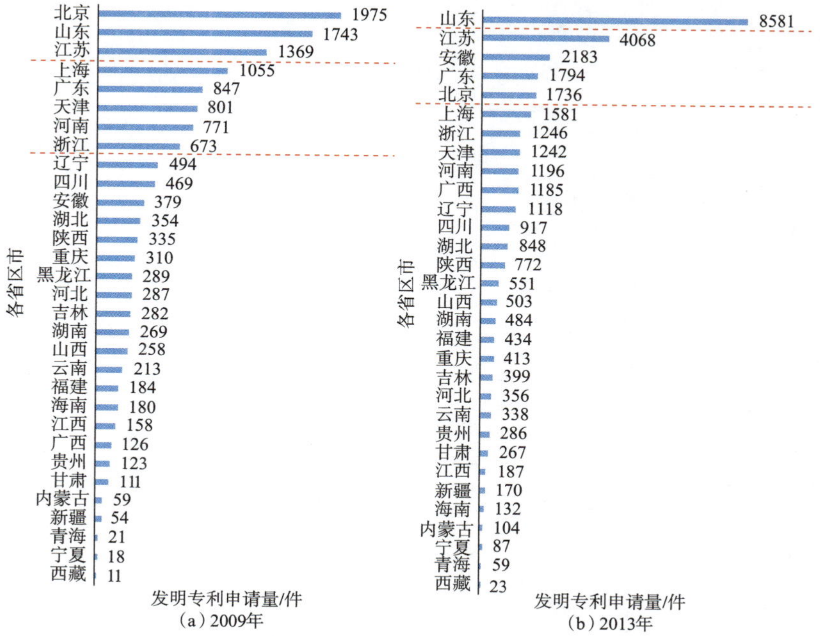

图 9.1　化学药品原料药制造产业研发环节的空间分布

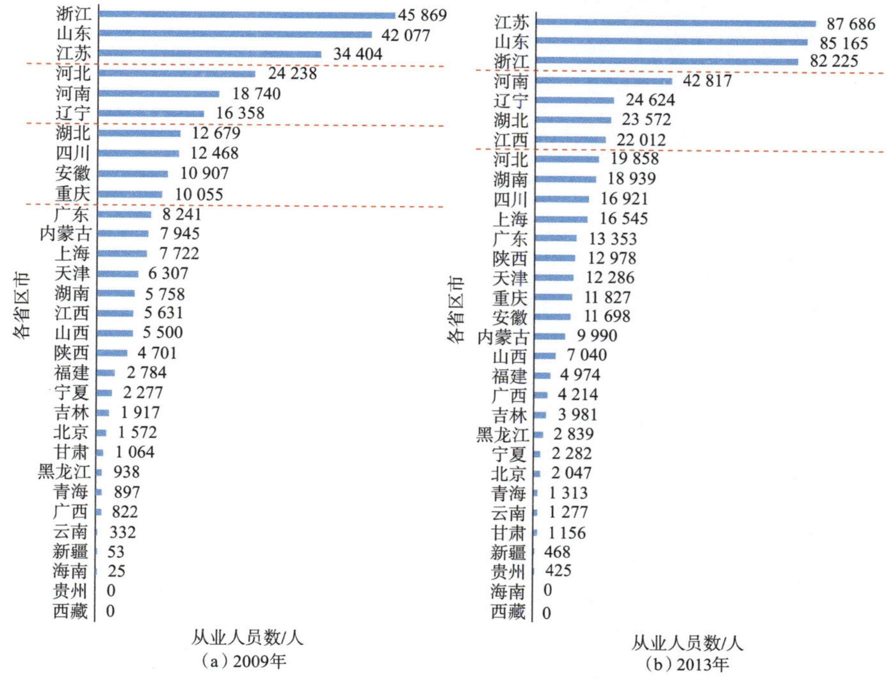

图 9.2　化学药品原料药制造产业生产环节的空间分布

3. 销售环节空间分布分析

图 9.3 为 2009 年和 2013 年化学药品原料药制造产业销售环节的空间分布。2009 年处于第一梯队（主营业务收入 200 亿元及以上）的区域为山东、浙江和江苏；第二梯队（主营业务收入 80 亿~200 亿元）的区域为河北、辽宁、湖北和河南。2013 年处于第一梯队（主营业务收入 400 亿元及以上）的区域仍为山东、江苏和浙江；第二梯队（主营业务收入 150 亿~400 亿元）的区域为河南、河北、辽宁和湖南。

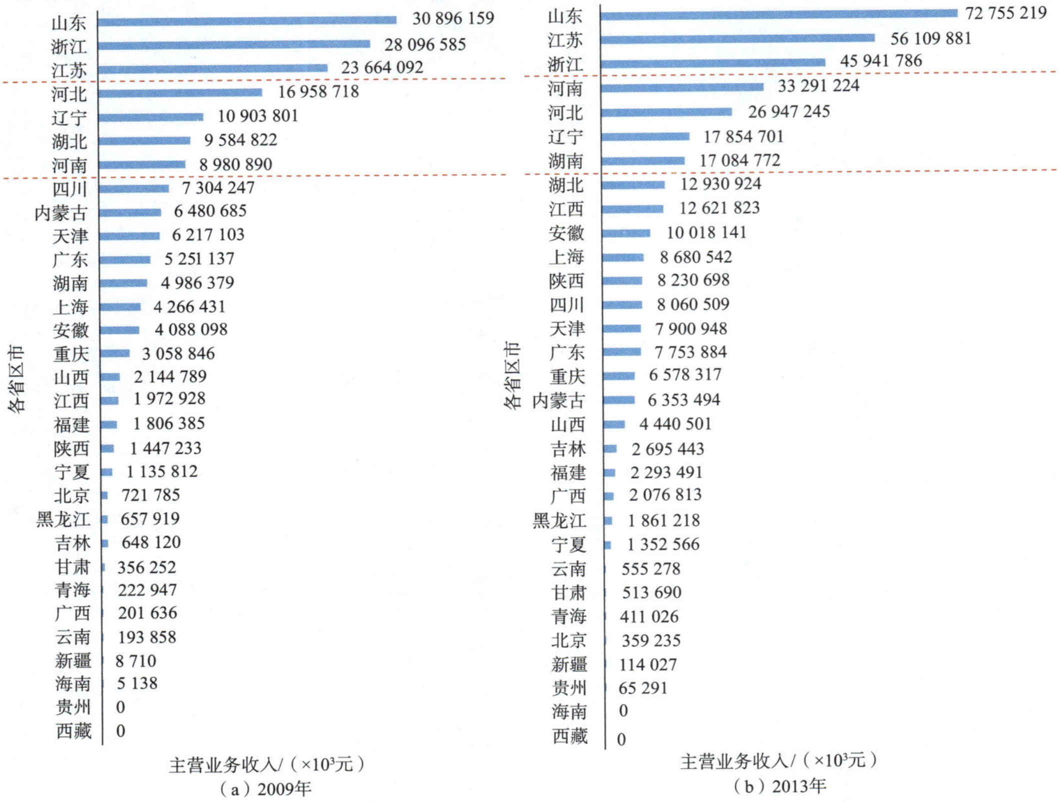

图 9.3　化学药品原料药制造产业销售环节的空间分布

4. 盈利环节空间分布分析

图 9.4 为 2009 年和 2013 年化学药品原料药制造产业盈利环节的空间分布。2009 年处于第一梯队（营业利润 40 亿元及以上）的区域仅为浙江；第二梯队（营业利润 10 亿~40 亿元）的区域为江苏、山东和河北。2013 年处于第一梯队（营业利润 50 亿元及以上）的区域为山东。江苏、浙江和河南位于第二梯队（营业利润 20 亿~50 亿元），其中，河南从第三梯队（营业利润 20 亿元以下）进入第二梯队，而浙江从第一梯队落入第二梯队。此外，河北从第二梯队落入第三梯队。

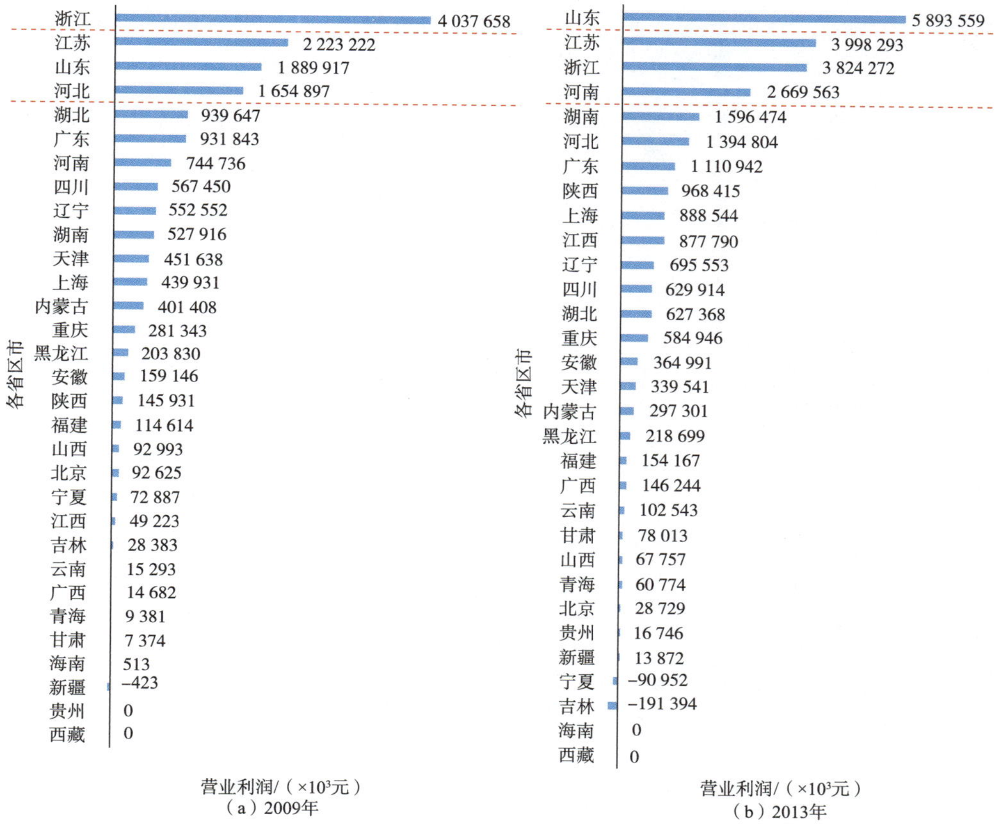

图 9.4　化学药品原料药制造产业盈利环节的空间分布

9.2.3　化学药品制剂制造价值环节空间分布分析

1. 研发环节空间分布分析

图 9.5 为 2009 年和 2013 年化学药品制剂制造产业研发环节的空间分布。2009 年处于第一梯队（发明专利申请量 800 件及以上）的区域是北京和山东；处于第二梯队（发明专利申请量 600~800 件）的区域为江苏和上海。2013 年处于第一梯队（发明专利申请量 2 000 件及以上）的区域除山东外，还包括江苏（江苏由第二梯队进入第一梯队）。相反，北京则从第一梯队落入第二梯队（发明专利申请量 500~2 000 件）。广东、安徽、天津、浙江、河南和四川在此阶段均进入第二梯队。

2. 生产环节空间分布分析

图 9.6 为 2009 年和 2013 年化学药品制剂制造产业生产环节的空间分布。2009 年处于第一梯队（从业人员数 30 000 人及以上）的区域包括江苏、山东和广东；处于第二梯队（从业人员数 20 000~30 000 人）的区域包括黑龙江、河北、河南、北京、浙江和上海；湖北、安徽、四川、天津、陕西和山西处于第三梯队（从业人员数 10 000~20 000 人）。2013 年江苏、山东仍处于第一梯队（从业人员数 50 000 人及以上）；北京、黑龙江、

河南、浙江、河北和上海仍处于第二梯队（从业人员数 20 000~50 000 人），四川、湖北和安徽从第三梯队进入第二梯队，广东从第一梯队落入第二梯队。

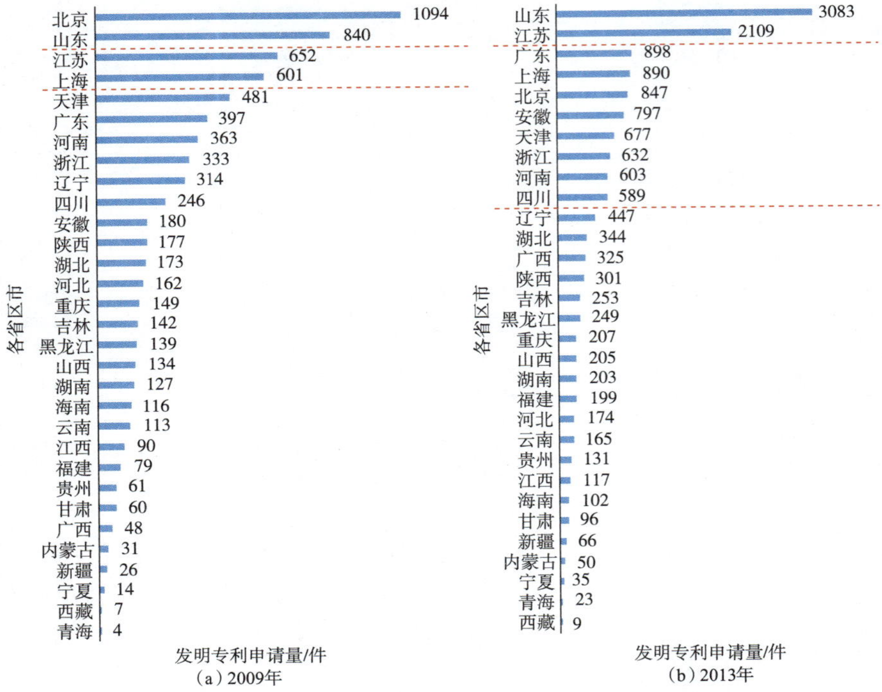

图 9.5　化学药品制剂制造产业研发环节的空间分布

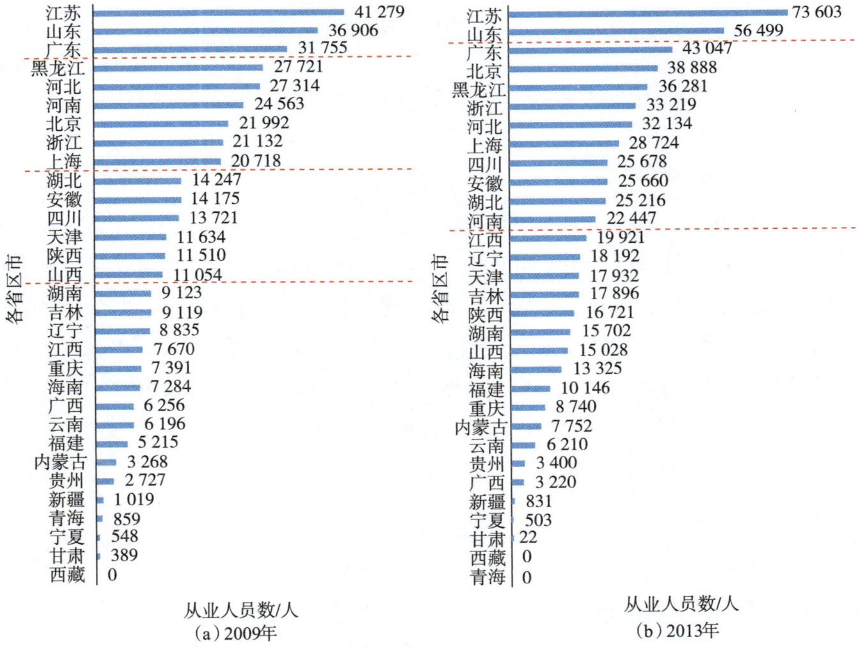

图 9.6　化学药品制剂制造产业生产环节的空间分布

3. 销售环节空间分布分析

图 9.7 为 2009 年和 2013 年化学药品制剂制造产业销售环节的空间分布。2009 年处于第一梯队（主营业务收入 300 亿元及以上）的区域为江苏；处于第二梯队（主营业务收入 150 亿~300 亿元）的区域为山东、广东、北京和黑龙江。2013 年处于第一梯队（主营业务收入 1 000 亿元及以上）的区域仍为江苏，第二梯队（主营业务收入 300 亿~1 000 亿元）仅剩山东、广东和北京三个区域。

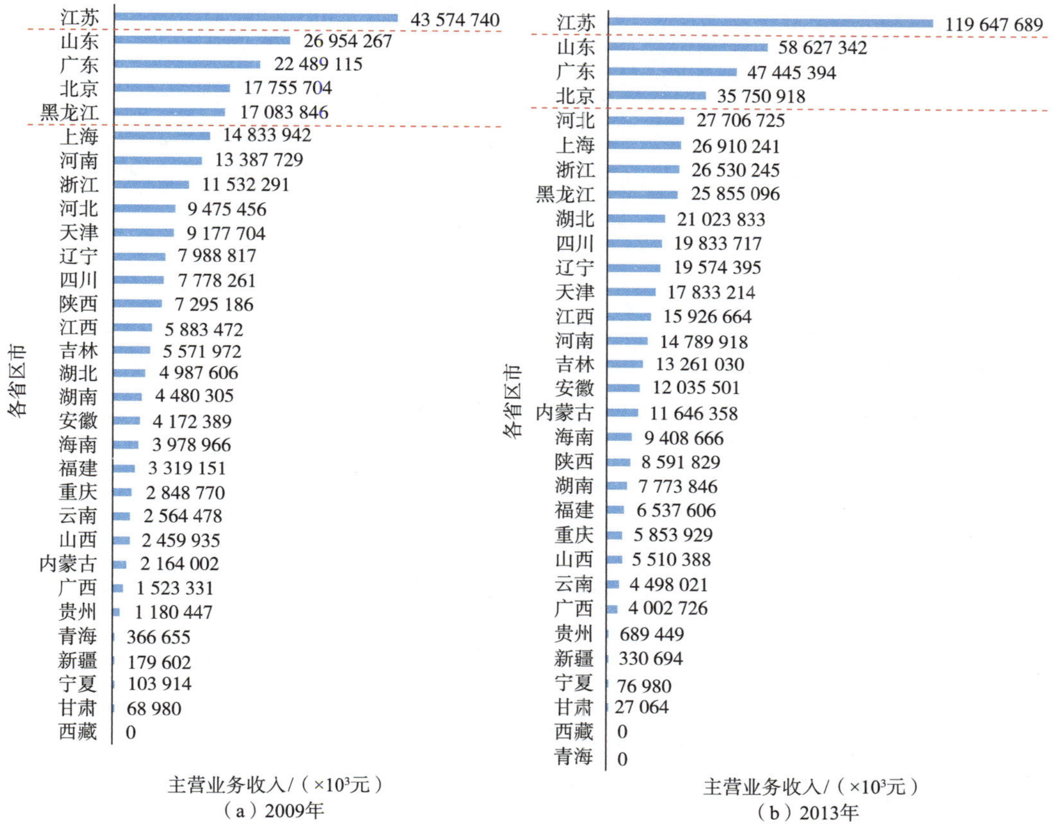

图 9.7　化学药品制剂制造产业销售环节的空间分布

4. 盈利环节空间分布分析

图 9.8 为 2009 年和 2013 年化学药品制剂制造产业盈利环节的空间分布。2009 年处于第一梯队（营业利润 25 亿元及以上）的区域为江苏、山东和广东；第二梯队（营业利润 15 亿~25 亿元）的区域为北京、黑龙江、上海、河南和浙江五个区域。2013 年仅江苏处于第一梯队（营业利润 100 亿元及以上），遥遥领先于其他区域。山东和广东从第一梯队落入第二梯队（营业利润 50 亿~100 亿元），北京仍保持在第二梯队。

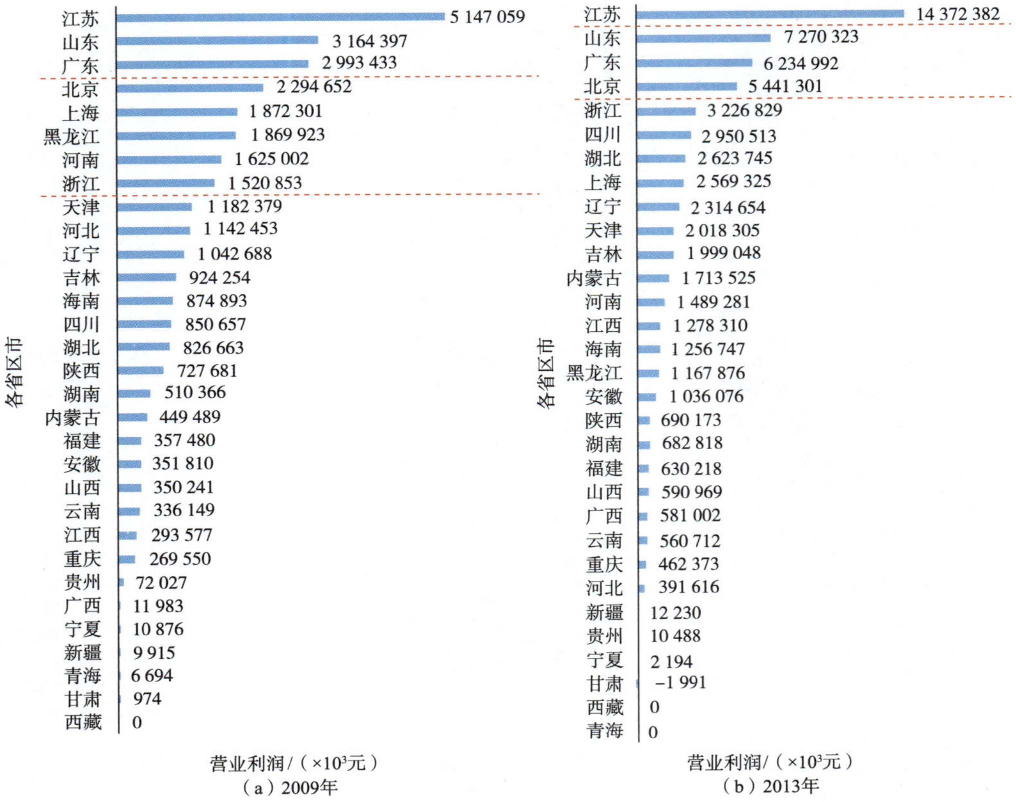

图 9.8 化学药品制剂制造产业盈利环节的空间分布

9.2.4 中药饮片加工及中成药生产价值环节空间分布分析

1. 研发环节空间分布分析

图 9.9 为 2009 年和 2013 年中药饮片加工及中成药生产产业研发环节的空间分布。2009 年北京和山东处于第一梯队（发明专利申请量 1 500 件及以上），江苏、河南、天津、上海、广东和浙江处于第二梯队（发明专利申请量 500~1 500 件）。2013 年，山东仍处于第一梯队（发明专利申请量 5 000 件及以上），研发实力远大于其他区域；北京则从第一梯队落入第三梯队（发明专利申请量 2 000 件以下）。仅江苏保持在第二梯队（发明专利申请量 2 000~5 000 件），广东、河南、浙江、上海和天津均由第二梯队落入第三梯队。

2. 生产环节空间分布分析

图 9.10 为 2009 年和 2013 年中药饮片加工及中成药生产产业生产环节的空间分布。该产业生产环节的空间分布与研发环节的空间分布存在较大差别。2009 年处于第一梯队（从业人员数 30 000 人及以上）的区域分别为吉林、四川和广东；第二梯队（从业人员数 17 000~30 000 人）的区域包括河南、山东、江西、广西、贵州和湖南。2013 年处于第一梯队（从业人员数 120 000 人及以上）的区域为吉林。四川和广东由第一梯队落入

第二梯队（从业人员数 40 000~120 000 人）。此外，中部的安徽和湖北进入第二梯队。

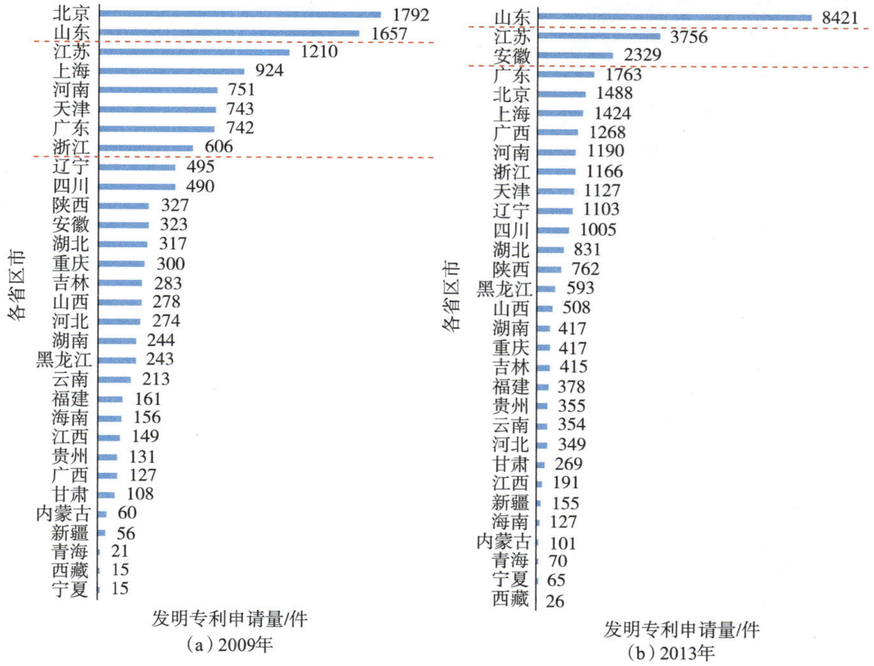

图 9.9　中药饮片加工及中成药生产产业研发环节的空间分布

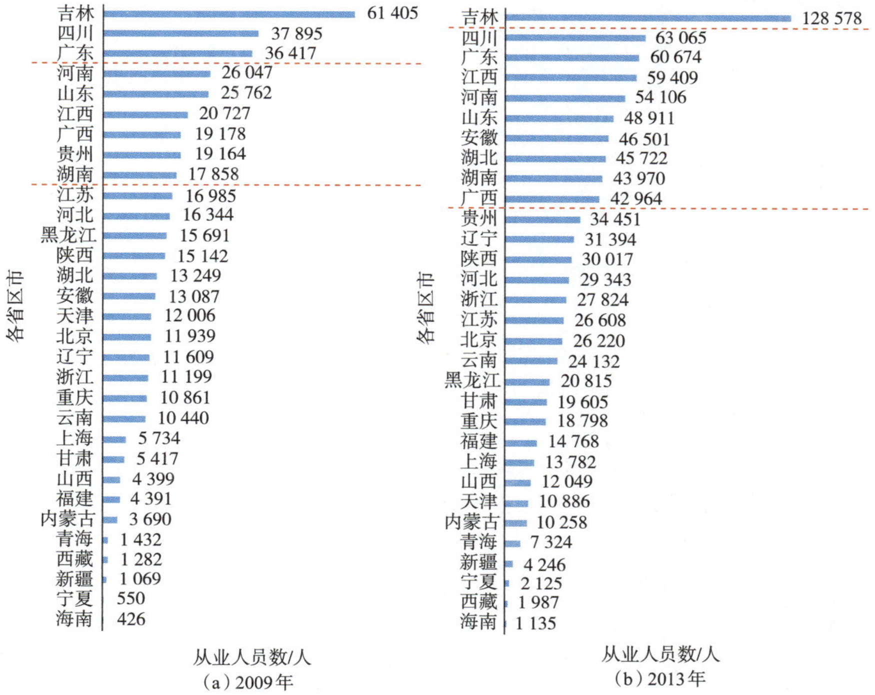

图 9.10　中药饮片加工及中成药生产产业生产环节的空间分布

3. 销售环节空间分布分析

图 9.11 为 2009 年和 2013 年中药饮片加工及中成药生产产业销售环节的空间分布。2009 年，吉林、山东和四川处于第一梯队（主营业务收入 150 亿元及以上），广东、河南、江苏、贵州、江西和湖南处于第二梯队（主营业务收入 80 亿~150 亿元）。2013 年，销售环节空间分布与生产环节空间分布类似。仅吉林处于第一梯队（主营业务收入 1 000 亿元及以上），四川、山东、江西、广东、河南、湖北和江苏处于第二梯队（主营业务收入 250 亿~1 000 亿元）。

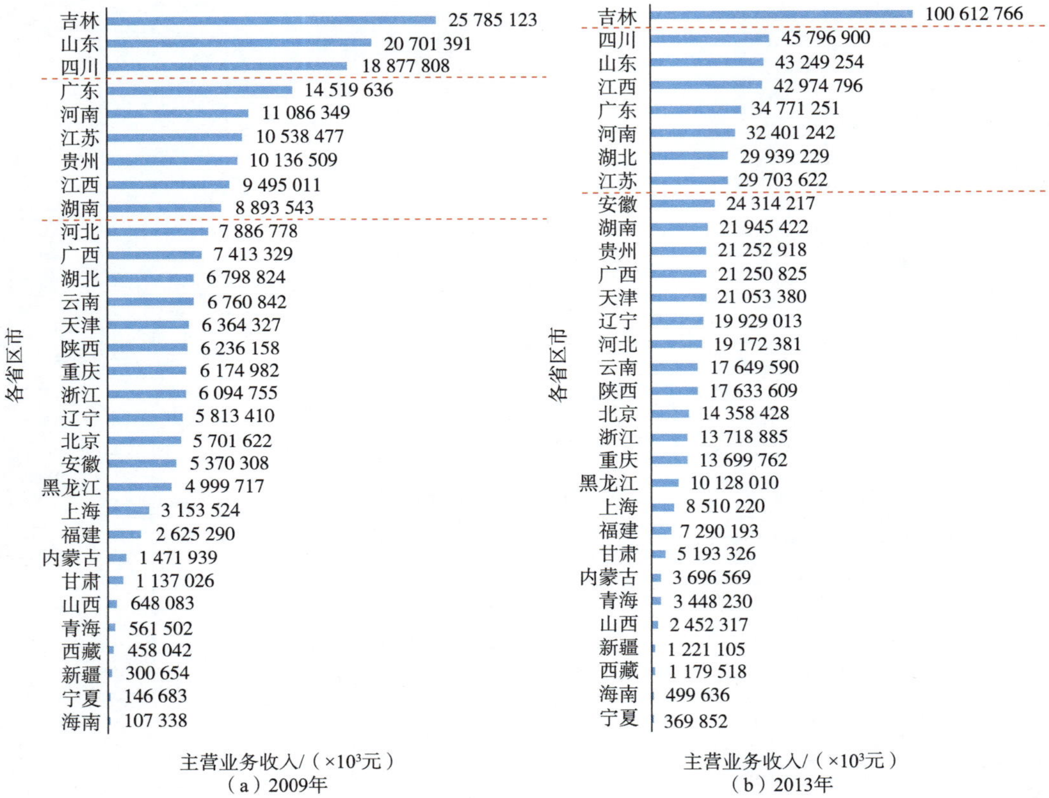

图 9.11　中药饮片加工及中成药生产产业销售环节的空间分布

4. 盈利环节空间分布分析

图 9.12 为 2009 年和 2013 年中药饮片加工及中成药生产产业盈利环节的空间分布。2009 年山东、广东、吉林、四川和河北均处于第一梯队（营业利润 15 亿元及以上），这些区域均具有较强的盈利能力；湖南、广西、贵州、云南、河南、江苏、黑龙江和北京处于第二梯队（营业利润 8 亿~15 亿元）。2013 年吉林和山东保持在第一梯队（营业利润 50 亿元及以上），其中吉林在该产业的生产、销售和盈利环节均处于第一梯队，优势明显。处于第二梯队（营业利润 24 亿~50 亿元）的区域包括广东、四川、广西、天津、云南和贵州等。

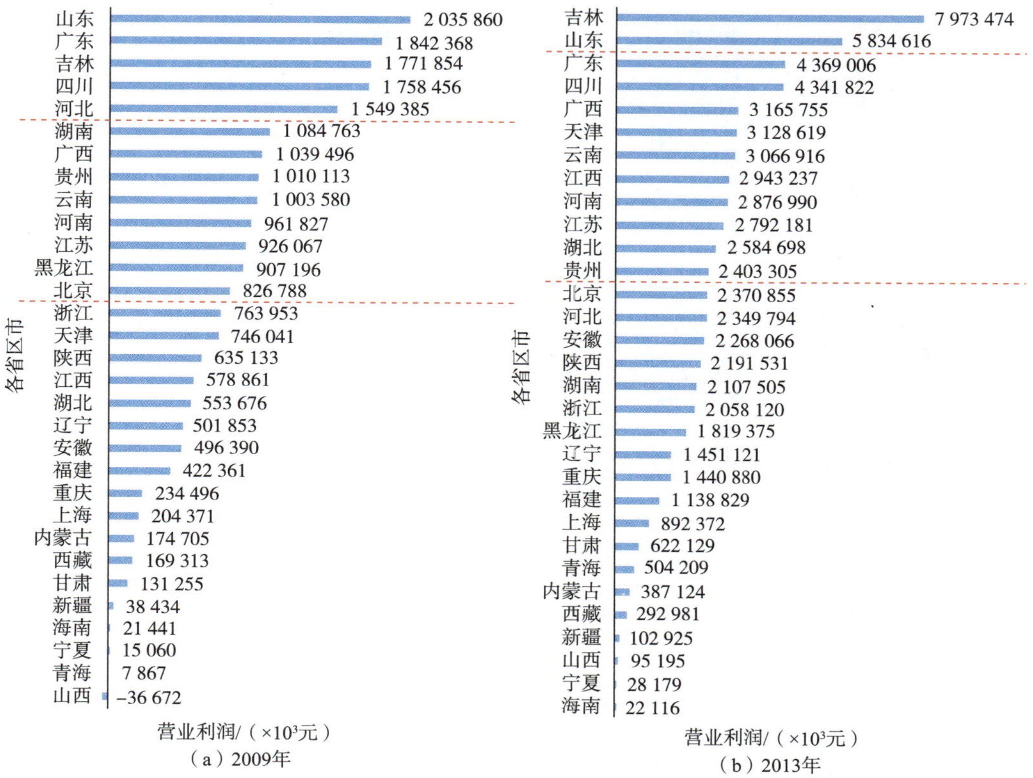

图 9.12　中药饮片加工及中成药生产产业盈利环节的空间分布

9.2.5　生物药品制造价值环节空间分布分析

1. 研发环节空间分布分析

图 9.13 为 2009 年和 2013 年生物药品制造产业研发环节的空间分布。2009 年处于第一梯队（发明专利申请量 1 500 件及以上）的区域包括北京、山东和江苏；处于第二梯队（发明专利申请量 600~1 500 件）的区域为广东、天津、河南、上海和浙江。2013 年处于第一梯队（发明专利申请量 5 000 件及以上）的仅有山东一个区域；处于第二梯队（发明专利申请量 3 000~5 000 件）的仅有江苏一个区域；处于第三梯队（发明专利申请量 2 000~3 000 件）的有北京、广东、安徽、上海四个区域。由此可见，仅山东、江苏等少数区域在该产业具有研发优势。

2. 生产环节空间分布分析

图 9.14 为 2009 年和 2013 年生物药品制造产业生产环节的空间分布。2009 年处于第一梯队（从业人员数 9 000 人及以上）的区域包括山东、浙江和河南；处于第二梯队（从业人员数 6 000~9 000 人）的区域为北京、上海、江苏和广东。2013 年处于第一梯队（从业人员数 30 000 人及以上）的区域为山东和江苏；除广东、北京和上海仍处于第二梯队（从业人员数 14 000~30 000 人）外，浙江、河南、辽宁和湖南也处于第二梯队。

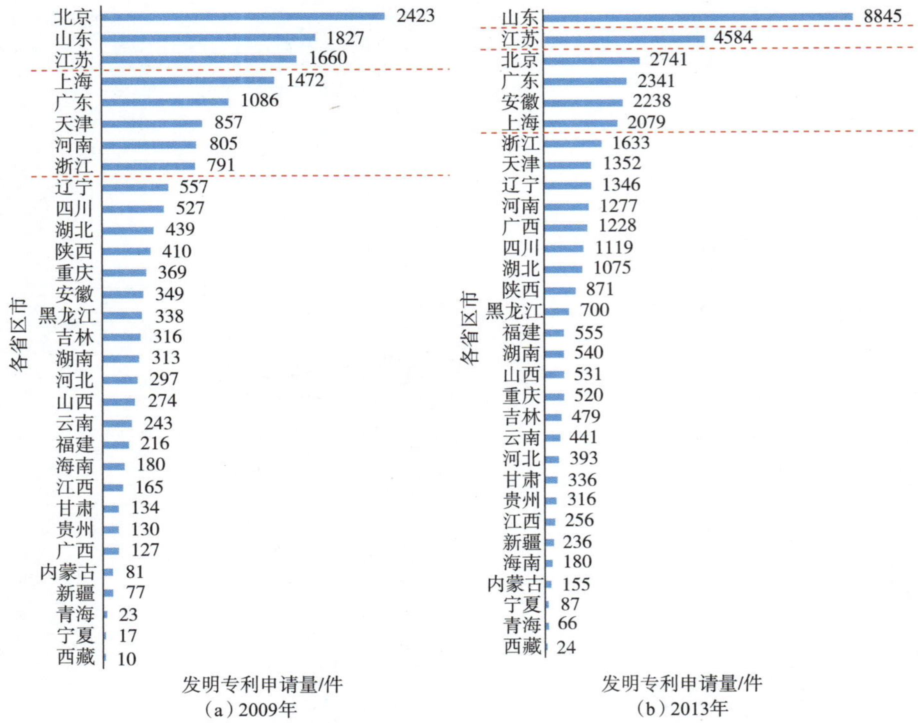

图 9.13　生物药品制造产业研发环节的空间分布

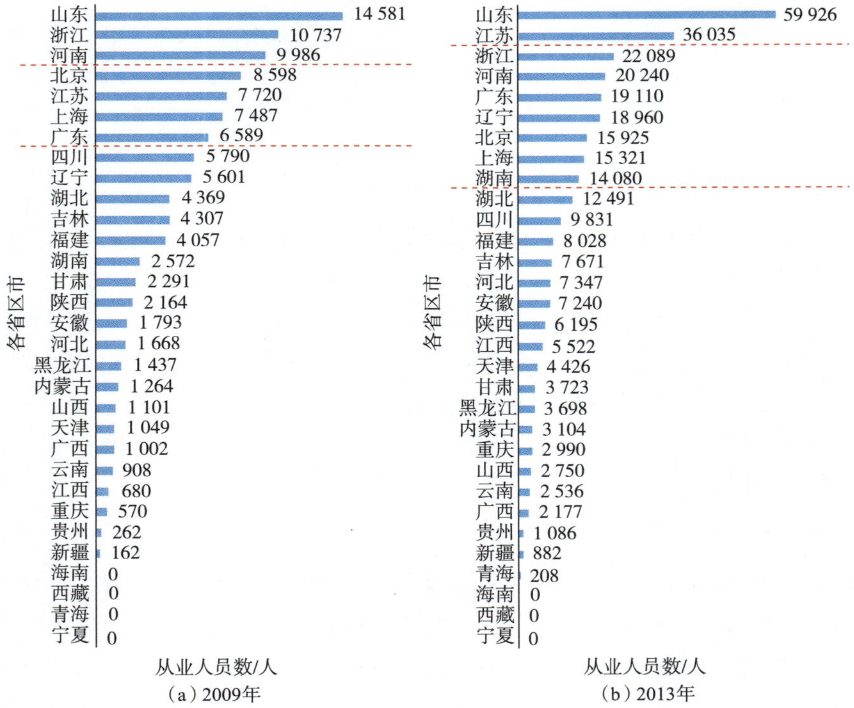

图 9.14　生物药品制造产业生产环节的空间分布

3. 销售环节空间分布分析

图 9.15 为 2009 年和 2013 年生物药品制造产业销售环节的空间分布。2009 年山东处于第一梯队（主营业务收入 100 亿元及以上），河南、江苏、广东、辽宁、浙江、上海和北京处于第二梯队（主营业务收入 40 亿~100 亿元）。2013 年处于第一梯队（主营业务收入 500 亿元及以上）的区域仅有山东，处于第二梯队（主营业务收入 300 亿~500 亿元）的区域仅有江苏。与生产环节相似，山东和江苏在该产业的销售环节也具备明显优势。

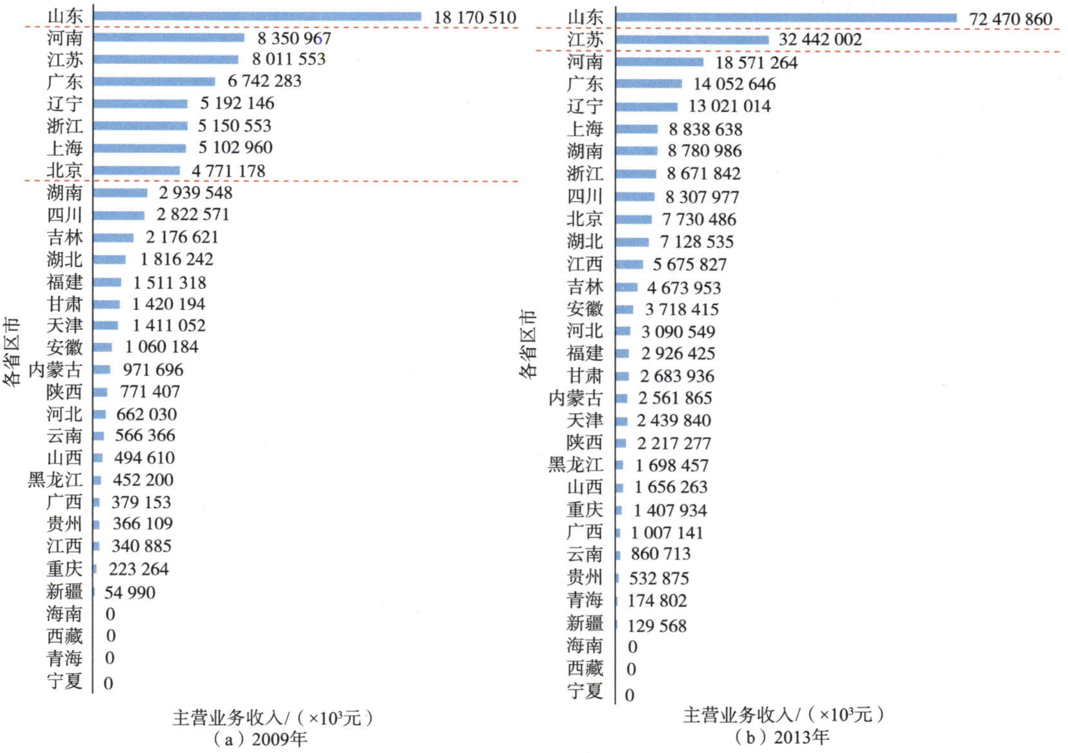

图 9.15　生物药品制造产业销售环节的空间分布

4. 盈利环节空间分布分析

图 9.16 为 2009 年和 2013 年生物药品制造产业盈利环节的空间分布。2009 年处于第一梯队（营业利润 20 亿元及以上）的区域仅为山东，处于第二梯队（营业利润 7 亿~20 亿元）的区域包括河南、上海、北京、江苏、广东和辽宁；2009 年该产业利润环节的空间分布与销售环节的空间分布较为相似。2013 年，除山东仍保持在第一梯队（营业利润 30 亿元及以上）之外，江苏由第二梯队进入第一梯队；北京、河南、广东和辽宁保持在第二梯队（营业利润 20 亿~30 亿元）。

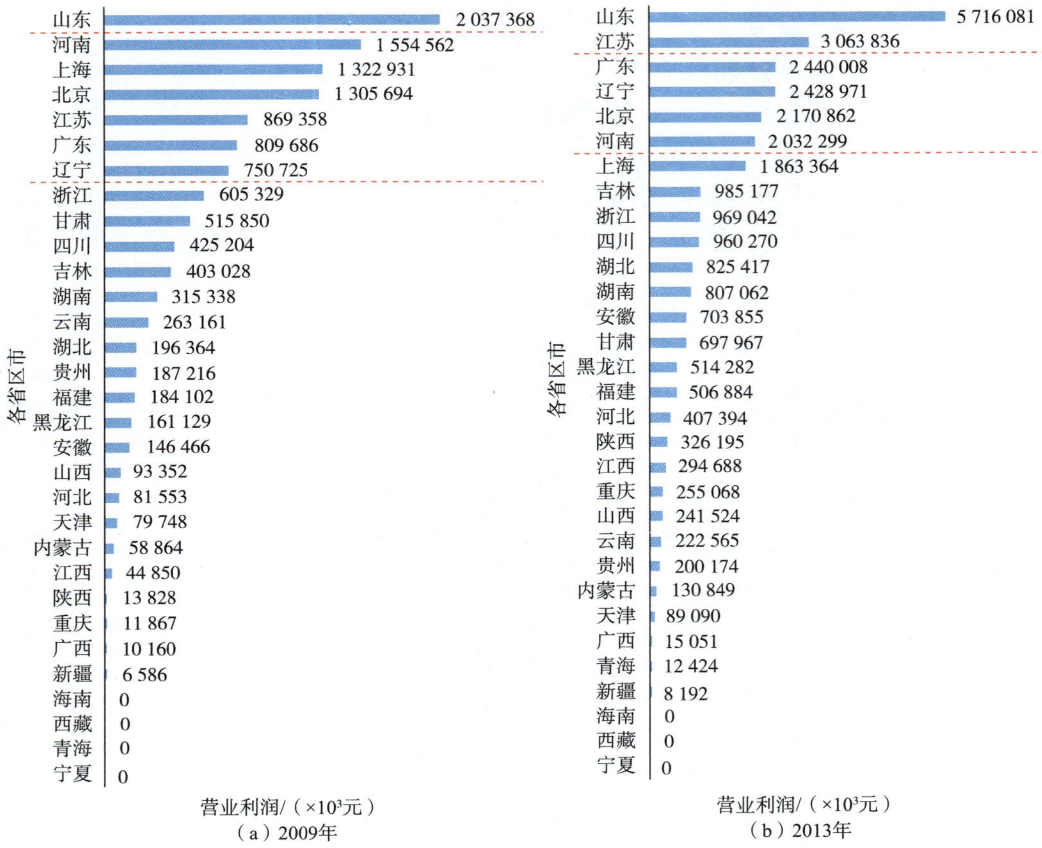

图 9.16　生物药品制造产业盈利环节的空间分布

9.3　医药制造产业价值链不同环节耦合协调度分析

医药制造产业价值链不同环节耦合协调度分析以省区市为分析单位，研究各区域价值链各环节的运行协调情况。本节分析医药制造产业四个子产业的研发环节与生产环节、研发环节与销售环节、研发环节与盈利环节的耦合协调度，揭示研发环节与其他环节协同发展的动态特征和区域差异。

9.3.1　化学药品原料药制造产业不同价值环节耦合协调度分析

图 9.17~图 9.19 分别为化学药品原料药制造产业 31 个省区市的研发环节与生产环节、研发环节与销售环节、研发环节与盈利环节的耦合协调度。

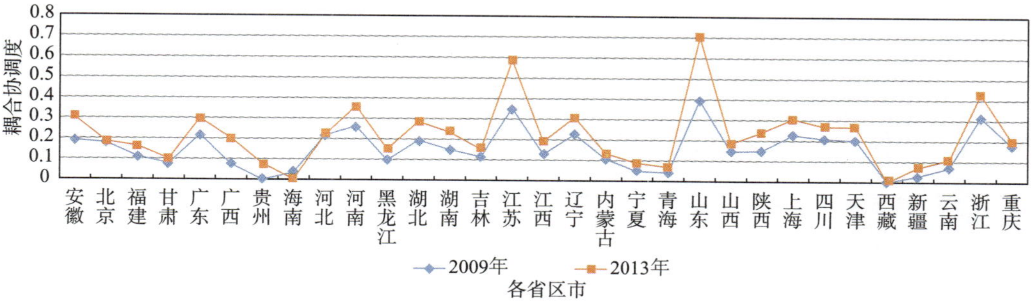

图 9.17　化学药品原料药制造产业研发环节与生产环节耦合协调度

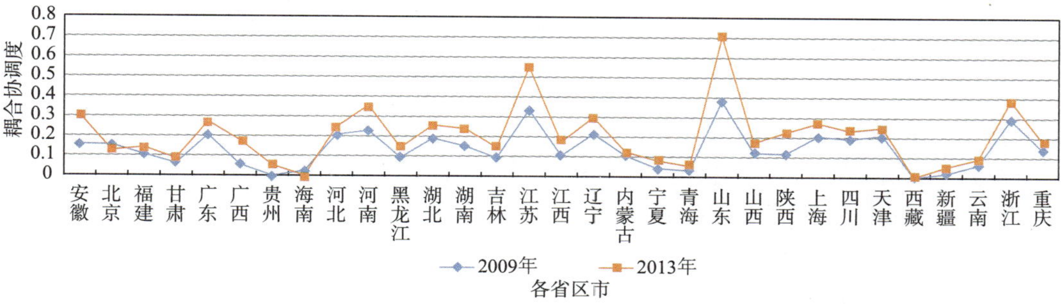

图 9.18　化学药品原料药制造产业研发环节与销售环节耦合协调度

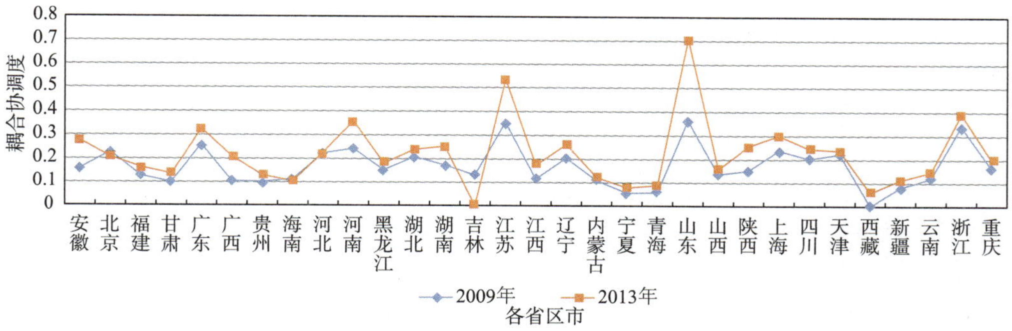

图 9.19　化学药品原料药制造产业研发环节与盈利环节耦合协调度

由图 9.17~图 9.19 可以看出，研发环节与生产环节之间的耦合协调度在 2009 年均在 0.4 及以下。与 2009 年相比，2013 年除海南和西藏之外，其他多数区域的耦合协调度均有所提升。其中，江苏、山东和浙江的耦合协调度提高到 0.4 以上。研发环节与销售环节之间的耦合协调度分布和研发环节与生产环节的耦合协调度分布较为相似。在 2009 年各区域均在 0.4 以下。与 2009 年相比，2013 年多数区域的耦合协调度有所上升。其中，江苏、山东和浙江的耦合协调度均提高到 0.4 及以上。2009 年，研发环节与盈利环节之间的耦合协调度均在 0.4 以下。2013 年，江苏和山东的耦合协调度均提高到 0.4 以上，而吉林和北京的耦合协调度却有所下降。

9.3.2 化学药品制剂制造不同价值环节耦合协调度分析

图 9.20~图 9.22 分别为化学药品制剂制造 31 个省区市的研发环节与生产环节、研发环节与销售环节、研发环节与盈利环节耦合协调度。

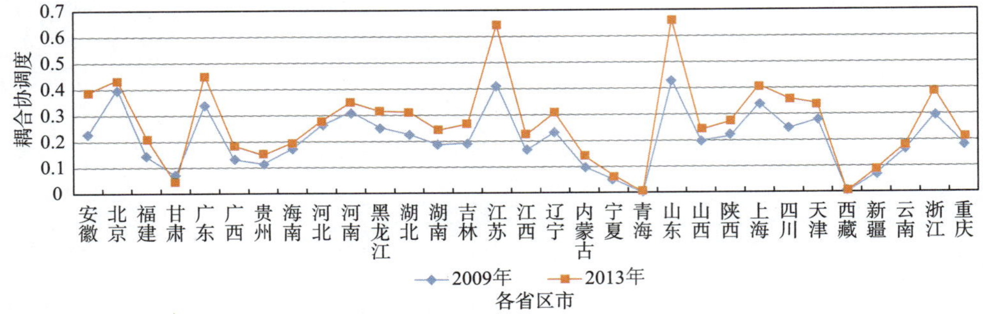

图 9.20　化学药品制剂制造产业研发环节与生产环节耦合协调度

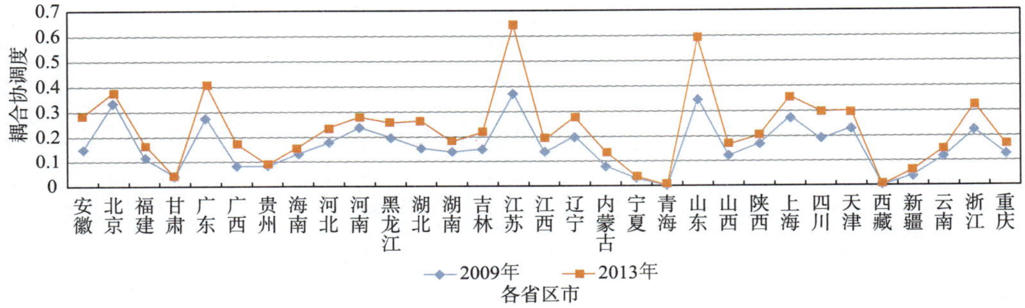

图 9.21　化学药品制剂制造产业研发环节与销售环节耦合协调度

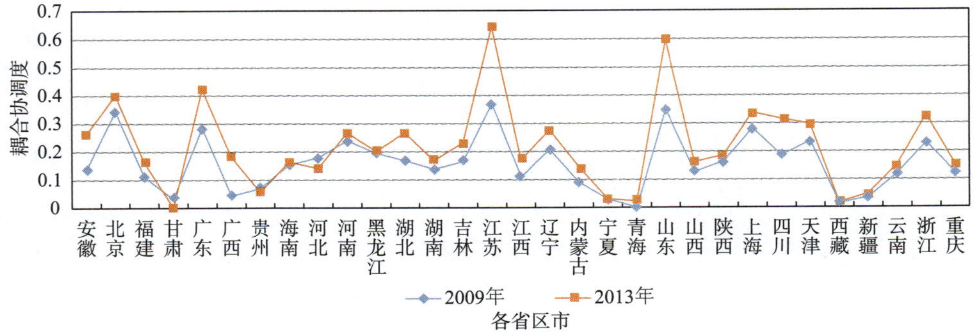

图 9.22　化学药品制剂制造产业研发环节与盈利环节耦合协调度

由图 9.20~图 9.22 可以看出，研发环节与生产环节之间的耦合协调度在 2009 年均在 0.45 以下。与 2009 年相比，2013 年除甘肃的耦合协调度有所下降之外，其他多数区域的耦合协调度均有所上升（少数区域在 2009 年和 2013 年的耦合协调度均为 0）。其中，江苏和山东的耦合协调度提高到 0.5 以上。2009 年，研发环节与销售环节之间的耦合协调度均在 0.4 以下。与 2009 年相比，2013 年所有区域的耦合协调度均上升或保持原有水平。其中，江苏和山东上升幅度最大，耦合协调度均提高到 0.5 以上。2009 年，研发环节与盈利环节之间的耦合协调度均在 0.4 以下，2013 年除甘肃、贵州和河北的耦合协调度下降外，其他区域均保持不变或有所上升。江苏和山东的耦合协调度仍是上升最为明显的两个区域，均提高到 0.5 以上。

9.3.3　中药饮片加工及中成药生产产业不同价值环节耦合协调度分析

图 9.23~图 9.25 分别为中药饮片加工及中成药生产产业 31 个省区市的研发环节与生产环节、研发环节与销售环节、研发环节与盈利环节耦合协调度。

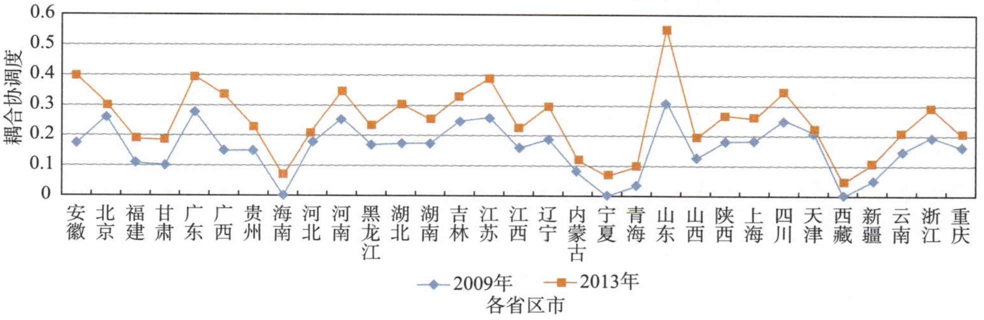

图 9.23　中药饮片加工及中成药生产产业研发环节与生产环节耦合协调度

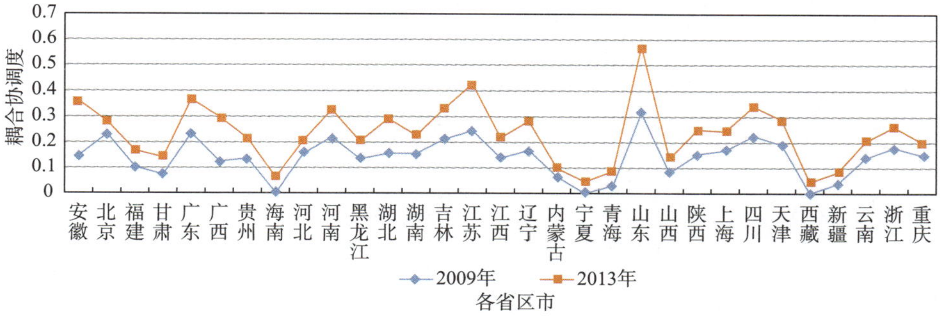

图 9.24　中药饮片加工及中成药生产产业研发环节与销售环节耦合协调度

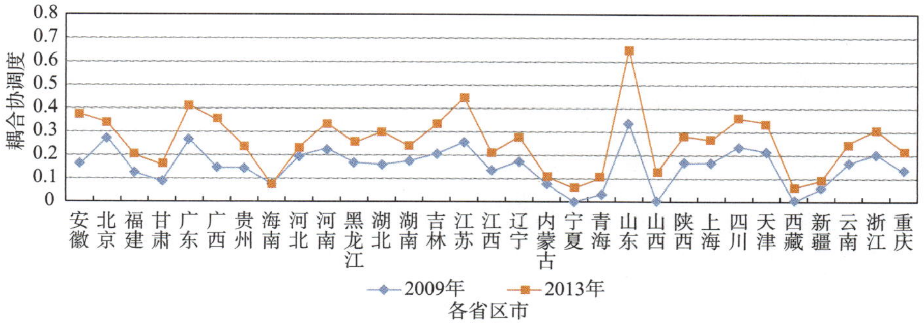

图 9.25　中药饮片加工及中成药生产产业研发环节与盈利环节耦合协调度

由图 9.23~图 9.25 可以看出，2009 年研发环节与生产环节之间的耦合协调度均在 0.35 以下。2013 年，除天津有小幅上升外，其他区域的耦合协调度均有显著上升。其中，山东的耦合协调度上升最为显著，提高到 0.5 以上。2009 年，研发环节与销售环节之间的耦合协调度均在 0.35 以下。与 2009 年相比，2013 年各区域的耦合协调度均有所上升。同样地，山东的耦合协调度上升幅度最大，提高到 0.5 以上。2009 年，研发环节与盈利环节之间的耦合协调度均在 0.35 以下。2013 年海南的耦合协调度下降，其他多数区域的耦合协调度均有不同程度的上升，山东的耦合协调度提高到 0.6 以上。

9.3.4 生物药品制造不同价值环节耦合协调度分析

图 9.26~图 9.28 分别为生物药品制造 31 个省区市的研发环节与生产环节、研发环节与销售环节、研发环节与盈利环节耦合协调度。

由图 9.26~图 9.28 可以看出，2009 年，研发环节与生产环节之间的耦合协调度均在 0.35 以下。2013 年，除海南、宁夏和西藏的耦合协调度仍为 0 以外，其他多数区域的耦合协调度有显著上升。其中，江苏和山东的耦合协调度提高到 0.5 以上。研发环节与销售环节之间的耦合协调度区域分布及变化特征和研发环节与生产环节之间的耦合协调度

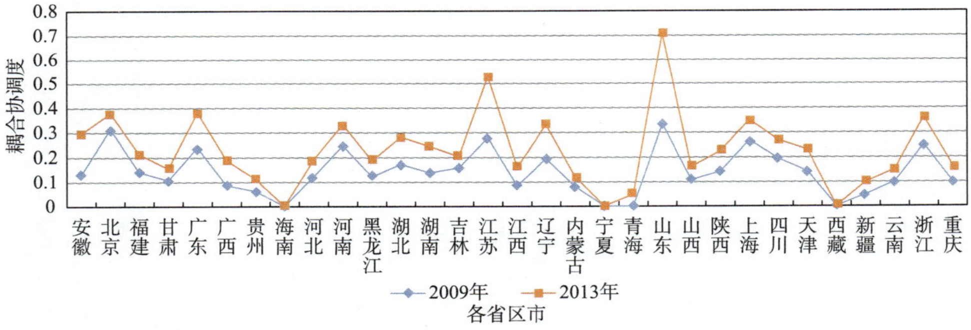

图 9.26 生物药品制造产业研发环节与生产环节耦合协调度

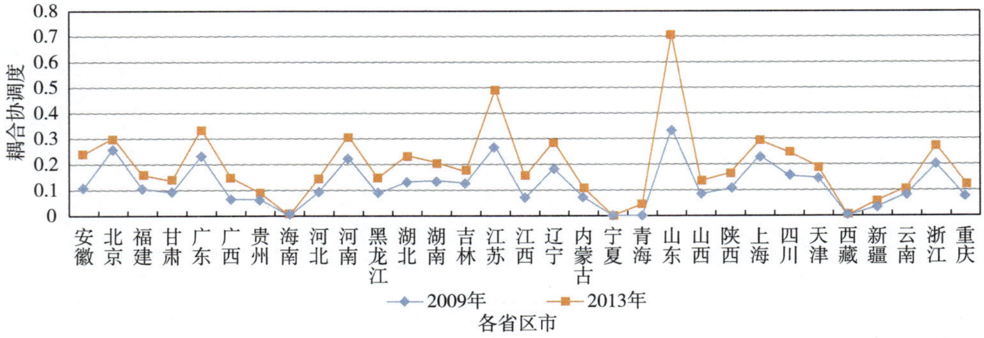

图 9.27 生物药品制造产业研发环节与销售环节耦合协调度

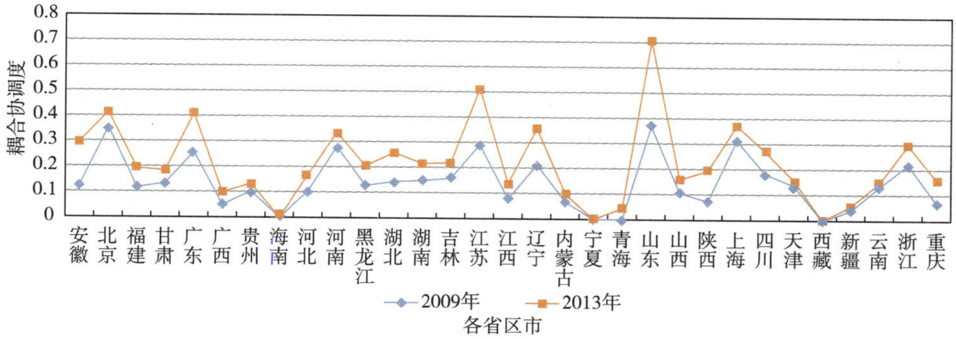

图 9.28　生物药品制造产业研发环节与盈利环节耦合协调度

较为相似。2009 年耦合协调度均在 0.35 以下。2013 年，多数区域的耦合协调度有显著上升。其中，江苏和山东的耦合协调度上升最为明显。2009 年，研发环节与盈利环节之间的耦合协调度均在 0.4 以下。2013 年，海南、宁夏和西藏的耦合协调度仍为 0，其他多数区域的耦合协调度均有显著上升，江苏和山东的耦合协调度提高到 0.5 以上。

9.4　医药制造产业价值链的区域布局组合特征分析

本节以省区市为分析单元，分别以医药制造产业的四个子产业为样本，研究各子产业价值环节的组合特征，进一步将四个子产业的特征进行综合分析，进而得出研究结论。以产业价值链各衡量指标的区域均值作为划分区域在某一价值环节高低水平的标准，基于产业的四个价值环节“研发—生产—销售—盈利”，可将区域划分为 16 种类型，分别为：高-高-高-高、低-高-高-高、高-低-高-高、高-高-低-高、高-高-高-低、低-低-高-高、低-高-低-高、低-高-高-低、高-低-低-高、高-低-高-低、高-高-低-低、低-低-低-高、低-低-高-低、低-高-低-低、高-低-低-低、低-低-低-低。2009 年和 2013 年各区域在产业四个价值环节的特征如表 9.3 和表 9.4 所示。

表 9.3　产业不同价值环节组合类型的区域分布特征（2009 年）

组合类型	化学药品原料药制造	化学药品制剂制造	中药饮片加工及中成药生产	生物药品制造
高-高-高-高	河南、江苏、山东、浙江	北京、广东、河南、江苏、山东、上海、浙江	广东、河南、江苏、山东、四川	北京、广东、河南、江苏、辽宁、山东、上海、浙江
低-高-高-高	河北、湖北	河北、黑龙江	广西、贵州、河北、湖南、吉林	四川
高-低-高-高	—	天津	—	—
高-高-低-高	—	—	—	—
高-高-高-低	辽宁、四川	—	—	—
低-低-高-高	—	—	云南	—

续表

组合类型	化学药品原料药制造	化学药品制剂制造	中药饮片加工及中成药生产	生物药品制造
低-高-低-高	—	—	黑龙江	吉林
低-高-高-低	—	陕西	江西	—
高-低-低-高	广东	辽宁	北京、天津、浙江	—
高-低-高-低	天津	—	—	—
高-高-低-低	—	四川	—	—
低-低-低-高	—	—	—	甘肃
低-低-高-低	内蒙古	—	—	湖南
低-高-低-低	安徽、重庆	安徽、湖北	陕西	福建、湖北
高-低-低-低	北京、上海	—	辽宁、上海	天津
低-低-低-低	福建、广西、贵州、海南、黑龙江、湖南、吉林、江西、宁夏、甘肃、青海、山西、陕西、西藏、新疆、云南	福建、甘肃、广西、贵州、海南、湖南、吉林、江西、内蒙古、宁夏、青海、山西、西藏、新疆、云南、重庆	安徽、福建、甘肃、海南、湖北、内蒙古、宁夏、青海、山西、西藏、新疆、重庆	安徽、广西、贵州、海南、河北、黑龙江、江西、内蒙古、宁夏、青海、山西、陕西、西藏、新疆、云南、重庆

表 9.4　产业不同价值环节组合类型的区域分布特征（2013 年）

组合类型	化学药品原料药制造	化学药品制剂制造	中药饮片加工及中成药生产	生物药品制造
高-高-高-高	河南、江苏、山东、浙江	北京、广东、江苏、山东、上海、四川、浙江	安徽、广东、广西、河南、山东	北京、广东、河南、江苏、辽宁、山东
低-高-高-高	河北、湖南	湖北	贵州、湖北、吉林、江西、四川	上海、浙江
高-低-高-高	—	—	江苏、天津	—
高-高-低-高	—	—	—	—
高-高-高-低	辽宁	—	—	—
低-低-高-高	—	辽宁	—	—
低-高-低-高	—	—	—	—
低-高-高-低	湖北、江西	河北、黑龙江	湖南	湖南
高-低-低-高	广东、上海	—	北京	—
高-低-高-低	天津	—	—	—
高-高-低-低	—	河南	辽宁	—
低-低-低-高	陕西	—	河北、陕西、云南	—
低-低-高-低	内蒙古	—	—	四川
低-高-低-低	安徽、北京、广西	江西	—	湖北
高-低-低-低	—	天津	上海、浙江	安徽、天津
低-低-低-低	福建、甘肃、贵州、海南、黑龙江、吉林、宁夏、青海、山西、四川、西藏、新疆、云南、重庆	福建、安徽、甘肃、广西、贵州、海南、湖南、吉林、内蒙古、宁夏、青海、山西、陕西、西藏、新疆、云南、重庆	福建、甘肃、海南、黑龙江、内蒙古、宁夏、青海、山西、西藏、新疆、重庆	福建、甘肃、广西、贵州、海南、河北、黑龙江、吉林、江西、内蒙古、宁夏、青海、山西、陕西、西藏、新疆、云南、重庆

从表 9.3 可以看出，在化学药品原料药制造产业，河南、江苏、山东、浙江属于高–高–高–高型，在研发、生产、销售和盈利四个产业价值环节均占优势；河北和湖北属于研发弱，而生产、销售和盈利环节较强的区域；辽宁和四川在研发、生产和销售环节较强，但是盈利能力处于较低水平。广东的主要优势表现在研发和盈利环节，而天津在研发和销售方面处于较高水平。内蒙古在研发、生产和盈利环节较弱，但有相对较高的销售能力。安徽和重庆主要在生产环节表现突出，而北京和上海的研发能力较强，但是生产、销售和盈利能力不及全国平均水平。其他区域均属于低–低–低–低型。

在化学药品制剂制造产业，北京、广东、河南、江苏、山东、上海、浙江七个区域在研发、生产、销售和盈利环节均表现出较强的实力，实现了四个环节的协同发展。河北和黑龙江研发能力弱，而生产、销售和盈利能力相对较强。天津虽然在研发、销售和盈利环节具有较高水平，但是生产能力较差。陕西仅在生产和销售环节突出，但是研发和盈利环节较弱。辽宁在研发和盈利环节处于较高水平，四川在研发和生产环节处于较高水平。此外，安徽和湖北在生产环节表现突出，但是其他环节低于全国平均水平。其他区域均属于低–低–低–低型。

在中药饮片加工及中成药生产产业，广东、河南、江苏、山东和四川在研发、生产、销售与盈利环节均处于领先水平；广西、贵州、河北、湖南和吉林虽然在生产、销售和盈利环节较强，但是研发环节较弱。云南在后端的销售和盈利环节处于较高水平，而研发和生产水平较低。黑龙江的生产和盈利水平较高，江西的生产和销售水平较高。北京、天津和浙江在研发与盈利环节处于较高水平。陕西在生产环节处于较高水平，研发、销售、盈利环节水平较低。辽宁和上海在前端的研发环节表现较好，处于全国平均水平以上。其他区域均属于低–低–低–低型。

在生物药品制造产业，北京、广东、河南、江苏、辽宁、山东、上海和浙江八个区域属于高–高–高–高类型，在产业四个价值环节均占优势。四川研发水平低，但生产、销售和盈利水平较高。吉林在生产和盈利环节处于较高水平，但是研发和销售水平较低。甘肃仅在盈利环节处于全国平均水平之上，湖南仅在销售环节处于较高水平，福建和湖北仅在生产环节处于较高水平，而天津仅在研发环节表现突出。其他区域均属于低–低–低–低型。

从表 9.4 可以看出，在化学药品原料药制造产业，河南、江苏、山东和浙江在产业四个价值环节均表现突出。河北和湖南研发水平较低，但是生产、销售和盈利水平较高。辽宁在研发、生产和销售环节具有较高水平，但是盈利环节水平较弱。湖北和江西在生产和销售环节处于较高水平，在研发和盈利环节表现较差。相反，广东和上海在研发和盈利环节处于较高水平。天津在研发和销售两个环节表现突出。陕西仅在盈利环节处于全国平均水平之上，其他环节均低于全国平均水平。内蒙古在销售环节处于较高水平，安徽、北京和广西在生产能力方面表现良好。其他区域均属于低–低–低–低型。

在化学药品制剂制造产业，北京、广东、江苏、山东、上海、四川和浙江在产业四个价值环节均处于较高水平。湖北在研发环节水平较低，但在生产、销售和盈利环节处于较高水平。辽宁在销售和盈利环节能力较强，但是研发和生产环节处于较低水平。河北和黑龙江在生产和销售环节处于全国平均水平之上，但是研发和盈利环节较弱。河南具有较高的研发和生产能力。江西仅在生产环节具有较高水平，而天津仅在研发环节处于较高水平。其他区域均属于低–低–低–低型。

在中药饮片加工及中成药生产产业，安徽、广东、广西、河南和山东在产业四个价值环节均处于较高水平。贵州、湖北、吉林、江西和四川在研发环节水平较低，但在生产、销售和盈利环节处于较高水平。江苏和天津在研发、销售和盈利环节能力较强，但是生产环节水平较低。湖南在生产和销售环节处于全国平均水平之上，但是研发和盈利环节水平较弱。相反，北京在研发和盈利环节处于较高水平。辽宁在前端的两个环节表现良好，但在后端两个环节表现相对较差。河北、陕西和云南仅盈利环节处于较高水平，上海和浙江仅研发环节处于较高水平。其他区域均属于低–低–低–低型。

在生物药品制造产业，北京、广东、河南、江苏、辽宁和山东六个区域在研发、生产、销售和盈利四个环节均处于较高水平。上海和浙江研发水平较低，生产、销售和盈利水平却较高。湖南在研发和盈利环节处于较低水平，在生产和销售环节处于较高水平。四川仅在销售环节表现良好，湖北仅在生产能力上较为突出，而安徽和天津仅在研发环节处于较高水平。其他区域均属于低–低–低–低型。

选取每个子产业四个产业价值环节前五名的区域作为典型区域，分析典型区域在产业不同价值环节的分布特征。2009 年和 2013 年产业不同价值环节前五名的区域如表 9.5 和表 9.6 所示。

表 9.5　产业不同价值环节前五名的区域（2009 年）

产业	研发环节	生产环节	销售环节	盈利环节
化学药品原料药制造	北京	浙江	山东	浙江
	山东	山东	浙江	江苏
	江苏	江苏	江苏	山东
	上海	河北	河北	河北
	广东	河南	辽宁	湖北
化学药品制剂制造	北京	江苏	江苏	江苏
	山东	山东	山东	山东
	江苏	广东	广东	广东
	上海	黑龙江	北京	北京
	天津	河北	黑龙江	上海
中药饮片加工及中成药生产	北京	吉林	吉林	山东
	山东	四川	山东	广东
	江苏	广东	四川	吉林
	上海	河南	广东	四川
	河南	山东	河南	河北
生物药品制造	北京	山东	山东	山东
	山东	浙江	河南	河南
	江苏	河南	江苏	上海
	上海	北京	广东	北京
	广东	江苏	辽宁	江苏

表 9.6　产业不同价值环节前五名的区域（2013 年）

产业	研发环节	生产环节	销售环节	盈利环节
化学药品原料药制造	山东	江苏	山东	山东
	江苏	山东	江苏	江苏
	安徽	浙江	浙江	浙江
	广东	河南	河南	河南
	北京	辽宁	河北	湖南
化学药品制剂制造	山东	江苏	江苏	江苏
	江苏	山东	山东	山东
	广东	广东	广东	广东
	上海	北京	北京	北京
	北京	黑龙江	河北	浙江
中药饮片加工及中成药生产	山东	吉林	吉林	吉林
	江苏	四川	四川	山东
	安徽	广东	山东	广东
	广东	江西	江西	四川
	北京	河南	广东	广西
生物药品制造	山东	山东	山东	山东
	江苏	江苏	江苏	江苏
	北京	浙江	河南	广东
	广东	河南	广东	辽宁
	安徽	广东	辽宁	北京

由表 9.5 可以看出，在化学药品原料药制造产业，江苏和山东在研发、生产、销售和盈利环节均排在全国前五名，而浙江和河北仅在生产、销售和盈利环节排在前五名，研发环节相对较弱。北京、上海和广东仅在研发环节位列前五名。河南在生产环节、辽宁在销售环节、湖北在盈利环节处于领先地位。

在化学药品制剂制造产业，江苏和山东在研发、生产、销售和盈利环节均排在前五名。其中，江苏在生产、销售和盈利环节位列第一，山东在四个环节均位列第二。广东仅在生产、销售和盈利环节排在前五名，研发环节相对较弱。北京在研发、销售和盈利环节位居前五名。黑龙江在生产和销售环节较强。此外，天津仅在研发环节位列前五名，河北在生产环节、上海在研发和盈利环节处于领先地位。

在中药饮片加工及中成药生产产业，山东在研发、生产、销售和盈利环节均排在全国前五名。吉林、四川和广东在生产、销售与盈利环节排在前五名，但研发环节相对较弱。河南在研发、生产和销售环节排在前五名。此外，北京、江苏和上海仅在研发环节较为突出，而河北仅在盈利环节具有优势。

在生物药品制造产业，山东和江苏在研发、生产、销售与盈利环节均排在全国前五名。其中，山东在后三个环节均位列第一。河南在生产、销售和盈利环节表现突出，而北京在研发、生产和盈利环节处于领先位置。上海在研发和盈利环节位列前五名，广东在研发和销售环节位列前五名。此外，浙江在生产环节和辽宁在销售环节处于领先水平。

由表 9.6 可以看出，在化学药品原料药制造产业，山东和江苏在研发、生产、销售和盈利环节均排在全国前两名，而浙江和河南仅在生产、销售和盈利环节排在前五名，研发环节相对较弱。此外，安徽、广东和北京仅在研发环节上实力明显强于其他区域，辽宁仅在生产环节上实力明显强于其他区域，河北仅在销售环节上实力强于其他区域，而湖南仅在盈利环节上实力强于其他区域。

在化学药品制剂制造产业，山东、江苏、广东和北京均在研发、生产、销售与盈利四个环节位居全国前五名，表现出明显的协同发展特征。这四个区域在该产业具备较强的实力，在价值链的各个环节均表现突出。此外，上海在研发环节、黑龙江在生产环节、河北在销售环节、浙江在盈利环节处于领先位置。

在中药饮片加工及中成药生产产业，广东是唯一在研发、生产、销售和盈利环节均排在全国前五名的区域。吉林和四川在生产、销售与盈利环节位居前五名，但是研发环节不在前五名之列。山东在研发、销售和盈利环节表现突出。江西仅在生产和销售环节位列前五名。此外，江苏、安徽和北京仅在研发环节实力领先，河南仅在生产环节上实力明显强于其他区域，而广西仅在盈利环节上实力强于其他区域。

在生物药品制造产业，山东、江苏和广东在四个环节均位居前五名。北京在研发和盈利环节排在全国前五名，辽宁在销售和盈利环节排在前五名，而河南在生产和销售环节位居前五名。此外，安徽仅在研发环节上位居前五名，而浙江仅在生产环节位居前五名。

9.5 结论与讨论

（1）就医药制造产业细分产业价值链环节的空间分布特征来看，我国医药制造产业的研发、生产、销售和盈利活动主要聚集在环渤海和长三角地区，环渤海地区的山东、北京是先导省市，长三角地区则以江苏、浙江为主要聚集区，南部沿海地区的广东也呈现出良好的发展势头，有望成为新成长板块的引领者。

（2）从产业整体竞争优势来看，2013 年，山东在四个子产业的四个价值链环节，除中药饮片加工及中成药生产环节外，其他均处于前两位，呈现出产业的整体竞争优势和良好发展潜力。2009 年，北京在四个细分产业的研发环节均处于第一的位置；2013 年，山东在四个细分产业的研发环节均处于第一的位置，而江苏超越北京，处于第二位。山东和江苏两省显示出强势追赶的发展特征。从细分产业的特色优势培育角度看，江苏在化学药品制剂制造领域，吉林在中药饮片加工及中成药生产领域，山东在生物药品制造领域有望形成特色优势产业。特别值得一提的是，山东和江苏两省有望通过医药制造产生各子产业的整合，以及子产业各价值链环节的整合，成为我国医药制造产业的强省。近年来，吉林的中药饮片加工及中成药生产表现出良好的成长性，如能通过研发环节的加强，形成完整的价值链环节，该产业有望成为吉林乃至东北地区新的经济增长点。

（3）就各个细分产业价值链各环节的耦合情况来看，考察期内绝大多数地区呈上升趋势，尤其是竞争优势处于前列的地区上升趋势更为明显。然而，不同地区的差异较大。总体上看，我国医药制造产业研发活动与生产活动之间、销售活动和盈利活动之间的耦合度还处于偏低水准，自主知识产权引领产业发展的机制尚不完善。与先进轨道交通装备制造业相比，医药制造产业是一个市场化程度较高的产业，其空间布局及知识产权布局的市场决定程度更高，其布局模式和优化更具有“自然”生成的内涵。政府政策调控的着力点应放在市场秩序的维护和公共平台的建设方面。

（4）需要特别指出的是，就全球竞争而言，我国在医药制造产业的创新能力不足。目前，中国企业和其他组织的研发活动存在跟随模仿的现象。因此，上述有关各个区域价值链环节优势的比较，还仅是国内各区域之间的比较。

第 10 章
中国知识产权区域布局试点探索

本章是中国知识产权区域布局的实践探索篇。首先，介绍中国知识产权区域布局试点工作的现实背景、工作思路和主要任务；其次，回顾试点工作的总体进展并对试点工作的未来进行安排；最后，分析各试点地方的主要特色和基本经验。希望本章的分析介绍能有力助推中国知识产权区域布局的实践探索。

10.1 知识产权区域布局试点的现实背景、工作思路与主要任务

10.1.1 知识产权区域布局试点的现实背景

1. 我国创新驱动发展战略全面部署与综合实施

2015 年是我国实施创新驱动发展战略的关键之年，中国知识产权区域布局试点正是在这样一个重要的历史节点上谋划布局并启动实施的。

2015 年 3 月出台的《中共中央 国务院关于深化体制机制改革加快实施创新驱动发展战略的若干意见》(以下简称《意见》) 将实施严格的知识产权保护制度作为营造激励创新的公平市场环境的首要任务。该《意见》强调，在有条件的省区市系统推进全面创新改革试验，授权开展知识产权、科研院所、高等教育、人才流动、国际合作、金融创新、激励机制、市场准入等改革试验，努力在重要领域和关键环节取得新突破，将知识产权领域的改革作为改革试验的首要任务。

2015 年 5 月发布的《中国制造 2025》明确提出：立足国情，立足现实，力争通过“三步走”实现制造强国的战略目标。制造业是自主知识产权创造的核心载体，在投资驱动发展战略模式下，社会资源配置向劳动密集型和资本密集型产业集中，自主知识产权创造的产业载体薄弱。《中国制造 2025》将先进制造业置于优先发展的地位，为知识产权布局提供了产业发展依据。我国的制造业依托一定区域发展，发展模式具有明显的区域特征，因此必须结合区域的资源条件、产业基础、技术潜力等制定“中国制造 2025”

的区域发展路线图，以便使“中国制造 2025”战略能在区域层面得到落地。

2015 年 10 月十八届五中全会召开，十八届五中全会公报明确提出，发挥科技创新在全面创新中的引领作用，培育发展新动力，释放新需求，创造新供给；通过培育壮大若干重点经济区，拓展发展新空间。发达国家的经验表明，技术变革具有强大的供给创造功能。在技术快速变革的时代，消费者对需求的想象空间受到知识水平的局限。企业通过提供前所未有的新产品而主动引领需求，即通过技术变革创造新供给，进而拓展新需求。供给侧结构改革、消费升级、淘汰落后产能、实现绿色发展等理念，正在不断挤压区域间低端同质产业的发展空间，各区域必须要进行自主知识产权创造，培育核心竞争力，探索特色发展、错位发展、协调发展的新路径。

2016 年 5 月全国科技创新大会召开，提出到 2020 年使我国进入创新型国家行列，到 2030 年使我国进入创新型国家前列，到中华人民共和国成立 100 年时使我国成为世界科技强国。为实现上述发展目标，必须夯实科技基础，在重要科技领域跻身世界领先行列。必须准确判断科技突破方向。发展科学技术必须具有全球视野，把握时代脉搏，及时确立发展战略，提出更多原创理论，做出更多原创成果，力争在重要科技领域实现跨越发展。必须在推动发展的内生动力和活力上实施根本性转变，塑造更多依靠创新驱动、更多发挥先发优势的引领性区域，大幅增加公共科技供给，让人民享有更宜居的生活环境。因此，需要以推动科技创新为核心，优化科研院所和研究型大学科研布局，夯实学科基础，培育新兴交叉学科增长点。同时要尊重科技创新的区域集聚规律，建设若干具有强大带动力的创新型城市和区域创新中心。

2. 我国的知识产权事业进入战略转型期

近年来，我国知识产权事业快速发展，形成并积累了大量知识产权。但“大而不强、多而不优”的特征明显。我国重点产业发展的核心专利还相对匮乏；我国在全球价值链治理体系中还不具有举足轻重的话语权。从运行机制看，我国知识产权布局和创新资源结合仍不够紧密，在支撑产业发展方面仍不够有力，知识产权全方位应用不足、综合效益不高。为此，必须积极推动知识产权工作从申请管理、信息管理向转化管理、价值增值管理转变，从数量管理向结构和布局管理转变，知识产权运用从单一效益向综合效益转变，以便更好地发挥知识产权的信息价值、资源价值和对经济发展的支撑引领作用，进而引导创新资源在区域和产业层面围绕知识产权集聚与配置，提高创新效率和运用效益。

3. 我国科技和经济活动的空间布局亟待优化整合

改革开放以来，我国科技和经济活动的空间布局虽然得到明显优化，但还存在一些亟待解决的问题，知识产权区域布局试点工作试图从知识产权视角探索优化我国科技和经济活动空间布局的实施方案。

在我国，科技和经济发展的区域差异巨大，通过部分区域先行先试，探索改革开放的区域实现路径，从而为其他区域提供经验借鉴是改革开放初期的明智之举。国家启动各种试验区建设，就是要通过各种先行先试政策区的政策试验为后发地区的发展提供经验借鉴。改革开放以来的实践证明，各种试验区建设在我国经济和社会发展中发挥了巨大作用。然而也应该看到，试验区域的先行先试并非意味着后发区域简单照搬照抄先行地区的做法就可以自然而然地实现追赶。我国的现实情况是，后发地区较少考虑区域发展实际，简单模仿先行地区的做法，在政策优惠上不断层层加码，加速了区域产业同质化发展的进程，从而导致后发地区与先行地区政策越来越趋同，发展差距却越来越大，从而使区域科技和产业分工问题越来越突出地摆在中央与地方决策者面前。

4. 政府知识产权工作模式面临转型

长期以来，我国的区域经济发展理念是规模和增速主导型。地方政府以地区生产总值的高速增长为核心建立区域经济发展考核机制，以此引导区域经济发展。这种经济发展机制强调数量，忽视经济发展质量，采取粗放管理模式，忽视技术进步和知识产权创造、运用。知识产权区域布局就是要摒弃这种重数量增长、轻质量和轻效益提升的粗放式发展理念，强调通过知识产权创造、运用、保护和管理，使知识产权与区域经济发展对接和融合。

知识产权具有鲜明的法律属性和经济属性。长期以来，我国政府对知识产权的管理主要围绕知识产权的法律属性展开，强调知识资产权益的生成与保护。相对而言，有关知识产权的产业化管理、价值增值管理等尚未受到应有的重视。创新驱动发展战略实施条件下，政府的知识产权管理应尽快实现知识产权行政管理工作从知识产权资源统计分类管理的低端层面向知识产权资源的结构、布局研判、知识产权与产业融合的促进政策制定等咨询服务和政策出台的高端层面提升，也就是说，通过政府的知识产权服务咨询和政策促进，推动企业知识产权需求、创造、运用和保护能力升级。从这种意义上说，知识产权区域布局工作是政府知识产权工作服务模式创新的有益尝试。

10.1.2　知识产权区域布局试点工作思路

1. 指导思想

以习近平新时代中国特色社会主义思想为指导，全面落实“四个全面”的战略布局，以创新驱动发展战略为引领，深入实施国家知识产权战略，按照激励创造、有效运用、依法保护、科学管理的方针，在坚持实施区域知识产权战略工程基础上，全局性、引领性地谋划好全国知识产权资源的基本格局，引导形成知识产权功能定位清晰，教育、科技、产业和经济协同发展，创造活跃、运用高效、保护适当、管理科学的区域知识产权发展格局。

2. 推进目标

一是全面摸清知识产权区域布局现状，厘清区域知识产权创造潜力、创造能力、运用能力与运用需求之间的动态匹配关系。

二是对知识产权资源在区域间的流动，以及知识产权创造、运用活动的区际协同情况展开分析，识别制约区域知识产权协同发展的体制机制障碍，建立知识产权资源流动和知识产权活动跨区域协同机制。

三是出版“国家知识产权区域布局工作报告”系列，用以评价省级行政区知识产权创造潜力、创造能力、运用能力与运用需求的水平，以及分析潜力、创造、运用和需求之间的动态匹配关系；以知识产权区域布局分析为基础进行分类指导，确定不同类型区域–产业发展的目标和方向；聚焦国家自主创新示范区，确定示范区内知识产权密集型产业的发展潜力和需求，为产业发展规划提供指引。

3. 推进原则

一是以政策为引导、以市场为驱动、以企业为主体，以增加数量、提升质量、调整结构、优化布局、协调推进作为主旨，坚持区域布局和全国统筹相结合，引导知识产权资源与其他社会资源在区域空间合理、均衡分布，逐步实现全国范围内资源配置效率最大化。

二是坚持产权保护和服务社会相结合，引导和激励区域知识产权创造，保护知识生产者的合法权益，充分、有效地运用知识产权资源服务社会发展，实现保护和利用良性互动。

三是坚持经济发展和社会发展相结合，引导知识产权发展既要支撑产业和经济建设，实现创新驱动发展，又要支撑社会、文化等方面的建设，实现经济和社会协同发展。

10.1.3　知识产权区域布局试点的主要任务

1. 知识产权区域布局现状分析评价

知识产权区域布局现状分析评价是在理论研究、案例调查和统计分析的基础上，对知识产权区域布局现状和趋势做出的判断与阐述，其成果形式是特定区域的知识产权区域布局现状分析报告。

1）静态运行分析

建立全国知识产权区域布局工作的分析指标体系、综合评价工具、空间分析方法和可视化表达技术方案。

分析指标体系从内容上包括知识产权创造潜力指标（科技、教育和产业）、知识产权创造和运用指标、知识产权运用需求指标（产业、经济和社会）、知识产权保护管理指标。从类型上包括总量规模指标、结构质量指标、比较优势指标、增长趋势指标。

综合评价工具是从指标体系筛选、指标权重主观和客观确定、数据标准化处理，以及区域知识产权创造潜力、创造能力、运用能力、运用需求、保护管理评价等多个方面建立知识产权区域综合评价模型，形成便于实际运用的评价工具。

空间分析是知识产权区域布局工作的重点之一，包括知识产权空间集聚效应分析、空间依赖性分析、空间网络分析等。

可视化表达技术方案是基于地理信息系统的知识产权空间可视化表达。

2）动态运行分析

动态运行分析包括两个层面：一是知识产权创造与知识产权运用之间的匹配；二是知识产权创造潜力与知识产权创造能力、知识产权运用能力与知识产权运用需求之间的匹配。

（1）知识产权创造和知识产权运用之间的匹配。在省区和地市级行政区层面上，测算区域知识产权转化运用率和本地转化运用率；运用灰色关联技术，解析知识产权区域创造和运用之间的匹配关系及知识产权区域创造和跨区域运用之间的匹配关系，测算知识产权区域创造和运用匹配度。

（2）区域知识产权布局和前后向的匹配。在省区和地市级行政区层面上，解析知识产权创造潜力与知识产权创造能力之间的匹配关系及知识产权运用能力与知识产权运用需求之间的匹配关系，测算知识产权资源与其他资源之间的匹配度。

3）整体质量分析

整体质量分析是在充分考虑区域知识产权创造能力、知识产权运用能力及知识产权匹配度的基础上提出的综合性评价模型。

在国家层面上，以省区或地市级行政区作为基本单元，知识产权创造潜力、知识产权创造能力、知识产权运用能力、知识产权运用需求之间的匹配度越高，整体的知识产权区域布局质量越高。

在省级行政区层面上，需要全面考虑区域知识产权创造能力、知识产权运用能力和区域知识产权的匹配度，建立区域知识产权布局质量模型，根据不同维度的能力值评价布局质量。

2. 以知识产权为核心的资源配置导向目录编制

以知识产权为核心的资源配置导向目录是面向区域经济平衡充分发展的战略需求，以区域产业的转型升级发展为目标，以区域知识产权密集型产业为主要编制对象，以知识产权与产业发展的深度融合为着眼点，以前瞻性和可操作性为基本原则，提出的以知识产权为核心的资源配置解决方案。

以知识产权为核心的资源配置导向目录编制从国民行业分类的产业大类和小类两个层面分别展开。

（1）面向区域产业的整体布局规划。在国民行业分类的大类层面，建立区域产业发展的知识产权资源需求–区域知识产权资源能力匹配分析模型，通过区域产业竞争力–知识产权支撑–区域规划优先度匹配分析，按照知识产权引领—区域资源优化配置—产业竞争力形成的发展逻辑，提出未来优先发展产业的备选集，在此基础上，编制区域优先和重点发展产业目录清单，制订面向区域大类产业的战略布局行动方案（布局导示）。

（2）面向区域细分产业的布局规划和资源配置。在国民行业分类的小类层面，建立区域产业技术模块–产业附加值–知识产权支撑分析模型，通过区域产业附加值形成–知识产权支撑的匹配分析，阐明知识产权引领和支撑对区域产业附加值形成的作用，按照价值导向、知识产权引领的原则，在细分产业层面进行分类，提出未来优先发展产业的备选集，在此基础上，编制区域优先和重点发展产业目录清单，制订面向区域小类产业的以知识产权为核心的资源配置行动方案。

3. 区域相关政策完善

导向目录功能的实现在于调整和完善区域相关政策，实现市场在资源配置中的基础性作用，具体包括财政政策、税收政策、投资政策、产业政策、绩效评价政策和政绩考核政策。区域相关政策的调整与完善围绕以知识产权为核心的资源配置导向目录进行设计，逐步形成以市场为基础的资源配置机制，实现知识产权区域布局优化、各类资源之间的匹配，从而实现资源配置效率最大化。

（1）财政政策。财政对科技和教育的扶持需要参考知识产权创造潜力，对知识产权创造的鼓励要以运用需求为导向，对知识密集型产业的扶持要以知识产权为基础。

（2）税收政策。税收政策对于高校、研究机构科研人员参与知识产权创造和转化中的收入给予税收减免；对企业知识产权创造、运用和转让给予一定的鼓励，对知识产权密集型产业给予一定程度的优惠和扶持。

（3）投资政策。逐步实行知识产权区域布局与产业技术领域相结合的投资政策，政府投资应重点支持具有良好创造潜力和较大运用需求地区的知识产权工作，加快知识产权密集区的资源开发和运用。

（4）产业政策。按照知识产权区域布局工作推进的要求，研究提出不同类型知识产权区域的产业发展战略和实施措施，根据知识产权资源和产业发展的匹配关系，确定产业发展方向，加快知识产权密集型产业发展，增强区域自主创新能力，提升产业结构层次和竞争力。

（5）绩效评价政策和政绩考核政策。针对区域知识产权工作的不同定位，将不同类型的知识产权考核指标纳入地区的绩效评价指标和政绩考核体系中，明确地方行政负责人的知识产权工作任务和重心。

10.2　知识产权区域布局试点工作总体进展

自 2015 年知识产权区域布局试点工作开展以来，试点工作已经取得了一系列的进展，为其进一步推广和在全国推行奠定了良好的基础，为国家创新驱动发展战略、国家知识产权战略深入实施提供了支撑。

10.2.1　编制知识产权区域布局工作规范和技术规范

国家知识产权局为了有效保证试点工作有据可依、规范推进，印发了一系列规范性文件。

（1）工作规范。《知识产权区域布局试点工作管理办法》明确了地方政府领导牵头并安排专项资金的推进试点工作，明确了建立试点退出机制和规定试点期限等，为国家层面对试点工作的启动、交流、考核等管理工作提供依据，为地方层面申请财政资金、实施推动工作等提供依据。印发《关于做好知识产权区域布局试点启动工作的通知》《关于开展知识产权区域布局试点年度考核工作的通知》，对试点地方推进工作形成有力督促。

（2）技术规范。《知识产权区域布局试点工作方案》明确了试点工作要摸清试点区域知识产权资源与科教等创新资源的基本情况，识别试点区域知识产权密集区域、知识产权密集产业、知识产权与相关资源匹配关系，特别是国家自主创新示范区、国家高新技术产业园区等创新型区域的情况，编制本地区知识产权导向目录，并提出知识产权及相关资源政策调整和完善的建议。

（3）地方规范。在国家工作和技术规范的基础上，通过国家局和专家组的指导，各试点地方也出台了相关规范。江苏省政府办公厅正式下发《江苏省政府办公厅关于印发江苏省知识产权区域布局试点工作推进方案的通知》，重庆市政府办公厅印发了《重庆市知识产权区域布局试点工作方案》，宁波市政府印发《宁波市知识产权区域布局试点实施方案》，潍坊市出台了《潍坊市知识产权区域布局试点工作实施方案》，广州市政府办公厅印发了《广州市知识产权（专利）区域布局试点工作方案》。

10.2.2 建立知识产权区域布局工作的机制

知识产权区域布局工作涉及国家局、试点地方、专家团队、课题组及其他利益相关方，目前已经初步建立了知识产权区域布局工作的机制。具体包括：①联合工作机制。国家知识产权局与试点地方知识产权局明确职责分工及联系人。②专家支撑机制。由大连理工大学、中国科学院地理科学与资源研究所、北京国专知识产权有限公司、江苏大学组成知识产权区域布局专家组，为试点方案评审、试点项目推进与培训等提供专家支持。③汇报交流机制。形成 13 期工作简报，同时抄送地方政府，促进试点地方之间的交流学习。④宣传报道机制。在国家知识产权局官方网站设立专栏，并在《中国知识产权报》设立布局专栏，及时公布政策文件，报道工作动态，并对广西、潍坊、广州等试点工作进行专题报道。

在国家局的指导下，各试点地方建立了各具特色的协调机制。为确保试点工作有效推进，江苏省知识产权局成立了试点工作领导小组，组建了以国家专利导航试点工程（江苏）研究基地、江苏省专利信息服务中心、江苏科技大学和智慧芽信息科技（苏州）有限公司为主，高校、知识产权服务机构参与的技术支撑团队，并依托江苏省政府知识产权联席会议，以试点单位和地区为核心，建立了省市联动、各部门协同推进的知识产权区域布局工作机制，形成了政府主导，企业、高校、科研院所、服务机构、产业联盟共同参与的知识产权区域布局工作体系。

广西更是突出了地方部门联动的作用。积极构建知识产权局+行业部门+技术团队（三结合）联动推进的机制；知识产权局作为牵头部门，做好顶层设计，分解任务；工商、版权、质量技术监督、经济和信息化、统计、农业、林业等部门密切配合；科技、教育、财政等部门积极参与。广州建立了一系列工作协调机制：一是在市知识产权工作领导小组框架下成立区域布局试点工作推进组，以分管副市长为组长，各相关单位相关负责同志为成员，并建立了工作推进领导机制；二是工作推进组每个成员单位确定一名联络员，建立了联络员定期联络机制；三是建立了项目承担单位定期汇报制度；四是建立了项目主管单位定期检查指导制度。

10.2.3 开展知识产权区域布局地方试点实践探索

知识产权区域布局工作作为一项新兴事业，在地方试点推进过程中难免遇到各种各样的问题，针对试点过程中地方的需求和问题，国家知识产权局为各试点地方提供专利分类与国民经济分类对照表及各试点地方本地的专利数据；组织专家为宁波、江苏两个试点地区举办培训班，组织七个试点地方召开管理工作交流会、导向目录研讨会，通过多种渠道了解试点工作的需求和困难，与试点地方共同推进试点工作；利用全国知识产权战略培训班、全国地方知识产权战略工作会等场合，向全国各地方局介绍布局工作。

截至 2018 年 8 月，各试点地方大多完成了资源分析、政策梳理、知识产权导向目录编制和信息平台预研等工作。宁波市政府高度重视知识产权区域布局工作，财政支持到位，整个试点工作已经进入布局政策制定和落地阶段。江苏的试点工作注重基础数据的收集整理，积极探索地方知识产权数据库建设的新模式。广西财政支持力度大，项目分解和团队组建有特色，围绕地理标志导向目录编制形成了工作成果。潍坊落实了财政经费，公开招标组建支撑团队，并已取得阶段性成果。重庆广泛利用全国的知识产权研究资源，组建跨学科的研究团队，导向目录编制取得成果。广州已经完成资源分析和导向目录编制。深圳市政府办公厅印发试点实施工作方案，2018 年上半年初步完成重点细分产业导向目录编制。

通过实践，试点地方依据本地实际通过不同的模式推进试点工作，实现了试点的目的，有效地促进了中央与地方、知识产权部门与其他管理部门、政府机构与社会机构对于知识产权区域布局工作形成共识。

10.2.4　深化知识产权区域布局基础理论研究

知识产权区域布局作为一项新兴和基础性的工作，基础研究的深入决定了其实践和应用的广度与潜力。在宏观层面上，国家知识产权局组织开展了知识产权区域布局基础理论、实现路径与顶层设计的研究工作，分析了布局工作与国家重大战略和政策的关系；在微观层面上，组织了《知识产权资源分析手册》编制、知识产权导向目录框架研究、知识产权区域布局规范化研究等项目。总体上保证研究成果的前瞻性、针对性和可操作性。研究项目管理方面，通过课题开题会、中期交流会和结题评审会把握研究方向与深度，并邀请相关领域专家开阔研究思路；通过与课题组建立对接机制，严控研究质量。

通过研究，课题组已经在国内外学术期刊和媒体上发表了一系列成果。大连理工大学课题组在 *Technological Forecasting and Social Change* 和 *Scientometrics* 上发表了系列论文，如 *The structure and dynamics of intra-and inter-regional research collaborative networks*：*the case of China*（1985–2008）、*Proximity effect*，*preferential attachment and path dependence in inter-regional network*：*a case of China's technology transaction*、*The actors and relations in evolving networks*：*the determinants of inter-regional technology transaction in China*，研讨了区域内资源整合和跨区域资源获取与促进区域创新能力提升之间的关系。

知识产权出版社出版了专著《中国知识产权区域布局理论与政策机制》，系统地阐述了知识产权区域布局的理论内涵、理论基础、理论模型和分析方法，以及中国知识产权区域布局问题形成的国际环境、与区域相关工作的关系、工作成果与功能实现、优化目标和政策取向。发布了《中国知识产权区域布局研究报告 2017》，对全国省级层面的知识产权资源、创新资源及互相匹配情况进行了分析和评价，并针对“中国制造 2025”重点产业提出了优化知识产权区域布局的分析和建议。已经编写完成《区域知识产权资源分析基础指标体系》《区域知识产权资源分析规范》《以知识产权为核心的资源配置导向目录》《以知识产权为核心的资源配置导向目录编制指南》，并已下发至试点地方试用。

10.3 知识产权区域布局试点工作未来安排

10.3.1 扩大知识产权区域布局试点范围

目前，第一批试点工作已经实施了五年，下一步需要加强对地方试点的督促和指导，研究制订区域布局试点工作考核方案，组织开展第一批试点考核工作。与此同时，迫切需要加快推进第二批试点申报工作，扩大知识产权区域布局试点范围。应该看到，无论是江苏还是广州、深圳、宁波和潍坊，目前试点地方仍然集中在东部沿海发达地区，广西和重庆是西部地区的两个代表，但是东北地区和中部地区还没有参与。第二批试点工作既要满足东部沿海发达地区参与布局工作的需求，也要调动东北地区和中部地区的积极性，让试点地方分布具有代表性，为知识产权区域布局工作全国推广奠定基础。

10.3.2 加强知识产权区域布局基本理论研究

知识产权区域布局工作创新性强、难度大，需要深入的理论研究支撑和指导。知识产权区域布局是一项综合性、复杂性的工作，但目前国内对产业、经济、创新、知识产权都有较强研究实力的团队较少，试点地方普遍反映对于知识产权导向目录、质量评价、可视化方法等内涵与途径存在较大困惑，分析和研究的人才缺乏，研究深度不够，难以提出建设性意见和开拓性思路。因此，需要在基础研究方面进一步投入资源，充实布局工作研究团队，进一步为布局整体和试点工作提供理论与方法支撑。

知识产权布局工作在几个重要理论问题上需要突破。一是知识产权区域布局质量问题。在知识产权区域布局工作中，国家局和地方试点单位均遇到了知识产权区域布局质量如何评价的问题。我国经济即将进入高质量发展阶段，知识产权区域布局质量问题格外引人关注，那么知识产权区域布局质量的内涵是什么？是否可以评价？又如何进行评价呢？这些问题都需要在理论上予以回答。二是知识产权功能区问题。国家主体功能区建立的目的是保障绿色发展和建设生态文明，国家人口功能区建立的目的是保障协调发展和城镇化有序推进。在国家创新驱动发展的战略实施背景下，知识产权功能区是重要的制度保障和基础。为此，迫切需要加强知识产权功能区的一系列基本理论问题研究。

10.3.3　深化知识产权区域布局试点成果应用

知识产权区域布局工作一方面要支撑政府经济社会发展决策，实现政府精准决策；另一方面要助推政府职能转变，促使其向服务型政府转型。从试点工作的未来安排来讲，深化知识产权区域布局试点成果的应用是重点。一是将知识产权区域布局试点成果在知识产权管理部门内部应用，调节知识产权申请和授权的结构，提升知识产权质量；二是将知识产权区域布局试点成果在相关部门应用，知识产权工作与科技、教育、产业、人才和贸易等部门均具有非常紧密的联系，将试点成果在相关部门应用可以进一步拓展需求，实现布局工作内涵拓展。

10.4　试点地方主要特色和基本经验

10.4.1　以产业发展需求为导向开展布局研究工作

促进区域知识产权与产业发展的深度融合是知识产权区域布局试点的基本落脚点。各试点地方紧紧围绕知识产权与产业发展关系这一主线，从优化资源配置视角入手，选择区域主导产业开展以知识产权为核心的资源配置导向目录编制，不仅突显了地方特色，而且强化了应用功能，并取得了良好的工作效果。

近年来，地理标志产品在促进广西生态产业、大健康产业、区域扶贫等方面的作用凸显。广西的知识产权区域布局试点工作紧紧结合本地需求，以保护类、申报类、培育类三类产品为导向，编制完成了基于重点贫困区域的左右江革命老区扶贫地理标志产品资源导向目录、面向“一带一路”[①]的地理标志产品出口和特色产业化开放合作导向目录、重点面向东盟国家地理标志产品的产业分工和产业链上下游开放合作导向目录。2017 年 11 月 23 日，广西正式发布《广西知识产权（地理标志）区域布局研究报告》《广西知识产权（地理标志）精准扶贫导向目录》等知识产权区域布局的首创性成果。

汽车零部件产业是宁波市的主导产业，近年来，宁波市汽车零部件产业的专利申请虽然取得长足进步，但整个产业发展仍处于核心专利匮乏、产业附加值偏低的状态。如何提升核心知识产权的创造、运用，进而带动整个汽车零部件产业创新发展是宁波市经济发展迫切需要解决的问题。宁波市的知识产权区域布局试点工作围绕本市经济发展的这一实际，开展了《宁波市汽车零部件产业以知识产权为核心的资源配置导向目录》编制，目前编制完成《宁波市以知识产权为核心的产业发展与资源配置导向目录》《宁波市汽车零部件产业以知识产权为核心的资源配置导向目录》，建立了宁波汽车零部件产业基础资源数据库。

广州市选择本市的特色优势产业——现代中药产业开展资源配置导向目录编制，从不同维度分析现代中药产业的专利创新态势，重点分析广州市现代中药产业的专利创新

---

① “丝绸之路经济带”和“21 世纪海上丝绸之路”简称“一带一路”。

与产业联动发展状况，从政府层面和企业层面对广州市现代中药产业提出政策建议，还举行了区域布局试点系列发布会暨《广州市现代中药产业专利创新与产业联动发展分析报告》发布会。

10.4.2 面向布局工作需求建设基础资源数据库

基础资源数据库建设是知识产权区域布局试点工作的重要成果，也是知识产权区域布局常态化、制度化的基础。各试点地方在当地政府的大力支持和国家知识产权局的指导下，投入了大量的人力和物力，开发建设知识产权区域布局基础资源数据库。

江苏省根据知识产权区域布局工作的总体要求，实施了知识产权资源调查项目，组织编制资源调查指标体系，开发建设数据报送平台。知识产权局协调省科学技术厅、教育厅等部门，组织召开知识产权资源调查工作布置会，印发知识产权资源调查数据表，采取统计数据与填报数据相结合的方式，面向全省 13 个区市、近万家企业、150 多所普通高校、100 多家独立研究机构开展知识产权资源调查摸底工作。2017 年底，数据填报工作全部完成，同时开发了统计分析系统软件及试点工作所需其他应用支撑软件，建立了完善的知识产权资源、创新资源和产业基础信息综合数据库。

广西面向知识产权区域布局常态化、制度化的需求，制订基础数据平台建设方案，着力构建“两库三平台”。“两库三平台”包括知识产权资源基础数据库、专题应用数据库、知识产权公共服务平台、知识产权资源布局信息平台、研究报告发布平台。截至 2017 年底，广西已经初步完成基础数据采集，并完成了区域布局专利方向可视化展示效果的原型设计与开发。

10.4.3 建立相关政府部门联动工作机制

知识产权区域布局试点工作是一项事关长远、影响全局的工作，需要在知识产权职能部门的牵头下，相关职能部门紧密配合，形成整体联动的工作机制，才能使知识产权区域布局试点工作如期实现既定目标。知识产权的区域布局试点工作采取了地方政府发文启动实施，知识产权职能部门牵头组织，政府相关职能部门深度参与的工作机制。

重庆市知识产权局围绕该市“14+3”战略性新兴产业发展需求和科技兴市等行动计划，与市经济和信息化委员会、市发展和改革委员会、市科学技术局、市统计局等部门建立了产业知识产权分析及导向目录编制联合工作机制，拟通过知识产权区域布局试点整合专利密集型产业培育、高价值专利孵化、科技创新专利导航、招商引资知识产权服务、知识产权海外布局工作。

广西区域布局试点工作得到了工商、版权、质量技术监督、经济和信息化、统计、农业、林业等部门密切配合，科技、教育、财政等部门积极参与，各项目承担单位在自治区知识产权局的组织下，深入对接相关政府主管部门，确定实施方案和工作计划，并取得阶段性成果。

宁波建立了市场监督管理局、科学技术局、发展和改革委员会、经济和信息化局、教育局、统计局、文化广电旅游局、质量技术监督局、政府法制办公室、中级人民法院等部门共同参与的工作机制，同时进一步整合市内外资源，围绕知识产权、产业、经济、科技、教育、文化等多个领域，组建浙江大学、宁波诺丁汉大学等高校，中国科学院宁波材料技术与工程研究所、中国兵器科学研究院宁波分院等科研院所，知识产权服务机构、龙头骨干企业等多方参与的研究团队，构建知识产权（专利）布局支撑服务体系。

10.4.4　强调理论、实际与应用的紧密结合

知识产权区域布局试点工作是一项未有先例的探索性工作，不仅试点工作实施过程充满诸多不确定性，而且在布局现状分析和资源配置导向目录编制过程中遇到了大量理论问题需要解决，如资源聚集与分散的功能、布局质量（效应）的评价标准、极化与均衡的价值判断、知识产权促进区域产业发展的内在机理等。因此，加强基础理论研究，充分发挥科学理论的导向作用至关重要。国家知识产权局根据知识产权区域布局试点工作的总体安排，先期启动了知识产权区域布局重大问题研究、中国知识产权区域布局理论与政策机制研究两项重大课题，组织相关研究团队开展了系统研究，形成了专题研究报告，正式出版发行了理论著作，为知识产权区域布局试点工作提供了理论支撑。

目前全社会对知识产权的经济属性和发展促进功能的认识还有待大幅提高。知识产权区域布局工作要聚积应有的社会效应，必须在更加广泛的社会范围内达成共识。为此，国家知识产权局协调中国知识产权报、知识产权出版社、科学出版社等新闻出版机构和媒体，对知识产权区域布局工作进行了广泛宣传，其中包括在《中国知识产权报》发表系列理论文章，阐述知识产权区域布局现实需求与社会功能，以及试点地方知识产权局领导有关知识产权区域布局对地方经济发展促进作用的分析与见解等。

附录

1 知识产权资源能力评价指标体系

本报告建立包括知识产权创造潜力、知识产权创造能力、知识产权运用能力、知识产权运用需求、知识产权保护管理5个一级指标，及其下属的15个二级指标和74个三级指标在内的知识产权资源能力评价指标体系，如附表1所示。该指标体系同时应用于本报告知识产权资源能力静态分布分析、知识产权资源能力空间效应分析、知识产权资源系统运行分析。

附表1 知识产权资源能力评价指标体系

一级指标	二级指标	三级指标
知识产权创造潜力	教育资源	普通高校数/个
		985及211高校数/个
		普通高校教学与科研人员/人
		普通高校在校生人数/人
		普通高校国家重点学科数/个
		高校研发人员占教学与科研人员比重/%
	科技资源	研发人员全时当量/人年
		研发机构经费内部支出/亿元
		研发机构数/个
		研发人员占研发人员全时当量比重/%
		工业企业研发人员占研发人员全时当量比重/%
		研发经费内部支出占研发内部支出比重/%
		工业企业研发经费内部支出所占比重/%
		研发经费内部支出占地区生产总值比重/%
		中央部门所属研发机构数占比/%
		工业企业研发机构数占比/%
	产业资源	规模以上工业企业数/个
		国家高新技术产业开发区数/个
		国家级经济技术开发区数/个
		有研发活动的工业企业占比/%
		有研发机构的工业企业占比/%

续表

一级指标	二级指标	三级指标
知识产权创造能力	专利产出	专利申请受理量/件 专利申请授权量/件 海外专利申请数/件 每万人口发明专利拥有量/（件/万人） 发明专利申请数占专利申请量比重/% 发明专利授权数占专利授权量比重/% 企业发明专利申请数占发明专利申请量比重/% 企业发明专利授权数占发明专利授权量比重/%
	商标注册	商标申请数/件 商标核准注册数占申请数比重/% 马德里商标注册量占核准注册数比重/%
	版权登记	版权合同登记数/件 全国作品自愿登记数/件
	其他产权创造	集成电路布图设计登记申请数/件 集成电路布图设计发证数占比/% 农业植物新品种权申请量/件 地理标志注册和初步审定量/件
知识产权运用能力	知识产权维持	有效专利数/件 有效发明专利数占有效专利数比重/% 企业有效发明专利数占有效发明专利量比重/% 商标有效注册量/件
	知识产权交易	高等学校专利所有权转让及许可数/件 高等学校专利所有权转让及许可收入/万元 研发机构专利所有权转让及许可数/件 研发机构专利所有权转让及许可收入/万元 技术市场技术流向合同数/项 技术市场技术流向合同金额/亿元
	知识产权转化	高技术产业主营业务收入/亿元 高技术产业出口交货值/亿元 高技术产业新产品销售收入占比/% 高技术产业新产品出口交货值占比/%
知识产权运用需求	产业需求	工业企业购买国内技术支出/亿元 工业企业技术引进经费支出/亿元 工业企业消化吸收经费支出/亿元 企业购买国内技术支出占主营业务收入比重/% 企业技术引进经费支出占主营业务收入比重/% 企业消化吸收经费支出占主营业务收入比重/%
	经济需求	人均地区生产总值/亿元 第三产业增加值/亿元 城镇居民人均可支配收入/元 农村居民人均纯收入/元 第三产业增加值占地区生产总值比重/%

续表

一级指标	二级指标	三级指标
知识产权运用需求	社会需求	万元地区生产总值能耗降低规划目标/%
		万元地区生产总值二氧化碳排放降低规划目标/%
		单位工业增加值用水量降低规划目标/%
		主要污染物排放减少规划目标/%
知识产权保护管理	知识产权保护	知识产权法规、规章数量/部
		专利行政保护强度/分
		商标行政保护强度/分
	知识产权管理	专利申请代理量/件
		专利申请代理率
		职务专利申请代理所占比重/%
		发明专利申请代理所占比重/%

知识产权资源能力评价指标体系的构建，除了遵循指标体系设计的科学性、客观性、代表性和可操作性等一般原则外，还要充分反映知识产权区域布局评价的特殊要求，因此在指标体系设计过程中更要注意以下几方面的结合。

（1）知识产权实体性指标与价值性指标的结合。本报告在知识产权资源能力静态分析中除采用发明专利授权量和拥有量等实体性指标外，还选择了专利转让、技术交易额等体现知识产权价值的客观指标，将创造评价与价值评价相结合，以便能更全面反映区域知识产权资源能力的静态分布情况。

（2）知识产权资源的供给性指标与需求性指标相结合。区域经济社会发展对知识产权的需求是区域知识产权创造乃至知识产权区域布局的重要驱动力量，传统的知识产权评价较少考虑需求因素。为了深刻分析市场在知识产权区域布局中的作用，本报告强调引入知识产权需求因素，以深刻揭示区域知识产权发展的驱动机制。

（3）知识产权资源的绝对量指标与相对量指标的结合。考虑到我国科技与经济发展的区域不平衡性，除选择一些绝对量指标外，还选择了部分人均性或占比性指标，以便能通过绝对量指标和相对量指标的结合运用，全面反映区域知识产权资源状况。

2 评价方法说明

2.1 指标赋权方法

指标赋权方法主要包括主观赋权法、客观赋权法和将二者结合的综合赋权法。主观赋权法（如层次分析法）的运用受人为因素的影响较大，而熵值法因其客观赋权性，在进行多指标综合评价时往往被采用。但传统的熵值法由于采用横截面数据，只能对指标-区域或指标-时间二维数据表进行分析。当使用指标、区域、时间三维时序立体数据表进行分析时，如果对每张数据表分别进行熵值评价，则不同的数据表有完全不同的主超平面，这使得评价结果不具备可比性。因此，采用全局熵值法动态评价模型。具体实施步骤如下。

第一步，建立全局评价矩阵并标准化。假设要评价 m 个省区市 t 年的发展状况，其评价指标体系由 n 个指标构成，首先建立评价系统的初始全局评价矩阵：

$$X=\{\chi_{ij}^{t}\}_{mt\times n}$$

其中，χ_{ij}^{t} 为第 i 个省区市第 j 项评价指标 t 年的数值。由于各指标的量纲、数量级及正负取向均有差异，需要对 X 按以下公式做标准化处理，标准化后的指标值界于 1~100。标准化过程如下：

$$\left(\chi_{ij}^{t}\right)'=\frac{\chi_{ij}^{t}-\chi_{j\min}}{\chi_{j\max}-\chi_{j\min}}\times 99+1$$

第二步，计算指标信息熵。第 j 项指标的信息熵计算公式为

$$e_j=-K\sum_{t=1}^{t}\sum_{i=1}^{n}y_{ij}^{t}\ln y_{ij}^{t}$$

其中，$y_{ij}^{t}=\dfrac{\left(\chi_{ij}^{t}\right)'}{\sum\limits_{t=1}^{t}\sum\limits_{i=1}^{m}\left(\chi_{ij}^{t}\right)'}$；常数 K 的计算方法是 $K=\dfrac{1}{\ln mt}$。

第三步，估算评价指标权重。第 j 项指标的权重为 $w_j=\dfrac{1-e_j}{n-\sum\limits_{j=1}^{n}e_j}$，其中 $\sum\limits_{j=1}^{n}w_j=1$。

第四步，计算综合得分。计算公式为 $s_i=\sum\limits_{j=1}^{n}w_j\left(\chi_{ij}^{t}\right)'$。

第五步，计算综合指数（得分）。

知识产权能力综合指数是所有三级指标无量纲化后的加权和。根据熵值法确定指标权重，将其与无量纲化后的三级指标相乘并求和，分别计算知识产权创造潜力、知识产权创造能力、知识产权运用能力、知识产权运用需求及知识产权保护管理 5 个一级指标的能力指数和 5 个一级指标加权求和的综合能力指数。公式为

$$\mathrm{CI}_c=\sum_{q-1}^{Q}w_q I_{qc}$$

其中，CI 为综合能力指数；w 为权重；I 为无量钢化的三级指标值。对所有的 q=1,2,⋯,Q 和 c=1,2,⋯,M，都有 $\sum\limits_{q-1}^{Q}w_q=1$，$0\leqslant w_q\leqslant 1$。$Q$ 为所要计算的各级指标的数目；M 为 31 个省区市的数目。

2.2 耦合协调度分析方法

区域知识产权系统中各子系统之间协同程度的测度主要通过测算耦合协调度方法来进行。相关步骤如下。

第一步，确定功效函数。系统由无序走向有序的关键在于系统内部序参量之间的协同作用。当系统达到发生质变的临界点时，变化慢的状态参量的数目就会越来越少，这些为数不多的参量将决定系统的宏观行为及有序变化程度，故称为“序参量”（在本报告中以三级指标来体现），它主导系统向着更为高级有序的结构发展。设变量 u_i（i=1,2,⋯,m）为知识产权耦合系统的第 i 个子系统的综合序参量，u_{ij} 为第 i 个序参量的第 j 个指标，其值为 X_{ij}（i=1,2,⋯,m）。α_{ij} 和 β_{ij} 分别为系统稳定临界点序参量的上、下限值，则各二级序参量对各耦合子系统有序的功效函数可表示为

$$u_{ij}=\begin{cases}\left(X_{ij}-\beta_{ij}\right)/\left(\alpha_{ij}-\beta_{ij}\right), & u_{ij}\text{具有正功效}\\ \left(\alpha_{ij}-X_{ij}\right)/\left(\alpha_{ij}-\beta_{ij}\right), & u_{ij}\text{具有负功效}\end{cases}$$

其中，u_{ij} 为变量 X_{ij} 对子系统有序的功效贡献大小，反映各指标达到目标值的满意程度。u_{ij} 趋近于 0 为最不满意，趋近于 1 为最满意，取值范围为[0,1]。

第二步，测算各子系统有序度。序参量的测度值称为有序度。有序度值越大，表明该项指标对子系统或子系统对复合系统（由多个子系统共同形成）的贡献越大，系统的有序程度也就越高。

运用上述功效函数模型，通过子系统下的序参量有序度值，进一步加权求和可以求得子系统有序度，公式为

$$u_i=\sum_{j=1}^{n}\lambda_{ij}u_{ij},\quad \sum_{j=1}^{n}\lambda_{ij}=1$$

其中，u_i 为序参量对子系统有序程度的贡献；λ_{ij} 为各个指标的权重，具体通过全局熵值法求出。

子系统的有序度也可通过几何平均法来计算，公式为

$$u_i\left(e_i\right)=\sqrt[m]{\prod_{i=1}^{m}u_i\left(e_{ji}\right)}$$

第三步，测算耦合度。耦合是在通信工程中常用的名词术语，指两个或两个以上的电路元件或电网等的输入与输出之间存在紧密配合与相互影响，并通过相互作用从一侧向另一侧传输能量的现象。借鉴物理学中的容量耦合概念及容量耦合系数模型，推广得到多个子系统相互作用的耦合度模型：

$$C_m=\sqrt[m]{\frac{\left(u_1\cdot u_2\cdots u_m\right)}{\prod\left(u_i+u_j\right)}}$$

若是求两两子系统之间的耦合度，则为

$$C_2=\sqrt[2]{\frac{\left(u_1\cdot u_2\right)}{\left(u_1+u_2\right)\left(u_1+u_2\right)}}$$

其中，u 为子系统。耦合度 C 的值理论上应该在 0~1，即 $C\in[0,1]$。

第四步，测算耦合协调度。存在两个或多个序参量低层次的耦合也会产生较高的耦合度值的现象，会对判断产生误导，因此需要在测算耦合度基础上进一步测算耦合协调度，公式为

$$D=\sqrt{C\times T}$$

其中，D 为子系统之间的耦合协调度；C 为耦合度；T 为综合协调指数，反映两者整体发展水平对协调度的贡献，$T=a\times u_1+b\times u_2$。其中，$u_1$ 和 u_2 为子系统对系统整体的功效（有序度），由功效函数模型求出；a 和 b 为待定系数，通过子系统在整体系统中的权重确定，且设定 $a+b=1$，此处分别以 u_1 和 u_2 各自的权重系数值占二者权重系数和的比例来设定。T 一般为大于 0 小于 1 的值。

第五步，耦合协调度等级判别。关于耦合协调度（用 D 表示）等级划分，不同学者根据所研究的对象做了不同设定。徐晔等[①]将其设定为，当 $D=0$ 时，表示两个系统内部要素之间处于完全无关阶段；当 $0<D\leqslant 0.3$ 时，表示耦合系统之间各要素处于严重失调阶段；当 $0.3<D\leqslant 0.5$ 时，表示两个系统处于轻度失调的阶段；当 $0.5<D\leqslant 0.7$ 时，表示耦合系统处于良好协调阶段；当 $0.7<D\leqslant 0.9$ 时，表示耦合系统处于优质协调阶段；当 $D=1$ 时，表示耦合系统处于完全协调阶段。王邦兆等[②]采用的评价标准为，当 $0<D\leqslant 0.3$ 时，耦合状态为低水平阶段，耦合程度弱；当 $0.3<D\leqslant 0.5$ 时，耦合状态为拮抗（指一种物质被另一种物质所阻抑）阶段，耦合程度中；当 $0.5<D\leqslant 0.8$ 时，耦合状态为磨合阶段，耦合程度较强；当 $0.8<D\leqslant 1$ 时，耦合状态为高水平阶段，耦合程度强。郝生宾等[③]的评价标准则为，$0<D\leqslant 0.4$ 时为低度协调耦合；$0.4<D\leqslant 0.6$ 时为中度协调耦合；$0.6<D\leqslant 0.8$ 时为高度协调耦合；$0.8<D\leqslant 1$ 时为极度协调耦合。王雪妮等[④]设定的标准为，$0.3\leqslant D\leqslant 0.39$ 时为低度耦合协调；$0.4\leqslant D\leqslant 0.49$ 时为中度耦合协调；$0.5\leqslant D\leqslant 0.79$ 时为高度耦合协调；$0.8\leqslant D\leqslant 1$ 时为极度耦合协调。

本报告对上述标准加以融合并根据知识产权系统实际情况，将耦合协调度（用 D 表示）等级划分标准设定为，$0\leqslant D\leqslant 0.19$ 时为重度失调；$0.2\leqslant D\leqslant 0.39$ 时为中度失调；$0.4\leqslant D\leqslant 0.59$ 时为临界区；$0.6\leqslant D\leqslant 0.79$ 时为中级协调；$0.8\leqslant D\leqslant 1$ 时为高级协调。根据前一步骤测算的耦合协调度值，比照此等级划分标准，便可对区域知识产权系统协同情况做出相应判别。

2.3 社会网络分析方法

20 世纪 60 年代以来，社会网络理论逐步运用于社会科学的研究中。社会网络是指社会行动者及其关系的集合。在这里，行动者是指网络中的节点，个人、组织、区域或国家都可以作为网络的节点。行动者之间的关系可以是个体之间的关系、区域之间的关系或区域与国家之间的关系。这些关系的汇总组成了一个完整的网络。社会网络分析研究的对象是行动者之间的关系及关系所构成的结构（结构是指系统内部各组成要素之间的相互关系、相互作用的方式）。

---

① 徐晔，陶长琪，丁晖. 区域产业创新与产业升级耦合的实证研究——以珠三角地区为例[J]. 科研管理，2015，（4）：109-117.

② 王邦兆，王欢，郭本海. 区域创新系统耦合度改进模型及实证研究[J]. 中国管理科学，2014，22（S1）：566-573.

③ 郝生宾，于渤，吴伟伟. 企业网络能力与技术能力的耦合度评价研究[J]. 科学学研究，2009，（2）：250-254.

④ 王雪妮，孙才志，邹玮. 中国水贫困与经济贫困空间耦合关系研究[J]. 中国软科学，2011，（12）：180-192.

运用社会网络分析方法分析我国知识产权资源交易网络可以从两个视角展开：整体网络视角和个体网络视角。整体网络视角是将全国作为知识产权资源和能力布局的整体网络，各省区市是这一整体网络下的网络节点，通过运用一系列网络分析概念和指标，如网络规模、网络密度、中心性、凝聚子群等，研究并关注网络节点之间的互动和交换模式，其中用到31个省区市的全部关系数据，共有31×30个关系；个体网络视角不关注网络的整体结构，而是将研究节点集中到某一个焦点省（自治区、直辖市）（在社会网络分析中也称为“行动者”），在具体研究中仅考虑与该特定省（自治区、直辖市）（即行动者）的关系，探讨以该省（自治区、直辖市）为中心形成的关系网络。

本报告主要基于整体网络视角对我国专利交易关系网络和专利引用关系网络的结构特征展开分析。根据研究需求也对省区市个体网络进行辅助分析，以拓宽研究视角。除此之外，还运用块模型分析方法对专利交易关系网络进行分析，通过将省区市个体行为与全国整体行为紧密结合，考察省区市之间在互动过程中产生的关系，及其对省区市自身、其他省区市行为，乃至全国知识产权交易关系整体网络结构的影响。

社会网络分析方法涉及一些专用语汇，以下对重点关注的指标参数进行阐述。

（1）网络规模。网络规模是反映网络关系结构的重要参数之一，涉及社会网络分析常用的节点（或行动者）、连接、网络边界等概念。本报告中，知识产权网络规模以全国31个省区市为网络边界，反映网络中每个省（自治区、直辖市）（行动者）及其拥有的与其他省区市专利交易关系（网络连接）的数量。它不仅与网络中省区市数量（节点数）有关，而且与省区市间的专利交易关系（边的个数）有关。

（2）网络密度。网络密度表示网络中行动者的相互连接程度。密度值越大，说明网络成员间的关系越密集，对网络中行动者的态度、行为等产生的影响越大。本报告中，网络密度主要用于测量知识产权交易/引用关系网络的连通性，通过省区市之间实际存在的专利交易/引用关系（连接）数量与可能存在的交易关系（连接）数量之比来求得。显然，全国31个省区市可能存在的交易关系（连接）数量为31×30。

（3）二方关系。二方关系是指针对两个行动者之间的关系。知识产权交易关系网络是一个有向关系（如知识产权资源的流出与流入）网络，31个省区市所形成的网络中理论上存在31×30个二方关系对，这些关系对可能分为三种类型：①虚无对，即两省（自治区、直辖市）之间无知识产权输出（入）关系；②不对称对，即两省（自治区、直辖市）之间存在单向知识产权输出（入）关系；③交互对，即两省（自治区、直辖市）之间存在双向输出（入）关系。通过考察各种关系占二方关系总数的比例，可以反映省区市之间在知识产权流动上的交互情况，单向关系和双向关系占比越高，反映省区市之间的知识产权联系、互动就越多，资源就越能得到充分利用，知识产权价值就越能得到充分体现，因此也能在一定程度上反映知识产权布局效应。

（4）点度数。点度数是指一个节点的度数，通过该节点与其邻近节点（邻点）的连接数量之和来测得。点度数用于测量行动者参与活动的情况。本报告研究的是有向网络，即某一省（自治区、直辖市）的知识产权向其他省区市流动，或外省区市向该区域流动。这种流动对该省（自治区、直辖市）而言，既存在输出，也存在输入的可能，因此点度数的测度需要分为点入度（输入）和点出度（输出）。我国不同的省区市在点度值上会有较大的差别。

（5）中心性。中心性反映的是节点在网络中所具有权利的程度，代表某种权利优势。因此，随着网络结构的不断演化，一些省区市可能居于中心地位，拥有更多权利和更高支配网络资源的能力。位于网络中心的省区市必然成为大量知识产权资源输入与输出的交汇点，因而中心性高的省区市比其他省区市能够优先快速获得新的知识产权资源。

对中心性的测量一般采用中心度指标。表征中心度的指标较多，本报告中仅涉及点度中心度。点度中心度用网络中与该省（自治区、直辖市）之间有专利交易关系的省区市的数目来衡量，反映的是省区市之间建立专利交易关系的能力。节点 i 的点度中心度 $d(i)$为

$$d(i) = \sum_{i} \delta_{ij}$$

其中，δ 为两地区实际交易关系数与理论交易关系数之比。当节点 i 与 j 之间有边相连时，则 $\delta_{ij} = 1$；如果没有边相连，则 $\delta_{ij} = 0$。标准化的点度中心度 $d_n(i)$为

$$d_n(i) = d_n(i) / N - 1$$

其中，N 为网络中节点的总数。

（6）凝聚子群。凝聚子群是指若干行动者的集合。在社会网络中行动者之间具有相对较强、直接、紧密、积极的关系。如果两个行动者接受和发向网络中所有其他行动者的关系是相同的，那么他们就是结构上的等价，即结构对等。本报告根据结构对等性，对 31 个省区市（行动者）进行凝聚子群划分，即“块模型”研究，以确定网络中的省区市在多大程度上与所有其他省区市（行动者）的关系相同。它是从省区市在网络中的地位（或位置）而不是省区市本身来关注知识产权网络总体结构的，能够深刻揭示专利交易关系网络的内在特点。

3 数据来源与评价对象范围

3.1 数据来源

本报告以 2009~2014 年作为报告期。知识产权资源能力评价指标体系中的三级指标数据均来源于国家相关部委官网公开披露的统计信息及公开发行的出版物。具体数据来源如附表 2 所示。知识产权区域布局效应评价指标的数据来源于本报告各章中对应概念的测算指数值（得分）。

附表 2　知识产权资源能力评价指标数据来源表

编号	三级指标	数据来源
1	知识产权创造潜力	
1.1	教育资源	
1.1.1	普通高校数/个	《高等学校科技统计资料汇编》
1.1.2	985 及 211 高校数/个	中国学位与研究生教育信息网
1.1.3	普通高校教学与科研人员/人	《高等学校科技统计资料汇编》
1.1.4	普通高校在校生人数/人	《中国统计年鉴》
1.1.5	普通高校国家重点学科数/个	本报告整理
1.1.6	高校研发人员占教学与科研人员比重/%	《高等学校科技统计资料汇编》
1.2	科技资源	
1.2.1	研发人员全时当量/人年	《中国科技统计年鉴》
1.2.2	研发机构经费内部支出/亿元	《中国科技统计年鉴》
1.2.3	研发机构数/个	《中国科技统计年鉴》
1.2.4	研发人员占研发人员全时当量比重/%	《中国科技统计年鉴》
1.2.5	工业企业研发人员占研发人员全时当量比重/%	《中国科技统计年鉴》
1.2.6	研发经费内部支出占研发内部支出比重/%	《中国科技统计年鉴》
1.2.7	工业企业研发经费内部支出所占比重/%	《中国科技统计年鉴》
1.2.8	研发经费内部支出占地区生产总值比重/%	《中国科技统计年鉴》
1.2.9	中央部门所属研发机构数占比/%	《中国科技统计年鉴》
1.2.10	工业企业研发机构数占比/%	《中国科技统计年鉴》
1.3	产业资源	
1.3.1	规模以上工业企业数/个	《中国科技统计年鉴》
1.3.2	国家高新技术产业开发区数/个	本报告整理
1.3.3	国家级经济技术开发区数/个	本报告整理
1.3.4	有研发活动的工业企业占比/%	《中国科技统计年鉴》
1.3.5	有研发机构的工业企业占比/%	《中国科技统计年鉴》
2	知识产权创造能力	
2.1	专利产出	
2.1.1	专利申请受理量/件	《中国专利统计年报》
2.1.2	专利申请授权量/件	《中国专利统计年报》
2.1.3	海外专利申请数/件	《中国专利统计年报》
2.1.4	每万人口发明专利拥有量/（件/万人）	《中国专利统计年报》
2.1.5	发明专利申请数占专利申请量比重/%	《中国专利统计年报》
2.1.6	发明专利授权数占专利授权量比重/%	《中国专利统计年报》
2.1.7	企业发明专利申请数占发明专利申请量比重/%	《中国专利统计年报》
2.1.8	企业发明专利授权数占发明专利授权量比重/%	《中国专利统计年报》

续表

编号	三级指标	数据来源
2.2	商标注册	
2.2.1	商标申请数/件	《中国商标战略年度发展报告》
2.2.2	商标核准注册数占申请数比重/%	《中国商标战略年度发展报告》
2.2.3	马德里商标注册量占核准注册数比重/%	《中国商标战略年度发展报告》
2.3	版权登记	
2.3.1	版权合同登记数/件	国家版权局官网
2.3.2	全国作品自愿登记数/件	国家版权局官网
2.4	其他产权创造	
2.4.1	集成电路布图设计登记申请数/件	《中国科技统计年鉴》
2.4.2	集成电路布图设计发证数占比/%	《中国科技统计年鉴》
2.4.3	农业植物新品种权申请量/件	《中国科技统计年鉴》
2.4.4	地理标志注册和初步审定量/件	《中国商标战略年度发展报告》
3	知识产权运用能力	
3.1	知识产权维持	
3.1.1	有效专利数/件	《中国专利统计年报》
3.1.2	有效发明专利数占有效专利数比重/%	《中国专利统计年报》
3.1.3	企业有效发明专利数占有效发明专利量比重/%	《中国专利统计年报》
3.1.4	商标有效注册量/件	《中国商标战略年度发展报告》
3.2	知识产权交易	
3.2.1	高等学校专利所有权转让及许可数/件	《中国科技统计年鉴》
3.2.2	高等学校专利所有权转让及许可收入/万元	《中国科技统计年鉴》
3.2.3	研发机构专利所有权转让及许可数/件	《中国科技统计年鉴》
3.2.4	研发机构专利所有权转让及许可收入/万元	《中国科技统计年鉴》
3.2.5	技术市场技术流向合同数/项	《中国科技统计年鉴》
3.2.6	技术市场技术流向合同金额/亿元	《中国科技统计年鉴》
3.3	知识产权转化	
3.3.1	高技术产业主营业务收入/亿元	《中国高技术产业统计年鉴》
3.3.2	高技术产业出口交货值/亿元	《中国高技术产业统计年鉴》
3.3.3	高技术产业新产品销售收入占比/%	《中国高技术产业统计年鉴》
3.3.4	高技术产业新产品出口交货值占比/%	《中国高技术产业统计年鉴》
4	知识产权运用需求	
4.1	产业需求	
4.1.1	工业企业购买国内技术支出/亿元	《中国科技统计年鉴》
4.1.2	工业企业技术引进经费支出/亿元	《中国科技统计年鉴》
4.1.3	工业企业消化吸收经费支出/亿元	《中国科技统计年鉴》

续表

编号	三级指标	数据来源
4.1.4	企业购买国内技术支出占主营业务收入比重/%	《中国科技统计年鉴》
4.1.5	企业技术引进经费支出占主营业务收入比重/%	《中国科技统计年鉴》
4.1.6	企业消化吸收经费支出占主营业务收入比重/%	《中国科技统计年鉴》
4.2	经济需求	
4.2.1	人均地区生产总值/亿元	《中国统计年鉴》
4.2.2	第三产业增加值/亿元	《中国统计年鉴》
4.2.3	城镇居民人均可支配收入/元	《中国统计年鉴》
4.2.4	农村居民人均纯收入/元	《中国统计年鉴》
4.2.5	第三产业增加值占地区生产总值比重/%	《中国统计年鉴》
4.3	社会需求	
4.3.1	万元地区生产总值能耗降低规划目标/%	国发〔2011〕26 号附件 1~5
4.3.2	万元地区生产总值二氧化碳排放降低规划目标/%	国办发〔2013〕2 号附件 1
4.3.3	单位工业增加值用水量降低规划目标/%	国发〔2011〕41 号附件
4.3.4	主要污染物排放减少规划目标/%	国发〔2011〕41 号附件
5	知识产权保护管理	
5.1	知识产权保护	
5.1.1	知识产权法规、规章数量/部	北大法宝网
5.1.2	专利行政保护强度/分	《中国专利统计年报》
5.1.3	商标行政保护强度/分	《中国商标战略年度发展报告》
5.2	知识产权管理	
5.2.1	专利申请代理量/件	《中国专利统计年报》
5.2.2	专利申请代理率	《中国专利统计年报》
5.2.3	职务专利申请代理所占比重/%	《中国专利统计年报》
5.2.4	发明专利申请代理所占比重/%	《中国专利统计年报》

3.2 评价对象范围

知识产权区域布局研究需要以一定的地域单元作为评价对象，也就是说要具体明确是以国家、省级行政区或地级市行政区中的哪个地域单元作为主要评价对象开展评价。本报告认为，我国知识产权区域布局研究应以省级行政区作为基本地域单元开展评价。

首先，省级行政区是我国科技和经济活动的基本组织单元。区域经济规划的制订和实施以省级行政区为基本载体。在区域经济政策制定中，省级行政区是既具有区域政策制定权又能体现区域特色的单元。省级行政区是科技和经济的基本统计与报告单元。

其次，知识产权区域布局效应评价一方面体现为本区域知识产权的资源成长及系统协同；另一方面体现为与其他区域的交流和互动。区域自身的成长和区域间的互动支撑国家知识产权能力的提升。因此，没有超越区域布局效应的“国家布局效应”，国家层面的效应只能通过区域得以体现。

再次，我国的多数省级行政区都有较大的地域空间和科技经济总量，产业门类齐全。上述因素是知识产权区域布局得以实现的必备条件。广阔的地域为知识产权区域布局提供可能空间，发达的中心城市是知识产权区域布局的核心载体和网络节点，门类齐全的产业是知识产权区域布局的驱动力和物质基础。

最后，从某种意义上说，我国的省级行政区之间存在着知识产权流动的制度壁垒。只求知识产权属本地所有、为本地所用的传统知识产权资源观仍束缚着人们的头脑，阻碍了知识产权资源的优化配置。因此，以省级行政区为知识产权区域布局效应的分析单元，能使我们认识到制约知识产权资源优化配置的区域藩篱，进而制定相应的知识产权区域布局优化的相关政策。